통섭적 경영교육의 비전과 실천

통섭적 경영교육의 비전과 실천

초판 1쇄 발행 2017년 1월 24일
초판 2쇄 발행 2017년 9월 28일

지 은 이 최무진
펴 낸 이 신일희
펴 낸 곳 계명대학교 출판부
출판등록 제347-1998-1호(1970. 9. 1)
주 소 대구광역시 달서구 달구벌대로 1095
대표전화 053-580-6233
팩 스 053-580-6235
홈페이지 www.kmupress.com

ISBN 978-89-7585-757-7 93320 정가 24,000원

※ 이 저서는 2013년 정부(교육과학기술부)의 재원으로 한국연구재단의 지원을 받아
수행된 연구임(NRF-2013S1A6A4017384)

이 도서의 국립중앙도서관 출판예정도서목록(CIP)은 서지정보유통지원시스템
홈페이지(http://seoji.nl.go.kr)와 국가자료공동목록시스템(http://www.nl.go.kr/kolisnet)에서
이용하실 수 있습니다.(CIP제어번호: CIP2017001350)

통섭적 경영교육의 비전과 실천

최 무 진 지음

계명대학교 출판부

머리말
Preface

대학입시에서 경영 관련 학과들의 입학성적은 늘 상위권에 속한다. 그래서 경영 관련 학과에 입학하는 일은 성적이 좋지 못한 학생들에게 언감생심이다. 오늘날 '경영(management)'이란 단어는 매우 포괄적이며 광범위하게 사용되고 있다. 동네 슈퍼를 경영하는 일에서부터 글로벌 대기업의 경영에 이르기까지 경영은 효율성, 이윤추구, 고객만족이라는 긍정적 이미지뿐만 아니라 승자독식, 독과점, 탐욕, 착취와 같은 부정적 이미지와도 긴밀하게 연관되어 있다. 기업의 지속경영은 적정한 수준의 이윤을 창출한 후, 이를 적절하게 이해당사자들에게 분배하고 지속적 R&D투자를 통하여 신성장동력을 지속적으로 만들어내는데 달려 있다. 이를 위해서 기업들은 새로운 비즈니스 기회를 발굴해 적정 수준의 투자를 결정해야 하고, 예기치 않은 위험이나 변화를 예측하여 리스크를 예방·통제해야 하며, 전사적 사업 전략과 포트폴리오에 맞지 않는 사업들은 구조 조정해야 하는 등 사실(fact)과 예측(forecasting)을 기반으로 한 과학적 판단과 확률적으로 조성되는 우호적 환경의 지원을 받아야 한다.

경영은 늘 '사람'에 대한 경영이 출발점이다. 기업의 운명을 결정짓는 중요한 결정들을 사람들이 내리기 때문이다. 그래서 굴지의 대기업들에게 우수한 인재를 확보하는 일이 최우선 과제이다. 그런데 기업이 신입사원을 뽑을 때 경영 관련 학문만을 전공한 학생들을 뽑지는 않는다. 경영 관련 학과 졸업생을 뽑는 비율이 상대적으로 높을 뿐 다양한 전공자들을 뽑는다는 사실을 일반 사람들은 잘 모른다. 더구나 규모가 작은 기업으로 가면 이러한 경향은 더욱 높아진다. 많은 사람들은 경영 관련 학문을 전공하면 자연히 경영 능력도 향상될 것이라고 생각한다. 틀린 말은 아니지만 경영 지식과 경영 능력과는 큰 괴리가 존재하며, 이 괴리는 경영 능력을 결정하는 요인이 경영관련 지식과 기술(skill) 밖에 없다고 생각하는 오류에서 발생한다.

기업들은 명문대학의 법대나 상경계열 출신들을 선호하는 경향이 높다. 그들이 법대나 상경계열 출신들을 더 선호하는 이유는 이들이 더 경영을 잘 할 것이라 생각해서라기보다 이런 학과들의 입학성적이 상대적으로 우수하니 두뇌가 더 뛰어나고 문제해결능력이 더 나을 것이라는 생각에서 뽑는다고 보는 것이 옳다. 이는 공부 잘 하는 머리라면 창의력, 문제해결능력, 리더십, 추진력, 자신감이 더 우수할 것이라는 가정을 깔고 있다. 대학을 갓 졸업한 사람들이 기업에 들어가 처음 하는 일이란 대단한 창의력, 문제해결능력, 추진력, 결단력, 소통능력, 인간관계능력을 요구하는 것들은 아니다. 많은 경우 합리적 사고방식을 가진 평균 이상의 지능을 가진 사람이라면 할 수 있는 구조적인 업무에 투입된다. 그런데 왜 기업들은 우수한 인재에 목을 매는 것일까? 그것은 바로 미래의 우수한 중간관리자, 기획자, 전략가, 최고경영자들이 이 풀에서 길러지기 때문이다. 이런 상황에서 지금의 경영교육은 미래에 언제 필요할지 모르는 잡다한 지식과 테크닉, 그렇지만 오래지 않아 용도 폐기될지도 모르는 이론적 지식을 주입하는 일에 너무 경도되어 있다. 반면 중간관리자나 최고경영자에게 반드시 필요한 비전제시, 리더십, 상상력, 위험부담능력, 흡수역량 교육은 너무 등한시 하거나 하지 못하고 있다. 제품·기술수명주기가 계속 단축되고 있듯이 지식의 수명주기도 점점 짧아지고 있는 오늘날, 경영 관련 대학(학과)은 졸업생들에게 이론지식으로만 가득 찬 작은 수통 하나만 허리에 채워 사막과 같은 전쟁터로 내보내고 있는 격이다.

따라서 본 저서는 성공적인 기업가(창업자)와 경영자를 특징짓는 기질과 능력을 규정하고 이러한 경영자를 양성하는데 필요한 경영교육의 목표, 교육내용과 방법 그리고 환경을 탐색하는 일에 초점을 두었다. 오늘날 경영교육은 학교(주로 대학)를 갓 졸업하고 입사한 신입사원들에게는 불필요한 관념적 지식을 2~4년이라는 짧은 기간에 과도하게 주입할 뿐, 성공적인 경영자에게 요구되는 근원적인 자질, 역량, 기술을 갖추기 위해 요구되는 정규·비정규 교육내용과 방법은 취약하고 파편적이며 통합되어 있지 않다. 조금 과장한다면 대한민국의 경쟁력은 모든 조직의 창업자와 경영자(리더)의 자질과 역량 그리고 도덕성에 의해 결정된다고 해도 과언이 아니다. 그래서 미래의 경영자를 제대로 키우는 일은 국가 경제를 위해서도 매우 중대하다. 따라서 다음과 같은 내용으로 본 저서를 구성하고자 한다.

1장 「도입」에서는 풍요롭고 행복한 사회를 건설하기 위해 기업의 지속경영과 성장은 필수적이라는 전제하에 성공적인 경영자의 육성의 필요성을 설명하였으며, 이를 위해 오늘날 경영교육이 접하고 있는 도전과제와 문제들을 제시하였다. 2장 「경영교육의 발전사」에서는 그간 기업들이 확장·발전하는 일과 맞물려 경영 관련 학문들이 경영활동을 돕기 위해 발전해온 과정 그리고 경영학이 경영교육에 실질적으로 어떠한 기여를 했는지를 역사적으로 검토하였다. 3장 「성공한 경영자의 특징」에서는 성공한 경영자의 특징(nature)을 탐색하였다. 광범위한 문헌연구와 인터뷰를 통해 성공한 경영자들이 겪었던 경험, 기회의 활용, 위험부담성향, 정규·비정규교육 그리고 그들을 둘러싼 다양한 환경적 요인들을 광범위하게 검토하였으며, 이를 종합하여 성공한 경영자를 결정짓는 선천적, 후천적 형질 등을 통섭적 관점에서 재구성하였다. 그 결과 선천적 형질로는 뇌, 나이, 성별, 성격과 기질, 외모라는 소주제들로, 후천적 형질로는 감성, 준법성과 도덕성, 기타 형질(스피드, 공정성, 추진력, 자신감)이라는 소주제로 나누어 더 심도 있게 논의하였다. 4장 「창의성·리더십·기업가정신」에서는 성공적 기업가(창업자)와 경영자가 갖추어야 하는 본원적 형질로써 창의성, 리더십, 기업가(창업)정신으로 정리하였으며, 이것들의 파생적 개념과 구성요소 그리고 이것들을 습득하기 위한 기초적 방법론들을 제시하였다. 5장 「경영교육의 현실」에서는 '창조경제'를 위해 기업가(창업자)와 경영자가 갖추어야 할 자질과 기술, 이러한 역량을 교육하는데 있어 (대학)교육의 효과성, 경영 관련 대학(학과)을 포함한 정규·비정규교육의 내용과 현실적 장애물, 이론과 현장의 괴리를 포함한 경영교육의 문제점 등을 검토함으로써 21세기 경영교육이 지향해야 하는 새로운 방향과 패러다임을 설정하는데 필요한 논거를 집중적으로 서술하였다. 6장 「경영교육의 균형잡기」에서는 경영교육이 이성적, 합리적 판단에 필요한 이론과 기법을 가르치는 일에 지나치게 경도되어 있다는 전제하에 감성과 상상력을 바탕으로 한 창의력 교육이 지금의 경영교육이 부족한 점을 보완할 수 있음을 설명하였다. 특히 창의성, 감성 교육을 위해 예술, 문학, 인문학의 역할과 효과성 그리고 이것들을 위한 구체적인 개발도구를 설명하였다. 7장 「경영교육의 뉴 패러다임」에서는 복잡한 경영환경에서 전통적인 경영교육방식이 가진 한계점을 검토하면서 이를 극복하기 위해 융합·통섭교육의 필요성을 제시하였다. 특히 미국의 경영교육을 참조하면서 균형 잡힌 경영교육에 필요한 창의적 통섭교육에 필요한 환경과 조건 그리고 방법론들을 설명하였다. 크고 작은 조직에서 일을 할 미래의 경영자들, 그렇지만 경영관련 과목을 수강할 기회가 많지 않은 학생들을 위해 열린 교양경영교육의 필요성도 제안하였다. 8장 「통섭적 경영교육: 비전과 실천」에서는 리더 CEO, 창의적 CEO가 갖추어야 하는 역량과 자질을 설명하면서 이러한 것들을 배양하는데 필요한 창의성 개발도구들을 제시하였다. 아울러 이러한 방법과 도구들을 경영교육에 활용(적용)할 목적으로 창의력교육, 경영실습, 읽기와 토론, 창의적 교육환경, 실행력, 팀웍, 전공지식, 흡수역량, 도덕성, 도구지식으로 나누어 서술하였다.

이 저서를 통해 저자는 21세기 초국적 글로벌 경쟁에서 글로벌 리더로 살아남아야 하는 기업과 조직들에게 반드시 요구되는 균형 잡힌 창의적 인재가 갖추어야 하는 기질, 역량 그리고 기술에 대한 통합적 관점을 제시하였으며, 이러한 인재를 양성하는데 현재의 경영교육이 가지고 있는 한계와 부족한 부분들을 적시하였고, 이를 극복하기 위한 방안으로써 통섭적 경영교육의 비전과 실천방안을 제시하였다. 그러나 당초에 머릿속에 상상하고 꿈꾸었던 획기적인 통합 경영교육 이론에는 훨씬 미치지 못했음을 자성하고 이는 전적으로 저자의 미력한 학구적 역량 때문임을 고백한다.

본 저서에서 '경영 관련 대학(학과)'이라는 용어를 자주 사용하였는데 이는 정규 경영교육을 수행한 후 전문학사 내지 학사학위를 수여하는 2년제, 4년제 대학들의 단과대학과 학과들을 지칭한다. 단과대학과 학과의 명칭은 각 대학이 처해있는 상황과 여건에 따라 매우 다양하여 여기서 모두 기술할 수는 없으나 일반적으로 경영, 경제, 경상, 상경, 통상, e-비즈니스 등이 그 예가 될 수 있다.

7장과 8장에 걸쳐 집중적으로 설명한 통섭적 경영교육을 위한 패러다임과 비전 그리고 실천방안들에는 한국의 실정에 맞지 않는 다소 이상적인 내용들도 포함되어있다. 그렇지만 그 비전이 우리의 경영교육이 추구해야 하는 방향이라는 점에 동의한다면 향후 경영교육의 목표, 체계, 내용, 방법 등을 혁신하고 수정할 때 경영관련 교육기관들과 교육자들이 참조하면 좋을 것이다. 특히 루트번스타인 & 루트번스타인(2007)이 제시한 13가지의 '생각도구'는 21세기형 통섭적 경영교육에 대해 많은 영감을 주었기에 감사드린다. 아울러 이 책이 다룬 여러 주제에 대해 통찰과 영감을 주었던 동료 교수들과 연구지원을 아끼지 않았던 한국연구재단에도 감사를 드리고 싶다.

2016년 10월

대구 계명대 성서캠퍼스에서 저자

목차 Contents

CHAPTER 01

도입

CHAPTER 01

도입

'경영은 사람이다'

우리나라의 대표 기업인 삼성그룹의 창업자 이병철 회장의 경영철학이었다. 기업이 구멍가게의 규모를 떠나 직원을 써야하는 규모로 성장한 순간부터 사람은 그 조직의 매우 중요한 자산이자 동시에 고정비용의 원천이 된다. 기업의 비전과 목표에 공감하고, 기업의 성장과 자신의 성장을 동일시하며, 동료와의 협업 그리고 조직과의 하모니를 잃지 않는 열정적이며 정직한 인재를 갖느냐 아니면 그 반대의 사람을 얻느냐에 따라 그 기업의 흥망성쇠는 결정지어진다. 혁신적 기획과 아이디어를 통해 신규 시장을 창출하는 사람도, 그 아이디어를 현장에서 실현하는 사람도, 고객과의 문제를 인지한 후 문제해결을 위한 참신한 아이디어를 내고 그것을 실행하는 사람조차 모두 직원들이요 그 조직에서 배우고 경험을 쌓은 중견관리자요 최고경영자들이다.

이러한 혁신적, 열정적 기업가와 경영자를 전문적으로 양성할 목적으로 50 여년 전부터 이 땅의 2,4년제 대학들은 경영관련 학과와 대학을 설립하였고 지금까지 이 역할을 나름대로 감당해 왔다. 한편 21세기에 진입하여 우리나라는 경제규모나 교역량에 있어 선진국 대열의 꼬리에 들어섰고, 이 수준까지 이를 수 있었던 것은 우리 기업들이 주도적 역할을 하였음을 부인할 수 없다. 이 가운데 기업들의 구성원들이 기여한 바는 지대하였다. 때로는 낮은 임금을 감수하며 고품질의 상품을 효율적으로 생산하는데 기여하였고, 낯선 해외시장을 뚫기 위해 개인적 자유와 행복을 잠시 보류하기도 하였으며, 선진국의 경쟁사 제품을 따라잡기 위해 끊임없이 연구하고 혁신했던 땀의 결과였다. 이제 21세기는 우리가 지금까지 해 왔던 전략과 방법으로는 더 이상 오를 곳이 없는 전인미답(前人未踏)의 영역을 개척해야 하는 창조적 혁신경제의 시대에 이르렀다. 앞서가는 경쟁기업의 제품을 적당히 모방하고 적당히 혁신함으로써 선진국이 만들어 놓은 시장에서 물건을 사고파는 것이 아니라 이전에는 없었던 새로운 것들을 융합하여 창조하고 없었던 새로운 시장을 만들고 고객과의 새로운 관계를 만들어야 하는 초국가 경쟁시대에 진입하였다.

새로운 시대에 당연히 돌아봐야 하는 것은 초국가 경쟁시대의 기업들을 이끌어 갈 리더 경영자를 육성하는 일, 즉 경영교육의 경쟁력일 것이다. 새 시대가 요구하는 인재는 어떠한 능력을 갖추어야 하는지, 그러한 인재를 교육하는데 필요한 교육적 비전과 목표체제, 교육과정과 내용, 교육방법을 지금 경영관련 대학과 학과가 갖추고 있는지, 아니라면 부족한 것은 무엇이며 개선해야 할 점은 무엇인지 당연히 궁금해진다. 짧지 않은 이 책의 여정을 이러한 목적들을 이루고자 시작하고자 한다.

1.1 인재 육성, 도전과 미래

경영(management)이란 단어만큼 오늘날 이 땅의 젊은이들을 설레게 만드는 단어가 또 있을까? 수시로 언론의 헤드라인을 장식하는 스타경영자들을 많은 젊은이들이 동경하고 때로 닮고 싶어한다. 경영이라는 단어 속에는 인적·물적 자원을 주도적으로 통제(control)한다는 의미가 담겨 있을 뿐만 아니라 새로운 것을 만들어 낸다는 의미도 숨겨져 있다. 기업 경영에는 늘 도전과 모험이 요구되며 변화와 혁신을 동반한다. 그런 것이 없다면 그 기업은 곧 사망선고를 받고 앰뷸런스에 실려 나갈 것이다. 그래서 도전의 아이콘이라 할 수 있는 젊은이들에게 경영은 당연히 매력적이며 흥미로운 분야이면서 한편 논란도 많은 주제이다.

경영은 일반적으로 영리조직인 기업을 대상으로 한다. 기업은 잠시도 멈춰 설 수 없이 성장하거나 위축되는 유기체적 생물과도 같다. 사람을 포함한 모든 생명체는 라이프 사이클(life cycle)이 있듯이 기업들도 흥망성쇠를 반복한다. 기업 생태계에는 상대적으로 쉽게 시작할 수 있는 소자본 자영업에서부터 어느 정도 규모에 이른 중소기업, 중견기업, 대기업, 집단기업들로 구성되어 있다. 그 중에서도 특히 1~2세기를 훌쩍 넘기며 몇 세대에 이어 여전히 사업을 영위하고 있는 기업들을 우리는 '위대한(great)' 기업이라는 명칭을 붙이고 그 창업자와 경영자들을 선망의 대상으로 존경한다. 그런 기업들을 모두 열거하는 일은 이 책의 목적도 아니며 불가능하다. 예를 들어 미국의 다국적 기업 GE(General Electric)는 1892년에 토마스 에디슨, 찰스 코핀, 엘리후 톰슨, 에드윈 휴스턴에 의해 뉴욕에서 창업되었다. 100년을 훌쩍 넘긴 지금 여전히 GE는 2011년 기준으로 미국에서 총수입이 26번째로 많은 기업이며 14번째로 많은 이윤을 남기는 기업으로 남아 있다. 이는 결코 쉬운 일이 아니지만 운도 따라 주었을 것이다. 무엇보다 유능한 리더, CEO가 계속 발굴되어 대를 이어 GE를 시대에 맞게 잘 관리했기 때문이다.

위대한 기업은 운만 좋아서 그 자리에 오르는 것은 결코 아니다. 그 뒤에는 분명히 위대한 기업가와 경영자들이 있다. 기업가와 경영자를 굳이 구분하는 이유는 기업의 라이프 사이클 때문이다. 지금의 기업이 있기 위해서는 반드시 창업(start-up)이 있어야 하고 계속된 효과적인 경영을 통해서만이 그 기업이 경쟁적 시장에서 생존하고 번영할 수 있기 때문이다. 그래서 경영과 관련하여 우리는 '창업자', '오너경영인', '전문경영인' 등과 같이 단어를 구분하여 쓴다. 창업자가 훌륭한 기업가가 될 수는 있었지만 성공한 오너경영인이 되지 못한 경우도 무수히 많았다. 그러나 훌륭한 창업자가 없었다면 위대한 경영자가 나올 수 없기 때문에 우리는 창업자의 중요성을 결코 간과할 수 없다. 창업과 경영은 분명히 다른 측면들이 있기에 창업자와 경영자가 갖추어야 하는 자질과 역량도 다를 수밖에 없다. 창업과 창업자가 중요한 이유는 경영의 대상이 되는 비즈니스 조직의 탄생이 우선되어야하기 때문이다. 새로운 비즈니스모델을 만들고 이것을 실현하기 위한 실체적 조직과 시스템을 구축하고, 매출과 이윤을 창출하고, 재투자를 통한 지속 경영이 가능한 근·현대기업의 탄생은 분명 전 지구적으로 물질적 풍요를 창출하는데 크게 기여하였다. 새로운 가치를 창출하는 혁신적 비즈니스 조직은 새로운 기회와 일자리를 창출해냄으로써 자본주의의 근간을 이루는 자유 시장경제를 가능하게 하였다. 오늘날 창업 특히 ICT(Information and Communication Technology) 관련 벤처창업은 오래전부터 미국의 경제를 지탱하는 핵심성장엔진이 되었으며, 이러한 산업발전 논리는 우리나라와 이스라엘 등 여러 선진국가의 중요한 경제성장 원칙으로 작용하고 있다.

사람의 내부에 잠재되어 있는 그래서 적절한 자극과 환경이 조성되면 분출되는 인간 본능 중 하나는 새로운 것을 만들고 이전 것을 버리고 변화하고자 하는 욕구이다. 오늘날 자본주의에서 이러한 욕구는 창업으로 이어지고 이 창업이라는 위험한 과업을 수행하는 사람을 우리는 기업가(entrepreneur)라 부른다. 창업(start-up)은 실패할 시 높은 위험을 감수해야 하는 일이지만 성공할 때는 많은 보상이 주어지기 때문에 이 위험을 과감하게 선택하는 사람들이 많았다. 1930년 중반, 독일 경제학자 슘페터(Schumpeter, 1934)는 이러한 사람들을 기업가로 불렀다. 특히 그는 기업가정신(entrepreneurship)을 보다 새롭고 더 혁신적 기술로 현재의 기술과 일을 하는 방식을 대체하는 소위 '창조적 자기파괴' 개념으로 확장하였다. 이후에도 기업가 정신을 이해하기 위한 노력들이 간헐적으로 있었지만 이 주제에 대한 연구가 뿌리를 내리기 시작한 것은 기업가의 사회적 영향력과 존재감이 확연히 드러나기 시작한 1970-80년대 부터였다. 대다수의 사람들은 고용된 직원으로 안락한 삶을 누리기를 원했지만 불황의 시기에 기업들이 구조조정과 해고를 하는 것을 보면서 평생 고용이란 환상을 지우기 시작하였다. 그 중 일부 사람들은 창업을 통해 자신의 비즈니스 조직을 만들고 독자적인 사업가의 길을 걷기 시작하였다. 위험과 불확실성에 과감하게 도전하는 기업가정신을 빼고 오늘날 풍요롭고 역동적인 자본주의 경제생태계를 설명하는 일은 거의 불가능하기 때문에 이 주제에 대한 학술적 연구는 매우 방대하며 다양하게 이루어져 왔다. 구슨(Goossen, 2004)은 기업가정신의 구성요소를 다음과 같이 요약하였다. 첫째는 창업에 필요한 자원을 확보하는 능력, 둘째는 혁신과 변화를 시스템적으로 추구하는 능력, 셋째는 과업완수에 필요한 개인적 역량으로써 동기부여, 위험인내도, 변화와 불확실성을 해결하는 능력, 기술적 능력, 자기주도성 등이다. 끝으로 핵심역량과 사업에 대한 객관적 평가능력이며, 다섯째는 성공에 요구되는 개인적 습관개발 능력이다.

창업이 있다면 당연히 폐업도 있을 것이다. 모든 영리적 조직은 유기체적 생물과 같다. 그래서 독립 개체를 유지하는데 필요한 비용을 충당할 수 있는 충분한 매출과 영업이익을 확보하지 못한다면 서서히 고사할 수밖에 없다. 많은 사람들이 창업을 하고 CEO가 되기도 하지만 경영이 지속되지 않는 사례는 너무나 많다. 특히 우리나라는 직장을 퇴직한 베이비붐 세대(63~55년생)들이 대거 소자본 창업을 하고 있는 나라여서 자영업의 비율이 유난히 높다. '목구멍이 포도청'이라는 말처럼 대부분이 생계형 창업이어서 휴·폐업률이 80%에 육박하고 있다. 실제 금감원, 국세청, KB국민카드가 지난 10년간(2002~2011년) KB국민카드 가맹점 204만개를 대상으로 조사한 결과 창업의 휴·폐업률은 75.4%에 달했다. 그만큼 창업도 어렵지만 창업 후 그 비즈니스 조직을 유지한다는 것도 쉽지 않다는 말이다.

지속경영(sustainable business)은 오늘날 기업의 핵심 화두이다. 어려운 창업이라는 관문을 거쳤지만 환경변화와 다양한 위협들에 적절하게 대처하지 못한 기업은 폐업이라는 종착역에 닿을 수밖에 없다. 따라서 지속경영은 100년의 기업, 즉 지속적 기업을 만드는데 가장 기본적인 역량에 속한다. 기업이 지속적으로 존재하기 위해서는 스스로 존재의 이유를 계속 물어야 한다. 그것이 부정확하거나 불확실하다면 CEO 자신에게, 내부 직원에게, 고객에게 지속적으로 묻고 필요하면 비전과 미션을 다시 정하고 목표와 전략을 수정해야 한다. 즉 오랜 기간 생존해온 기업의 특징은 환경변화에 적응하기 위해 끊임없이 변화하고 혁신하며, 이러한 활동을 체계적이며 효율적으로 할 수 있도록 돕는 경영시스템을 잘 구축해온 기업들이다. 사회적 이해관계가 더욱 복잡다단하고 관리가능한 경영변수들의 상호작용이 더욱 복잡해지고 있는 오늘날 이에 효과적으로 대처하기 위해 기업들은 고차원적이며 복잡한 관리시스템과 정보시스템들을 구축하고 있다. 기업이 존재해야하는 이유는 무엇인가? 그것은 시장과 소비자가 판단할 뿐이다. 소비자가 원하는 재화를 경쟁력 있는 가격으로 공급할 수 있는 능력의 여부가 존재의 유일한 시금석일 뿐이다.

기업에게 다가오는 도전은 복잡한 경영 문제를 제기하고 궁극적으로 경영자의 어려운 판단과 선택을 요구한다. 이 문제들을 위기로 인지하고 이에 필요한 대응방안을 계획하고 실행하는 사람들은 모두 기업의 구성원, 즉 직원들이다. 이사회의 의장에서부터 CEO 그리고 말단의 물류창고의 직원에 이르기까지 각자의 역할은 다르지만 그들에게 급여과 상여금이 지급되는 이유는 단 하나뿐이다. 문제를 정의하고 적절한 대안을 개발하고 가장 좋은 안을 선택하여 이를 강력하게 실행해 나가면서 시장과 고객이 필요로 하는 새로운 가치를 지속적으로 만들어내기 때문이다. 이러한 경영활동을 효율적으로 수행하기 위해서는 혼자가 아닌 팀이 있어야 하고 팀을 이끄는 효과적인 리더가 있어야 한다. 그래서 개인과 팀들이 수평적 협업을 잘하고 최고경영자와 하위관리자 간의 수직적 소통을 잘 할 수 있도록 돕는 경영시스템과 이를 돕는 지원시스템과 각종 지원 인프라의 뒷받침이 반드시 필요하다.

아무리 로봇과 첨단 자동화 설비를 설치하여 제조 생산성을 극대화할 수 있다 하더라도, 문제를 인식하고 판단과 선택을 하는 데 필요한 정보를 실시간으로 제공하는 첨단 경영정보시스템(MIS)이 구축되어 있다 할지라도 결국 조직의 성공과 실패는 모든 분야에 걸쳐 최적의 의사결정을 내릴 수 있는 고급두뇌가 없이는 지속경영, 지속적으로 존속할 수 있는 기업은 불가능하다. 오늘날 승승장구하는 기업들은 지속적으로 고급두뇌를 확보한 후, 그들에게 창의력을 발휘할 수 있는 환경을 조성해 주었던 기업들이다. 그들이 혁신적 아이디어를 내 더 이상 유효하지 않은 과거의 프레임들을 거둬내고, 환경변화에 적절하게 대응하고 복잡한 경영문제 해결을 돕는 지원 인프라와 정보시스템을 제공함으로써 위험관리를 잘 해온 덕분에 지속경영이 가능했던 것이다.

따라서 지속경영과 성공기업의 기저에는 '사람'의 경영에 있다는 것을 결코 부인할 수 없다. 두뇌가 명석한 사람도 필요하지만 타인의 가슴을 뛰게 하는 소통능력, 이질적인 요소들을 융합하는 능력, 갑작스런 위험에 대처하는 능력, 미래를 예측하고 기획하는 능력이 탁월한 인재들을 찾아 이들을 적재적소에 배치하고 적절하게 평가하고 동기 부여하는 기업이 성공가도를 달릴 수 있다. 오늘날 고등교육기관은 기업의 이러한 인재의 필요성에 적극 부응할 수 있어야 한다. 물론 성공적인 경영자의 역량과 자질을 2~4년간의 대학 교육만으로 길러질 수는 없다. 타고난 기질과 성격, 초등 및 중등교육, 가정환경과 교육도 매우 중요하다. 대학의 미션은 시대가 변하면서 끊임없이 변화해 왔다. 교양과 도덕적 양심을 갖춘 일반적 문제해결자(generalist)에서부터 특정 분야의 깊은 지식과 기술을 갖춘 문제해결자(specialist)에 이르기까지 그 스펙트럼은 매우 다양하다. 대학들은 그 규모와 지향하는 미션에 따라 일반적 문제해결자에서 특별전문가에 이르기까지 다양한 인재를 교육하고 있다.

그렇다면 기업들이 필요로 하는 인재는 어떤 사람들인가? 기업 역시 다양한 분야에서 다양한 지식의 깊이를 가진 인재들을 필요로 한다. 기업은 경영계층(최고경영자, 부·과장, 사원)이나 부서(인사, 영업, 기술개발 등)에 따라 일반적 문제해결자(예: 사무·관리자)를 필요로 하는 곳도, 특별전문가(예: 재무분석가, 회계사, 엔지니어)를 필요로 하는 곳도 있다. 분명한 것은 경영계층의 사다리를 올라갈수록 다양한 관점에서 균형 잡힌 시각을 지닌 도덕적 경영자가 필요한 반면 기술개발에 투입되는 직원들은 전문적인 첨단지식이 필수적이다. 대학이 길러낸 인재의 질에 대해 기업들이 불평이 많다. 자신들이 정한 현장에 바로 투입하여 써먹을 수 없는 불량인재들이 너무 많다는 것이다. 교육과학기술부는 이 갭을 줄이겠다는 목적으로 산업수요에 맞는 고등교육서비스를 제공하라고 대학들에게 끊임없이 채찍질을 하고 당근을 제공하고 있다. 2016년에 「산업 연계 교육 활성화 선도대학(PRIME)」육성사업도 그러한 노력의 일환일 것이다. 이러한 불만은 특히 공학 분야에서 확연히 표출된다. 엔지니어의 과업은 문서적으로 확실하게 규정되고 결과물을 쉽게 측정할 수 있기 때문이다. 반면 사무실에서 기획, 관리, 통제 업무를 수행하는 사무직원과 중간 및 최고경영자들의 과업과 성과들은 쉽게 규정하고 측정하기가 어렵다. 어떻게 보면 기업들이 고용하는 대부분 신입사원들은 기업의 실무와 현장이 요구하는 수준에서 볼 때 미완의 인재일 수밖에 없다. 그들은 결코 기업의 필요에 맞게 완벽하게 준비된 관리자도 영업사원도 전문가도 될 수 없다. 대학의 경영학과가 주문을 처리하고 재고를 관리하는 신입직원에게 필요한 현업업무지식을 가르치기는 힘들지만 재고의 경제적 의미와 관리의 중요성 정도는 가르칠 수 있다. 금속공학과가 자동차 문짝을 찍어내는 금형설계를 가르치기는 힘들지만 금형설계 소프트웨어를 다루는 기본적인 기술은 가르칠 수 있다. 그래서 기업이 요구하는 인재의 조건과 대학이 배출하는 인재의 질과의 갭을 좁히는 문제는 결코 대학과 교수들만의 책임으로 돌려서는 안된다. 기업도 스스로 필요 인재의 선발과 육성 역량을 갖추어야 한다. 인사팀은 매년 쏟아져 나오는 졸업생들 중에서 자신들의 요구에 최적화된 인재를 발굴해야 하고, 신입 사원들이 탁월한 중간관리자와 최고경영자로 성장해 가는데 필요한 교육과 훈련 프로그램 그리고 매력적인 경력개발 프로그램을 갖추어여 한다. 이것을 경시하여 실패하는 기업은 지속 경영의 축복을 받을 자격이 없다.

그렇다고 대학은 지금의 교육과정, 교육내용과 방법에 만족하고 안주할 수 있을 것인가? 경영 관련 학과나 대학들의 홈페이지에는 그들의 비전과 미션 그리고 교육목표들을 잘 보여주고 있다. '글로벌 감각을 지닌 윤리적 경영인', '전문적 지식을 갖춘 전문가', '실무지식을 갖춘 현장밀착형 인재', '소통과 협업능력이 탁월한 경영인' 등 좋은 구호들은 난무하다. 그런데 융복합이 대세를 이루는 창조적 경제시대에 경영교육에 대한 이러한 비전과 미션 그리고 목표는 타당하며 유효할 것인가? 라는 질문에 저자가 선뜻 '예'라고 답할 수 없었던 게 이 책을 쓰게 된 궁극적인 동기이다.

1.2 경영교육의 도전과제

어느 국가든 완벽한 교육 제도와 시스템을 갖추기는 어렵다. 모두가 어느 정도의 문제점을 안고 있으며 다만 그것을 개선하고 혁신하고자 하는 방향과 노력에 차이가 있을 뿐이다. 우리나라 역시 문제가 없는 것도 아니며 그렇다고 변화에 필요한 노력을 하고 있지 않은 것도 아니다. 우리나라는 선진국들에 비해 유난히 교육과학기술부가 개혁의 고삐를 쥐고 주도하는 나라에 속한다. 일부 극단적인 전문가들은 교육부가 없어져야 우리 대학들이 자율성을 갖고 더 많은 세계적인 대학들이 나올 수 있다고 비아냥거리지만, 여전히 교육부가 있음에도 주요 대학들의 세계 랭킹은 꾸준히 상승해 왔다.

2013년 말, 이창용 IMF 아시아·태평양 국장은 한 인터뷰에서 이런 말을 하였다. "우리나라 경제가 한 단계 더 도약하려면 대기업의 부실 사업 구조조정과 교육 등 서비스 분야 개혁이 시급합니다. 이런 문제들을 해결하지 못한다면 한국 경제는 몇 년 안에 난관에 부딪힐 것입니다." 특히 그는 교육 개혁의 필요성을 덧붙였다. "중·고등학교부터 영어 등 외국어 교육을 대폭 강화하고, 교육에도 다양성을 불어넣어야 한다. 교사나 학교가 원하는 내용이 아니라 학생이나 학부모가 원하는 다양한 요구에 맞춰 교육과정과 시스템을 바꿔 나가야 한다"고 하였다. "예를 들어 한국에서 말레이시아나 인도네시아어로 우리나라 역사를 가르치는 외국어 학교를 못 만들 이유가 없다. 그렇게 키운 인재가 아시아권으로 진출해 새로운 일자리를 얻고, 유망한 사업 기회를 개척할 수 있어야 한다"고 말했다. 그는 외국어 교육의 필요성을 강조하면서 다양성이 결여된 우리나라 교육의 문제점을 지적한 것이다.

2013년 6월, 한국교원대에서 '한국교육학 60년, 그 성과와 과제'를 주제로 한국교육학회 60주년 기념 학술대회가 열렸다. 여기서 몇 가지 변화되고 있는 교육의 패러다임이 제시되었는데, 앞으로 논할 경영교육을 향한 시사점이 있어 여기에 옮겼다.

첫째, 오늘날 우리사회는 민주적 시민사회를 지향하고 있다. 의회제도나 선거제도와 같은 제도적 장치도 중요하지만 시민의 민주역량이 민주적 시민사회의 중요한 버팀목이다. 이 민주역량은 지시적인 교육이 아니라 자기주도적 학습을 통해서 향상될 수 있다. 따라서 교육과 학습의 장에서 주도권이 종래에는 교사 즉 교수자에게 있었으나 점차 학생 즉 학습자에게 옮겨가고 있다. 자기주도적 학습은 정답 맞추기 훈련과는 다르다. 자신의 판단에 따라 찾아보고 시도해보고, 제대로 안 되면 다시 해보는 것이다. 틀린다는 것은 잘못이 아니고 실패가 아니며 다만 학습의 중요한 과정으로 보는 것이다.

둘째, 평생학습시대가 열리고 있다. 기존 교육패러다임은 학교를 전제로 하고 있다. 이 학교 중심의 교육은 산업화시대의 산물이다. 즉 아동과 청소년기에 국민으로 길러 산업인력을 양성하기 위해 등장한 것이 오늘날의 학교시스템이다. 산업화 시대의 학교시스템의 특징은 정해진 연령에 따라 자동으로 해당 초·중등교육을 이수하는 것이었다. 그러나 이제는 정보화혁명으로 평생학습시대에 진입하였다. 이 시대는 교육의 장이 학교로부터 사회와 가정 그리고 사이버로 확장된다. 과거에도 학교 밖 교육을 제공하는 조직이나 시설이 없었던 것은 아니지만 20세기 말부터 두드러지게 나타나는 현상이 학교 밖 교육의 양적 확대와 전문성 향상이다. 이제는 정규교육기관을 상대로 경쟁하는 사교육조직과 시설도 계속 늘고 있다. 제도권 밖에서 운영되기 때문에 과거에는 학력이나 학위를 인정받지 못하던 비정규 교육기관들 중에 학력과 학위를 인정받는 경우가 증가하고 있다. 기업이 자신들에게 필요한 인재를 양성하기 위한 사내 대학이나 중·단기 교육프로그램을 만드는 일에 투자하는 일은 당연한 일이 되어가고 있다.

이렇듯 교육의 패러다임이 전환되는 시점에 새로운 교육이란 무엇일까? 민간과 산업체 모두가 만족할 수 있는 교육제도가 가능한 것일까? 문제는 다양성에 있다. 사회가 필요로 하는 다양한 인재를 육성하기 위해서는 다양한 형태의 교육과 이를 수행하는 교육기관이 필요하다. 자립형사립고가 필요하다는 부모도 있고 자립형사립고가 입시교육을 지향하므로 교육기회의 균등정신에 위배된다면서 반대하는 교육자들도 있다. 그렇다면 어느 한편이 틀린 것일까? 그렇지는 않다. 둘 다 필요한 것이 현대사회의 특징이다. 현시점에서 우리 사회가 필요한 것은 시대정신에 부합하고 사회적 공동체와 산업조직이 필요로 하는 건전한 가치관, 전문지식 그리고 지식과 기술을 효과적으로 전수하고 체화할 수 있도록 돕는 교육과정과 교육방식이라는 것에는 대부분 동의할 것이다. 시대정신을 토론하자면 또 다른 한권의 책이 될 수 있을 것이다. 그렇지만 정당들이 표방하는 정강과 정책들을 살펴보면 이러한 시대정신을 쉽게 포착할 수 있다. 복지의 확대, 폭력과 불평등의 해소, 나눔의 확산, 정의사회 구현 등이 그것들이다. 이 시대의 품격 있는 대다수의 시민들은 위에 나열한 시대정신에 공감하고 이를 실천하려 노력한다. 그렇지만 때로 이러한 시대정신을 망각한 '갑' 기업의 직원들이 '을' 조직인 대리점과 납품업자에게 전횡과 횡포를 부려 눈살을 찌푸리게 한다. 상식을 벗어나는 이런 일이 잦다는 것은 여전히 시대정신에 무지한 경영자(직원)들이 많다는 것을 의미하며, 또 교육기관들이 교육을 제대로 하지 못하고 있다는 증거라고 볼 수 있다.

교육의 또 다른 중요한 기능은 새로운 가치를 창출하는데 요구되는 전문지식과 기술을 계발하고 전수하는 일이다. 오늘날 우리 사회와 산업계가 가장 중시하고 고민하는 화두는 '융복합'이요 그 '융복합'을 잘해내는 창의적 인재의 육성이다. 김의철(2013, 208)은 선진국으로 진입하기 위해 필요한 인재는 융합능력을 갖추어야 한다고 하였다. 융합능력은 전혀 연결되지 않을 것 같은 이질적인 것들을 조합하여 새로운 제품, 서비스, 시장을 창출해 내는 능력이다. 타개한 애플의 CEO 스티브 잡스는 융복합의 아이콘이었다. 이전의 폴더 폰은 조금 더 세련되고 작아진 이동전화기에 불과하였다. 잡스는 데스크톱 PC에서만 구동되던 매력적인 소프트웨어를 폰에 탑재하고 사진과 동영상 그리고 음악을 함께 즐길 수 있는 손안의 엔터테인먼트 도구와 소비생태계를 멋진 디자인과 함께 포장해 냄으로써 새로운 스마트시대를 열었다.

이렇듯 불세출의 영웅이 있어 이 융합을 잘 해 낼 수 있으면 얼마나 좋을까? 그렇지만 그런 영웅 한 명의 탄생으로 성공적 창업과 지속경영이 가능할 수는 없다. 페이스북(facebook)이라는 소프트웨어를 만든 이는 프로그래밍 천재 저커버그라는 탁월한 IT계 영웅이었지만 그것을 SNS(Social Network Service) 용도에 잘 적용하고 다양한 비즈니스모델의 창안을 통해 수입을 창출한 다수의 소영웅들, 즉 혁신적 경영인들이 없었다면 오늘날의 SNS의 절대강자 페이스북은 존재할 수 없었을 것이다. 오늘날 대다수의 스타벤처기업들이 그렇듯이 창조적 융합을 위해서는 소영웅들의 협업이 필수적이다. 비록 한 천재가 혁신적인 아이디어를 내지만 그 아이디어를 고객의 요구와 시장에 맞도록 다듬고, 필요한 투자재원을 확보하고, 경영시스템을 구축하고, 수입을 얻을 수 있는 비즈니스모델들을 창출하기 위해서는 다수의 협업이 동반되어야 한다. 즉 개인의 창의적 융·복합능력도 중요하지만 그것을 고객이 수용할 수 있는 상품화를 위해서는 더 많은 다수의 협업과 집단지성이 요구된다. 따라서 교육에는 지식과 기술을 계발하고 전수하는 일에다 트렌드를 읽고 미래를 예측할 수 있는 능력, 집단적으로 협력하고 창의적으로 사고할 수 있는 능력의 배양도 아울러 요구된다.

우리나라가 중진국의 탈을 온전히 벗고 선진국으로 도약하기 위해서는 이런 융·복합능력을 갖춘 인재가 많이 필요하다. 이에 대학들도 융합을 앞세운 학부와 학과 그리고 대학원 과정을 신설하여 융합적, 통섭적 성격의 전공들을 많이 개설하는 노력을 하고 있다. 예를 들어, 저자가 전공한 경영정보학(Management Information System)은 경영학(경영과학, 생산관리), 인지 및 행동심리학(정보처리, 인과학), 컴퓨터과학, 통계학을 아우르는 융복합학문의 일종이다. 기업이 문제를 진단하고 해결방안을 도출하는 일을 돕기 위해 필요한 컴퓨터기반 정보시스템을 연구대상으로 할 뿐만 아니라, 기업이 전략적 우위를 확보하기 위해 ICT(Information & Communication Technology)를 개발하고 적용하는 이론과 방법을 함께 교육한다. 학문의 특성상 인터넷을 기반으로 한 비즈니스모델들,

예를 들면 다양한 인터넷전자상거래 모델(B2B, B2C, SNS, Social Commerce 등)에 대한 지식을 많이 가르치고 있지만 그렇다고 학생들이 이런 업종에 더 많이 취업을 한다거나 이 분야의 창업에 더 많은 관심을 갖는 것 같지는 않다. 즉 이론 중심의 교육에 치중하다보니 그 분야에 탁월한 실무 능력까지 갖추도록 하는 데는 한계가 있는 것 같다. 흔히 융복합교육을 지향하는 커리큘럼은 우수한 수용능력을 갖추지 못한 피교육자에게는 그 효과를 크게 기대할 수 없다. 여러 분야의 기초지식을 모두 흡수한 후, 그것을 다시 융합하여 새로운 차원의 세계로 나아가는 일은 또 다른 차원의 창의력이 필요하다. 많은 대학들이 융복합학과를 설치하지만 기대하는 효과가 미진한 이유는 여기에 있다. 대부분 평범한 대학생들은 이 기초적 지식을 흡수하는 과정에서 지쳐버리고 그 다음 단계로 나아가는 일에 좌절하고 있으며 대학도 그 이상의 것을 가르치고 있지 못하다. 따라서 대학 입학 전에 기초지식(수학, 물리, 생물 등)을 다양한 방법으로 습득하도록 하여 대학에서는 이 지식들을 연결하고 접붙여 새로운 것을 만들어 내는 역량을 기르는 일에 초점을 두어야 한다. 그래서 한 분야에 깊은 지식이 없이 조직과 사람을 관리하고 통제하는 경영 지식과 기법만 가르치는 현재의 경영교육은 융합형, 창조형 인재를 기르는데 한계가 있다. 예를 들어 환경 또는 정보 및 통신기술에 대한 과학적, 공학적 지식을 어느 정도 습득한 후, 그것에 경영 지식이 첨가될 때 학생들은 자신의 구체적인 직업과 경력목표를 쉽게 잡을 수 있다. 대학에서 학생들이 이런 융합형 커리큘럼을 잘 이수하여 융합형 인재로 인정받기 위해서는 앞서 말한 기초지식의 교육이 대학 입학 전에 어느 정도 완료되어야 하지만 우리는 그렇지 못한 것이 현실이다.

새로운 교육은 '융합'을 넘어 '통섭'의 영역으로까지 확장되어야 한다. 사회과학, 자연과학, 의학, 공학, 예술분야, 이 모두를 녹이는 통섭의 용광로에서 완전한 '섞어찌개' 인재를 만드는 것이다. 김의철(2013)은 이러한 인재를 타입 3, 즉 '균형발달인'으로 명명하였다. 균형발달인은 이성적인 논리력과 감성적인 창의력을 동시에 갖춘 인재로서 우뇌와 좌뇌를 균형 있게 사용하는 인재를 말한다. 이렇게 볼 때 대학의 경영교육은 갈 길이 멀어 보인다. 경영 관련 학문의 목표의 하나는 사람을 조직하고 동기부여 함으로서 가시적인 성과를 내는 일이다. 다수의 인재로부터 새롭고 참신한 아이디어를 끄집어내고 그 아이디어에 실행 가능한 비즈니스모델을 접붙여 새로운 사업을 탄생시키는 기업가와 경영인을 길러내는 일이다. 그렇다면 현재의 우리 경영관련 대학과 학과들은 균형적 사고의 진취적 기업가와 창의적 경영인을 육성하는데 필요한 커리큘럼과 교육내용을 가지고 있는가? 이 의문에 답을 시도해 보는 것도 이 책의 또 다른 목표이기도 하다.

'경영(management)'은 넓게 보면 직업을 가진 모든 사람이 공통적으로 가져야 하는 지식과 기술의 도구함이다. 사기업이든 공기업이든 조직에서 근무하는 사람들은 사무처리, 정보관리, 리더십, 의사소통 등으로 구성된 경영 능력이 기본적으로 필요하며, 소상공인, 변호사, 의사, 건축사 등 소규모 업소와 사무실을 운영하는 사람들에게도 마케팅, 고객관리, 재무관리, 운영관리 등의 기본적인 경영 지식을 필요로 한다. 따라서 학생들은 대학에서 어떤 전공을 하든 성공적인 미래의 경력준비를 위해서 초등학교부터 대학교에 이르기까지 실용적인 경영교육을 받을 필요가 있다(권순백, 2002). 특히 경영의 실패로 크고 작은 기업들이 문을 닫을 때 그 여파는 해당 조직의 구성원과 가까운 이해당사자만이 아니라 관련 고객에게까지 부정적인 영향을 미치며 그로 인한 사회적 비용 또한 만만치 않다. 따라서 미래에 다양한 조직의 리더와 구성원이 될 사람들에게 그 조직을 더 잘 경영할 수 있는 보편적 관리지식과 특별한 기술을 길러주는 것은 다양한 조직들의 성공지수를 높여주는 방편이기도 하다. 이에 기업 환경, 조직의 특징, 경영자의 인격과 도덕성, 리더십, 기초적 경영이론과 기법 등을 교육하는 경영관련 학문이 보편적 교양으로 인정될 필요가 있지만 아직 우리 사회는 그러한 필요성에 대한 공감대가 형성되어 있는 것 같지는 않다.

1.3 책의 방향과 구성

본 저서는 성공적인 기업가(창업자)와 경영자를 특징짓는 기질과 능력을 규정하고 이러한 경영자를 양성하는데 필요한 경영교육의 목표, 교육내용과 방법 그리고 환경을 탐색하는 일에 초점을 두었다. 오늘날 경영교육은 학교(주로 대학)를 갓 졸업하고 입사한 신입사원들에게는 불필요한 관념적 지식을 2~4년이라는 짧은 기간에 과도하게 주입할 뿐, 성공적인 경영자에게 요구되는 근원적인 자질,

역량, 기술을 갖추기 위해 요구되는 정규·비정규 교육내용과 방법은 취약하고 파편적이며 통합되어 있지 않다. 조금 과장한다면 대한민국의 경쟁력은 모든 조직의 창업자와 경영자(리더)의 자질과 역량 그리고 도덕성에 의해 결정된다고 해도 과언이 아니다. 그래서 미래의 경영자를 제대로 키우는 일은 국가 경제를 위해서도 매우 중대하다. 따라서 다음과 같은 내용으로 본 저서를 구성하고자 한다.

이미 읽은 1장 「도입」에서는 풍요롭고 행복한 사회를 건설하기 위해 기업의 지속경영과 성장은 필수적이라는 전제하에 성공적인 경영자의 육성의 필요성을 설명하였으며, 이를 위해 오늘날 경영교육이 접하고 있는 도전과제와 문제들을 제시하였다. 2장 「경영교육의 발전사」에서는 그간 기업들이 확장·발전하는 일과 맞물려 경영 관련 학문들이 경영활동을 돕기 위해 발전해온 과정 그리고 경영학이 경영교육에 실질적으로 어떠한 기여를 했는지를 역사적으로 검토하였다. 3장 「성공한 경영자의 특징」에서는 성공한 경영자의 특징(nature)을 탐색하였다. 광범위한 문헌연구와 인터뷰를 통해 성공한 경영자들이 겪었던 경험, 기회의 활용, 위험부담성향, 정규·비정규교육 그리고 그들을 둘러싼 다양한 환경적 요인들을 광범위하게 검토하였으며, 이를 종합하여 성공한 경영자를 결정짓는 선천적, 후천적 형질 등을 통섭적 관점에서 재구성하였다. 그 결과 선천적 형질로는 뇌, 나이, 성별, 성격과 기질, 외모라는 소주제들로, 후천적 형질로는 감성, 준법성과 도덕성, 기타 형질(스피드, 공정성, 추진력, 자신감)이라는 소주제로 나누어 더 심도 있게 논의하였다. 4장 「창의성·리더십·기업가정신」에서는 성공적 기업가(창업자)와 경영자가 갖추어야 하는 본원적 형질로써 창의성, 리더십, 기업가(창업)정신으로 정리하였으며, 이것들의 파생적 개념과 구성요소 그리고 이것들을 습득하기 위한 기초적 방법론들을 제시하였다. 5장 「경영교육의 현실」에서는 '창조경제'를 위해 기업가(창업자)와 경영자가 갖추어야 할 자질과 기술, 이러한 역량을 교육하는 데 있어 대학교육의 효과성, 경영 관련 대학(학과)을 포함한 정규·비정규 교육의 내용과 현실적 장애물, 이론과 현장의 괴리를 포함한 경영교육의 문제점 등을 검토함으로써 21세기 경영교육이 지향해야 하는 새로운 방향과 패러다임을 설정하는 데 필요한 논거를 집중적으로 서술하였다. 6장 「경영교육의 균형잡기」에서는 경영교육이 이성적, 합리적 판단에 필요한 이론과 기법을 가르치는 일에 지나치게 경도되어 있다는 전제하에 감성과 상상력을 바탕으로 한 창의력 교육이 지금의 경영교육이 부족한 점을 보완할 수 있음을 설명하였다. 특히 창의성, 감성 교육을 위해 예술, 문학, 인문학의 역할과 효과성 그리고 이것들을 위한 구체적인 개발도구를 설명하였다. 7장 「경영교육의 뉴 패러다임」에서는 복잡한 경영환경에서 전통적인 경영교육방식이 가진 한계점을 검토하면서 이를 극복하기 위해 융합·통섭교육의 필요성을 제시하였다. 특히 미국의 경영교육을 참조하면서 균형 잡힌 경영교육에 필요한 창의적 통섭교육에 필요한 환경과 조건 그리고 방법론들을 설명하였다. 크고 작은 조직에서 일을 할 미래의 경영자들, 그렇지만 경영관련 과목을 수강할 기회가 많지 않은 학생들을 위해 열린 교양경영교육의 필요성도 제안하였다. 8장 「통섭적 경영교육: 비전과 실천」에서는 리더 CEO, 창의적 CEO가 갖추어야 하는 역량과 자질을 설명하면서 이런 것들을 배양하는데 필요한 창의성 개발도구들을 제시하였다. 아울러 이러한 방법과 도구들을 경영교육에 적용할 목적으로 창의력교육, 경영실습, 읽기와 토론, 창의적 교육환경, 실행력, 팀웍, 전공지식, 흡수역량, 도덕성, 도구지식으로 나누어 서술하였다.

CHAPTER

02

경영교육의 발전사

CHAPTER **02**

경영교육의 발전사

2.1 기업 미션의 변천

기업이란 조직이 1602년에 처음으로 만들어졌다는 주장이 있다. 1492년 콜럼버스(Christopher Columbus: 1451~1506)가 유럽인으로는 처음으로 아메리카 대륙을 발견하였고, 1498년에는 바스코 다 가마(Vasco da Gama: 1460 또는 1469~1524)가 아프리카 희망봉을 돌아 인도를 비롯한 아시아로 가는 항로를 찾아낸 후, 유럽 국가들은 100여 년간 아시아와 아메리카 대륙을 대상으로 식민지 쟁탈전을 벌였다. 그 후 1602년에 세워진 네덜란드의 동인도회사를 시작으로 식민지에서 금·은·향신료를 거래하는 무역회사가 생겨났다. 당시 무역회사들의 비즈니스모델은 단순하였다. 크나큰 위험이 도사리고 있는 바다를 가로질러 잘 알지 못했던 다른 대륙의 사람들을 대상으로 물건을 팔았으며 거꾸로 자국의 소비자들이 원하는 물건들을 가져와 팔아 차익을 남겼다. 이윤은 투자자에게 분배되었고 잉여이익은 축적하여 교역 품목을 확대하는데 재투자되었다. 비즈니스가 확장됨에 따라 요구되는 거대자본을 확보하기 위해 차입경영이 시작되었으며, 풍랑으로 배와 화물을 잃게 될 위험을 분산하기 위해 각종 보험 상품들이 발명되기도 하였다.

20세기 초반과 중반의 기업가와 경영학자들은 기업을 사회적 존재로 바라보는 균형 감각을 갖지 못하였고, 단지 이익을 극대화하는 목표에만 편중하였던 적이 있었다. 목표 달성을 위해서 수단과 방법은 얼마든지 정당화될 수 있다는 논리가 횡행하던 시대였다. 그래서 기업들이 자신들의 미션과 목표를 사회적, 도덕적 규범에 어느 정도 일치시키는 데는 훨씬 더 많은 세월이 필요하였다. 20세기 후반부터 21세기에 걸쳐 글로벌 시장을 대상으로 하는 거대 기업군들이 출현하면서 기업이 사회에서 차지하는 경제적 비중과 영향력은 엄청나게 확대되었다. 그 결과 스타 벤처사업가나 전문경영자의 일수거일투족이 세상 사람들에게 화제 거리가 되고 관심의 대상이 되는 시대가 되었다. 그들의 머릿속에서 나온 새로운 첨단기술과 비즈니스 아이디어들은 새로운 부가가치를 창출하였고 새로운 사회질서와 소비문화를 형성하는데 지대한 영향을 미치는 시대가 되었다.

20세기 후반까지만 해도 경영자들은 기업의 내부적 최적화(optimization)에 중점을 두었으며, 조직이 지나치게 비대해지고 비효율적이 되면 구조조정이라는 칼을 통해 군더더기를 잘라냈다. 경영개선이나 혁신을 위한 도구로써 대주주(오너)나 최고경영자들은 구조조정, 다운사이징, 비즈니스 프로세스 리엔지니어링이라는 방법을 빈번히 사용하였고 타 조직이나 이해관계가 있는 집단(예: 직원, 노동자)에 대해서 큰 관심을 가지지 않았다. 사람들은 차츰 기업이 더 이상 자신의 평생 반려자나 안식처라는 환상을 버리기 시작하였고, 새로운 아이디어와 열정을 가진 사람들은 스스로 기업을 창업하려는 열풍이 일어났다. 간혹 대박을 터뜨린 창업자에게 엄청난 부가 안겨졌다는 뉴스는 이러한 열정에 더욱 기름을 부었다. 2000년을 전후하여 저렴한 공공재인 인터넷이 확산되면서 나타났던 닷컴버블(dot.com bubble) 현상이 대표적인 사례였다. 수많은 젊은이들이 인터넷을 기반으로 하는 비즈니스(닷컴 dot.com)를 창업하였고 수많은 사람들은 대박을 꿈꾸며 자신의 여유자금을 그 곳에 투자하였다. 그렇지만 대부분 닷컴들은 몇 년을 넘기지 못하고 파산하였고 확실한 비즈니스모델을 가진 소수의 기업들만이 살아남을 수 있었다.

21세기, 특히 2001년 내부고발자에 의해 최고경영자의 비윤리적 관행이 드러났던 엔론(Enron)이 파산하고 월드컴(Worldcom)처럼 사회적으로 물의를 일으킨 기업들이 줄줄이 도산하면서, 경영자들은 외부적 균형에도 관심을 갖기 시작하였다. 기업들은 사회적 책임(corporate social responsibility)에 눈을 돌리고 지속경영(sustainable business)에 관심을 갖기 시작하였다. 기업이 고객, 직원, 주주, 지역 사회 및 환경에 도움이 될 수 있는 다양한 기여를 하는 행위가 사회적으로 책임 있는 행동들이며, 기업들은 이러한 행동을 통해 지속경영에 필요한 정당성을 얻을 수 있었다(조동성, 2012, 161-163). 실제로 사회적 책임의식이 높은 기업일수록 경영성과도 더 우수하다는 증거를 많은 연구들이 보고하기도 하였다.

소규모 자영업이나 1인 기업이 아닌 일정 규모 이상으로 성장한 기업들은 '자본의 논리' 또는 '초인적 능력'을 가진 최고경영자에 의해 아바타처럼 완벽하게 조종될 수 있는 조직으로 남기는 어렵다. 우리나라 재벌기업의 총수에게 권한이 과도하게 집중되면서 자신이 보유하고 있는 지분이상으로 전략수립, 가용자원의 배분, 직원의 신분에 과도한 영향을 미치는 일이 여론의 도마에 오른 적이 있었다. 이후 거대 기업집단들도 권한이 지나치게 총수를 비롯한 소수의 최고경영자에 집중되는 것에 대한 폐해를 인식하고 지주회사와 같은 제도를 도입하여 의사결정권한을 분산하고 투명한 경영과 소유구조를 만들기 위해 노력하고 있다. 기업의 의사결정과정을 보면 개인·팀·부서별 그리고 여러 직위의 사람들이 서로 입장과 견해를 조율하고 합의하는 과정을 거쳐 판단하고 해결책을 모색한다. 따라서 기업은 이제 더 이상 거대한 무리를 지어 일사불란하게 무작정 절벽을 향해 달리는 아프리카의 '스프링 벅(산양)'과 같은 조직이 아니며 그렇게 될 수도 없다.

기업은 기계적 시스템이라기보다 공동의 목표를 추구하는 사람들의 유기체적 협업집단이다. 좀 더 정확히 말하자면 영리를 추구함으로써 스스로의 존재감을 유지하고 확대하려는 특성을 가지는 조직이다(안춘식 외, 2002). 우리는 기업의 특징을 설명할 때 의사결정과정이나 경영시스템을 흔히 이야기하지만 실은 미션을 만들고 그것을 추구하기 위해 모였거나 고용된 다수의 사람들로 구성된 목표지향적 조직으로 보는 것이 더 타당하다. 특히 구성원들은 다양한 가치관, 사고방식, 지적 능력, 판단력, 재능을 가졌기에 일을 할 때 갈등과 협력을 반복하며 공동의 목표를 향해 나아가는 유기체적 조직이다. 기업은 말단 직원에서부터 최고경영자에 이르기까지 각자의 위치에서 각자에게 맡겨진 권한과 책임 하에 판단하고 선택하고 권한을 행사하지만, 결과와 성과는 고스란히 공동체가 함께 받아

들여야 하는 특수 운명공동체이기도 하다. 고객을 응대하는 영업사원은 사장이 위임한 권한으로 설비와 자원을 이용하여 서비스를 제공한다. 영업사원의 사소한 실수로 인한 고객의 불만족이나, 배임과 뇌물공여와 같은 사장의 불법행위는 경중의 차이는 있을지라도 결국 기업 전체 그리고 조직구성원에게 영향을 미치며 최종적으로 기업의 이미지에 영향을 미친다. 따라서 기업이 존재하는 이유는 만족하는 고객 그리고 다시 찾는 고객에게 있으며 이차적으로 기업의 내·외부 이해당사자들에게서 찾아야 함을 건전한 경영자는 모두 이해하고 있다.

오늘날 CEO는 자기 조직의 이익만을 챙겨서는 안된다. 자신의 기업과 직·간접으로 관계를 맺고 있는 고객, 공급업체, 협력업체, 유통업체, 물류업체 등 모든 기업들을 묶는 가치사슬(value chain)의 중요성을 인식해야 한다. 즉 사슬에 묶인 모든 업체들은 스스로를 공동운명체로 인식해야 하며 어느 한 조직이라도 최적의 의사결정을 하지 못하고 자신의 이익만을 위해 행동한다면 전체 가치사슬이 영향을 받고 위험에 처해질 수 있다. 현대 기업들은 이런 중차대한 가치사슬의 효율적 관리를 위해 물리적 또는 디지털 네트워크를 구축하는 일에 많은 시간과 자본을 투자하고 있다. 오늘날 상호의존적 관계와 이타적 행동은 생존에 있어서 개인에게서만 중요한 것이 아니라 기업조직에게도 반드시 필요한 덕목이다. 그럼에도 많은 경영자들이 이 사실을 잊고 있을 때가 많다.

2.2 경영교육의 발전

1) 경영의 개념

경영(management, business administration)이란 무엇인가? 수많은 경영학의 구루(guru)들이 다양하게 정의해 왔듯이 하나의 정답이 있는 것은 아니다. 만일 하나의 정의만이 존재한다면 더 이상 이런 책을 써야 할 필요도 없을 것이다. 경영은 이론이면서 실행과 맞물려가야 하는 강력한 실천적 실용학문이다. 기본적으로 경영의 대상은 자원이며, 그 자원에는 사람(man), 자본(capital), 물질

(material), 설비(facilities), 정보(information) 등이 포함된다.

사람경영

먼저 경영의 대상으로 사람, 즉 사람경영을 생각해보자. 경영학에서는 이를 인사관리(personnel management)나 인적자원관리(human resources management)라 부르기도 한다. 사람경영은 자신의 사업목표를 달성하는데 필요한 일(과업)을 위해 타인을 고용하고 그 일의 일부를 위임하면서 시작된다. 혼자서 처음부터 끝까지 모든 문제해결을 해결해야 하는 상황, 즉 1인 기업에서 굳이 사람경영을 들먹일 필요는 없을 것이다. 1인 기업에서는 CEO의 절제된 판단력과 스스로 동기부여에 근거한 추진력이 무엇보다 필요할 것이며, 이를 위해 풍부한 경영 지식과 절제를 포함한 좋은 습관이 있다면 좋을 것이다. 그러나 기업가(경영자)가 사업을 확장함에 따라 타인을 직원으로 고용하는 순간부터 사람경영은 중요해진다. 본인이 만든 비전과 목표를 타인과 공유하고 그 사람(들)이 나의 비전에 동조하고 가슴이 뛰어 목표를 함께 성취하기 위해 헌신하는 순간에 성공적인 사람경영이 시작된다. 타계한 애플의 CEO 스티브 잡스에 대한 동료와 직원들의 평가는 극단적으로 나뉘어진다. 그를 훌륭한 리더요 CEO로 보고 따랐던 사람들도 있었던 반면, 괴팍한 행동과 갈피를 잡을 수 없는 리더십 그리고 몰아붙이는 경영 스타일이 싫어 그를 욕하며 떠났던 사람들도 많았다(아이작슨, 2011). 그를 따랐던 사람들은 잡스의 디자인에 대한 열정, 디테일에 대한 강박, 소비자의 취향을 뚫어보는 선견지명, 장인정신에 매료되어 잡스의 비전과 목표를 공유하였고 그의 일에 동참했다. 반대자들은 잡스의 일에 관한 것 보다 성격과 사람을 대하는 태도 때문에 등을 돌린 경우가 많았다. 결과적으로 잡스가 추구한 목표와 전략은 옳았고 그의 괴팍한 성격을 잘 감내했던 사람들은 애플의 달콤한 과실을 함께 나눌 수 있었다. 그는 대표적인 과업지향적 리더였으나 제품의 디자인을 강조한 면면을 볼 때는 감성과 창의력이 뛰어난 리더였다. 그러나 그의 감성적 역량이 인간관계에까지 그대로 전이된 것 같지는 않았다. 그는 의견이 다르거나 일을 부실하게 한 직원들은 인정사정없이 몰아쳤던 CEO였다.

한편 잡스가 애플의 성공을 위해 모든 일을 혼자 한 것은 아니었다. 그는 문제에 직면하면 그것을 가장 잘 해결할 수 있는 인재를 삼고초려해서 영입하였고 그에게 적절한 책임과 권한을 위임한 후 지속적으로 독려하고 성과를 심의하고 통제하였다. 즉 그는 탁월한 임파워먼트(empowerment) 경영을 구사했던 경영자였다. 임파워먼트는 신뢰를 기반으로 한 인간관계 관리기술의 하나이다. 계층적 위계질서를 유지하면서 함께 문제해결을 해결하는 것이며 아래 직원을 독려하고 동기부여하는 방법이기도 하다. 그는 직무상 과업의 목적과 방향을 설정해 주고 강하게 밀어부친 리더였다. 그와 동행할 수 있었던 사람들은 문제해결 능력을 가졌으며 인내심이 강한 목표지향적 사람이었다. 구성원들이 리더의 열정과 미션을 공유하게 하고 과업에 몰입하도록 만드는 능력은 리더에게 있어서 매우 중요한 자질이다. 따라서 경영교육에서 인간관계, 동기부여에 관한 이론과 기술 그리고 리더가 갖추어할 자질과 덕목을 교육하는 일은 매우 중요하다.

사람경영에는 이질적인 경험과 기술을 가진 사람들을 하나로 묶어 특정 과업에 투입하는 능력도 포함된다. 이러한 능력이 신입사원에게는 그다지 중요하지 않지만 승진하여 중간관리자가 되면서부터 매우 중요해진다. 다양한 기술과 지식, 적성 그리고 경험을 가진 사람들을 과업의 목표에 조준되도록 정렬하고 임파워먼트를 하는 능력이 바로 그것이다. 이 주제를 확대하면 조직관리로 발전한다. 필요에 따라 팀이나 과를 만들고 리더를 선임하는 일이 필요해진다. 경영학에는 「조직행동론」이나 「조직관리론」과 같은 과목들이 이러한 주제들을 주로 다룬다.

사본경영

자본에 대한 경영도 경영학의 중요한 한 분야이다. 창업을 한다고 가정해보자. 모든 창업에는 초기자본이 필요하다. 자신의 호주머니에 나온 자본금이 아닌 빌려온 자본금은 차입(부채)이므로 동반되는 비용(이자, 수수료 등)을 갚아야하고 원금과 이자를 약속한 날에 반드시 갚아야 한다. 그렇지 않으면 개인이나 조직은 신용과 신뢰를 함께 잃게 된다.

자본금은 다양한 목적에 따라 다양한 형태로 전환되면서 관리하는 방법과 적용되는 이론도 각기 달라진다. 자본금이 우선적으로 투자되는 곳은 토지나 공간 그리고 설비와 같은 고정 자산들이다. 토지는 지가상승에 따른 이익을 얻을 수도 있지만 거대한 기회비용을 유발할 수 있으며, 모든 설비는 시간이 지나면서 순자산가치가 하락하는 감가상각비용을 지불해야 한다. 자본금으로 원자재를 구매할 수 있고 생산에 투입된 후에는 완제품이 재고로 남는다. 재고는 기업의 자산이면서 동시에 비용이기도 하다. 완제품이 적시에 시장에서 모두 팔릴 때 매출을 통해 현금화되지만 팔리지 않는다면 회사를 어렵게 만드는 악성재고가 되어버린다. 필요한 직원을 고용하면 자본금은 임금으로 지출되어야 한다. 임금은 당연히 비용이다. 경영을 잘 한다는 것은 이 모든 비용을 제하고도 순이익이 남을 정도로 매출을 지속적으로 유지하는 것으로 정의할 수 있다.

경영학에서 「재무관리(finance)」는 취득한 자산의 현재 가치와 자본비용을 계산하고 예측하는데 필요한 다양한 이론과 기법들을 가르친다. 효율적 재무관리를 위해 컴퓨터 소프트웨어(예: 엑셀과 같은 스프레드시트)의 숙련된 이용도 필요하다. 「회계학(accounting)」은 기업의 모든 거래를 자산(asset), 자본(capital) 그리고 부채(debt)의 증감으로 표현하는 강력하게 표준화된 국제적 도구이다. 분식회계를 통해 이익이나 비용을 의도적으로 줄이거나 늘일 수 있겠지만 그것은 불법이다. 표준화된 절차와 회계기준에 따라 작성된 재무제표(손익계산서, 대차대조표, 현금흐름표 등)는 기업이 보유한 자본금의 현 상태를 정확하게 보여주므로 외부인이 기업의 현재와 미래가치를 평가하는데 매우 중요한 정보이다. 자산의 구성요소와 비율, 부채의 종류와 금액, 영업이익, 순이익의 규모를 알 수 있어 자본에 대한 의사결정과 통제에 필요한 중요한 정보를 제공한다. 따라서 경영자는 투자한 자본금이 종류별로 어떤 비율로 구성되어 있는지를 자주 확인하고 기업의 재무적 건전성을 매일 확인할 수 있는 지식을 갖추어야 한다.

물질경영

물질에 대한 경영을 부연 설명할 필요가 있다. 물론 자본금이 다양한 종류의 물질(생산설비, 완제품, 재고, 비품 등)로 전환된다는 것은 앞에서 설명하였다. 일반적으로 경영의 대상이 되는 물질은 원자재(원료, 부품 등), 반제품(work-in-process), 완제품으로 나뉜다. 원자재든 완제품이든 앞에서 설명했던 자본이 일종의 재고(inventory)로 변한 자산의 다른 형태에 지나지 않는다. 따라서 이것들은 빨리 시장에서 판매하여 매출로 환수되지 않으면 기업의 입장에서는 계속 부담으로 남는 비용이 된다. 차입한 돈으로 만들어 쌓은 재고는 금융비용을 유발할 것이요, 자신의 현금으로 만들었다면 기회비용을 날리게 된다. 즉 재고를 빨리 시장에서 회전시켜 현금으로 환수하지 않으면 신진대사가 잘 되지 않아 사람에게 병이 생기듯이 기업도 병이 들게 된다.

이 신진대사(사이클)가 원활히 돌아가도록 하기 위해서는 판매와 영업 그리고 마케팅활동이 매우 중요하다. 경영 관련 학과는 「마케팅전략」, 「소비자행동론」과 같은 과목들에서 이 활동과 관련된 이론과 사례를 가르친다. 제품을 출시해서 빨리 시장에 유통시키고 소비되도록 해야 현금이 확보되고 그 현금은 다시 새로운 구매-생산-유통-소비 사이클에 재투자될 수 있어 선순환이 일어나는 것이다. 제 때 현금이 확보되어야 자본(금융)비용을 갚고 투입된 노동비용(임금)과 구매한 원자재비용을 지불할 수 있다.

물질경영에 대한 또 다른 축은 생산 및 운영(서비스)관리에 있다. 제조업체가 생산을 제대로 관리하지 못하면 품질이 떨어진 제품이 팔리지도 않은 채 창고에 남게 된다. 「생산관리」, 「공급망관리」, 「품질관리」와 같은 과목들은 수요예측, 생산·설비·공정계획, 일정관리, 품질관리, 재고관리, 공급망관리 등의 주제를 다룬다. 물론 마케팅 및 영업부서의 도움을 받아야 하지만, 정확한 수요예측은 정확한 생산계획, 일정관리, 재고관리, 공급망관리의 출발점이다. 수요예측이 엉성하고 고무줄같이 느슨하면 다음으로 이어지는 생산계획, 자재수급계획, 재고관리 등에 차질이 발생하고 불필요한 자재들이 공장 안팎에 쌓이면서 예기치 않은 낭비를 불러온다. 제품과 서비스를 제 때 못 팔아 빌린 자본비용을 변제할 능력이 없게 되면 디폴트, 즉 부도로 가는 것이다. 경영관련 전공들은 이런 주제와 관련된 이론과 사례들을 잘 가르쳐 주지만 강의실에서 배운 이론과 경영의 현장과는 너무나 큰 괴리가 있다. 기업도 대학도 이 괴리를 서로의 책임으로 떠넘기고 있는 것이 현실이다.

정보경영

정보경영은 비즈니스 활동을 수행하면서 생성되는 수많은 데이터를 수집하는

데서 출발한다. 수집된 데이터는 훗날 가공(데이터분석)을 목적으로 쉽게 불러올 수 있도록 체계적으로 정돈되어 저장되지 않는다면 저장비용만 야기할 뿐 경영에 별 도움이 되지 않는다. 가령 경영활동의 시발점인 수요(매출)예측을 할 때 축적된 과거 데이터를 분석하지 않고 할 수 있는 방법은 거의 없다. 과거의 매출 데이터를 적절하게 분석할 때 미래의 매출을 예측할 수 있으며, 유사 제품의 과거 매출 데이터가 있을 때 신제품의 미래수요도 비교적 정확하게 예측할 수 있기 때문이다. 평사원에서 최고경영자에 이르기까지 매일매일 의사결정을 해야 한다. 즉 수시로 판단하고 선택해야 하는 일이 경영이다. 이때 정보의 가치는 아무리 강조해도 지나치지 않다. 때로 직관에 의한 주관적 결정을 해야 할 때도 있지만 정보를 바탕으로 합리적 결정을 하는 것과는 비교할 수 없을 정도로 위험이 높다. 「경영정보학(Management Information System)」은 의사결정자(decision-maker)가 문제를 해결할 때 필요한 정보를 제공하는 컴퓨터기반 정보시스템을 계획·설계·개발·유지보수 하는데 필요한 이론과 기술을 가르치는 실용 학문이다. 경영정보학은 비즈니스를 수행하는데 필요한 각종 비즈니스 시스템(주문시스템, 전사적자원관리시스템(ERP), 고객관계관리시스템(CRM), 공급망관리시스템(SCM) 등)을 다루며, 인터넷을 이용한 각종 e-비즈니스 시스템(홈페이지, 전자상거래래 사이트 등)의 구축과 운영 그리고 다양한 비즈니스모델의 연구에 이르기까지 그 영역은 계속 확장되고 있다. 정보경영에는 데이터를 분석하고 가공하는 소프트웨어(엑셀, SAS, 빅데이터 도구 등)의 교육도 포함된다. 대량의 비정형적 데이터를 주로 처리하는 빅데이터는 의사결정과학의 지평을 계속 확장하고 있다.

지금까지 기업에서 발생하는 일반적인 경영활동들을 살펴보았다. 그렇지만 지금까지 언급한 것들은 경쟁업체가 없다는 가정 하에 기업을 매일 성공적으로 운영하는데 필요한 기본적인 활동과 역할들 그리고 그것을 다루는 경영학의 학문 분야들을 서술한 것에 지나지 않는다. 추가적인 문제를 말하자면 자유시장에는 늘 경쟁업체가 진입하며, 위협적인 대체제가 출현하며, 자유무역협정(FTA)과 같은 국가 간 무역협정이 체결되면서 외국의 경쟁업체까지도 신경을 써야 한다는 점이다. 시장에서 생존하기 위해 기업들은 핵심역량(core competence)을 기르고 경쟁적 우위를 점하기 위해서는 지속적인 변화와 혁신의 노력들이 위에서 설명한 경영활동만큼 중요함에도 이를 체계적으로 가르치는 대학의 경영관련 커리큘럼은 찾기 어렵다. 이런 주제들은 다양한 이론과 조직의 사다리를 타고 올라가면서 경험하는 암묵지가 합쳐질 때 나올 수 있는 융복합적, 전략적 사고가 필요한 영역이다. 대학은 기업의 미래 신입사원들을 위해 경영 이론과 사례들을 최대한 교육하고 있지만 그 이상의 것은 학생개인과 기업의 몫으로 돌려지고 있다.

결론적으로 경영이란 무엇이며 경영학은 무엇인가? 때로 경영은 시각장애인이 코끼리의 한 부분만을 만져보고 코끼리를 묘사하는 우를 쉽게 범할 수 있는 개념이다. 코끼리의 전체를 보고도 코끼리를 정확하게 설명할 수 없듯이 경영과 경영학도 몇 구절로 요약하기가 어렵다. 경영학은 경영의 대상(영리 및 비영리조직)을 학제적으로 접근할 수밖에 없는 다학문의 종합선물세트가 되어버렸다. 그래서 쿤쯔(Koontz)는 이를 가리켜 경영이론의 정글(management theory jungle)이라고 표현하기도 하였다. 연구된 가설과 이론들을 현실에 적용하고 실천해 보면 조건과 과정의 차이에 따라 결과는 예측하기 어려우며 때로 현실과 괴리가 너무 커 모든 경영에 적용될 수 있는 일반이론(진리)이 얼마나 있을지 회의가 들기도 한다. 따라서 경영을 교육하는 일은 현재의 이론과 기법을 가르치는 만큼 급변하는 경영환경과 상황적 변수들을 예민하게 인지하고 기존의 문제해결방법에 안주하지 않으며 늘 창조적 파괴를 할 수 있는 미래역량을 가르치는 것이 중요하다.

2) 국내 경영학의 발전 역사

국내 경영학의 발전과정과 단계에 대한 연구는 매우 많다(이순룡과 이영면, 1998). 국내 경영학의 역사를 조선시대의 실학에서 시작되었다고 보는 광의의 해석과 1950년대 대학 내 경영학과가 설립된 시점을 기준으로 하는 협의의 해석이 있다. 여기에서는 후자의 해석을 따랐다.

대부분의 학문이 그렇듯이 경영학 역시 20세기 들어 해외로부터 전래된 학문이다. 일제 식민지시대에는 일본을 거쳐 들어온 독일의 경영경제학이 우리나라의 경영경제학에 영향을 미쳤다. 해방 이후, 미국의 경영학은 일본은 물론 한국의 경영학에도 큰 영향을 미쳤다. 송기철(1988), 안춘식 외(2002, 122)는 1955년 대학 내에 경영학과가 설립되는 시점을 경영학의 원년으로 보았으며 이는 전후 복구 과정에서 생겨난 산업화와 연관이 깊다. 1950년대 국내에 규모가 큰 기업들이 속속 생겨나면서 현대적 의미의 경영학이 필요하게 되었다. 그 이전에는 이른바 주먹구구식 관리라 할 수 있는 전통적 관리단계였으며 미국의 영향을 받은 일본식 경영학이 주류를 이루었다. 특히 1950년대에는 미국의 대외원조에 의한 산업시설의 도입, 군대의 관리훈련, 경영학 교육제도의 실시, 경영학 문헌의 수입 등을 통하여 현대적 경영기법들이 국내에 소개되기 시작하였다. 이때 미국의 워싱턴대학교(St. Louis 소재)와 국내 주요 대학 사이에 체결된 International Cooperation Administration (ICA)의 「경영학교육 원조계약」이 우리나라에 미친 영향은 지대했다.

1960년대부터 경영학이 사회적 붐을 타기 시작하였다. 1957년 한국경영학회가 창립되었고, 동년 6월 한국생산성본부가 창립총회를 개최하였으며, 한국생산성본부 주최로 전국 대학생 생산성향상운동을 주제로 한 학술토론회도 개최되었다. 이때 부터 기업의 효율성과 생산성의 중요성이 주목받기 시작하였다. 1958년 4월 연세대에 산업경영연구소가, 같은 해 6월에 고려대에 기업경영연구소가 설립되었다. 1957년에 한국생산성연구지도원(58년에 한국생산성본부로 개칭)이 1962년에는 한국능률협회가 창립되어 기업과 실업계, 나아가 공공부문의 경영혁신과 인재육성을 지원하기 시작하였다. 이 밖에도 1964년에 한국보험학회, 1968년에 한국증권학회, 1974년에 한국무역학회, 1978년에는 한국중소기업학회, 한국인사관리학회, 한국회계학회, 한국OR학회, 한국정보과학회, 한국마케팅학회, 한국생산관리학회 등 다양한 경영학 전공분야의 학회들이 속속 설립되었다.

경영 관련 과목의 발전과정을 보면 '상업학'이 1915년 연세대에서 처음 개설되었으며, 해방 직후 일부 대학에서 상학과가 신설되면서 총론적인 경영경제학 또는 경영학 과목이 일부 개설되었으나 대부분 '상업학'이 주축을 이루었다. 그렇지만 조선시대의 사농공상의 전통이 이어져 내려온 탓에 상업은 천시되었고 장사, 장사꾼, 장사치라는 단어로 비하되는 시대였다. 그렇지만 상업학(commerce science)이 바로 이 '장사'경영에 대한 학문이었고 주로 물건을 사고파는 유통이나 무역을 그 대상으로 한 것이었다. 이순룡·이영면(1998)에 의하면 1948년에 부산대학교와 고려대학교에 상학과가 있었으며 독일식의 공장경영론, 상업경영론, 회계학(부기) 등의 과목들이 개설되었다. 하지만 해방 전 전문학교 교과과정과 크게 달라진 점은 없어 경영·경제학 교육은 미흡한 수준에 머물러 있었다(송기철, 1988).

1950년대 이후 판매론, 재무론, 회계학으로 구성된 '상학'이라는 명칭이 확산되기 시작하였고 1950년 청주대, 1951년 전북대에 상학과가 설치되었다. 1955년에는 고려대가 경상대학을 폐지하고 상과대학을 설치하면서 한국 최초로 경영학과를 설치하여 경영학, 시장론, 재무론, 회계학이라는 4개의 심화전공을 개설하였다. 같은 해에 중앙대학교에서는 경상대학에 경영학과를, 1958-59년에는 연세대, 숙명여대, 숭실대, 동국대도 경영학과를 설치하였으며, 1961년에는 성균관대학교, 서울대학교, 부산대학교 등이 경영학과를 설치하면서 1973년까지 무려 47개 대학에 경영학과가 설치되었다. 이후 1976년부터 1981년 사이에는 경영학과가 없는 대학이 없을 정도로 경영학과 설립은 전국적 현상이 되었다.

다시 돌아가서 1958년 미국의 기술교육원조방안으로 시작된 ICA와의 경영학 교육 원조계약은 국내 경영학 교육에 지대한 영향을 미쳤다. 워싱턴대학교(St. Louis 소재)가 연세대와 고려대에 선별적으로 경영학교육 지원계획을 실행하면서 미국의 경영학 교수들이 내한하였고 우리나라의 경영학 교수들도 미국에 유학하면서 미국의 현대 경영학이 국내에 대거 유입되기 시작하였다. 미국 경영학이 국내에 끼친 영향은 한국학술진흥재단(현 한국연구재단)의 통계에서도 여실히 드러난다. 1980년 이전에 학위취득국가별 분포를 보면 독일, 일본, 벨기에, 오스트리아, 프랑스 등에서 유학한 일부 교수를 제외하면 대부분의 교수가 미국에서 공부를 하였고 귀국하여 경영학을 가르쳤다.

1960년 2학기부터 고려대 야간대학원에서 경영학의 대학원 교육이 시작되었고, 1961년에는 일반대학원에도 경영학과에 2부(야간부)가 설치되었다. 이는 현장에서 일하는 직장인을 대상으로 현대식 경영이론과 기법을 교육하기 위한 것이었다. 이 야간대학원은 1962년 2학기에 중단되었다가 1964년에 다시 경영대학원으로 발족하였다(송기철, 1988, 55, 64-66). 석사과정에는 정규생과정과 연구생과정이 있었는데, 정규생과정은 인사조직, 생산관리, 마케팅관리, 재무관리, 회계학 등으로 나뉘었으며 연구생과정의 경우 일반기업반, 국영기업반, 금융반, 군사반과 같이 분야별로 학생을 나누어 교육하였다. 연세대는 1965년 1학기에 경영대학원 석사과정과 연구과정을 설치하였다(김규삼, 1994, 103). 이때 대학원 교육은 경영교육을 필요로 하는 사람들이 주간에는 일을 해야 하기 때문에 야간 경영대학원이 설립된 것이 특징이며 이는 오늘날에도 그 명맥이 이어져 오고 있다.

20세 후반부터 21세기에 이르기까지 한국의 경제 규모가 비약적으로 발전하고 기업의 수와 대기업들이 많아지면서 경영 관련 학과들은 2년제와 4년제 대학을 통틀어 신입생들이 매우 선호하는 학과 중에 하나가 되었다. 따라서 학부의 경영관련 학과, 경영대학원, 대학원의 석사, 박사과정이 없는 4년제 대학은 거의 없는 상황에 이르렀다. 특별한 재능은 없고 졸업 후 기업체에 취업을 하거나 부모의 가업을 잇거나 창업을 생각을 하는 학생들은 대부분 경영 관련 학과에 지원하는 것을 당연하게 여기는 풍토여서 경영 관련 학과의 입학성적이 상대적으로 높은 편에 속하기도 한다. 학과의 수가 많다는 것은 경영 교육이 그만큼 중요하다는 의미도 되지만 전공과 상관없이 대다수의 학생들이 기업에 취업하는 우리의 풍토 속에서 어쩌면 경영학은 대다수의 학생들에게 필요한 보편적 교양이 아닐까 하는 생각도 든다. 실제 각 대학에서는 경영학과가 개설하는 상당수의 과목들은 타과 학생들이 부전공이나 복수전공을 위해 듣고 있는 경우가 많아 늘 수강생이 북적이고 분반개설 강좌수도 많은 편이다.

이러한 현상은 어쩌면 미국이 어렸을 때부터 시작하는 보편적 경영교육이 우리나라에서도 필요하다는 반증일 수 있다. 미국에서 경영교육은 초등학교부터 언어, 수학, 과학, 사회 등 일반과목에 못지않은 교과로서의 위치를 확보하여 시민들의 효율적인 경제활동을 위한 교양과목으로 위치를 확립하였고, 동시에 대학을 졸업하지 않고도 창업자나 경영자로 바로 활동할 수 있는 전문지식과 기초능력을 육성해주는 전공과목으로서의 위치도 확립하고 있다. 그 결과 현재 미국에서 경영학은 여전히 인기있는 전공이며, 취업과 동시에 고소득으로 연결되는 학문으로 인정받고 있다. 그렇지만 경영을 어릴 적부터 보편적 교양으로 가르친다는 것은 우리의 교육체계 전반에 심대한 영향을 미치는 주제여서 여기서 잠시 언급하고 끝낼 문제는 아니다. 다만 예를 들어 창업과 경영에 필요한 기초적 교육이 고등학교 때부터 이루어진다면 대학에서 경영학에 대한 수요는 줄어들 수 있을 뿐만 아니라 학부의 경영 관련 학과는 좀 더 전문화되고 심화된 교육을 할 수 있어 기업이 요구하는 경영인을 양성하는데 더 부응할 수 있을 것이다.

3) 경영자 교육에 있어 경영학의 공헌

경영학이 경영자, 특히 전문경영인의 교육에 미친 공헌도를 측정하거나 인과관계를 설명하는 일은 결코 쉽지 않다. 그렇다고 경영교육의 효과성과 효율성의 인과관계를 과학적으로 평가하기 어렵다는 이유만으로 경영교육이 무용하다고 결론내리는 일도 적절하지 않다. 정규 교육이 인간의 역량과 잠재력에 미치는 영향은 매우 다양하고 광범위하여 한두 가지의 잣대로 평가하는 것은 불가능하다. 경영학만 하더라도 실무에 바로 적용할 수 있는 구체적인 기법과 이론에서 기업이 지향해야 하는 미션과 목표의 설정과 전사적 전략을 수립하는 방법론에 이르기까지 실로 그 주제가 방대하다. 전자의 예를 들자면 1950년대 원조적 성격을 띤 미국식 경영학 교육이 도입되면서 산업현장에 적용된 관리기법들이다. 1955년 충주비료공장이 건설될 때 미국기술자들이 품질관리에 관한 실무적 지식을 제공하여 많은 도움을 주었으며(나창수, 1972; 이순룡, 1995, 45), 1966년에는 대림산업이 비행장 공사를 맡았을 때 미군당국의 요청으로 PERT/CPM를 활용하여 계획공정도를 처음으로 작성한 것이 그 예이다(정복규, 1973; 이순룡, 1982). 이러한 방법과 기법들은 경영학교육 원조 성격을 띠었지만 현장에서 일하는 엔지니어들에게 직접적으로 필요했던 지식들이 대부분이었다. 그런데 후자로 가면 갈수록 대학의 경영관련 학과를 갓 졸업한 신입사원이 쉽게 접하거나 다룰 수 있는 문제영역과는 거리가 멀어진다. 즉 후자는 경영학 교과서에서 배울 수 있는 몇 가지 이론과 기법을 적용하여 해결할 수 있는 문제라기보다 정치·경제·사회적 환경요인과 트렌드, 업종 및 산업계의 현황과 전망, 개별 기업의 역량에 대한 폭넓은 이해, 과거 의사결정의 경험들이 광범위하게 활용되는 비구조적인 문제영역으로 진입한다. 따라서 어떻게 보면 대학생들이 현재 배우는 상당량의 이론과 기법들은 그들이 기업조직을 주도적으로 이끌어가는 중간관리지니 최고경영자가 되기까지는 별로 용도가 없는 과잉지식인 경우가 많다. 이것은 대학의 학부수준의 경영교육의 내용과 방법에 대한 의미심장한 고찰이 필요하다는 이유가 될 수 있다.

그렇더라도 경영학이 기업경영과 경영자 교육에 미친 영향을 부인할 수 없는 것은 주요 기업들의 중역들의 다수가 국내 최고의 대학에서 경영관련 학과를 졸업하였다는 통계자료에서 찾을 수 있다. 기업분석업체인 한국CEO연구소가 2010년 10월에 「1000개 대기업 CEO의 출신대학 및 전공」을 발표하였다. 조사 대상이 된 1155명 CEO 중 서울대(264명·22.9%), 연세대(129명·11.2%), 고려대(114명·9.9%), 한양대(100명·8.7%), 성균관대(65명·5.6%), 중앙대(40명·3.5%), 한국외국어대(34명·2.9%), 경희대(31명·2.7%), 영남대(29명·2.5%), 동국대(28명·2.4%)가 10위권에 들었다.

서울대 출신 CEO의 평균 연령은 58.7세. 최고참은 1955년에 상학과(현 경영학과)를 졸업한 유희춘 회장이다. 서울대 출신 중 현직에서 가장 많이 활동하는 연령은 52년생(24명)이었다. 효성 이상운 부회장, 현대중공업 이재성 사장, 대성홀딩스 김영훈 회장, 하나금융지주 김종열 사장, LG이노텍 허영호 사장, SK가스 최상훈 사장 등이 52년생 동문이었다.

전공으로는 경영학과(251명·21.7%), 경제학과(97명·8.4%), 기계공학과(63명·5.6%), 화학공학(57명·4.9%), 법학과(56명·4.8%)와 전자공학과(50명·4.3%) 순이었다. 계열별로는 이공계열 출신이 462명(43.0%)으로, 경영학과 등 상경계열 401명(37.3%)보다 오히려 많았으며, 인문·사회 계열은 109명(10.1%)이었다. 그렇지만 취업의 문이 이공계열이 훨씬 넓다는 것을 감안할 때 경영학과 등 상경계열의 비율이 37.3%라는 것은 상대적으로 매우 높은 수치라 할 수 있다.

경영학과 중에서는 43명의 CEO가 서울대 경영학과를 졸업했다. 현대자동차 양승석 사장, KT 이석채 회장, LG디스플레이 권영수 사장, SK 박영호 사장, 두산 박용만 회장 등이었다. 연세대 경영학과는 41명, 고려대 경영학과는 32명이었다. 성균관대 경영학과(21명), 서울대 전기공학과·한양대 기계공학과(각각 19명)에서도 CEO를 배출했다.

이러한 통계만으로 국내 경영교육이 탁월하였고 효과적이었다고 증명할 수 있는 충분한 증거자료가 되기는 어렵다. 일반적으로 70~80년대 주요 대학들에서 경영 관련 학과들의 입학성적의 커트라인이 높았기 때문에 상대적으로 우수한 학생들이 많이 입학하였을 것이며, 이미 우수한 지적능력을 가진 자들이었기에 입사 후에도 성공적인 전문경영인 커리어를 밟아갈 수 있었을 것이란 추측도 가능하기 때문이다. 1000개 대기업에서 상대적으로 많은 비율의 CEO가 경영학과 및 상경계열 전공자였지만 여전히 599명(62.7%)의 CEO는 경영학을 학부에서 공부하지 않은 사람들이라는 사실에도 주목할 필요가 있다. 다시 말해 이들은 대학에서 학부 수준의 경영교육을 체계적으로 이수하지 않은 사람들임에도 성공적인 경영자로 성장했음을 의미하는데, 그렇다면 비록 체계적인 경영교육을 젊은 시절에 받지 않았더라도 입사 후 전문경영인이 되는 일에 큰 걸림돌은 없다는 것을 의미한다. 즉 능력이 뛰어난 사원이 입사 후 적절한 비정규 경영교육의 기회를 갖고 실무현장에서 다양한 실패와 성공의 경험을 쌓다보면 결국 성공적인 중간관리자와 최고경영자로 성장해 갈 수 있음을 뜻한다. 학부수준의 체계적인 경영교육, 좀 더 구체적으로 말해서 경영학 관련 전공공부 그것이 미래의 성공적인 경영자의 충분조건이 될 수는 있으나 필수조건이 될 수 없다는 뜻이기도 하다.

결론적으로 2년제, 4년제 대학에서 학부수준의 경영교육의 많은 내용과 주제들이 향후 성공적인 경영자의 자질을 갖추는데 당장 필요한 것은 아니며 이러한 것들은 향후 전문경영대학원이나 특별경영자교육프로그램에서 체계적으로 교육하더라도 큰 문제가 없다. 예를 들어 제약회사, 식품회사, 기계제조업의 영업부서에 입사한 사원에게 당장 필요한 역량은 무엇일까? 만일 주문한 물품에 대해 적절한 가격을 고객에게 제안할 수 있는 권한이 그 사원에게 주어진다면 주문 물품의 원가와 마진을 결정짓는 메커니즘에 대한 회계 및 원가계산 지식이 필요할 것이다. 여기에다 제품이 제조되는 공정과정과 원자재에 대한 전문적인 지식은 영업활동에 도움이 될 수 있을 것이다. 이 외에 원활한 인간관계를 만들어 가는데 필요한 긍정적인 인성과 탁월한 소통 및 협상능력이 필요할지 모르겠다. 그렇다면 경영학만을 공부한 지원자보다는 자연과학과 공학 분야에서 전공을 하고 회계학을 부전공한 사람이 그 자리에 더 적합할 수도 있다. 4년간의 대학 교육만으로 20년에 걸쳐 가정교육과 학교에서의 사회생활을 통해 이미 상당부분 형성되어져 버린 사람의 선천적 형질(성격과 기질)을 변화시키기란 쉽지는 않겠지만 수업참여, 그룹과제의 수행, 발표, 리더십훈련 등을 통해 적어도 소통과 협업 그리고 업무처리 능력을 배울 수는 있다. 그렇지만 이런 수준의 교육내용은 대학에서 전공을 불문하고 모든 교육과정에서 실천될 수 있는 교육방법들이다. 문제는 대학의 경영관련 학과들은 물론 자연과학 및 공과대학의 학과들이 융복합적 사고방식으로 기업이 필요로 하는 실무형 인재를 양육할 수 있는 유연하고 열린 교육과정과 개방적 문화를 갖고 있지 않다는 점이다. 이러한 문제를 보다 심층적으로 분석하고 문제해결에 필요한 대안들을 모색하는 것도 본 저서의 중요한 동기이기도 하다.

4) 경영교육환경 인식체계

지금까지 논의된 사항들을 기초로 하여 이후 저자가 글을 쓸 때 가이드라인으로 삼고자 하는「경영교육환경 인식 체계도」를 〈그림 1〉과 같이 만들어 보았다.

첫째, 글로벌 시장에서 경쟁하는 기업들이 요구하는 인재상은 경영환경이 변함에 따라 끊임없이 변할 것이며 따라서 요구하는 인재의 조건도 계속 달라질 것이다. 한편 대학과 같은 교육기관이 정규·비정규교육과정을 통해 배출하는 현실의 인재(경영자)들은 기업이 요구하는 조건을 100% 충족시키기 어렵기에 둘 사이에는 늘 갭(gap)이 존재한다. 그렇지만 대학은 까다롭고 변화가 심한 기업의 요구조건에 대해 불만을 제기하기보다는 이 요구조건을 충족한 인재를 양육해 내는 일에 최선을 다하는데 미션을 두는 것이 당연하다. 한편 이 갭을 좁히는 책임이 대학에만 있다는 주장에는 동의하기 어렵다. 기업들이 자신들의 최소한의 교육으로 현장에 바로 투입할 수 있는 인재의 양성을 원한다면 그 현장을 학생들에게 미리 개방하고 그들로 하여금 현장의 문제를 체험할 수 있는 기회를 제공하는 일에 협조하여야 한다.

둘째, 대학의 경영교육은 최종적인 교육의 산물인 현재의 경영인을 만드는데 여러 가지 한계가 있다는 점을 인정해야 한다. 사람에게는 선천적으로 타고나는 형질도 있는 한편, 후천적으로 학습되고 강화될 수 있는 형질 그리고 형성의 원인을 알 수 없는 상황적 요인들도 많이 있다. 아무리 효과적인 대학교육이라 하더라도 전자의 형질에 영향을 미칠 수 있는 여지는 많지 않으며, 경영교육이 사람의 후천적 형질을 변화시켜 더 유능한 의사결정자나 리더로 양성할 수 있다는 주장에도 찬반이 분분하다. 그만큼 교육을 통해 사람의 기질과 태도 그리고 습관을 근본적으로 변화시킨다는 것이 쉽지 않기 때문이다. 그렇지만 효과가 전혀 없는 것도 아니며 그렇다고 교육이 아닌 다른 차선책이 있는 것도 아니라도 점에서 경영교육의 체계, 내용, 방법에 대한 지속적인 혁신과 개선이 필요하다. 이 저서도 그런 노력의 일환으로 볼 수 있다.

셋째, 대학 캠퍼스는 일종의 교육 및 지적공동체이다. 공동체가 가지는 큰 이점은 다양한 학습기회를 통해 공동체의 구성원들이 상호작용함으로써 투입물보다 더 많은 것을 얻도록 하는 시너지가 있다는 점이다. 이런 측면에서 대학은 학생들에게 상호작용을 통해 활발한 지적교류와 학습효과를 제공하는 탁월한 물리적 공간이라 할 수 있다. 사실 이것 하나만으로도 다른 어떤 것으로도 대체할 수 없는 대학만이 지닌 독특한 경쟁적 요소로 볼 수 있다. 그래서 항간에 떠도는 막연한 대학무용론은 그 근거가 없다.

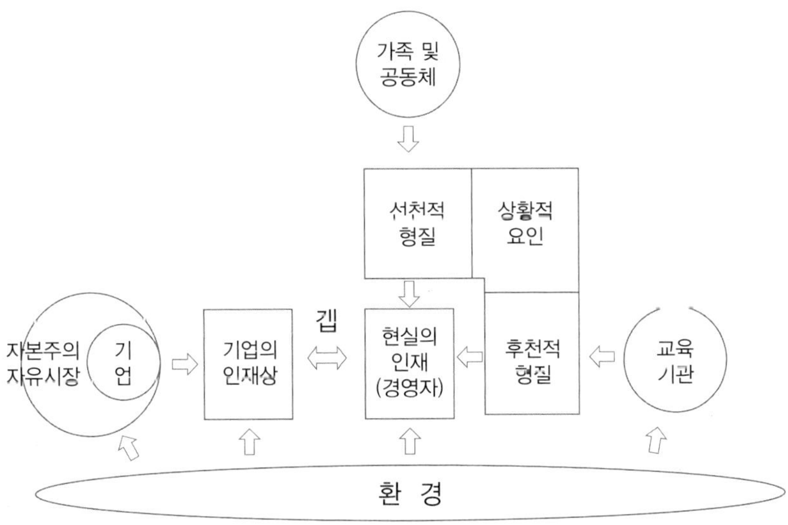

〈그림 1〉 경영교육환경 인식체계도

CHAPTER

03

3.1 성공한 경영자 사례

3.2 성공 요인

3.3 선천적 형질

3.4 후천적 형질

성공한 경영자의 특징

CHAPTER **03**

성공한 경영자의 특징

우리는 경영자를 예술가와 자주 비교한다. 다양한 자원의 조화로운 조합을 통한 최적의 산출물을 만들어 낸다는 측면에서 경영자와 지휘자는 일맥상통한다. 경영학의 대가인 피터 드러커 박사는 경영을 일종의 예술(art)로 규정하여 경영자를 오케스트라의 지휘자에 비유하였다. 지휘자와 단원이 공유하는 악보는 기업의 비전, 미션, 목표, 전략이라 할 수 있고, CEO는 직원들이 가진 역량과 기업의 자원을 조합하여 최고의 앙상블을 만들어내는 지휘자라 할 수 있기 때문이다. 박근혜 대통령이 한나라당 대표 시절 삶에서 가장 중요한 것이 무엇인지를 묻는 한 누리꾼의 질문에 "꿈을 갖는 것, 그리고 그것을 이루기 위한 열정(passion)“이라고 말했다. 열정은 GE의 회장이었던 잭 웰치도 자주 언급하였던 리더의 덕목이었다. 많은 사람들이 성공하는 리더와 경영자의 덕목을 언급하였음에도 이 질문에는 마침표가 아직 없다. 그렇다면 어떠한 요인이 평범한 인간으로 끝날 수 있는 사람을 위대한 경영자가 되도록 하는 것일까? 이것을 탐색하는 것이 본 장의 주된 목적이다.

성공하는 경영인의 특징에 대한 연구는 경영사(經營史) 연구에서 한 자락을 찾아볼 수 있다. 경영사는 i) 경영관리사적 접근방법(history of business administration approach), ii) 기업가사 접근방법(entrepreneurial history approach), iii) 제도사적 접근방법(institutional history approach), iv) 정부-기업 관계론, v) 사회-문화적 접근방법으로 연구되었다. 특히 기업가사 접근방법은 위대한 기업을 창업하거나 새로운 차원의 규모로 발전시킨 특출한 경영인을 대상으로 그를 위대한 기업가로 만든 인간적 특징과 외적환경의 변화와 도전에 대응하기 위해 가졌던 특별한 철학과 원칙 그리고 처세술을 시대적 맥락에서 연구하는 분야이다. 특히 Cole(1959)은 기업가(창업자)를 외적 요인에 대응하는 사람이라기보다 불가결한 외적요인의 한 부분으로 보았다. 그래서 기업가 연구는 근대적 경제발전의 주역에 대한 연구이자 경제학의 중심적 존재에 대한 연구로 보았다. 따라서 창업한 경영자나 조직의 리더로서 경영자는 변화무상한 글로벌 환경의 바다를 항해하는 기업의 돛대를 적절하게 제어하여 바른 방향으로 나아갈 수 있도록 하여 목적 항구에 안전하게 도달할 수 있도록 돕는 영웅적 존재로 보았다.

글로벌 스타급의 성공한 경영자는 꽤 많다. 특정 분야에서 위대한 기업을 일군 혁신적 기업가의 성공 스토리를 출판물과 방송을 통해 우리는 쉽게 접할 정도로 성공한 경영인은 우리 시대의 영웅 대접을 받고 있다. GE의 잭 웰치, 마이크로소프트의 빌 게이츠, 삼성의 이건희, 소프트뱅크의 손정의, 애플의 스티브 잡스 등 이미 죽었거나 은퇴하였거나 현재 활동하고 있는 성공적인 경영자의 리스트를 만들자면 무척 길어진다. 이 책의 목적이 성공하는 기업인을 교육하는 방법을 탐구하는 것이라면 당연히 성공한 경영자의 특징을 연구하는 길 밖에 없다. 누군가가 성공의 기준이 무엇인지 묻고 그 질문에 굳이 답을 해야 한다면 「명성(reputation)」이라는 단어를 들고 싶다. 창업자와 경영자가 명성을 얻었다는 것은 이미 학계, 언론계, 출판계 그리고 사회적 다수가 그가 일군 사업의 규모, 혁신성, 창출한 가치, 사회적 기여를 객관적으로 평가하였으며 기여도와 영향력을 상당부분 인정하였다는 것을 의미한다. 물론 언론이나 출판매체를 통해 의도적으로 명성이 부풀려질 수도 있으며, 집필한 기자나 저자의 편견에 의해 진실이 왜곡되거나 사실이 미화될 수도 있을 것이다. 그렇더라도 인터뷰를 통한 직접적 자료조사만으로는 한계가 있기에 문헌분석을 통해 성공한 경영자에 대한 정보를 얻는 것은 유효한 차선책으로 보인다.

균형 잡힌 시각으로 접근하기 위해서는 국내 경영자에 대한 연구도 필요하다.

전 지구적 명성을 얻지는 못하였다 하더라도 국내에서 명성을 얻은 기업가와 경영자들도 꽤 많다. 중소기업에서부터 대기업에 이르기까지 소문을 통해 듣거나 언론을 통해 알려진 성공한 창업자와 경영인에 대한 스토리는 적지 않다. 일반적으로 이런 스타 경영인들은 새로운 제품이나 서비스를 창안하여 이전에 없었던 새로운 시장을 창출하였고, 매출액과 시장점유율을 늘리고 새로운 일자리를 창출하여 규모가 큰 기업을 일군 성공한 경영인들이다. 이들은 주로 대기업집단(재벌)을 일군 창업자들과 2-3세 경영자들 그리고 국내 언론과 출판계가 주목했던 대기업, 벤처기업의 창업자나 경영자들로 구성된다. 한국경영사학회가 이들 창업자와 이들이 일군 기업에 대해 체계적으로 연구한 결과물도 많이 있으며, 언론계와 출판계는 성공한 혁신적 경영자를 꾸준하게 발굴하여 소개해 왔다. 성공한 경영자의 스토리를 분석하다보면 그러한 사람들은 무언가 특별한 것을 가지고 있음을 알 수 있다. 그래서 아이디어맨, 혁신자, 용감하고 열정과 인내심이 가득한 사람 그리고 운도 적절하게 따라준 행운아 등 다양한 수식어가 따라 붙는 경우가 많다.

최근 학계와 언론계는 객관적인 데이터를 근거로 성공적인 CEO를 뽑아 발표하는 노력을 보이기도 하였다. 2014년 12월에는 중앙의 한 일간지가 그 해의 베스트 CEO를 선정하여 발표하였다. 단순히 주관적인 명성에 의존하지 않고 영업이익과 시가총액 상승액이라는 계량적 지표를 기준으로 선정하였다. 성공한 CEO의 평균 프로파일은 58.7세 남성, 서울대 졸업, 경영학 전공, 미국에서 석사학위 취득, 서울 강남 거주, 취미는 골프, 자녀는 1남 0.7녀, 주량은 소주 0.8병, 비흡연, 존경하는 경영인 '스티브 잡스'였다. 하버드비즈니스리뷰는 전 세계의 3,143명(37개 국가)의 CEO를 대상으로 베스트 1000 CEO를 뽑았다. CEO의 재임기간(1998~2010년) 해당 기업의 TSR[1]을 근거로 평가하였는데, 애플의 스티브 잡스, 아마존의 제프 베조스, 이베이의 멕 휘트먼이 1, 2, 9위에 각기 올랐다. 그 중 100명의 평균 프로파일은 남성 98%, 학사졸업 99%, MBA취득자 28%, 자녀 3.1명, 미국국적 66%였다.

1) 주가상승분과 배당금액을 말함. Total Shareholder Return = ($Price_{end}$ − $Price_{begin}$ + Dividends)/$Price_{begin}$

3.1 성공한 경영자 사례

성공한 경영자의 특징을 찾는 방법은 마치 내시경으로 몸 안을 들여 보듯 그들의 삶의 여정을 들여다보는 길밖에 없다. 해당 경영인에 대한 기록과 문헌 그리고 인터뷰 자료를 통해 이들이 창업한 동기, 업종을 선택한 이유, 기업의 성장과 관련한 중요한 판단과 선택을 살펴보는 것이다. 이 과정에서 그들이 걸었던 길에 영향을 미쳤다고 판단되는 요인들 즉 가정환경(부모와 형제, 가풍 등), 교육적 배경, 타고난 성격, 주어진 환경과 기회를 심도 있게 검토하는 것이다. 이를 위해 성공한 창업자와 전문경영인 4명을 분석하였다. 시대별로는 근대 1명 현대 3명, 지역별로는 국내 2명 국외(일본) 2명, 창업자 겸 경영인 3명, 전문경영인 1명으로 나눌 수 있다. 다양한 범주의 사례를 선택한 이유는 성공한 경영인의 특징을 추론하는데 특정한 틀(시각)이 편견의 필터로 작용하지 않도록 하기 위해서였다.

1) 마쓰시다 고노스케: 근대 일본 창업자 겸 경영인

'경영의 신'이라 불리는 마쓰시타 고노스케는 1894년 일본 와카야마 현에서 태어났으며 간사이 상공학교를 중퇴한 후 일찍부터 취업전선에 뛰어들었다. 자전거 가게에서 점원으로 일하던 그는 1918년 마쓰시타 전기제작소(현재의 마쓰시타 전기산업)를 설립하였다. 1973년 은퇴하기까지 그는 '경영이란 끊임없는 창의적 연구를 통해 무에서 유를 창조하는 것이다'라는 신념을 실천하였다. 그는 독특한 경영이념과 탁월한 통찰력 그리고 국제적 감각으로 마쓰시타 전기를 세계적인 대기업으로 성장시켰으며, 특히 내셔널(National)과 파나소닉(Panasonic) 등의 브랜드는 세계적 인지도를 가지고 있다. 특히 1920년 세계적으로 대공황이 닥쳤을 때 그는 인력을 감축하기보다 사업부제를 도입하고 주5일제를 실시하는 등 현대 기업들보다 훨씬 앞선 경영 방식을 실천했다.

마쓰시타 고노스케는 어렸을 때부터 몸이 허약했고 가난 때문에 학업을 중단할 수밖에 없었지만, 역경을 기회로 만든 존경받는 경영자로 손꼽힌다. 그는 그의 성공 비결로 "집이 가난했기 때문에 꼬마점원이 되었지만 그 덕에 어렸을 때부터 상인의 몸가짐을 익혔고, 세상의 쓴맛을 조금이나마 맛볼 수 있었다. 태어날 때부터 몸이 약했기 때문에 남에게 일을 부탁하는 법을 배웠다. 학력이 모자랐기 때문에 항상 다른 사람에게서 가르침을 구했다. 이렇듯 내게 주어진 운명을 적극적으로 받아들여 무의식중에도 긍정적으로 살아왔기 때문에 길이 열렸을 것이다"라고 말하였다.

은퇴 후 고노스케는 기업 경영뿐만 아니라 일본의 미래에도 관심을 갖고 정성을 쏟았다. 1946년에는 PHP연구소를 창설하여 풍요로운 삶을 위한 PHP(Peace, Happiness, Prosperity)운동을 시작하였으며, 부패한 정치를 바로잡고자 「마쓰시타 정경숙」을 설립하여 인재양성에도 이바지했다. 그는 기업의 사회적 책임을 중요시하여 수많은 학술단체와 사회복지재단에 재산을 기부하는 일에도 열심이었다. 1989년 94세를 일기로 사망했다.

그가 위대한 창업자이자 경영자가 될 수 있었던 이유를 한 두 마디로 재단하기는 어렵다. 그렇지만 적어도 그의 성공에 정규 교육, 특히 경영교육이 미친 영향은 거의 없어 보인다. 그렇지만 그는 자신이 겪었던 모든 환경과 만나는 사람들을 통해 배웠던 창업자이자 전문경영자였다.

2) 손정의: 현대 일본 창업자 겸 경영인[2)]

손정의 회장은 1957년 8월 11일 일본 사가현 도스시 출생으로, 재일교포 3세다. 대구에서 살았던 할아버지 손종경이 일본으로 건너가 정착하여 아버지인 손삼헌을 낳았고, 손정의는 아버지 손삼헌의 아들 4형제 가운데 차남으로 태어났다. 손정의의 어머니 역시 이씨 성을 가진 한국인이었다. 그의 할아버지는 일본 사람들이 힘들어서 하지 않는 광산 노동자로 일했으며, 그의 아버지인 손삼헌은 생선장사, 양돈업 등의 여러 사업을 전전하였다. 손정의는 16세가 되던 해에 구루메 대학 부설 고등학교(久留米大学附設高等学校)에 입학하여 다니다가 이듬

2) 손 마사요시(일본어: 孫 正義 そん まさよし, 1957년 8월 11일 ~)

해 중퇴하고 일본 맥도날드 경영자 후지타 덴의 조언으로 유학을 준비했다. 그는 미국으로 건너가 캘리포니아 주 살레몬테 고등학교에서 유학을 시작했다. 고등학교를 2주 만에 졸업하였고 지역의 작은 주니어 칼리지를 거쳐 1977년에 버클리 소재 캘리포니아대학교에 입학하였다. 그는 그 곳에서 경제학과 컴퓨터과학을 공부하였다. 그는 2주 만에 미국 고등학교를 졸업한 사실을 소프트뱅크의 사보에 실은 적이 있다. 처음 그는 미국 고등학교 1학년에 입학하여 1주일 정도 1학년 과정을 공부한 다음 교장을 찾아가 테스트를 받은 후 2학년으로 월반했다. 그리고 3일 만에 다시 3학년으로 진급하였고 또 3일 만에 교장의 허락을 받아 대학검정자격시험을 쳐서 고등학교 과정을 3주 만에 끝내고 대학으로 진학할 수 있었다. 그만큼 그는 명석하였고 천재라 불릴 만한 재능을 가지고 하였다.

버클리에서 그는 '하루에 하나씩 1년 동안 발명을 계속한다'는 야심찬 계획을 세웠다. 단기간에 창업자금을 만들기 위해서는 아르바이트보다는 발명이 나을 것이란 생각 때문이었다. 그는 300개의 낱말 카드를 작성해 놓고 석 장씩 뽑아서 100개의 합성어를 만들었고 이것을 근거로 250건의 발명 아이디어를 생각해 냈다. 그 중에 하나가 훗날 특허를 얻어 샤프사가 상품화한 전자수첩(음성장치가 부착된 다국어 번역기 포함)의 원형이었다. 1978년 여름방학 때 그는 일본에 잠시 귀국하여 자신이 발명한 다국어 번역기의 특허 등록 가능성을 확인한 후, 샤프사의 중역(사사키 전무)을 만났다. 그는 당시로는 파격적인 1억 엔의 계약금을 주고 손정의의 상품아이디어의 특허권을 사 주었다. 그 결과 샤프는 마쓰시타보다 먼저 번역기능을 갖춘 전자계산기를 시상에 내 놓을 수 있었다.

1980년 그는 미국 캘리포니아 오클랜드에 유니손 월드라는 사업체를 설립한 적도 있었지만 공부를 마치면 귀국하겠다는 부모와의 약속을 지키기 위해 일본으로 귀국하였다. 24세가 되던 1981년, 그는 고향에서 가까운 구마모토에서 벤처사업을 시작하였지만 실패로 끝났다. 이 후 그는 1년 반 동안 치밀하게 계획을 세워 40가지의 사업아이디어를 구상하였고 그 중에 PC용 소프트웨어 유통을 주로 하는 소프트뱅크를 1981년 9월에 정보산업의 중심지인 도쿄에서 창업하였다. 그가 이 분야를 정할 때 기준은 '50년간 열중할 수 있는 분야인가?', '내가 최고가 될 수 있는 분야인가?"였다. 물론 그는 그 분야가 미국에서 유망한 업종으로 떠오르고 있음도 인지하고 있었다.

창업 후 한 달이 지났을 때 오사카에서 전자제품 관련 전시회가 있었다. 그는 당시로도 적지 않은 8백만 엔을 투자하여 입구에서 가장 가깝고 제일 큰 부스를 확보했고 확보한 부스를 10개의 소프트웨어 개발업체에게 무료로 빌려주어 자사 제품을 전시하도록 하였다. 당시에는 소프트웨어 소매점이 개발업체와 직거래하는 것이 상례여서 손정의는 매출을 통한 이익보다 소프트뱅크를 홍보하는 것으로 만족해야 했다. 그해 12월 오사카의 조신전기가 매력적인 비즈니스 기회를 소프트뱅크에 제안하였다. 오사카의 전자상가에서 가장 유명한 대형매장을 가지고 있던 조신전기는 PC 전문점 J&P를 개점하는데 필요한 소프트웨어 상품의 구색을 맞추는 일을 협력해 달라고 하였다. 이를 계기로 소프트뱅크는 조신전기로부터 소프트웨어 공급 독점계약을 따냈다. 그는 또한 일본 제일의 소프트웨어 개발사인 허드슨사와는 오천만 엔을 주고 독점 계약을 체결하였고, 빌 게이츠를 여러 번 만나 마이크로소프트의 윈도 독점 판매권을 따내기도 하였다. 소프트뱅크는 빠르게 성장했고 창업 4년 만에 소프트웨어 유통시장의 60%를 점유하기도 했다. 소프트뱅크는 1994년 기업을 공개했고 단숨에 2천억 엔을 끌어 모았다. 이 모든 일련의 사건들은 어떻게 보면 행운으로 비쳐질 수 있겠으나 그에게는 준비된 기회를 활용할 것이었다.

그의 다음 사업은 컴퓨터 관련 출판업이었다. 당시 일본 업체들의 견제로 잡지에 회사광고를 실을 수 없게 되자 스스로 컴퓨터 잡지를 출판한 것이 계기가 되었다. 1982년 5월에 「Oh! PC」 등 2개의 잡지를 창간하였지만 결과가 신통찮았다. 그는 독자들의 피드백을 직접 읽고 독자들이 원하는 글을 더 많이 싣고, 가격을 내리고, TV광고를 통해 지명도를 높이는 등 공격적 마케팅을 전개하였다. 그 결과 매달 5만 부씩 찍어 80% 이상이 반품되던 것이 10만 부를 찍었는데 3일 만에 품절되어 출판사업은 흑자로 돌아섰다. 그의 출판사업은 1996년 2월에 미국의 지프데이비스(Jiff-Davis)출판사를 인수면서 절정을 이루었다.

그가 다음으로 진출한 사업분야는 미국 IT전시기획업이었고 이를 위해 인터롭(Interop)과 컴덱스(Comdex)를 1994년, 1995년에 각기 인수하였다. 그는 빠르게 변하는 경영환경 속에서 창업을 통한 자연 성장은 너무 느리다고 생각하여 사세확장을 위해 M&A전략을 선호하였다. 이후 그는 1995년에 인터페이스 그룹(Interface Group) 컴퓨터 산업 전시회 부문 컴덱스(864억 엔), UCA&L(23

억 엔), 유니텍 텔레콤(Unitech Telecom)(32억 엔), 1996년에는 지프 데이비스(Ziff-Davis) 출판부문(2,268억 엔), 아사히 TV 주식의 21.4%(208억 엔), 세계 최고의 메모리 보드 업체인 킹스턴 테크놀로지(Kingston Technology)(1,629억 엔)를 인수하였다. 같은 해에 야후재팬을 설립하였으며, 2001년 브로드밴드 사업에 진출, 2004년 일본텔레콤을 인수하였고, 같은 해에 프로야구단 후쿠오카 다이에호크스를 인수하였다. 2006년 보다폰 일본법인을 인수하여 휴대전화사업에 진출하였다. 2008년에는 애플의 아이폰 3G 스마트폰을 일본에 발매하기도 하였다. 그는 M&A를 시도할 때 주도면밀한 승부사 기질을 발휘하였다. 예를 들어 컴덱스를 인수할 때 인터페이스 그룹 담당자와 첫 접촉을 가진 후 인수까지 꼬박 1년이 소요되었다. 1년 동안 손 회장은 노무라 기업정보사와 구파&브랜드 등 9개의 M&A 전문컨설팅사 30명의 컨설턴트들에게 검토를 의뢰하였다. 엔화상승과 여러 가지 경기 흐름을 고려한 위험도를 계산한 보고서를 모두 쌓으면 손회장의 키인 168cm를 넘길 정도였다. 그렇게 철저히 손익분석을 한 후에 그는 세계 최대의 컴퓨터 관련 상품 전시회 기획업체인 컴덱스를 인수할 수 있었다.

• • •

[Box 사례] 소프트뱅크 손정의 회장의 위기극복 전략

1994년 기업공개 후 승승장구하던 소프트뱅크는 20세기 끝자락에 닷컴 거품이 붕괴되면서 큰 위기를 맞게 되는데, 그 위기를 초고속인터넷이라는 신사업으로 극복하는 과정은 매우 드라마틱하였다. 2000년 3월, 끝없이 오를 것 같던 소프트뱅크의 주가는 100분의 1 토막이 났다. 70조 원이 넘던 손 회장의 재산도 1조 원 수준으로 급감했고, 소프트뱅크 주식 보유자들은 손 회장을 사기꾼이라고 손가락질했다. 손 회장은 위기 돌파를 위해 일본에 초고속인터넷을 도입하고자 했다. 이는 당시 일본 최대 IT기업인 NTT와 경쟁하는 것을 의미했다. 회사 내부의 반대가 거셌지만 손 회장은 곧바로 연구에 들어가 2001년 초고속인터넷 서비스를 발표했다. 한 달 이용료는 기존 인터넷의 1/8 수준인 990엔으로 책정했다. 손 회장이 초고속인터넷 서비스를 시작했을 때 많은 사람들은 미래를 부정적으로 봤다. 그래도 손 회장은 이렇게 외쳤다. "다들 저보고 미쳤다고 한다. 많은 애널리스트들이 소프트뱅크는 곧 파산할 거라고 말한다. 하지만 나는 내 방식대로 세상을 본다. 이 사업은 성공한다." 하지만 회선이 문제였다. 회선을 일본 전 지역에 새로 설치하기에는 시간이 턱없이 부족해 NTT의 인프라를 임대할 수밖에 없었다. 법에 따라 신규 회사를 도와야 할 NTT는 당연히 경쟁업체인 소프트뱅크를 돕지 않으려했다. 손 회장은 정부기관에 달려가 분신자살을 하겠다고 협박했다. 그는 "총무성 당신들이 NTT에 똑바로 하라고 말하지 않는다면 여기서 내 몸에 기름을 끼얹고 내 손으로 불을 지르겠소"라고 소리쳤다. 정부 당국자는 기겁해 NTT에 회선을 임대해주라고 지시했다. 손 회장은 가까스로 초고속인터넷 서비스를 시작할 수 있었다.

그 후 손 회장은 하루 18시간 일에 매진했다. 손 회장은 "내가 누군가에게 3시에 보자고 말하면 그건 꼭 오후 3시가 아닐 수도 있었다"며 "새벽 3시에도 회의를 소집했고 필요하면 언제든 밤을 새웠다"고 회고했다. 사무실에 온통 직원들의 땀 냄새와 며칠 동안 목욕을 못한 손 회장의 시큼한 냄새가 가득했다. 이렇게 초고속인터넷사업에 몰두했지만 매년 1천억 엔씩 적자가 났다. 하지만 손 회장은 야후 주식 등 개인 자산을 내다팔면서 4년 동안 흔들림 없이 사업을 밀어 붙였다. 이 과정에서 10년 넘게 손 회장의 오른팔 역할을 하던 재무책임자가 회사를 떠나기도 했다. 미래가 불확실한 초고속인터넷에 올인 하느라 회사 재무상태를 심각하게 만든 데 대한 반감 때문이었다. 소프트뱅크의 초고속인터넷은 2005년에 드디어 첫 흑자를 달성했다. 그 이듬해 소프트뱅크의 시가총액은 주가가 최저점을 찍었던 6년 전보다 10배 넘게 상승해 20조 원을 다시 돌파하면서 손회장은 일본 최고 부자 자리에 화려하게 재기했다.

그는 신생 IT벤처기업의 투자가치성을 상당히 정확하게 분석하여 대규모 투자를 하는 것으로도 유명하다. 중국의 최대 전자상거래업체 알리바바는 2014년 9월에 미국 증시에 상장되면서 공모가(68 달러)보다 자그마치 38.1% 높은 93.89 달러에 첫날 거래를 마감했으며, 시가총액은 단숨에 2314억 4000만 달러(241조 6000억원)로 뛰어 페이스북(2026억 7000만 달러)과 삼성전자(178조 2000억원)를 단숨에 제쳤다. 이 상장으로 잭팟이 터진 사람은 알리바바의 CEO 마윈만이 아니라 알리바바 지분 34.4%를 보유하고 있는 손 회장이었다.

손 회장의 소프트뱅크는 투자를 원하는 기업을 초청해 아이디어를 듣는 행사를 정기적으로 개최해왔다. 이 행사를 통해 손 회장은 2000년 알리바바를 창업한지 1년이 지난 마윈을 만났다. 마윈은 "중국 소상공인을 세계 모든 소비자와 연결하겠다"는 목표로 전자상거래기업 알리바바를 창업했다고 하였다. 당시 마윈은 IT기술을 전혀 모르는 평범한 영어교사 출신이었고, 직원은 20여 명이 전부였다. 그러나 손 회장은 마윈의 브리핑을 들은 지 6분 만에 투자결정을 내리고 알리바바의 최대주주가 됐다. 손 회장은 당시 마윈에 대해 이렇게 평가했다. "마윈은 야후의 창업자인 제리 양이나 아마존의 창업자인 제프 베조스, 빌 게이츠와 같은 영웅이 될 것이다. 왜냐하면 그는 새로운 비즈니스모델을 창안했기 때문이다." 손 회장의 예언은 곧 현실이 되었다. 알리바바는 창업 7년 만에 중국 최대 전자상거래기업으로 우뚝 섰다.

손 회장은 또한 1995년 야후의 최대주주가 됐다. 야후는 손 회장이 투자할 만한 벤처기업을 찾던 중 발견한 신생회사였다. 야후의 검색엔진은 입소문을 타고 인기를 얻고 있었다. 손 회장은 야후에 관한 소식을 듣자마자 야후가 있는 실리콘밸리로 향했다. 당시 야후는 창업한 지 반 년밖에 안 된 상태였고 직원도 15명에 불과했다. 매출 200만 달러에 적자가 100만 달러였다. 알리바바와 마찬가지로 미래가 불확실한 벤처기업이었다. 손 회장은 27살의 야후 CEO, 제리 양을 만나 피자와 콜라를 먹으며 얘기를 들은 뒤 성공을 확신했다. 당시 미국은 IT기업들의 주식에 끼인 거품으로 주식시장이 과열양상을 보인다며 경계의 목소리가 컸지만 그는 과감하게 1억5천만 달러를 투자해 야후 지분 35%를 확보했고, 야후재팬의 운영권도 따냈다. 미국 경제계의 우려도 무색하게 제리 양은 학생에서 사업가로 변신에 성공했고 야후는 나스닥에 상장해 승승장구했다. 일본에 세운 야후재팬도 큰 인기를 끌어 설립 2년도 안 돼 기업을 공개했다. 미국과 일본에서 야후의 인기가 치솟은 덕분에 2000년 손 회장의 재산은 78조 원에 이르렀다.

그의 초창기 행적을 살펴보면 자신의 아이디어의 가치를 가늠하기 위해 특허사무소를 찾았고, 특허사무소 소장의 인맥을 활용하여 샤프사의 중역을 만났고, 창업에 필요한 종자돈을 샤프를 통해 확보하였다. 그가 성공적인 비즈니스를 위해 거쳐야 하는 이러한 과정들은 어디서 인지하였고 배운 것일까? 손정의는 사업에 관한 한 천재적 자질을 가진 사람으로 볼 수밖에 없다. 그의 탁월한 통찰력,

창의적 사고, 열정과 적극성, 인내심과 소통능력은 창업에 가장 최적화되어 있다고 해도 과언이 아니다. 손정의는 때로 운이 좋기도 하였지만 아이디어맨이었고 동시에 공학적 두뇌를 가진 실무형 비즈니스맨이다. 때로 길이 보이지 않을 때 만들어서 가기도 했다. 그가 컴퓨터 관련 출판업에 뛰어든 것이 그랬다. 당시 일본 업체들의 견제로 잡지에 소프트웨어 광고를 싣지 못하자 스스로 컴퓨터 잡지를 출판하였다. 손 회장을 도와 소프트뱅크를 이끌어가는 세 명의 핵심인물이 있었다. 그들은 기업가로서 손 회장의 특징(장점)을 트렌드를 정확하게 읽는 능력, 정보에 근거한 합리적·과학적 경영, 빠른 판단과 결정, 창의력·독창성, 도전정신과 실행력, 감성, 소통과 협상력 등이었다(유스케, 1996). 그에게서 탁월한 창의력이 뒷받침한 기획능력, 트렌드 분석력, 과감한 실행능력, 도움을 줄 인재발탁능력은 기업가의 핵심 성공요인임을 엿볼 수 있다.

3) 박순호 회장: 현대 국내 창업자 겸 경영인

패션전문기업 세정그룹은 지방에서 패션사업은 성공할 수 없다는 통설을 깨고 40여년의 역사를 지닌 부산의 향토기업이다. 2011년에 그룹매출 1조 원을 돌파한 중견기업으로서 패션을 중심으로 유통, 건설, IT 등 9개의 관계사를 거느린 글로벌 생활문화 기업이다. 세정의 패션사업의 핵심은 장수브랜드 남성복 인디안을 비롯해, 여성복 올리비아로렌과 앤섬 그리고 데일리스트, 아웃도어 센터폴과 피버그린, 주얼리 디디에두보 등에 있다.

패션(fashion)은 유행에 민감한 분야이다. 하나의 브랜드를 론칭하더라도 오래 지속될 수 없는 것이 이 업종의 현실이다. 2014년 현재 국내 패션시장에 이름을 내건 브랜드는 2000여 개나 된다. 매년 새롭게 탄생하는 패션 브랜드가 100여종이고, 그 중 절반가량은 소리 없이 사라진다. 워낙 많은 브랜드가 태어났다가 사라지기 때문에 한국패션협회·패션산업연구원과 같은 전문기관조차도 그 현황을 제대로 파악하지 못할 정도이다. 이처럼 변화무쌍하고 지속경영이 쉽지 않은 분야에서 40년을 버텨온 패션 브랜드가 순수 토종 패션의류 브랜드 '인디안'이다. 박 회장이 처음으로 생산한 티셔츠 400장을 서울 남대문시장으로 가져가 팔기 시작한 이후, 인디안은 2005년 국내에서 단일 브랜드 최초로 연간 매출 3000억 원을 넘겼으며 지금은 전국 380여개의 매장에서 팔리고 있다. 삼성그룹 제일모직의 '빈폴'도 인디안에 수개월 뒤진 적도 있었다. 2006년엔 '한국최고브랜드대상'을 받았고 2011년에는 그룹 전체 매출이 1조원을 넘었다.

박순호 회장은 마쓰시타 전기산업의 고노스케 회장과 비슷한 이력을 가지고 있다. 어릴 적 가난했던 경험이 훗날 창업을 하고 경영하는데 큰 자산이 되어주었고, 공부할 기회가 적어 학력이 낮음에도 대기업을 일구었다. 박 회장은 어린 시절 신발이 다 닳아 다섯 발가락이 모두 나올 정도로 가난했으며, 초등학교까지 매일 4㎞를 걸어 다니며 돌부리에 발가락을 다쳐 아프기 일쑤였다. 그를 분석 사례로 선택한 것은 정규교육을 별로 받지 않았던 그가 패션사업을 하기에는 많은 한계가 있는 지방 도시에서 대기업을 일구었고, 당시 동일한 출발선에 있었던 수많은 메리야스 제조업체들이 있었지만 세정만이 특별히 패션의류 대기업으로 성장하였는데, 그런 기업을 키운 리더, 즉 CEO 박순호 회장의 성공요인에 특별한 관심이 갔기 때문이다.

경남 함안 출신의 박순호 회장은 초등학교만 졸업하고 열일곱 살에 마산 부림시장 내 동양상회라는 소매점의 점원으로 취업하면서 그의 사업여정은 시작되었다. 그는 가게 마룻바닥에서 숙식을 하면서 상부 정리와 배달, 거래처 수금을 주로 하였지만 그 일에만 스스로를 한정하지 않았다. 그는 시장 옷가게에 걸려 있는 다양한 의류들을 구경하는 일을 즐겼고, 공장과 거래처를 돌아다니면서 편직기 돌리는 법, 염색하는 법, 티셔츠 재봉하는 법을 눈여겨보았다. 그는 직공들에게 귀찮을 정도로 물어 그 기술들을 배웠고 밤에는 야간고등학교를 다니면서 부족한 공부를 메웠다. 그는 점원의 삶 자체를 학습의 기회, 요즘으로 말하면 인턴 또는 현장실습의 기회로 최대한 활용한 것이다.

20대 초반, 그는 창업의 꿈을 안고 마산에서 부산으로 이주하였다. 꼬박 사흘 동안 시내를 이리저리 돌아다니다 직감적으로 의류도매시장에서 일을 배우면 돈을 벌 수 있을 것 같다는 느낌을 받았다. 그는 손정의 회장처럼 의도적으로 집요하게 사업기회를 찾았다. 서울상회에서 경험을 더 쌓다가 23세 때 동춘상회를 설립하면서 본인의 사업을 본격적으로 시작하였다. 저녁엔 공장 일을 도우면서 생산기술을 배웠고, 낮에는 만든 메리야스를 파는 장사를 하였다. 28살이 되던 때(1974년) 박순호 회장은 유통만으로 큰돈을 벌 수 없다는 것을 깨닫고는 시장 한쪽 132㎡(40평) 남짓한 공간에 편직기(編織機) 4대, 재봉틀 9대로 「동춘섬유공업사」를 창업하여 본격적으로 제조업에 뛰어들었다. 제조업을 시작하기 위해 그는 서울의 남대문시장, 동대문시장을 다니면서 시장조사를 철저히 하였다. 당시 독립문PAT라는 선두 브랜드가 질 좋고 가격이 저렴한 면 셔츠를 만들어 팔고 있었고 그 외에 이름도 없는 수백 개의 공장들이 티셔츠를 만들어 서울의 도매상을 통해 전국으로 유통되고 있었다. 그래서 그는 유명 메이커가 아니라도 값싸고 품질 좋은 제품을 만들면 잘 팔 수 있을 것이란 자신감을 가졌다. 그는 10여 년간 메리야스 도소매 경험과 제조기술을 잘 알고 있었기에 400벌의 시제품을 어렵지 않게 만들어 서울 도매상(주문자)의 요구에 맞출 수 있었다. 이때 그는 시제품을 그냥 납품하지 않고 「인디안」이라는 브랜드명을 부착하여 납품하였다. 그는 상품이 소비자의 눈길을 사로잡고 오랫동안 기억되도록 하기 위해서 상표(브랜드)가 중요하다는 것을 알고 있었다. 그 결과 인디안 셔츠의 인기는 날마다 높아져갔다. 박 회장은 일찍부터 광고의 중요성을 간파하고 1977년부터 이미 라디오와 잡지에 브랜드 광고를 시작하였다. 품질 좋은 제품과 브랜드 광고는 인디안이 재래시장에서 최고의 브랜드로 자리매김하는데 큰 보탬이 되었다.

그의 브랜드경영은 1991년 6월 1일 동춘(東春)이라는 사명을 세정(世定)으로 바꾸는데 까지 이어졌다. 회사명 세정은 섬유 제조사라는 기존의 낡은 굴뚝기업의 이미지를 벗고 종합 패션기업으로 새롭게 도약하기 위한 정신이 담겨 있었다. 사실 박 회장에게 '동춘'이라는 사명은 자신과 생사고락을 같이 하면서 손길과 땀이 배어있는 명칭이어서 사명을 바꾸는 일이 쉽지 않았음에도 과감한 결단을 내렸다. 이 무렵 박 회장은 회사의 정체성을 재정립해해야 할 필요성을 강하게 느껴 개인소유였던 회사를 주식회사로 전환하였다. 그는 주식회사로의 전환이 기업의 투명성과 대외적 공신력을 더 높일 수 있어 공익을 지향하는 기업으로 한 걸음 더 다가살 수 있다고 판단하였기 때문이었다.

2003년부터 박 회장은 국내 패션의류시장이 점점 포화되고 있다는 판단에서 의류의 브랜드 가치를 더 높이기 위한 노력을 시작하였다. 대한민국 국민이면 누구나 사고 싶고, 믿음을 주고 믿음을 파는 제품, 즉 토털패션 국민브랜드 구축의 필요성을 감지하였다. 이를 위해 그는 매장을 대형화하고 영국의 유명한 버버리처럼 브랜드 정체성이 확립되어야 함을 깨달았다. 그래서 인디안의 고유한 하우스 패턴, 즉 체크를 개발하기도 하였다.

• • •

[Box 사례] 박순호 회장의 최대자산: 신용

1977년에 박순호 회장은 판매예측을 잘못하여 여름 제품의 반품과 재고가 과도해져 외상으로 납품받은 원단값을 갚을 수 없는 지경에 이른 적이 있었다. 원단을 공급했던 쌍미실업은 당장 동춘섬유를 차압할 기세였는데, 박 회장은 쌍미실업의 사장에게 다시 면제품 원단을 짜주면 2년 안에 모든 빚을 갚겠다고 과감하게 제안하여 허락을 받았다. 그는 쌍미실업의 공장에서 살다시피 하며 새로운 디자인의 원단을 만들었고 그것으로 만든 의류가 다시 선풍적인 인기를 끌면서 동춘섬유는 약속한 2년 안에 쌍미실업의 빚을 모두 갚고 재기할 수 있었다. 박 회장이 젊었을 때 첫 사업을 시작할 때도 자본금이 부족하여 가게 전세보증금을 낼 수가 없었는데 나중에 내겠다고 약속한 후 6개월 후 정확하게 갚았었고, 제조업을 시작하기 위해 환편직기와 재봉틀을 구입할 때도 외상으로 구입한 뒤 약속한 기간에 반드시 이를 갚았다. 이러한 사례들은 그가 얼마나 신뢰와 신용을 중시하는 지를 잘 보여주는 에피소드라 할 수 있다. 그는 신뢰를 바탕으로 사람의 마음을 얻었고 위기를 극복했던 사업가였다.

그는 트렌드를 정확하게 읽고 끊임없이 제품을 개량하거나 신제품을 출시하여 시장을 선도하였다. 1980년대에 국민소득은 높아갔고 기존의 티셔츠중심의 생산으로는 성장에 한계가 있었다. 이에 박 회장은 실켓원사를 사용하여 다양한 신제품을 만들 계획을 세웠지만 수입 실켓원사 가격이 너무 높아 채산성이 없었다. 그는 이 문제를 해결하기 위해 당시 동일방직과 제휴하여 집요하게 노력한 결과 국산 니트용 실켓사를 처음으로 국산화하였다. 이 실켓사로 만든 티셔츠는 기존의 티셔츠보다 한 차원 높은 고품질의 제품이어서 시장에서 선풍적인 인기를 끌었다. 제품과 원자재의 혁신에 더하여 그는 끊임없이 경영·생산·마케팅 전략과 시스템을 시대에 맞춰 혁신해 갔다. 박 회장은 또한 품질 및 생산성 향상을 위해서 생산설비에 과감한 투자도 아끼지 않았다. 당시에는 타사 보다 생산성이 우수한 설비, 남과 차별화되는 제품을 만들 수 있는 설비를 보유하는 것이 바로 경쟁적 우위를 점할 수 있는 요인이었기 때문이었다.

1987년 11월에 박 회장은 자신의 사업 여정에서 가장 힘든 결단을 내려야 했다. 당시 경제는 호황이었고 소득증대로 인해 소비자의 욕구는 다양화되고 고급화되어가고 있었다. 이제 의류가 단순히 몸을 가리고 추위를 막아주는 개념에서 자신의 개성을 표현하는 시대가 오고 있음을 박 회장은 예감하였다. 이런 상황에서 계속 재래시장의 유통방식을 고수한다면 성장은 고사하고 머지않아 회사의 문을 닫아야 할지 모른다고 예감하였다. 인디안의 유통방식을 재래시장의 도매방식에서 프랜차이즈에 의한 대리점방식으로 과감하게 전환한다는 것은 대기업의 대형 의류회사나 유명 디자이너들의 제품인 하이패션과 직접 경쟁을 하는 것을 의미하며, 고급 고객층으로 표적시장을 이동하는 것을 의미하기에 엄청난 투자와 위험이 따르는 결정이었다. 프랜차이즈 방식에 의한 대리점 유통방식은 주요 상권에 점포를 내야하고 지속적인 광고를 통해 브랜드 이미지를 제고하면서 전폭적인 투자를 해야만 경쟁에서 살아남을 수 있는 새로운 게임이었다. 그의 주변에는 이러한 유통전략의 일대 변혁으로 세정이 떠안을 수 있는 위험에 대한 두려움으로 떠는 경영자들이 많았다. 그럼에도 그는 내부적으로 경영진이 이 문제를 토론하여 구체적인 전략과 실행방안을 수립하도록 하였고 전사적으로 새로운 변화에 대응할 수 있도록 조직을 이끌어 나갔다.

당시 인디안은 재래시장 도매방식을 유지했더라도 매출에 전혀 문제가 없었기에 유통방식을 전환하는 결단이 더욱 어려웠다. 그렇지만 그 때 변화를 과감하게 시도하지 않았더라면 인디안이라는 브랜드는 시장에서 사라지고 없었을 것이다. 인디안 이후 빅게이트나 빅벨과 같은 몇 몇 재래시장 브랜드들이 대리점체제로 전환하려 하였으나 이미 시장은 포화되어 성공한 사례가 거의 없었다. 그만큼 인디언은 적절한 시기에 유통방식의 혁신을 성공적으로 이뤄냈던 것이다. 박 회장은 힘들게 대리점 체제로 전환한 후 1992년까지 5년 동안 전국의 200개 가까운 대리점을 일 년에도 몇 차례씩 순회하면서 현장경영을 주도하였다. 그는 경영의 핵심이 현장에 있음을 누구보다 잘 잘 알고 있었다. 그는 대리점을 방문할 때마다 새로운 소비층에 대한 연구도 게을리 하지 않았다. 주된 소비층이 누구인지, 주 고객들의 소득수준은 어느 정도인지를 알고 상품을 기획하고 가격과 품질을 책정해야 한다고 믿었다. 그는 고객관리 중요성을 일찌감치 파악하였고 그래서 훗날 데이터베이스마케팅과 고객관계관리(CRM)를 누구보다도 빨리 시작할 수 있었다. 대리점체제가 성공적으로 정착된 이후 인디안은 연평균 30%의 고속성장을 이뤘다.

박 회장의 위기대응 능력과 문제해결능력 역시 뛰어났다. 한 번은 인디안이 지금까지 시도한 적이 없었던 칼라 셔츠를 출시하였는데 경쟁업체의 제품과는 달리 오래 입거나 세탁을 하면 뒤틀어지는 단점이 있었다. 그는 이 문제를 해결하기 위해 경쟁사 제품을 분석하기도 하였고 재료, 봉제, 디자인 등에서 미흡한 점을 하나씩 찾아 수정해 나갔다. 그렇게 몇 달을 이 문제에 매달린 끝에 뒤틀리는 칼라 문제를 해결한 획기적인 제품을 만들 수 있었다.

1998년 외환위기 때 세정 역시 그 충격을 피해갈 수 없었다. 경제는 마이너스 성장을 기록했으며 연 30%씩 성장하던 성장세가 일시에 멈추었고 매출도 감소했다. 위기는 1998년 2월에 영업을 시작한 세정텔레콤에서부터 시작되었다. 무선호출사업에 필요한 기지국과 기반시설에 막대한 자금(84억)을 투입하였지만 매출은 오르지 않으니 세정그룹 전체가 유동성 위기에 몰렸다. 그간 무차입 경영을 해온 것이 거꾸로 은행에서 대출을 하는데 걸림돌로 작용했다. 힘들게 30억 원까지 대출을 받았으나 그룹은 여전히 위기상황을 극복하지 못하고 있었는데 그때 인디안은 독특한 마케팅을 통해 매출을 늘렸고 위기를 극복할 수 있었다. 당시 각 매장이 확보하고 있었던 고객명단을 이용하여 고객들에게 5000원 할인권을 발송하였는데 이 할인쿠폰 전략으로 상당한 성과를 거뒀다. 연 이은 추석명절 때, 5000원 할인권을 사용한 사람과 10만원 이상 구매했던 고객들에게 1 만원 할인권을 다시 보냈는데, 회수율이 54%나 될 정도로 대히트였다. 이러한 DB 마케팅은 대대적인 TV광고와 병행하였다. 그는 어려운 때임에도 불구하고 매장들을 더 나은 상권으로 옮긴다든지 어려운 대리점에게 성과형 마진제를 적용한다든지 신규 브랜드(10대를 위한 브랜드 NII 등)를 계속 만들어내고 해외시장을 개척하는 등의 공격적 경영을 하였다.

1995년 한창 사업이 확장되고 있던 시절, 그는 자동화된 첨단물류시스템을 도입하였고 경영의 효율성을 제고하기 위해 최종사용자들이 바로 정보에 접할 수 있도록 하는 경영정보시스템을 구축하는데 거금을 투자하였다. 2000년에는 DB 마케팅시스템(고객관계관리시스템)의 구축 등 환경 변화에 대응하고 복잡한 경영 문제를 해결하기 위한 혁신에 과감하게 투자하였다.

그는 지속적 경영을 위해서 인재의 확보와 전문적인 외부기관의 도움이 매우 중요하다는 것을 잘 알고 있었다. 1996년에 지방기업의 한계를 극복하고 마케팅과 영업역량을 제고하기 위해 김운현 전무(삼성의 패션분야 출신)를 스카우트했다. 그는 현장밀착형 영업을 강화하기 위해 영업소를 전국적으로 설립하여 영업 직원들을 현장 가까이에 배치함으로써 이들의 마케팅 및 영업능력을 극대화하였다. 1999년 8월, 박 회장은 불확실한 미래에 대한 새로운 목표와 계획을 수립하기 위해 컨설팅회사의 도움을 받아 비전과 전략 등 중장기 경영계획을 다시 수립하였다. 당시 백화점과 가두점이 패션유통의 양대 산맥을 형성하고 있었지만 아울렛사업이 새로운 기회가 될 것으로 예측되어 2003년부터 아울렛사업을 시작하였다. 아울렛은 부동산개발과 새로운 패션유통 채널이라는 두 마리 토끼를 잡을 수 있는 기회였는데 그는 이 기회 역시 놓치지 않았다.

2015년 현재 박 회장은 회장임에도 불구하고 여전히 현역처럼 경영 일선에서 일하고 있다. 그는 매년 내년 봄·여름 신상품 900여종의 디자인을 일일이 살펴보고, 111개 디자인을 직접 고치기도 한다. 그는 옷을 만져보지 않고 보기만 해도 원단이 순면인지, 폴리에스테르 면인지, 폴리에스테르 레이온인지 금방 구분할 수 있을 정도로 이 분야에 달인이다.[3)]

그는 경영에 필요한 기술과 지식을 시장과 현장에서 배운 사람이다. 요즘으로 말하면 아르바이트나 인턴사원을 하면서 사업에 필요한 아이디어와 경영지식을 모두 배운 셈이다. 패션사업에 기초가 되는 직물을 편직하는 기술, 염색하는 기술을 현장에서 배웠고 사업아이디어도 시장에서 얻었다. 지독한 가난으로 그는 일찍 생활전선에 뛰어들었고 23살이라는 젊은 나이에 창업하였다. 박 회장은 "배불리 못 먹던 젊은 시절, 가난으로 받은 쇼크가 지금의 나를 있게 한 원동력"이라고 말했다. 그는 자신이 가진 것을 사회와 나누기 위해 매우 적극적이다. 스스로 가난했던 때를 늘 기억하기 때문이다. 그는 과감하게 성과급과 이익배분제를 통

3) 조선일보 2014.12.22. "'난닝구 청춘'의 꿈, 40년 장수 인디안을 만들었다".

해 직원들을 동기부여해 왔는데 이는 나눔경영의 일부이다. 그는 신뢰와 신용으로 자신에게 부족하였던 재정적 자본을 대체하였고 이를 위해 인간관계를 매우 중요시 했다. 돈독한 인간관계를 통해 그는 새로운 사업적 기회를 발견할 수 있었고 또 그것을 발전시켜 나갈 수 있었다. 정규 학교교육이 그의 경영역량에 많은 영향을 미친 것 같지는 않다. 그는 현장에서 메리야스 제조기업을 경영하는데 필요한 기술을 배웠고, 시장에서, 경쟁업체로부터, 고객으로부터, 자신이 고용한 인재로부터 변화와 확장에 필요한 지식을 얻었다. 그가 성공적인 창업자가 될 수 있었던 것은 타고난 인내심, 성실함 그리고 부지런함이 바탕이 되었을 것이며, 이후 현장과 시장에서 시행착오를 거치면서 자연스럽게 터득한 창의적 문제해결능력, 전략적 사고능력, 인간관계 구축능력 때문에 성공한 경영자가 될 수 있었다.

4) 이화언 대구은행장: 현대 국내 금융업 전문경영인

이화언 대구은행장을 사례분석에 포함한 것은 세정의 박 회장과 비슷한 연령(1940년대 중반 출생)이지만 정규 교육을 받았고 이후 비교적 안정된 은행에서 전문경영인의 길을 걸어갔다는 차이점 때문이었다. 그는 대구은행에 입사하여 40년 가까이 재임한 후 은행장을 끝으로 금융업에서 CEO 커리어를 마친 사람이다. 물론 국내외적으로 큰 명성을 누린 스타급 CEO는 아니지만 지역에서는 한 때 영향력 있는 CEO로서의 명성을 누렸으며, 내부승진을 통해 수많은 경쟁자를 물리치고 은행장 자리에까지 오른다는 것은 결코 쉬운 일이 아니다. 은행장이 되기 위해서는 다양한 부서에서 다양한 과업을 수행하고 문제를 해결한 경험을 축적해야 하고 원만한 인간관계를 통해 상사와 부하로부터 신망을 얻어야 한다. 때로 주어진 과업에서 탁월한 실적도 쌓아야 하고 회사를 위험에 빠뜨리는 실수도 절대하지 말아야 한다. 40년간 한 조직에서 깨끗하게 업적을 쌓아가다 최종적으로 조직의 정점에 이른다는 것은 결코 녹록한 일이 아니라는 생각에서 이 행장을 선택하였다.

이화언 전 행장은 1940년 중반에 경북 구성면 상원리(김천 시내에서 16km 거리)에서 태어났다. 농촌지역에서 초·중등학교를 마쳤고 김천에 있는 성의상업고등학교(현 성의고등학교)를 다녔다. 가톨릭재단이 설립한 성의학교의 건학이념은 양심을 강조하였는데 그가 학창시절에 체득한 양심에 관한 교훈은 이행장의 평생에 걸쳐 삶의 나침판이 되었다. 그는 건전한 기업문화의 정착을 위해 특별한 노력을 기울였는데, 깨끗하고 건전한 기업만이 오래도록 존경받는 위대한 기업이 될 수 있다는 신념을 가지고 금품수수 및 향응 접대를 절대 받지 않고 은행의 규정을 잘 지키는 윤리경영을 적극 실천하였다. 그 결과 행장재임 시절에 서울대학교와 한국경제신문사가 주관한 제1회 '한국을 빛낸 CEO'의 윤리경영부문에서 상을 받기도 하였다. 젊은 시절에 받은 교육이 한 CEO의 신념과 행동에 영향을 미친 구체적인 사례라 할 수 있다.

뛰어난 CEO들 중에 감성적인 인물들이 많다. 그 역시 그랬다. 한 지인은 그를 "감성이 풍부한 영국 신사"라 부르기도 하였다. 남을 배려하고 존중하며 자신에게 엄하고 타인에게는 봄바람처럼 훈훈하게 대하는 스타일 때문이었다. 그는 글쓰기를 즐겨하였다. 4년간 은행장으로 재임하면서 직원들에게 매주 다양한 주제의 감동적인 CEO레터를 180여회 보낸 전력이 있다. 그는 비록 대학에서 경제학을 전공하였지만 학창시절부터 역사에 관심이 많았고 문화와 예술을 늘 동경했다. 대학시절 근대 학문의 근간이 되는 서양 고전들을 많이 읽었으며 한 해 동안 100여 편이 넘는 영화를 감상한 때도 있었다. 그의 감성적 성향은 직원과 고객의 감성을 터치하는 경영활동으로 이어졌다. 그는 재임기간 내내 '직원중시경영'을 실천하였다. 이는 세정의 박순호 회장과도 비슷하다. 기업의 '내부고객'인 직원들이 직장생활에서 긍지와 보람을 느끼고 만족할 때 비로소 고객만족과 주주가치 극대화를 실현할 수 있다는 철학 때문이었다. CEO가 직원을 경영의 중요한 파트너로 생각하고 직원들의 목소리에 귀 기울이는 동시에, 직원 위에 군림하는 것이 아니라 직원의 눈높이에서 '섬김의 리더십'을 발휘했던 것이다. 특히 취임식 때 권위주의와 형식에 젖어 있는 사고를 바꾸고자 임원들과 먼저 식장에 도착하여 직원들을 맞이했고, 직접 임원들을 소개하면서 업무분장을 했다. 부점장등에게 사령장을 수여할 때에도 좁은 3층 회의실에서 서서하는 딱딱한 방식 대신 잔잔한 음악이 흐르는 강당에서 앉은 채 실시하였다. 새롭게 발령받은 직원들은 본점 층층을 올라 다니면서 부서장들을 찾아가 인사하는 폐단이 있었는데 이를 없애기 위해 본부 부서장들도 사령장 수여식에 참석토록 하였다.

그의 감성적 역량은 조선 중기 고승인 진묵대사가 쓴 아래 한시에서 대구은행의 초우량 세계적 지역은행의 비전을 찾은 데서도 엿볼 수 있다. 한 고승의 호연지기를 통해 대구은행의 성장비전을 찾은 것이다. 그는 문화 후원, 즉 메세나(Mecenat)가 사회봉사와 함께 자본주의사회에서 기업이 할 수 있는 최고의 사회 환원이라고 생각하였고 이를 통해 은행을 적극 홍보하기도 하였다. 또한 지역민들을 위한 금융박물관과 지역 예술가를 위한 DGB갤러리를 오픈하기도 하였다.

하늘을 이불 삼고 땅을 자리 삼으니 산은 베개가 되는 구나
달을 촛불 삼고 구름을 병풍 삼고 바다를 술통 삼아
거나하게 취하여 일어나 덩실 춤을 추니
문득 곤륜산에 소맷자락이 걸릴까 염려 되는구나

그의 인문학적 감성은 창의적 경영능력과도 연결되는 것 같다. 그는 '편지바둑'을 통해 독일에서 공부하는 동생과 재미나게 소통하기도 하였다. 서로 편지를 교환할 때마다 바둑돌 하나씩을 놓아가다가 동생이 귀국한 후에 그 대국을 마감했다는 일화이다. 1993년 초 그가 역삼동 지점장을 역임하던 시절, 감성경영과 관련된 몇 가지 일화가 있다. 당시 은행 최초로 지점 문고인 '파랑새 문고'를 개설하여 직원들뿐만 아니라 고객들에게도 큰 호응을 받았다. 훗날 그는 직원들이 인문학적 소양을 함양하도록 늘 독서를 장려한 CEO였다. 그는 또한 지점장시절 '한솥밥 먹기'를 시행한 적이 있었다. 주변의 식당이 변변찮았고 가격도 비싸 지점 한 구석에 간이식당을 마련하였다. 밥은 직접 짓고 반찬을 직원이 돌아가며 준비해 오는 방식이었다. 한솥밥 먹기로 직원들은 시간도 절약하고 용돈도 아끼고 건강도 챙기는 것은 물론, 한솥밥으로 정이 나 전 직원들이 한 형제처럼 화합하는 장을 만들었다. 그의 감성경영은 서번트(servant), 즉 섬김 리더십에 뿌리를 두고 있다. 서번트 리더십은 직원들 위에 군림하는 대신 직원들의 의견에 귀 기울이고 직원들의 생각과 입장을 이해하고 공감하려고 노력하는 섬김의 리더십을 말한다.

그는 다양한 창의 경영을 실천하기도 하였다. 1993년 그가 젊은 시절, 고객밀

착경영을 실천하기 위해 주변 상가의 상인들을 직접 찾아가 '동전과 소액권 교환해 주기'를 실시하여 이들을 단골 고객으로 끌어들이는 큰 성과를 거두었다. 감성이 풍부하면 타인의 입장에서 동일한 감정을 쉽게 공감할 수 있다. 혼자 장사를 하는 소상인들의 불편한 부분을 공감하였고 그 문제를 해결하기 위해 '동전과 소액권 교환'이라는 아이디어를 낼 수 있었을 것이다. 훗날 그는 직원들의 기를 살려주는 동시에 보람차고 신나는 일터를 만들어 경영의 효율성을 극대화할 수 있는 펀경영(fun management)을 실천하기도 하였다. 그는 잘 노는 사람이 일도 잘한다고 보았는데, 그 이유는 한 가지 일에 미치도록 몰입하는 사람은 어떤 일을 하다더라도 자기가 맡은 일에 미치도록 몰입하기 때문이라는 것이다. 몰입과 생산성의 관계를 잘 알고 있었던 것이다.

감정에 치우쳐 그가 은행의 사업성을 등한시 한 것으로 봐서는 안된다. 그는 대학에서 경제학을 전공하였다. 대구은행에 입사하여 신용조사과에서 근무를 하였고 신용분석과정 이수를 통해 리스크 관리기법을 익히기도 하였다. 1997년 외환위기 극복을 위한 구원투수로서 융자부장으로 자리를 옮겨 부실여신 관리와 자산건전성을 확보하는 일도 하였다. 그는 최근 3년간 재무제표를 분석하고 업체를 방문하여 경영자와 면담하고 제조공정을 파악한 뒤 동 업계와 비교해 보면, 조사대상 업체가 어느 부류에 속하는지, 장래성이 있는 업체인지 아닌지를 대부분 짐작할 수 있을 정도로 뛰어난 분석능력도 가지고 있었다.

3.2 성공 요인

위에서 4명의 성공적 창업자 및 경영자 사례를 검토하면서 성공적인 경영자를 결정짓는 요인을 선천적 형질, 후천적 형질, 상황적 요인으로 나누었다. 이 분류법은 저자의 직관에서 나온 것이어서 분류의 근거를 굳이 설명할 필요는 없을 것 같다. 선천적 형질은 성장과정에서 형성되는 후천적 형질로 설명되지 않는 대부분의 것들을 포함한다. 손정의 회장이 미국 유학을 결심하고 짧은 시간에 창업하기 위해 발명에 집착하는 것이 그 예가 될 수 있다. 창업에 대한 그의 열정은 훗날 자신의 제국을 건설하는데 큰 추진력이 되는데 이것이 가정환경(가풍)과 교육의 영향인지 아니면 선천적으로 물려받은 독립성 때문인지 구분하기가 쉽지 않다. 과학자들이 여러 쌍둥이들을 분석한 결과 행동의 50%는 유전자에 의해 결정되고 나머지 50%는 환경에 의해 결정된다고 결론을 내린바 있다(미치오 가쿠, 2011). 특히 기억력, 언어추리력, 공간추리력, 사고의 속도, 외향성 등은 대부분 유전자에 의해 선천적으로 결정되는 것으로 결론을 내렸다.

후천적 형질은 주로 사람의 환경과 체험 그리고 정규 및 비정규 교육과 훈련을 통해 후천적으로 습득되거나 형성되어 습관화되는 형질들을 말한다. Katz(1955)는 자신의 현장연구를 근거로 효과적인 경영(리더십)능력은 경영자(리더)의 세 가지 기본적 기술(전문적, 인간관계적, 개념적)에 의해 결정된다고 하였다. 기본적 기술이란 사람이 교육과 훈련을 통해 후천적으로 대부분 습득할 수 있는 것들이다. 그렇지만 개인의 습득능력, 새로운 것을 자기 것으로 소화하는 능력, 즉 기억력, 추리력, 사고의 속도와 같은 선천적 형질이 후천적 형질의 습득 과정에 영향을 미친다고 볼 수 있다. 즉 비슷한 경험과 교육적 기회에 노출되었다지만 사람에 따라서 형성하는 지식의 체계와 깊이 그리고 그 지식을 현장에 적용하는 응용력의 정도는 천차만별이다. 흔히 리더는 선천적으로 타고나는 부분도 있지만 살면서 겪는 상황과 기회 그리고 고난과 역경이라는 연단을 통해 길러지는 부분이 많다. 현대그룹 창업자 고 정주영 회장은 인생의 반전을 꿈꾸며 높은 위험을 과감히 껴안고 새로운 기회를 찾기 위해 공격적으로 현실에 도전하는 선천적 형질을 어느 정도 타고 났다. 70년대에 세정의 박순호 회장이 티셔츠 제직 사업을 시작할 무렵, 당시 경쟁업체들의 대부분 사장들 역시 미흡한 정규교육을 받았고 시장에서도 비슷한 경험과 기회를 가졌지만 경쟁에서 살아남아 대기업을 일군 사람은 박회장 뿐이었다. 그는 사업적 기회를 탐색하기 위해 마산에 이어 부산으로 진출, 도·소매상의 한계를 느낀 즉시 제조업으로의 도전, 이후 다양한 시장과 기술적 환경변화(재래시장의 쇠퇴, 제직기술과 컴퓨터기반 정보처리 기술의 발전)에 주도적으로 대응하는 모습을 보여주었다.

요약하면 〈그림 2〉와 같이 비록 타고난 선천적 형질이라 할지라도 그것이 완전히 고착되어 평생 변하지 않거나 있는 그대로 발현된다고 볼 수는 없다. 특별한 경험과 기회, 강도 높은 교육과 훈련, 약물치료 등과 같은 개인의 특수한 상황적 요인들과 사회적 요인에 의해 선천적 형질은 한시적으로 잠적하거나 약화되거나 또는 변형된 형질로 발현될 수 있다. 그래서 후천적으로 획득되는 형질과 발현되는 성향(특성)은 꼭 집어 설명하기 힘든 수많은 변형된 선천적 형질들이 그 바탕이 된다. 결국 발현된 모든 성향들은 개인의 상황적 요인과 각종 사회적 요인들에 의해 조금씩 변형되거나 때로 의도적으로 조작된 선천적, 후천적 형질들에 의해 결정되는 것이다.

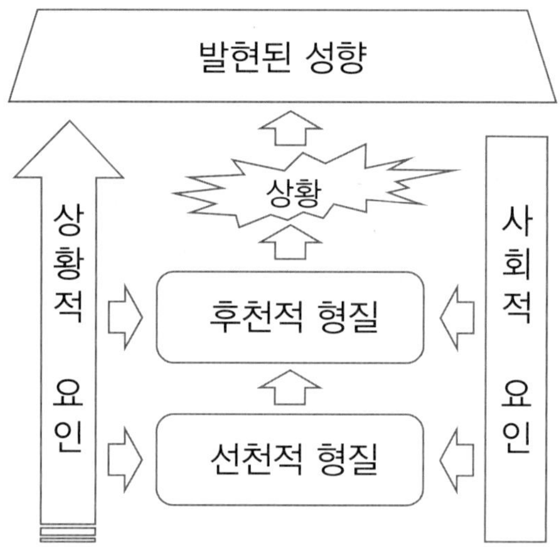

〈그림 2〉 선천적, 후천적 형질 및 상황적, 사회적 요인의 관계도

3.3 선천적 형질

선천적 형질은 생물학적으로 염색체(DNA)를 통해 인간의 번식과정에서 유전되는 형질을 말한다. 이 형질은 개개인에게 물려지고 주어지는 형질이어서 쉽게 변형되기 어려운 것들이다. 경영학의 대가 고 피터 드러커 교수가 고 정주영 현대그룹 회장을 만났을 때 그 점을 다음과 같이 언급한 적이 있었다.

"제가 한국경제와 정주영 회장님을 뵙고 깨닫게 된 것은 경영은 학식과 머리로만 하는 것이 아니라는 겁니다. 이론과 머리는 극히 일부분에 불과하다고 생각합니다. 기업가 정신은 머리가 아니라 가슴과 기질에서 나오는 것 같습니다. 이론이 아니라 타고난 천성에서 나온다는 이야기죠. 정 회장님은 그런 점에서 천성을 타고 난 분입니다. 많은 불확실성과 위험 요소, 난관이라는 안개로 가려진 먼 앞의 사업 기회를 날카로운 예지력을 가지고 간파해 내고 이를 강력히 실천해 내는 리더십과 결행력을 정 회장님은 이론 이전에 선천적으로 타고난 분입니다."[4]

경영이론의 대가였던 고 피터 드러커 조차 정규 교육을 받은 일이 거의 없었던 정주영 회장을 봤을 때 성공적인 경영인을 결정하는 중요한 요인으로 선천적 형질을 거론하지 않을 수 없었다. 이는 세정의 박순호 회장에게도 상당부분 그대로 적용될 수 있다.

선천적 형질을 설명하기 위해서는 뇌(brain)에 관한 이해가 우선되어야 한다. 뇌의 작용으로 사람은 사고하고 판단하고 구체적인 행동을 하기 때문이다. 물론 뇌의 작용을 선천적인 형질로만 규정하기에는 무리가 있다. 앞서 설명하였듯이 후천적 형질과 발현되는 성향과 기질에는 이미 그 사람의 성장과정에서 유발했던 상황적 요인들의 영향력이 반영되어 있기 때문이다. 가정환경과 가풍, 정규·비정규교육, 체험, 사회적 규범과 상황 등은 뇌를 구성하는 다양한 기억들에 결정적인 영향을 미친다. 사람들의 사고와 판단 그리고 행동은 긍정적이든 부정적이든 이러한 기억들이 형성하는 프레임의 절대적 영향 아래 있기 때문이다. 따라서 뇌의 뉴런(신경세포)에는 선천적 형질(DNA) 그리고 상황적 요인에 의해 변형된 형질이 동시에 저장되어 있다고 볼 수 있다.

1) 뇌(Brain)

뇌는 인간의 능력과 행동을 제어하는 최고 중추기관이며 정보를 처리하고 저장하는 컴퓨터의 중앙처리기(CPU)와 같은 기관이다. 뇌의 복잡성과 그 기능성의

4) 조선일보, "피터 드러커 "정주영은 내가 주창한 기업가 정신의 극적인 사례"", 2014.11.5.

무궁무진함 때문에 '소우주', '생물학의 프런티어'라 불리기도 한다. 오늘날 뇌에 대한 연구는 굉장한 발전을 이루었지만 인류가 알고 있는 뇌에 대한 지식은 아직 5% 밖에 지나지 않는다.

뇌는 매우 복잡하고 정교하다. 사람의 뇌에는 평균 1,000억 개의 뉴런(신경세포)이 있으며, 뉴런 하나하나가 평균 1,000개의 시냅스(가지돌기)를 형성하고 있다. 결국 100조 개의 시냅스가 1,000억 개의 뉴런을 서로 연결하고 있으며 여기에 저장되어 있는 데이터가 한 사람의 형질을 결정짓는다. 시냅스는 학습을 통해 얻은 정보를 기억하고 저장하는 곳으로 한 사람의 성격과 기질을 결정짓는 주된 역할을 수행한다. 사람의 시냅스의 수는 고정되는 것이 아니라 두뇌활동에 따라 생성, 강화, 약화, 소멸이라는 역동적 과정을 거친다. 즉 학습에 의해 변형된 시냅스는 장기기억이 되며 그래서 뇌는 후천적 노력(경험, 교육, 학습 등)에 의해 상당 부분 강화되거나 약화되거나 변형될 수 있다.

성공적인 경영자를 결정짓는 선천적 형질은 뇌에 의해 많은 것들이 설명될 수 있다. 선천적 형질은 반복적 학습과 훈련 그리고 외부적 충격과 경험에 의해 어느 정도 변형될 수 있지만 그 변화의 진동폭은 제한되어 있기에 인간이 숙명처럼 받아드려야 하는 상수(常數)와 같은 것들이다. 뇌 속에서 개인은 어떠한 상상도 할 수 있지만 그것을 언어나 행동으로 옮기지 않도록 하는 놀라운 제어장치가 내장되어 있다. 기분을 상하게 하는 상대방이 있어 속으로는 욕을 내뱉고 싶어도 그가 만일 내 상사라면 자연스럽게 그것을 제어할 수 있게 된다. 그러나 그 반대의 경우는 살인, 폭행, 폭언과 같은 반사회적 행위를 낳게 된다. 2010년 여중생을 성폭행하고 살해한 김길태, 2012년 주부를 성폭행하고 살해한 서진환, 같은 해 여의도에서 과거 직장 동료와 행인에게 칼부림 난동을 일으킨 K씨 등을 우린 일반적으로 '사이코패스', '반사회적 장애자'로 부른다. 이들은 모두 뇌 속 신경전달물질 분비에 이상이 있어 행동을 통제하지 못하고 비정상적인 행위를 그대로 사회와 타인에게 표출해 버린 사례들이다. 뇌는 브레이크와 가속기를 동시에 달고 있는 희한한 생물이다.

뇌 속의 주요 전달물질로는 글루타민산염, 세로토닌, 도파민, 멜라토닌 그리고 다양한 종류의 엔도르핀이 있다. 이들 신경전달물질의 농도와 비율은 뇌의 부위와 기능에 따라 다양하다. 앞서 말한 중대한 범죄자들은 이러한 신경전달물질의 분비가 정상인과 비교해서 다르게 나타난다. "범죄자들은 세로토닌과 노르아드레날린 분비에 이상이 있는 것으로 나타났다. 세로토닌이 부족한 뇌는 브레이크가 없는 자동차처럼 감정의 지배를 받아 공격적 성향을 가진다. 반대로 이 물질이 너무 과다하면 강박에 사로잡혀 지나치게 세밀한 부분에 집착하고, 유유 부단해진다. 노르아드레날린은 이와는 정반대로 사람의 마음을 우울하게 한다. 따라서 너무 많은 노르아드레날린은 신경질적인 반응을 유발하며, 양이 너무 적으면 지나치게 냉철한 사람이 되게 한다. 연쇄 살인범, 무자비한 살해범들이 모두 이러한 경우다."[5)]

경영이란 수없이 반복되는 제어(stop)와 방출(go)의 연속이다. 시장에서 어떤 위험이 감지되면 통제 브레이크를 밟아야 하고 청신호가 켜지면 과감하게 투자 결정을 해야 한다. 그런데 이 메커니즘이 선천적으로 잘 작동되는 사람도 있고 그렇지 않은 사람들도 있다. 경영자의 제어와 방출의 행태는 결국 뇌와 그 속에서 분비되는 다양한 물질들의 조합에 따라 결정되며 이 조합 비율에 따라 결정을 하는 순간 감정과 이성이 작용하는 비율도 달라진다. 그래서 경영자들이 똑같은 문제나 상황에 직면했음에도 어떤 경영자는 감정에 치우친 판단을 하지만 어떤 경영자는 매우 이성적으로 판단하고 그에 따른 대응책을 마련한다. 기업에 닥치는 다양한 도전과 문제에 각 기업들은 서로 다른 대응 전략을 세우고 그 성과도 다른 것을 보면 경영자의 뇌의 신경물질과 작동방식이 분명이 다르다는 것을 알 수 있다. 첫 사업으로 소프트웨어 유통업을 시작한 소프트뱅크의 손정의 회장은 당시 일본 업체들의 견제로 잡지에 제품광고를 실을 수 없었다. 그러자 그는 스스로 컴퓨터관련 잡지 출판업을 시작하였다. 초창기에 구독자 확보가 않아 매출 신장에 어려움을 겪었지만 그는 멈추지 않고 더 과감한 투자를 하였다. 그 결과 훗날 출판부문은 그의 중요한 사업 포트폴리오가 된다. 비슷한 상황에서 다른 경영자는 손정의와는 전혀 다른 결정을 할 수 있을 것이다.

해부학적으로 뇌는 좌뇌와 우뇌로 나누어지고 이 두 부분을 연결하는 뇌들보가 있다. 척추신경전문의인 조 디스펜자(Joe Dispenza)는 "대뇌신피질의 두 반구는 서로 같지 않다. 우측 전두엽은 좌측 전두엽보다 더 넓고, 좌측 후두엽은

---

5) 이창묵, 플로리다대학교 분자생물 연구센터, 2006.08.27.

우측 후두엽보다 넓다. 좌우뇌의 생화학물질에도 이러한 불균형이 나타난다. 예를 들어 좌뇌에는 도파민이 많은 반면, 우뇌에는 노르에피네프린과 에스트로겐을 위한 신경호르몬 수용체가 더 많다".[6)]

척추동물의 연구에 의하면 좌뇌와 우뇌의 기능적 분화가 뚜렷하다. Vallortigara and Rogers(2005)에 의하면 물고기, 개구리, 파충류, 조류, 포유류 등의 좌뇌는 반복적으로 발생하는 정보나 일상적인 행동을 관장하며, 우뇌는 새로운 상황에 대처하거나 특별한 감정 표현 등 위기상황에 대응하는 일을 담당한다. 좌뇌가 담당하는 일상적 행동이란 먹이를 취하는 일처럼 반복적인 일이고, 우뇌는 외부 침입자나 돌발적 공격으로부터 탈출하는 일처럼 위기에 대처하는 일을 담당한다. 척추동물 이상에서 좌뇌와 우뇌의 기능이 특화되어 발달해 왔다는 사실은 사람들이 각자 다를 수밖에 없다는 것을 설명하는 중요한 증거가 된다(김의철, 2013, 57-63). 디스펜자(Dispenza, 2009)는 좌뇌가 익숙한 행동과 정보의 창고라면, 우뇌는 새로운 경험을 처리해 미래의 경험을 대비할 수 있도록 하는 곳이라고 하였으며, Holcomb(1997)은 우뇌의 새로운 정보가 좌뇌의 일상적인 정보로 옮겨가는 것은 정보의 종류와는 상관이 없다고 하였다. 우뇌에 위치한 신경회로는 새로운 과업이나 도전을 빨리 배우도록 전문화되어 있는 반면, 좌뇌는 주어진 과업을 부지런히 학습하여 숙련도를 높이는데 전문화되어 있다. 그래서 음악이 우뇌에서 처리된다는 것은 음악에 능숙하지 않은 사람들에게만 해당된다. 평범한 사람들은 다양한 음악이 갖는 새로움 때문에 그것을 우뇌에 처리하지만 숙련된 음악가는 음악을 듣고 연주할 때 좌뇌가 주로 관여한다(Bever and Chiarello, 1974). 학습과 경험을 통해 형성된 신경망은 이미 좌뇌에 자리 잡고 있기 때문이다.

좌뇌와 우뇌를 연결하는 백질 띠를 뇌들보(뇌량)라 부른다. 3억 개의 신경 섬유로 구성되어 있으며, 좌·우뇌 사이에서 초당 최대 40억 개의 정보를 전달할 수 있다. 여기서 정보란 컴퓨터에 비유한다면 정보의 기본단위인 비트(bit)와 같은 것이다. 좌뇌와 우뇌 간에 정보를 전달하는 속도는 짧게는 0.4~0.6초이지만 길게는 몇 년이 걸리기도 한다. 백질 중에서 뇌들보가 차지하는 비율은 남성이

---

6) www.DrJoeDispenza.com

2.2%여서 2.4%인 여성보다 높다. 이 비율의 차이로 인해 여성이 남성에 비해 감성적, 분석적 사고를 더 빨리하며 사용하는 단어 수도 많으며 말하는 속도도 빠르다.

전두엽은 뇌의 중앙처리장치(CPU)와 같다. 인간의 뇌는 다른 포유류에 비해 훨씬 크고 정교한데, 그 중에서 특히 이 전두엽이 크다. 전체 대뇌신피질에서 전두엽이 차지하는 비율은 고양이의 뇌는 3.5%, 개는 7%, 침팬지나 원숭이류는 약 17%지만 인간은 30~40%에 이른다(Fuster, 1997). 전두엽 역시 좌뇌와 우뇌처럼 좌측과 우측에 따라 그 기능이 다르다. 골드(Gold, 1996)는 사람들이 새로운 일을 시작할 때와 그 일이 익숙해 질 때 전두엽 부위들의 혈류량의 변화를 측정하였다. 새로운 경험을 하는 동안에 피실험자들의 우측 전두엽은 좌측 전두엽보다 더 활발해졌으며, 반복적인 연습을 통해 과업에 익숙해질수록 피실험자의 좌측 전두엽이 더 활기를 띠었고 혈류의 이동도 증가하였다. 즉 인간은 잘 모르는 것을 익숙하게 만들기 위해 노력할 때는 우측 전두엽이 활성되지만, 반복학습을 통해 익숙해지면 좌측 전두엽이 활성화된다. 다음 그 경험을 뇌 신경세포(뉴런)에 기록하기 시작하면 혈류는 뇌의 뒤쪽으로 이동한다. 결론적으로 우뇌의 신경회로는 새로운 과업을 빨리 배우는데 전문화되어 있고, 좌뇌는 익숙한 과제의 숙련도를 높이고 저장하는데 전문화되어 있다.

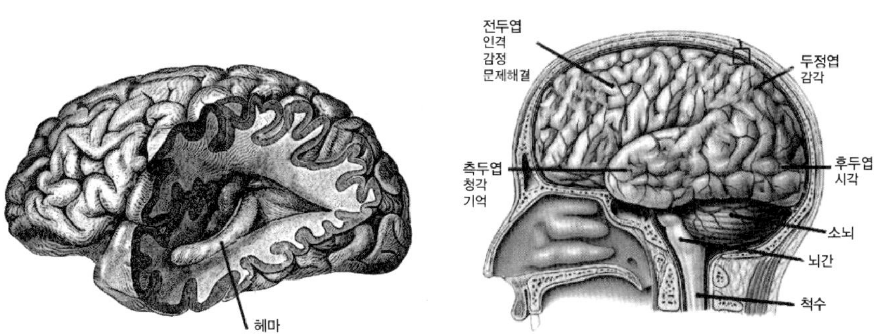

〈그림 3〉 뇌구조

자료원 : https://ko.wikipedia.org/wiki/%EB%87%8C

뇌의 능력은 태어날 때부터 각자에게 주어지는 신체적 조건이므로 완전히 바꿀 수는 없지만 반복적인 학습을 통하거나 극단적인 경우에는 약물투여를 통하여 어느 정도 확장할 수 있다. 경영교육은 학생들에게 다양한 경영이론, 기법, 사례들을 가르치고 그것을 현장에서 쉽게 적용할 수 있도록 실습과 연습을 반복하는데 이를 통해 학생들은 문제해결에 필요한 사고의 논리적 틀을 형성하게 된다. 새로운 경영지식을 배울 때 학생들은 그것을 자신의 것으로 만들기 위해 우측 전두엽을 활성화시키며, 반복 학습과 실습 그리고 시험 등을 통해 어느 정도 익숙해지면 좌측 전두엽으로 그것을 보낸다. 따라서 교육과 반복적인 연습 그리고 현장실습을 통해 학생은 좌·우측 전두엽을 골고루 사용하며 활성화시킨다. 결과적으로 새로운 경영 문제에 접할 때마다 우측 전두엽은 좌측 전두엽에 차곡차곡 축적된 과거의 지식을 활용하여 그 문제를 보다 효율적으로 해결하고 그 결과를 다시 좌우측 후두엽에 저장하는 선순환 기억처리과정이 발생한다. 현재 진행 중인 첨단 뇌연구를 통해 사람들이 후천적인 학습과 직·간접체험을 통해 초기의 제한적이었던 인지 및 기억능력, 문제해결능력, 창의력을 어떻게 확장해 가는지를 더 많이 이해할 수 있을 것이다. 그러나 실제 경영교육의 내용과 방법들이 좌·우측 전두엽을 활성화시켜 창의적 문제해결능력을 확장해 가는지는 더 많은 연구가 필요하다.

나이

서양에 비해서 동양문화권에서 일반적으로 나이는 경륜과 비례한다는 생각에서 노인을 존경하는 전통이 강하다. 사실 경영자의 나이는 실패와 성공을 포함한 다양한 경험을 하였다는 것을 의미하기도 하지만 거꾸로 뇌를 포함한 신체적 노화로 인해 적응력과 순발력이 떨어진다는 의미도 함께 가진다. 많은 경험을 하였기에 문제해결에 필요한 더 많은 대안적 해결책과 현재의 결정이 미래에 미칠 결과나 영향을 더 잘 시뮬레이션 할 수 있는 직관력은 강점이지만 변화에 둔감하여 대응하는 속도는 떨어지고 현재에 안주하려는 습성은 단점이라 할 수 있다. 오랜 경험을 통해 축적된 암묵적 지식으로 사람은 풍성한 지혜와 유연한 사고력을 갖고 구성원들의 이해관계가 상충하는 복잡한 문제에 부딪칠 때 창의적인 해결책을 생각해 내기도 하지만, 실패의 경험이 가져다주는 두려움도 크기 마련이어서 안정을 추구하고 습관적으로 답습해온 전략과 방법에 안주하려는 경향도 높아진다.

나이가 들수록 새로운 것을 만나면 활성화된다는 우측 전두엽의 기능은 쇠퇴해지고 익숙한 것을 더 잘 다루는 좌측 전두엽이 더 활성화된다. 이는 기업의 업종과 시장 환경에 따라 젊은 CEO를 선호하는 것과 결코 무관하지 않다. 예를 들어, 변화의 속도가 빠르고 제품의 수명주기가 짧은 첨단 전기·전자, IT, 바이오업종에 속한 기업들은 상대적으로 젊은 리더를 선호한다. 그 이유는 빨리 변하는 기술과 짧은 트렌드에 젊은 CEO가 더 민감하고 신속하게 대응할 수 있을 것이라는 전제가 깔려 있기 때문이다. 물론 젊다고 하여 모두가 변화에 민감하고 혁신을 선호하는 것은 아니다. 2012년 잘 나가는 한국의 IT·전기·전자업체들을 본 받아 일본 기업들도 젊은 CEO를 고용하는 붐이 일었다[7]. 즉 연륜과 경험이 풍부한 안정된 최고경영자(CEO)를 내세우던 일본이 젊고 공격적인 한국 CEO들을 벤치마킹해 '영 재팬(Young Japan)'을 전면에 내세웠다. 그 결과 야후 재팬의 경영진 평균 연령이 2012년 4월부터 53세에서 41세로 하향되었으며, 소니·파나소닉도 50대 초·중반 CEO를 선임하는 등 일본 IT업계의 최고 경영진이 '젊은 사무라이'로 대거 교체되었다.

일본 최대 포털업체인 야후 저팬을 자세히 살펴보면 기업의 환경과 특성이 선임되는 CEO의 연령과 상당한 관계가 있음을 추측할 수 있다. 야후 재팬은 미야사키 미니부(44) 소비자사업 총괄본부장을 2012년 4월 1일자로 CEO에 임명하였는데, 그 때 물러난 55세의 이노우에 마사히로(井上雅博)도 나이 많은 CEO 축에는 들지 않았다. 그리고 CEO만이 아니라 35~44세의 '젊은 피' 7명도 최고경영진에 새로 참여하면서 야후 재팬 경영진의 평균 연령은 53세에서 41세로 대폭 낮아졌던 것이다. 당시 손정의 회장은 야후 재팬 CEO를 교체하면서 "우리의 라이벌은 젊고, 고객도 젊다, 그래서 젊은 경영이 중요하다"고 말했다. 같은 해 2월에는 일본 전자업계의 대표주자 소니도 젊은 CEO를 대표로 내세웠다. 소니 최초의 외국인 CEO였던 하워드 스트링어(70) 회장이 실적 부진의 책임을 지고 물

7) 장원준, ""한국을 닮아라" 일본 IT기업 젊은 CEO 붐", 조선일보, 2012.03.03.

러나고 히라이 가즈오(52) 부사장을 구원투수로 내세웠다. 곧이어 파나소닉도 오쓰보 후미오(大坪文雄·67) 사장을 퇴임시키고 쓰가 가즈히로(56) 전무를 새 CEO로 선임했다. 일본 전자업계 양대 회사 CEO가 며칠 사이에 11~18세 젊어지면서 일본 전자업계의 부진 탈출에 대한 기대도 높아졌다. 연공서열과 나이를 중시하는 일본의 풍토에서 주요 대기업 CEO에 50대 초·중반 인사가 선임된 것은 매우 이례적이다. 데이코쿠(帝國)데이터뱅크에 따르면, 일본기업 CEO의 평균 연령은 2008년 기준으로 59.4세였다.

근래 들어 일본 기업이 한국의 전자 및 IT 기업의 급격한 성장에 대해 느끼는 위기감은 상상 외로 크다. 그래서 일본 기업들의 주주들은 젊은 CEO를 앞장 세워 한국 40대 창업자의 속도감 있는 결단력과 추진력을 벤치마킹해 위기를 돌파하고자 하는 것이다. 지금까지 추구해온 일본식 보수적 경영이 한국 기업의 '속도경영'에 역전당하면서 위기감이 커졌기 때문이다. 퇴임하는 이노우에 야후 재팬 사장은 "이제는 수비보다 공격에 초점을 맞춰야 한다. 그래서 파괴를 두려워하지 않는 젊은 지도자가 필요하다"고 말했다. 새로 임명된 소니의 CEO 히라이 역시 "새로운 체제에서는 빠르고 과감하게 결단해 실행에 옮길 것"이라고 말했다.

2012년 기준으로 볼 때, 한국의 대표 IT 기업들은 대부분 30대에 창업한 후 현재 40대 중반에 이른 창업자 겸 경영인들이 주류를 이루고 있으며 이들은 여전히 젊은 편이다. 국내 최대 포털 네이버를 이끄는 이해진(45) NHN 이사회 의장, 포털업계 2위 다음의 이재웅(44) 창업자, NHN 공동창업자이자 SNS '카카오톡'을 성공시킨 ㈜카카오의 김범수(46) 이사회 의장 등이 대표적이다. 글로벌 게임회사 엔씨소프트 김택진(45) 사장과 NXC(옛 넥슨홀딩스) 김정주(44) 대표도 비슷한 또래다.

나이는 경영 능력을 결정짓는 매우 중요한 요인 중에 하나임이 분명하다. 나이가 많다는 것은 일반적으로 다양한 경험을 했었기에 시행착오를 많이 겪었다는 것을 의미한다. 오랫동안 반복된 연습이나 문제해결을 하는 과정에서 쌓여진 기억 속 암묵지는 경영자로 하여금 어떤 상황과 변화가 제시하는 의미를 긴 시각과 긴 호흡으로 해석할 수 있는 통찰력의 원천이 되기도 한다. 하지만 때로 당면한 도전을 큰 고민 없이 과거의 습관대로 처리하거나 지나치게 신중함으로써 판단과 행동이 느려 기회를 놓칠 위험도 커져간다. 그래서 나이는 성공적인 경영인이 되는데 업종에 따라 긍정적, 부정적 양면으로 모두 작용한다.

일반적으로 MBA는 미국의 비즈니스스쿨이 수여하는 경영학 석사학위를 말한다. 국내에서는 전문경영대학원을 운영하는 일부 대학들이 미국식 MBA과정을 개설하고 있다. 조용헌은 이 MBA를 '이판 MBA'와 '사판 MBA'라는 흥미로운 구분을 하였는데, 그 기준은 '나이'와 '경험'이었다(조용헌, 2010). 전자가 학교에서 강의 듣고 책을 읽으며 동료들과 토론을 하는 과정이라면, 후자는 실전에서 경험을 통해 터득하는 공부이다. 특히 후자의 실전(實戰) 체험은 피와 땀과 눈물이라는 3가지 액체를 흘린 경험으로 설명된다. 이 3가지 액체를 흘려 보아야 다른 사람의 배고픈 심정, 쓰라린 심정, 외로운 심정을 알 수 있으며, 그래야 이성과 감성을 골고루 지닌 CEO가 되어 베풀 줄도 알고, 다른 사람을 달래줄 줄도 안다. CEO의 성품과 인성은 성공적인 경영에 매우 중요하다. 이러한 체험을 한 적이 없고 그저 '금수저' 물고 태어난 일부 재벌 2·3세들이 성공한 경영인, 존경받는 경영인이 되기가 쉽지 않은 이유가 여기에 있다. 경험도 빈약할 뿐만 아니라 타인의 형편에 대한 감정이입도 어려워 부하직원을 감동시켜 동기부여하는 방법을 잘 모른다. 최근 기내서비스가 잘못되었다며 사무장에게 호통을 치고 기내에서 내리게 하려고 이륙 직전의 비행기를 회항시켜 여론의 따가운 시선을 받았던 재벌 3세도 이 3가지 액체를 흘리며 경영을 배운 적이 없었다. 그런데 대학의 경영교육 조차 젊은 학생들에게 이런 것을 가르쳐줄 적절한 정규 및 비정규 교육과정과 내용을 순비하지 못하고 있다는 것도 문제이다.

결론적으로 시대적(정치적, 사회적) 상황, 기업의 환경, 시장의 경쟁적 환경, 기업의 시장 내 위치에 따라 풍부한 식견과 부드러운 감성적 리더십을 발휘할 수 있는 경영자가 더 성공할 수도 또 그렇지 않을 수도 있다. 그래서 나이는 성공한 경영인이 되는데 있어 임의적 변수(contingency variable)로 봐야 할 것이다. 나이가 주는 경륜과 직관이 더 많이 필요한 산업과 업종이 있는 한편, 번쩍이는 기지와 순발력, 창의력 그리고 속도경영이 더욱 필요한 기업들도 있기 때문이다.

3) 성별(sex)

남·여라는 성별(性別)은 경영 능력과 어떠한 관계가 있을까? 흥미로운 주제지만 의외로 체계적 연구는 거의 없다. 경제가 발전하고 사회가 선진화되면서 여성들은 보다 나은 교육기회를 얻게 되었고 그로 인해 이들의 사회적 진출기회도 눈에 띄게 증가해 왔다. 이제는 단순히 여성들의 사회활동 확산에 초점을 두는 것을 넘어 사회활동의 질적 수준을 높이는데 더 큰 관심을 갖는 시대에 진입하고 있다. 따라서 요즘은 정치, 경제, 문화, 교육 등 전 분야에서 유리천정을 뚫고 조직 내 최고의 자리에 오르는 여성의 수가 점차 늘어나고 있으며 이제는 그것이 전 지구적으로 자연스런 추세가 되고 있다. 흔히 양성평등지수는 선진사회의 바로미터가 되고 있다.

전 지구적으로 본다면 양성평등은 아직도 갈 길이 멀다. 아프리카 에티오피아의 일부 지역에는 아직도 문맹율이 98%에 이르고, 척박한 환경에서 남자들은 움막에서 빈둥거리며 여자와 아이들은 생계를 위해 황량한 들판으로 내어 몰리고 있는 곳도 많다. 오늘날 촘촘히 연결된 인터넷으로 인류의 과반수는 지구의 다른 편 나라에서 어떤 일이 일어나고 있는지를 금방 알 수 있고, 자신들과 비교해서 더 나은 삶을 누리는 사회를 벤치마킹할 수 있는 초연결사회에서 살고 있다. 그렇지만 지구의 또 다른 반쪽은 여전히 다른 지역의 사정을 모른 체 자신이 왜 이렇게 힘든 환경에서 살아가야 하는지에 대한 의문조차 품을 수 없고 수백 년간 내려온 공동체의 전통과 미신에 사로잡혀 비참하게 학대받고 차별받으며 살아가는 여성들 또한 수 없이 많다. 이렇듯 우리는 역설적이게도 모순된 시대를 살고 있다.

양성평등의 중요한 잣대 중에 하나는 여성의 사회 진출 비율이다. 여성들의 대학진학률, 취업률, 중역으로 승진한 여성들의 비율이 그것들이다. 현재 우리나라의 대통령은 여성이며, 변호사, 의사, 공무원, 교사와 같은 전문직에서 여성이 차지하는 비율은 빠르게 증가하고 있어 거꾸로 남성을 소수자로 보호해야 할 직종까지 생겨나고 있다. 통계청이 발표한 「2013 통계로 보는 여성의 삶」에 따르면 사법고시, 외무고시, 행정고시에 합격한 여성비율은 각각 41.7%, 55.2%, 43.8%이다. 공직(公職) 내 여성 공무원의 비율은 41.8%(2011년 기준)이고 여성 국회의원도 15.7%를 차지한다. 대학진학률 역시 여성이 74.3%로 남학생의 68.6%를 추월하였다. 이제 우리나라도 여성이 남성들이 포함된 조직을 지휘하고 통제하는 것을 당연한 사회적인 현상으로 받아들이는 시대가 되었다.

근·현대화 과정에서 여성들에게도 동등한 고등교육의 기회가 제공되었고 여성의 사회진출에 대한 사회적 인식과 여건도 많이 변했다. 이제 여성도 남성들 못지않게 정규 교육을 받았고 지도자가 되는 경험을 가질 수 있었기에 성공적인 리더, CEO에게 요구되는 리더십, 문제해결능력, 판단력, 실행능력을 갖추고 있다. 오늘날 고등교육을 받은 여성들은 동일한 기회를 가진 남성과는 다른 여성만이 지닌 독특한 특징을 보이고 있으며 이들의 리더십은 특별한 미션과 문제를 가진 조직에서 큰 효과를 발휘하기도 한다. 유전학적, 생리학적으로 볼 때 여성은 남성과는 다른 형질을 가지고 있다. 의사결정을 할 때 적용하는 가치기준과 시각, 문제 인식을 위해 고려하는 요인들과 이들의 우선순위 그리고 문제해결에 접근하는 방식이 남성들과는 다른 점이 많으며 이는 때로 복잡하게 엉켜있는 조직의 문제와 갈등을 의외로 쉽게 풀어줄 수 있는 유연제가 되기도 한다. 물론 이러한 특성이 출생 후의 정규·비정규 교육과 경험, 전통과 관습 그리고 문화에 의해 형성된 후천적 형질과 정확하게 구분 짓기 어려운 것들도 있다.

앞서 좌뇌와 우뇌를 연결하는 백질 띠, 즉 뇌들보에 대해 설명하였다. 뇌들보는 3억 개의 신경 섬유로 구성되어 있으며, 좌뇌와 우뇌 사이에서 초당 최대 40억 개의 정보 비트를 전달하는 기능을 수행한다. 그런데 백질 중에서 이 뇌들보가 차지하는 비율이 2.2%인 남성에 비해서 여성(2.4%)이 높다는 것은 여성과 남성의 차이에 대해 지금까지 발견한 객관적 사실들 중에 그 차이를 설명하는 중요한 생물학적(선천적) 형질의 하나로 보인다. 이 차이가 여성이 남성에 비해 감성적, 분석적 사고가 더 빠르고, 언어구사력과 인지능력이 더 우수하다는 사실을 어느 정도 설명할 수 있기 때문이다.

여성이 남성에 비해 타인의 감정을 이해하는 능력이 더 뛰어나다는 것은 실험을 통해 증명되었다. 기쁜 얼굴, 슬픈 얼굴, 걱정스러운 얼굴, 다양한 감정을 보이는 남성과 여성 사진들을 컴퓨터 화면에서 보여주고 피험자들에게 화면 속 인물들의 감정 상태를 맞혀 보도록 하였다. 여성들은 화면에 보이는 인물의 감정을 성별에 상관없이 잘 분별하였지만 대부분 남성은 화면 속 대상이 여성일 경우에 정확한 감정 판단을 어려워했다. 이 차이점에 대해 다양한 해석들을 할 수 있지만, 타인에 대한 정보를 처리할 때 남자와 여자 간에 본질적인 차이가 있음이 분명하다. 실험할 때 여성의 뇌는 기억을 좌우하는 해마와 공감을 만들어내는 거울뉴런[8] 영역들 모두가 활성화되는 반면, 남성의 뇌는 대부분 본인의 기억만을 기반으로 타인을 판단한다. 예를 들면, 군대를 다녀온 남자는 군복무 중에 어려움을 겪는 남자들을 잘 이해하지만, 경험한 적이 없는 고부간 갈등은 잘 이해하지 못한다. 영화·드라마·소설은 사실 내가 아닌 타인의 문제와 갈등을 다루는 이야기들이다. 많은 남자의 뇌가 '나와는 상관없는 일'이라고 생각하지만, 여자들의 뇌는 '만약 내가 저 사람이라면'이라는 가상현실적(감정이입) 공감을 쉽게 만들어낸다.[9] 그래서 여성들이 남성보다 더 감성적인 것은 분명하다.

그렇다면 남성과 차별화되는 형질을 지닌 여성 리더와 경영자에게 보다 적합한 조직의 특성, 경영환경과 문제는 무엇일까? 여성 경영인이 더 잘 수행 할 수 있는 특별한 문제와 직무가 있을까? 이 질문에 답하기 위해서는 여성만이 가질 수 있는 특별한 생물학적 차이를 먼저 이해할 필요가 있다. 여성들은 임신과 출산이 가능한 생물학적 신체구조와 생리적 호르몬을 가지고 있다. 10개월이라는 임신기간과 극심한 산통을 겪으며 아이를 출산하는 과정에서 여성은 강한 모성애(motherhood)를 형성하게 되는데, 이는 자식에 대한 무한 책임과 희생의 기반이 된다. 진화론적으로 남성은 여성과는 달리 오랜 기간의 임신과 고통스런 산통으로부터 자유롭기에 자식에 대한 보호와 양육에 대한 책임이 비교적 약한 편이다. 따라서 남성은 여성과 달리 자신의 유전자를 널리 퍼뜨리려하는 본성을 가지도록 진화되었다는 주장이 있다. 포유류의 세계에서 수컷이 다수의 암컷을 거느리는 가족공동체를 유지하는 동물들이 많은 것도 그러한 이유이다. 반면 여성은 남성에 비해 임신과 그 결과에 대해 무한책임을 져야하는 생물학적, 정신적 존재

8) 거울뉴런(Mirror neuron)은 동물이 특정 행동을 할 때에나 다른 개체의 특정 행동을 관찰할 때 활동하는 신경세포로써 다른 동물의 행동을 "거울처럼 반영한다(mirror)"는 의미를 지닌다. 거울뉴런이 있어 마치 관찰자는 피관찰자의 행동을 보면서 스스로 그렇게 행동하는 것처럼 느낀다. 따라서 모방(공감)과 언어습득을 하는데 필요한 신경세포로 추정하고 있다.

9) http://premium.chosun.com/site/data/html_dir/2015/01/14/2015011404019.html (조선일보 15.1.15)

로 진화해 왔다. 그래서 자신의 자궁 속 생명을 보호해 주고, 출생 후 성년이 될 때까지 정신적, 물질적 지원을 아끼지 않을 수컷을 선택하는 일이 암컷에게는 더없이 중요하다. 따라서 여성은 문제에 접근할 때 모성애가 바닥에 깔려 장기적인 관점에서 신중한 결정과 행동을 하며 상대방의 입장을 배려하려는 경향이 높을 것으로 추측된다.

기업현장에는 늘 노사문제가 발생하며 때로 양측의 적대적인 대립의 양상이 나타나기도 한다. 고용주는 최대한 임금을 낮춰 비용을 통제하려 들고 피고용인은 늘 자신의 노동에 대한 대가가 적다고 생각하기 때문이다. 밀고 당기고 때로 양보하며 합의에 이르기도 하지만 합의가 되지 않으면 협박과 폭력으로 문제를 해결하려는 사태까지 발생하기도 한다. 여성 CEO는 남성과 다르게 노사문제에 접근할 수 있다는 것을 코레일 전 최연혜 사장을 보면 알 수 있다. 강경하면서도 필요할 때 부드러운 감성적 인간관계의 형성을 통해 의외로 쉽게 노사문제를 풀어갔다. 우리나라 철도노조의 파업은 늘 골칫거리였다. 2013년 파업 때 코레일 사장은 마침 여성 CEO 최연혜였다. 그녀는 철도 파업 첫날부터 "어머니의 심정으로 하루속히 파업을 수습하겠다"고 밝힌 후 불법 참가자 전원을 직위 해제하는 강수(强手)를 두었고 실제로 그녀는 실행에 옮겼다. 결과적으로 그녀는 철도 운행에 차질을 최소화하면서 파업에 잘 대응하여 분규를 잘 해결한 것으로 평가되었고 그런 능력을 인정받아 국회의원으로 당선되기도 하였다. 아마 그녀는 불편을 겪는 고객들을 어머니의 심정으로 바라보았던 것 같다. 최연혜 사장은 철도대학의 교수와 총장 그리고 한국철도공사 부사장을 거친 후 사장에 임명되었다. 그녀는 남편과 두 딸을 둔 가정주부이며 공부를 잘한 수재형 CEO라 할 수 있다. 그녀는 서울대에서 독문학을 전공했으며 독일에서 공기업 경영으로 박사학위를 받았다. 경영학의 이론적 지식으로는 누구에게도 뒤처질 것 없지만 그녀의 리더십, 상황파악능력, 대안의 개발과 선택, 추진력과 뚝심은 어디에서 배웠고 어디에서 나온 것일까? 성별이라는 요인만으로 설명하기에는 충분치 않다는 것은 분명하다. 물론 모든 여성이 아이를 낳고 기르지는 않는다. 그렇지만 모든 여성에게는 그들의 어머니가 있고 그 어머니를 통해 독특한 여성성은 유전되고 계승된다. 그런 형질은 분명 업종과 조직 내부 상황에 따라 기업경영에 플러스 요인으로 작용하는 것 같다.

문화 분야 특히 영화제작에 있어 남성 그리고 여성 감독의 역량 차이를 보여주는 통계가 있다. 이는 업종과 성별이 상호작용하여 리더나 경영자의 성공여부를 결정짓는다는 가설을 증명해 주는 것 같아 흥미롭다. 한 일간지는 2013년 7월에 문화체육관광부가 발표한 자료를 근거로 여성이 영화제작분야에 있어 남성에 비해 능력이 떨어질 수 있다는 기사를 게재하였다. 「2013년 상반기 한국 영화산업 결산자료」에 따르면 한국 영화 흥행 100위권 안에 든 여성 감독의 작품은 단 네 편이었다. 2012년 역시 한국 영화 흥행 100위권 안에 든 여성 감독의 작품은 일곱 편에 그쳤다는 것이다. 대학에서 영화 연출을 공부하는 학생 중 절반 정도가 여성임에도 성공작을 만든 여성이 적다는 것은 이 분야에 있어 경쟁력이 떨어진다는 얘기이다. 그러나 그 원인을 깊이 분석해 보면 영화계에 뿌리 깊게 남아 있는 관습과 문화와 관련이 있다. 영화촬영은 감독의 강력한 카리스마가 필요하다. 그래서 대다수의 투자자나 제작자들은 남성 감독에 비해 여성 감독이 카리스마가 약하며 상업 영화에 대한 감각이 떨어진다고 생각해 남성 감독을 더 선호한다. 그러나 상업 영화에서 약세를 보이는 여성 감독들이 다큐멘터리와 독립영화 등 감성적 코드가 강한 다양성 영화에서는 강세를 보인다. 2012년에 흥행에 성공한 다큐멘터리 '두개의 문'(김일란·홍지유)과 '말하는 건축가'(정재은)는 모두 여성 감독들의 작품이었다. 2012년 말 조선일보가 시행한 설문조사에서 '올해의 발견'으로 꼽힌 독립영화 '밍크코트'의 공동감독 두 명 중 한 명도 여성이다. 할리우드에서도 다큐멘터리 영화에서 여성 감독이 차지하는 비율은 34.5%다. 여성 감독들이 다큐에서 주로 다루는 소수자나 사회문제에 대해 관심이 더 많다. 그리고 이런 영화들은 적은 인원을 갖고 촬영이 가능하며 투자를 많이 받지 않아도 되기 때문에 여성 감독에 대한 진입장벽이 낮은 편이다. 이런 현상은 우리나라보다 양성평성이 더 앞서가고 있는 미국 할리우드에서도 비슷하다. 2013년 선댄스 영화제에서 내놓은 자료에 따르면 미국 할리우드 여성 감독의 비율이 23.9%이지만 2002~2012년 박스오피스 100위 안에 작품을 올린 감독 중 여성의 비율은 4.4%였다. 영화제 측은 여성 감독의 약세 원인을 보수적인 투자자들과 남성 감독들의 네트워킹 때문으로 분석하였다.

결론적으로 여성성이 더 적합하고 효과적으로 작용하는 업종, 직무 그리고 문제가 있다고 볼 수 있다. 예를 들면, 감성적 교류와 언어적 소통이 더 많이 필요한 영역, 예를 들면 영업과 협상, 고객서비스, 컨설팅 등을 들 수 있다. 그럼에도 우리의 경영교육은 이런 남녀의 차별적인 형질과 그로 인한 역할의 차이를 충분히 명시하지 않고 않다. 경영 문제들 중에는 소통을 잘 하는 섬세한 성격의 여성이 더 잘 챙길 수 있는 분야가 있고 남성이 맡을 때 더 효율적으로 할 수 있는 분야가 분명히 있다. 남녀의 선천적 형질의 차이를 잘 이해하고 그 기질에 맞는 차별화된 직무배정은 조직 전체의 시너지를 높이는 중요한 결정일 수 있다. 따라서 경영을 가르칠 때 남녀가 갖는 본원적 차이점을 상호인식하고 서로 보완할 수 있는 역할의 배정과 남녀가 함께 조화롭게 일하는 방법을 교육할 필요가 있다. 한편 이러한 차별화된 형질과 기질이론은 자칫 특정의 성을 차별화하는 명분으로 활용될 수도 있음을 유의해야 한다.

아래 박스사례에서는 HP의 CEO였던 칼리 피오리나에 대한 이야기가 소개된다. 그녀는 남성우월문화가 매우 강했던 통신 및 IT기업에서 최고경영자 자리까지 승진하였다. 어떻게 그리고 왜 그녀가 여성으로서 미국 대기업의 최고의 자리에 오를 수 있었는지를 검토하기 위해 이 사례를 엮었다. 스토리를 읽다보면 그녀가 여성이었기에 더 잘 할 수 있었던 역할과 여성이었기에 최고경영진에까지 도달하는데 걸림돌이 되었던 요인들 모두 눈에 띈다. 피오리나가 보여준 감성적 리더십은 인문학과 예술교육을 통해 선천적 그리고 후천적으로 받은 형질이지만, 일에 대한 집중력과 도전정신은 성별과는 별 상관없어 보인다.

• • •

[Box 사례] 여성 CEO 칼리 피오리나

미국 굴지의 IT기업 HP(Hewlett-Packard)의 회장직을 6년간 역임했던 칼리 피오리나는 분명 성공적인 경영자의 길을 걸었던 여성이다. 2015년 당시 그녀는 미국 대통령이 되기 위해 정치계에서 활동하고 있는 대표적인 여성 리더 중에 한 사람이었다. 요즘과는 달리 80~90년대 미국만 하더라도 여성이 최고경영자 자리에 올라가는 일이 쉬운 기업환경과 조직문화는 결코 아니었다. 그녀의 자서전(피오리나, 2006)에는 오늘날에는 도저히 상상할 수 없는 성차별과 성희롱을 당하는 장면이 여러 곳에 묘사될 정도이다. 그 때마다 그녀는 적절하고 지혜롭게 대처함으로써 남자 동료로부터 사과를 받아내었으며, 그렇다고 움츠러들어 자신의 목적을 포기하지도 않았다.

그녀는 미국 최고의 명문대인 스탠퍼드 대학의 학부에서 중세철학을 전공하였으며 동시에 화학, 생물학, 물리학, 경제학, 인류학, 음악 등 다양한 과목을 들었다. 학부 전공이 인문학이어서 취업이 쉽지 않았던 피오리나는 메릴랜드 주립대의 MBA과정을 이수하면서 경영학을 본격적으로 접하였다. 정규 교육은 후천적 형질을 결정하는 요소이므로 여기에서는 잠시 배제하고 선천적 형질 중에 그녀로 하여금 성공적인 경영자가 될 수 있었던 요인은 무엇일지 살펴보자.

그녀는 평균 이상의 예술적 감수성과 자기 주도성을 지녔던 것 같다. 이는 많은 여성들에게서 나타나는 특징 중에 하나인데, 그녀는 이러한 유전적 형질을 어머니에게서 물려받은 것으로 추정된다. 그녀의 어머니는 당시 여자에게 대학교육을 허락하지 않았던 완고한 부모(그녀의 어머니는 계모였다)를 떠나 18세에 육군 여성부대에 입대하였으며 능력을 인정받아 부대장의 비서까지 됐다. 그녀는 60대에 예술사 전공으로 학사와 석사학위를 받았고 온 종일 그림을 그리는 열정을 보이며 생명력이 넘치는 수백 점의 작품을 완성하기도 하였다.

두 부모 모두 교육과 노력으로 삶의 질을 향상시키기를 원했던 스타일이었다. 아버지(법학 교수)는 자녀들이 역사, 문학, 라틴어 등 고전 교육을 받기를 원했고, 어머니는 자신의 어머니(외할머니)에게서 들었던 모든 것을 자녀에게 베풀고 싶어 했다. 그래서 피오리나는 4살 때부터 불어 교습을 받았고 일곱 살에 오페라를 보러 갔으며 박물관에 가고 피아노 교습을 받았다. 어머니는 아들 · 딸이 문화적으로 세련된 성공한 인생이기를 바랬다. 그녀의 부모에게 있어 '성공'이란 명성과 물질이라기보다 개인의 품성과 인격에 더 초점을 두는 것이었다. 성품이란 솔직함과 고결함 그리고 진정성으로 정의되었다.

피오리나의 언니, 클라라 홀도 창의성과 예술적인 기질을 타고났다. 어머니처럼 그림은 아니었지만 어린 나이에 재능 있는 작가가 되었다. 외아들인 남동생은 운동을 잘 했으며, 창의적이어서 만화를 잘 그렸다. 한편 피오리나는 어릴 적 스스로를 특별히 똑똑하다거나 창의적이었다고 평가하지 않았지만 부모를 기쁘게 해드리기 위해 열심히 공부하였고, 순종적이고, 활발하고, 믿음직한 사람이 되려고 노력하였다. 어머니는 자신의 자녀가 한 가지 악기를 익히기를 바랐기 때문에 그녀는 상당한 시간을 들여 집중적으로 피아노 레슨을 받았다. 오랫동안 연습하면서 연주에 요구되는 정확성과 집중력을 즐기면서 다른 한편으로 두려움과 의심과 악몽을 표현하는 아름다움을 음악에서 찾았다.

그녀는 직장을 자주 옮겨 다녔던 아버지 덕에 독특한 경험을 하였다. 그녀는 뉴욕, 코네티컷, 캘리포니아에서 초등학교를, 캘리포니아와 영국에서 중학교를, 아프리카와 캘리포니아, 노스캐롤라이나에서 고등학교를 다녔다. 이렇게 잦은 이사를 통해 그녀는 다양한 사람과 문화 그리고 변화에 관한 것을 자연스럽게 배울 수 있었다. 그녀는 어른이 갖는 높은 기대감이 아이에게 미치는 영향을 잘 알고 있었고, 변화가 두렵기도 하였지만 동시에 흥분하기도 하였다. 그녀는 도전을 이겨낼 때마다 짜릿한 승리의 쾌감을 느끼며 성장하였다.

그녀의 부모가 추구했던 솔직함, 고결함, 진정성과 같은 품성은 남성우월문화가 짙었던 통신회사 AT&T사에 입사하여 여성들에게 흔히 일어날 수 있는 일을 처리할 때 잘 드러났다. 신입사원 시절, 남성 동료와 함께 중요 고객을 만나 상담을 해야 하는 경우가 있었다. 그런데 고객들이 원했던 장소(남자동료가 원했던 장소일 수도)는 남성들이 주로 출입하는 스트립쇼 클럽이었다. 남자동료는 피오리나가 당연히 함께 가지 않을 것으로 예상했지만 그녀는 그 장소에 당당히 나타났다. 비즈니스 정장을 한 여자가 어울리지 않는 장소에서 고객들과 당당하게 상담을 마치고 돌아온 다음 날, 그녀는 사무실내 힘의 균형이 달라졌음을 느꼈다고 했다. 그 남자동료는 그 일을 통해 피오리나의 기를 죽이려나 오히려 한 방을 먹고 난처한 입장에 처해 버렸던 것이다. 또 한 번은 도움을 주겠다며 접근한 상사가 출장길에서 그녀를 유혹한 사건도 겪었다. 그 사건으로 인해 그녀는 결국 그 상사로부터 도움 받는 일을 포기하고 다른 부서에 가서 도움을 받았다. 그녀의 이런 당찬 대처방법은 그녀의 부모가 추구했던 고결하고 솔직한 품성이 결정적으로 영향을 미친 것 같다.

그녀가 관리자로 승진한 후 팀을 이끌어갈 때의 모습을 보면, 여성 특유의 감수성을 발휘하여 팀원들의 공감과 지원을 얻어내는 장면이 자주 나온다. 팀원들을 일일이 면담하여 그들의 생각과 고민을 들었고, 새로운 목표를 설정하면 이를 이해시켜 공감하도록 노력하였으며, 그들을 평가할 때도 공평하다는 느낌을 갖도록 노력하는 모습에서 특유의 감수성과 뛰어난 공감능력을 보여주었다.

그녀는 매사에 도전적이었고 어느 자리에서든 무언가 가치 있는 결과를 만들어 낼 수 있는 곳을 찾아 도전하는 성격을 지녔다. 따라서 어렵고 힘든 부서를 일부러 자청하여 갔으며, 어떤 문제에 당면하면 집요하고 일관성 있게 그 일에 매달려 좋은 결과를 도출하기도 하였다. 그런 모습을 2가지 사건에서 엿볼 수 있었다. 첫째는 USGS[10]로부터 받은 큰 수주 덕에 영업 관리자로 승진하게 된 사건이다. USGS 산하에 있는 마인스 사무국은 PBX라는 전화시스템 때문에 고전하고 있었지만 당시 마운틴 벨(공기업 AT&T의 지역 자회사)의 영업직원들은 기존 기술로는 한계가 있다며 고객의 고민을 해결해줄 생각을 않고 있었다. 피오리나는 이 문제를 끝까지 물고 늘어졌다. 고객의 목소리를 경청하면서 이 문제가 대형 수주로도 연결될 수 있으리란 것도 직감했다. 문제해결을 위해 기술적 도움을 줄 것으로 기대했던 2급 남성 관리자(마운틴 벨 소속)는 출장길에 피오리나를 유혹하기까지 하였다. 오늘날 말하는 소위 직장 내 성희롱이었다. 그녀는 결국 마운틴 벨의 도움을 받지 않고 뉴저지와 워싱턴의 AT&T 직원들과 대화를 하던 중에 이 문제를 완전히 이해하고 해결책을 만들 수 있는 사람과 팀을 만났다. 이렇게 수주하여 설치한 시스템은 당시 벨시스템이 그 때까지 설치했던 것 중 가장 컸던 긴급통신시스템(Emergency Communication Systems, ECS)을 갖춘 '디멘젼 2000'이었다. 그녀는 이 수주로 상을 받았고 영업 관리자로 승진할 수 있었다. 둘째 사건은 그녀가 30세였을 때 처음으로 자리 이동을 할 기회가 있을 때였다. 그녀는 상사가 추천하는 쉬운 곳을 마다하고 엔지니어링 분야의 접속용량관리센터로 이동을 자청하였다. 그곳은 쉬는 날도 없이 하루 3교대로 돌아가고 무슨 일을 어떻게 해야 하는지 아무도 모르는 말 그래도 뒤죽박죽 부서였다. 실제로 그 센터는 분리되어 나가는 베이비 벨과 AT&T와 MCI(장거리통화 사업자)의 회선이 만나는 지점으로 문제들이 가장 많이 발생할 소지가 있는 자리였다. 즉 일은 많으면서 문제가 많아 승진하는 데 별 도움이 되지 않는 그런 보직이었다. 그럼에도 그녀가 그곳을 선택한 이유는 변화가 필요하고 도전할 가치가 있는 영역이라고 생각했기 때문이었다. 그녀는 이 부서에 와서도 아무도 관심을 가지지 않았던 부분에 집중하여 큰 문제점을 찾아냈다. 고객사인 벨 애틀랜틱이 AT&T에 네트워크 사용료를 빈번하게 과도하게 청구해온 사

10) United States Geological Survey 미국지질조사국

실을 발견한 것이다. 그녀는 이 같은 사실을 객관적인 데이터를 근거로 증명하면서 회사가 엄청나게 많은 비용을 절감하는 기회를 주었다. 문제를 포착하고 문제해결에 필요한 디테일한 엔지니어링 지식까지 공부해가면서 집요하게 문제의 근원지를 찾아 해결방법을 찾으면서 자신의 존재 가치를 분명하게 드러내는 모습에서 그녀는 불공정하고 불합리한 것 자체를 비논리의 연장으로 본다는 것을 알 수 있다.

그녀가 스탠포드대학을 다닐 때 원서로 된 철학서를 읽기 위해 외국어 공부를 많이 하였다. 라틴어, 프랑스어, 독어 그리고 고대 그리스어(플라톤과 아리스토텔레스를 읽기 위한)까지 공부하였다. 아버지가 좋아했던 역사도 그녀의 관심사였다. 역사란 사람들에 대한 스토리이고 변화를 이루려던 영웅들의 이야기여서 호감을 가졌다. 부유한 권력자들이 역사를 쓰는 경우도 많았지만 영감을 받아 새로운 길을 개척하는 평범한 사람들의 이야기도 많았다. 그녀가 가장 소중하게 생각했던 과목은 '기독교와 이슬람교와 유대교의 중세철학'이라는 대학원 세미나였다. 아퀴나스, 베이컨, 아벨라르 같은 중세철학자들의 저서를 포함하여 방대한 양의 책을 읽고 철학적 담론을 2쪽으로 요약해서 제출해야 했다. 철학과 사상이 그녀에게 큰 영향을 준 것도 많았지만 무엇보다도 대량의 자료를 읽고 2쪽으로 요약하는 과정에서 핵심을 추출하고 사고과정을 정제하는 능력을 기를 수 있었다. 그녀는 경영과는 직접 관련이 없는 이런 과정을 통해 중요한 경영 기법을 배웠다고 고백하였다. 즉 엄청나게 많은 정보에서 핵심을 발췌한 후 이해하고 이를 논리적으로 서술할 수 있는 능력과 리더십 교육이었다. 사물(현상과 문제)의 핵심을 이해하고 원활한 의사소통을 위해서 어렵고 힘든 생각을 집중적으로 할 때 효과가 있음을 배웠다. 그녀가 경영 현장에서 실타래처럼 꼬인 실들을 하나하나 풀어내는데 보인 인내심, 집중력 그리고 논리성은 그녀의 부모가 물려주었던 DNA의 영향도 있었지만 방대한 인문학 교육을 통해 가능했다는 것을 쉽게 짐작할 수 있다.

4) 성격과 기질(personality and character)

일반적으로 사람의 성격과 기질은 유전적으로 타고나는 경향이 높아 선천적 형질로 분류한다. 그렇지만 이 성격과 기질도 성장 환경, 가정과 학교의 교육 그리고 특수한 상황에 의해 어느 정도 변형될 수 있다. 부산 삼진어묵의 박용준 실장은 원래 소심한 성격으로 학창시절을 통틀어 반장 한 번 한적 없었고 때로는 옷에서 어묵냄새가 난다는 이유로 왕따를 당한 적도 있었다. 소심했던 그를 변화시킨 특수한 상황은 대학시절 큰 교통사고였다. 죽을 뻔한 경험으로 그는 앞으로 열심히 잘 살아야겠다는 각오를 했고, 이어진 군복무도 열심히 하면서 소심했던 성격이 변하기 시작했다고 한다. 그는 사실 2대째 가업으로 내려온 어묵 가공업을 물려받기 싫어 미국 유학을 선택하였고, 그곳에서 회계사가 되어 편안한 삶을 살기를 원했다. 그런 그가 귀국하여 당시 사양 업종으로 인식되던 가업을 잇게 된 것은 아버지의 갑작스런 병환 때문이었다. 그는 값싸고 비위생적인 이미지를 가진 어묵을 다품종, 고급화하여 4년 만에 매출을 10배나 늘린 성공적인 경영자가 되었다.[11] 그가 주도했던 변화와 혁신의 리더십은 도대체 어디에서 온 것일까? 그는 직접 어묵시장을 조사했다. 8천억 원 규모의 시장에 유통되는 어묵 종류는 고작 10개 정도밖에 안된다는 사실을 알고는 제품의 고급화·다양화의 가능성을 보았다. 이러한 판단은 적어도 그가 정규 경영교육에서 받았을 합리적 경영이론일 가능성이 높다. 베이커리식 고급오뎅 개발, 중세 유럽풍의 인테리어 디자인, '삼진어묵'이라는 촌스런 브랜드명과 본점 매장을 선대가 창업할 때 쓴 건물을 그대로 쓴 것 등은 그의 외국생활 경험의 소산으로 보인다. 그가 4년을 보냈던 뉴욕은 전 세계 국가들의 음식들이 모여드는 곳이었고, 잠시 둘러본 일본은 몇 대째 가업을 내림하는 가족기업 전통이 강한 장인정신의 나라이다. 결론적으로 문제해결에 필요한 집중력과 인내, 가업이 제공하는 전통적 노하우 DNA와 기술, 선진 외국의 현장 경험 등이 융합되어 그를 수동적 현실주의자에서 창조적 경영자로 변화시킨 것으로 추측된다.

---

11) 원선우, "뉴욕서 돌아온 어묵집 손자, 어묵판을 바꾸다," 조선일보 2014.12.6.

사람의 성격을 규정할 때 자주 쓰는 단어들 중에 하나는 외향성과 내향성이다. 학교나 직장에서 리더라는 소리를 듣는 부류의 사람들은 일반적으로 외향적인 사람일 가능성이 높다. 이들은 대개 넘치는 에너지로 타인을 압도한다. 타고난 사교성을 발휘하고 다수의 사람들 앞에서도 주눅 들지 않고 말도 잘하며 자신의 주장을 밀어붙이는 일도 두려워하지 않는다. 어릴 땐 친구들 사이에서 인기가 높고, 어른이 되어서는 조직 안에서 눈에 띄는 존재가 될 확률이 높다. 칼리 피오리나는 외향성이 강한 여성 CEO였다. 그녀는 매번 뛰어난 영업실적을 보였고, 자신을 희롱했던 동료나 상사에게 '노우'라고 분명한 메시지를 전하는 성격이었다. 한편 그 반대에 선 사람들은 의견을 내세우기보다 조용히 경청하며 낯을 가리고 혼자 있는 걸 좋아하는 내향적인 사람들이다. 이런 사람들의 학교 생활기록부에는 보통 '사교성 부족'으로 기록되며, 성인이 되어서는 '사회성이 부족하다'는 핀잔을 듣는 경우가 잦다. 그렇지만 사실 외향적, 내향적으로 확연하게 구분될 정도의 성격을 가진 사람의 비율은 각기 5% 이내에 지나지 않는다. 따라서 외향성과 내향성은 정도(degree)의 문제이며, 대부분 사람들은 외향성의 일부와 내향성의 일부를 혼합해서 가진 것으로 보는 것이 더 타당하다. 위에 설명한 박 실장은 어렸을 때 분명히 내향적 성향이 강했지만 다양한 위기와 경험의 성장과정을 거치면서 외향적인 면모가 더 많이 발현되었다고 할 수 있다.

흔히 가장 외향적인 국민으로 간주되는 미국인 중에서도 3분의 1 내지 2분의 1가량은 내향적이다. 동물의 세계에도 내향성이 강한 그룹과 외향성이 강한 그룹이 있다. 야생 동물군의 구성원 가운데 약 20%는 '뜸을 들이는' 반면, 나머지 80%는 '재빠른' 유형으로 분류된다. 재빠른 유형은 주변이 어떻게 돌아가는지 별로 신경 쓰지 않고 일단 돌진한다. 위험을 무릅쓰고 먹이를 가져오는 게 이들의 주요 역할이다. 반면 뜸을 들이는 유형은 경쟁자가 다가오지 않는지를 세심하게 관찰하며 '재빠른' 유형이 먹이 사냥을 잘 할 수 있도록 지원하고 집단 전체의 안전에 기여한다. 이는 그룹과 조직의 운영에도 적용될 수 있다. 즉 내향적이든 외향적이든 두 부류의 사람들을 조화롭게 적재적소에 배치하여 서로 협업하고 부족한 것을 상호 보완해 나가면 시너지를 낼 수 있다는 뜻이다. 대담한 동물이 사냥감을 찾기 위해 위험을 무릅쓰듯이 외향적이며 적극적인 사람들은 위험이 큰 프로젝트를 과감하게 맡고, 내향적 직원은 숨겨져 있는 위험을 감시하고 그 위험을 줄이는데 필요한 과업을 맡으면 될 것이다. 조용하고 주의력이 높은 내향적인 사람들은 과업을 진두지휘하기보다는 일이 잘 굴러가도록 돕고 적시에 필요한 제동을 잘 걸어줄 수 있다. 이들은 숨어있는 위험과 자칫 빠질 수 있는 함정을 신중하게 살피고, 성공뿐 아니라 그 반대의 결과에 대해서도 깊은 주의를 기울인다. 그래서 성공적인 조직에는 두 성향의 사람들이 모두 필요하다.

수전 케인(Cain)은 「콰이어트(Quiet)」에서 현대사회, 특히 미국은 '외향성 이상(理想)'을 떠받드는 사회이며, 내향성을 이류(二流)로 여기는 경향이 있다고 꼬집었다. 이는 우리나라도 별 다르지 않다. 20세기 들어 급격한 산업화·도시화가 진행되면서 사회가 '인격의 문화(culture of character)'에서 '성격의 문화(culture of personality)'로 전환되었다. 과거 '인격의 문화'에서는 진지하고 자제력 있고 명예로운 사람을 이상적인 자아로 가르쳤다. 즉 '대중에게 어떤 인상을 주느냐'가 아니라 '혼자 있을 때 어떻게 행동하느냐'가 중요한 가치였다. 하지만 급속한 산업화·도시화로 인해 수많은 낯선 사람 틈에서 자신의 능력을 증명할 수 있어야 생존할 수 있게 되자 '성격의 문화'가 뿌리내리기 시작했다. 결국 사람들은 '타인이 나를 어떻게 바라보는가'에 집중하기 시작했고, 매력과 카리스마, 외향성 같은 자질이 더 중요해졌던 것이다.

그런데 저자는 이러한 경향이 바뀌는 조짐이 있다고 주장한다. 즉 '성격의 문화'에서 다시 '인격의 문화'로 회귀하는 움직임이 보인다는 것이다. 케인은 "오늘날 우리는 기술이 급격하게 진보하는 세상에서 살고 있다. 그 흐름을 주도하는 것은 실리콘밸리이며, 현재 실리콘밸리의 핵심 인물은 대개 내향적인 사람들이다. 구글의 창시자 레리 페이지, 페이스북의 창업자 저커버그, 버크셔 해서웨이 회장 워런 버핏, 삼성전자 회장 이건희씨 모두 내향적인 인물이다. IT 업계는 지금 가장 많은 부를 창출하는 분야이고, 그 대표적 IT 기업을 이끌고 있는 사람들이 막강한 영향력을 갖게 되었다. 그래서 내향성이 그렇게 부정적인 것만은 아니고 어쩌면 존중받을 가치가 있다"고 주장하였다. 역사상 훌륭한 작품을 만든 예술가도 대부분 내향적이었다. 정치나 사회운동처럼 일반적으로 외향성이 강조되는 영역에서조차 앨 고어, 마하트마 간디, 엘리너 루스벨트 같은 인물도 자신들의 내향성 덕분에 위대한 도약을 이뤄냈다. 결론적으로 성공한 경영자가 되는 요건으로 성격의 외향성과 내향성은 큰 의미가 없다고 보는 것이 타당할 것 같다. 다만 외향성과 내향성이 각기 가지고 있는 단점들이 있는데 이러한 것들을 경영과 소통기술, IT의 활용을 통해 완화하거나, 유능한 부하직원과 지원시스템의 도움으로 보완한다면 이를 극복하는 것도 어렵지 않을 것이다. IT분야의 기술지향적 창업자는 일반적으로 조용하며 내향적인 경우가 많다. 이런 사람들은 기업이 일정 규모에 도달하면 전문경영인의 도움을 받는 것이 필요하다. 페이스북의 저커버그는 자신이 부족한 재무부분을 이 분야의 전문가인 셰릴 샌드버그를 COO(최고운영책임자)에 앉힘으로써 제 2의 도약을 할 수 있었다.

위험부담(propensity of risk taking) 성향은 성격과 기질을 구성하는 중요한 요소이다. 경쟁적 시장경제에서 기업가들이 미래에 약속되는 이익을 기대하며 현재의 위험을 과감하게 떠안고 투자하지 않았다면 오늘처럼 풍요로운 21세기를 이룰 수는 없었다. 그래서 창업자든 전문경영인이든 성공을 위해서 현재 위험의 미래적 가치를 계산한 후 그것을 기꺼이 떠안는 담력을 가져야 한다. 물론 이것은 위험의 종류와 규모 그리고 그것의 성공·실패의 확률을 정신적으로 시뮬레이션을 할 수 있는 능력도 포함한다. 이러한 위험에 대한 태도는 계량화하기 어려운 잠재적 미래를 향한 통찰력(insight)과 미래를 지나치게 낙관적으로 봄으로써 세부적인 사항을 놓치지 않는 용의주도함까지 포함하므로 단순히 무모함과는 다르다. 모두가 위험하다고 몸을 사릴 때도 대규모 투자를 단행하는 경영자들을 간혹 볼 수 있다. 그들의 행동은 동일한 위험을 일반적인 사람들의 시각으로 보지 않는 또 다른 비전과 통찰력이 있기 때문이다.

모험적 성향은 부분적으로 유전적이며 가문의 전통처럼 내려오는 가풍이어서 경험이나 후천적 노력으로 쉽게 획득할 수 있는 형질은 아니다. 미국의 정치명문가 케네디家는 모험을 즐기는 기질로 잘 알려져 있다. 케네디 가문은 아일랜드인의 후손으로 19세기 후반 아일랜드에 닥친 대기근을 피해 미국 매사추세츠 주로 이주한 가톨릭 집안이다. 개신교가 주류인 미국에서 케네디家는 직업선택 등에서 많은 차별을 받았음에도 아버지, 조지프 P. 케네디는 많은 부를 축적하였으며 자신의 가문에서 역사에 남을 훌륭한 정치인이 배출되기를 간절히 소망했다. 미국의 44대 대통령 존 F. 케네디는 그의 소원을 이루어준 아들이었다. 그는 1940년에 하버드 대학을 졸업하였고 태평양 전쟁 중에 해군으로 복무했다. 제2차 세계대전 중 남태평양에서 PT-109 고속 어뢰정의 해군 장교로 근무할 때 그는 자신의 배가 일본군에게 격침되었을 때 위험을 무릅쓰고 동료를 구한 전쟁 영웅이었다. 케네디는 재임기간에도 쿠바미사일 위기와 같은 매우 위험한 외교적 문제를 성공적으로 해결하였다.

'케네디가의 저주'라는 말이 한동안 미국 사회에서 회자된 적이 있었다. 케네디 대통령이 미국 댈러스에서 암살당했고, 그의 형 조지프 P. 케네디 Jr.도 2차 세계대전 중 무인폭격기 프로젝트인 아프로디테 계획(Aphrodite Project)에 참가하던 중 사고로 죽었다. 아프로디테 계획(Aphrodite Project)은 폭탄을 실은 무인폭격기를 조종하여 이륙한 후 적당한 시점에 무인조종으로 전환한 다음 낙하산을 이용하여 조종사는 탈출하고 폭격기는 적진을 향하도록 하는 매우 위험한 작전이었다. 케네디 대통령의 동생, 로버트 케네디 법무장관도 장래 대통령 감으로 촉망받았던 젊은 정치인이었으나 1968년 로스앤젤레스에서 선거활동을 하던 중 암살당했다. 이 로버트 케네디의 여섯째 아들인 마이클 케네디는 1997년 스키를 타다가 사고로 사망하였으며, 케네디 대통령의 외동아들, 존 F. 케네디 주니어는 1999년 로버트 케네디의 딸 로리 케네디의 결혼식에 참석하기 위해 무리하게 경비행기를 몰다 대서양에 추락해 사망하였다. 대부분은 피하려는 위험한 상황에서 무리한 결정을 강행하거나 위험한 스포츠를 즐기면서 정의감과 경쟁심을 키운 가풍으로 인해 제 명을 다 살지 못하고 일찍 사망하는 비율이 평균이상으로 높아 케네디가가 저주를 받지 않았느냐는 풍문이 돌았다. 그러나 그러한 모험심을 바탕으로 한 도전정신 때문에 케네디家가 훌륭한 정치적 리더를 많이 배출할 수 있었을 지도 모른다.

모험을 기꺼이 즐기는 전통은 브룩스 브러더스의 창업자와 그의 아들에게서도 엿볼 수 있다. 200년 전통의 미국 의류 회사인 브룩스 브러더스(Brooks Brothers)의 CEO 클라우디오 델 베키오 사장은 안경기업 룩소티카의 창업자 레오나르도 델 베키오의 장남이다. 그는 아버지로부터 좋은 품질의 물건을 고르는 법을 물려받았다고 하였다. 그는 가난했던 어린 시절 조차 항상 맞춤 정장을 입었고, 6개월마다 차를 바꿨으며, 당시 동네에서 가장 먼저 TV를 구매하기도 하였다. 그의 아버지는 오늘날 얼리 어답터(early adopter)였다. 그 덕분에 그는 새로운 문화와 제품을 누구보다 먼저 보고 만질 수 있었고 겉만 번드르르한 것과 내실 있는 제품을 구분할 수 있는 능력, 즉 '본능적 감각(gut feeling)'을 물려받았다. 주변의 뛰어난 사람들이 아버지의 일을 도왔지만 최종적인 결정은 늘 아버지의 몫이었다. 조직의 미래를 위해 필요한 일과 아닌 일을 구별하는 것은 경영자의 본능적 감각에 의존하는 경우가 많다. 여기서 중요한 것은 실수에 대한 용기다. 회사를 경영하다 보면 중요한 결정을 내려야 하는 순간이 있는데 매번 '잘못되면 어떡하지?' '나중에 후회하면 어떡하지?'하는 두려움이 없을 수 없다. 그렇지만 그는 설령 잘못된 결정을 내렸다고 해도 나중에 실망하거나 좌절하지 않는 법을 어릴 적부터 배웠다.

안랩(구 안철수연구소)을 설립하여 무료로 백신을 배포하여 좋은 평판을 얻었던 안철수 의원, 두산그룹 박용현 회장, 교보생명의 창업자 신용주 회장의 뒤를 이어 경영권을 이어 받은 신창재 회장도 모두 경영을 학문적으로 배운 적 없는 의사들이었다. 서울대 병원 산부인과 의사로 잘 나가던 신창재 회장은 아버지의 권유로 1996년에 교보생명에 입사하였고 2000년 5월에 대표이사 회장으로 취임하였다. 그 당시 창업자(신용호 회장)는 병석에 누워있었고 IMF사태 직후여서 교보생명은 창사 이래 최대의 위기를 맞고 있었다. 보험에 관해서는 일자무식이었던 그는 취임 초반, 나쁜 성장의 악순환을 끊겠다며 혁신의 칼을 빼들었다. '아무것도 모르는 산부인과 의사가 회사를 망가뜨린다'며 반발이 거셌지만 투자성 보험이 아닌 중장기 보장성 보험, 과잉판매가 아닌 완전판매에 집중함으로써 건전한 재정을 만들어갔다. 이는 당시 업계의 관행을 거스르는 일이기도 하였다. 그로부터 10여년이 지나 부도설까지 나돌던 교보생명은 2008회계연도 2916억원의 당기순이익을 올리며 생명보험업계 1위 자리에 올랐고, 2000년 25조원이던 총자산도 2011년에 60조원을 돌파하였다. 인터뷰에서 그가 한 말을 보면 그에게는 경영자의 피를 이미 타고났다고 볼 수밖에 없을 것 같다. 사실 창업자 신용호 회장은 초등학교 중퇴였지만 맨손가락으로 생나무를 뚫는 불굴의 의지를 가진 보험업계의 전설이다.

> "내가 비록 산부인과 의사를 하다가 들어오긴 했지만 장사의 기본은 안다. 장사란 고객이 좋아하는 물건 혹은 서비스를 파는 것이다. 부회장으로 회사에 왔을 때가 90년대 후반인데, 가짜 보험고객이 부지기수더라. 가

명계약, 실체가 없는 계약이 벌어지는데 회사는 그걸 알면서도 보험설계사 에게 수수료를 지급했다. 고객이 없는 장사가 어디 있나? 이래서 회사가 수익을 낼 수 있나? 그래서 회사를 바꾸자, 실적 위주의 보험업계 관행을 우리가 먼저 깨뜨리자, 하고 깃발을 든 것이다."[12]

신용주 회장은 경영의 기본을 '고객이 필요로 하는 것을 적절한 수익을 남기면서 파는 것'으로 간단히 정의했다. 경영을 정식으로 배운 적도 없는 그가 단 4년 만에 경영의 기본 원칙을 이해했다는 사실은 결코 평범한 일은 아니다. 수년간 경영학을 공부하였고, 수십 년간 경영을 해 본 사람조차 이 간단한 진리하나 깨닫고 실행하지 못하는 사람이 부지기수라는 생각을 하면 그 역시 성공적인 경영자의 형질을 타고났다고 생각밖에 할 수 없다.

2005년부터 중소기업청은 매년 매출 1000억 원 이상을 올린 벤처기업을 조사해 '벤처천억기업' 리스트를 발표해 왔다. 말 그대로 벤처사업이란 일반적인 비즈니스 아이템보다 몇 배나 위험도가 높은 사업들이다. 이런 분야에서 기업을 성공적으로 지속경영을 해 왔다는 것은 기업가가 경영의 맥을 잘 집고 필요할 때 과감하게 투자하는 실행력을 갖추고 있음을 의미한다. 사람마다 위험을 안으려는 성향은 모두 다르다. 위험을 혐오하여 늘 안정된 길만 골라가려는 사람에게 벤처창업은 꿈도 꿀 수 없는 영역이다. 그렇다고 벤처기업가들을 무조건 위험을 끌어안는 무모한 사람으로 취급할 수는 없다. 남이 보기에는 과도한 위험을 끌어안는 듯이 보이지만 속을 들어다보면 창업자만 볼 수 있는 기회와 가능성 그리고 그것에 대한 확고한 믿음이 있다. 그것은 어쩌면 타고난 선견지명이며 시대의 흐름을 내다보는 탁월한 통찰력 내지 사업적 감각이라 할 수 있다.

우리나라 초창기 산업화 시대를 이끌었던 몇몇 창업자들 중에 이러한 감각적인 통찰력과 불도저 같은 추진력을 가진 도전적인 사람들이 많았다. 고 정주영 현대그룹 회장은 그런 사람들에 속한다. 정주영의 전기를 쓴 박정웅(2007)이 강연 후 청중이 자신에게 던지는 가장 곤혹스런 질문은 '고졸학력, 그리고 가출 소년으로, 부두노동자와 쌀가게에서 배달 일을 하며 사회생활을 시작한 그가 어떻게

12) 김윤덕, "산부인과 의사서 보험회사 리더로... 신창재 교보생명 회장," 조선일보 2012.3.3.

그런 도전정신, 통찰력, 번뜩이는 창의력으로 점철된 위대한 기업가 정신을 발휘할 수 있었나?'였다. 이에 대해 그는 '타고났다'라는 말 외에 달리 해줄 답이 없다고 하였다. 정주영 회장은 6.25 전쟁 때 처음 수주한 관급공사인 고령교 복구공사를 기술과 장비, 경험 부족, 그리고 공사가 끝나기도 전에 몇 배가 넘는 인플레이션으로 엄청난 손해가 불가피했으나 형제들의 집까지 팔아가면서 겨우 완공했다. 그 후 그는 그렇게 얻은 신용으로 휴전 후 한강 인도교 복구공사를 수주하여 초기 현대건설의 기초를 닦았다. 1965년 처음으로 수주한 태국에서의 해외고속도로 공사 역시 경험과 장비, 현지 토질과 기후조사 미흡으로 막대한 손해를 보고 겨우 완성했다. 그러나 몇 년 후 박정희 대통령이 경부고속도로 사업을 추진할 때 현대건설이 수주할 수 있었던 것은 당시 현대가 국내에서 유일하게 고속도로공사를 해 본 업체였기 때문이었다. 현대중공업(선박제작) 초기에 갑자기 불어 닥친 해운업의 불황으로 선주들이 완성한 배를 인도해 가지 못하는 상황이 발생했을 때 이를 상선으로 개조하여 현대상선을 성공적으로 발족시키기도 하였다. 그가 보여주었던 위기에 대한 창조적 대응방식, 하나의 사업만이 아닌 후속사업을 내다보는 긴 안목 등은 타고난 통찰력, 예지력 그리고 뚝심이라 불리는 공격성으로 설명할 수밖에 없을 것 같다.

5) 외모

외모는 후천적으로 어느 정도 보정할 수 있지만 부모로부터 전적으로 물려받는 것이다. 호감을 주는 외모는 성공적인 경영자의 요건이 될 수 있다. 외모가 연예인처럼 미남·미녀일 필요는 없지만 보기에 편하고 기왕이면 신뢰감을 줄 수 있는 인상이라면 인간관계를 형성하고 거래와 협상을 이끄는데 큰 도움이 될 수 있다. 당연히 적당한 외모는 경영자 스스로에게 자신감을 높여주기도 한다.

미디어시대에 9대 대구은행장을 지낸 이화언 행장의 에피소드를 보면 때로 외모도 성공적인 경영자가 되기 위해서 중요하다는 것을 알 수 있다. 그는 서른 중반부터 머리가 빠지기 시작하여 은행장이 되었을 때는 심한 대머리가 되어 있었다. 행장 시절에 여러 언론 매체가 자신의 사진을 게재하는 경우가 많아졌고 이러한 사진을 접하게 된 주변의 지인(병원장, 기자 등)들이 모발이식을 자주 권하였다. 그는 결국 모발이식수술을 받았고 그 결과에 대해 매우 흡족해 하였다. 이는 CEO의 외모가 대내외적으로 많은 관심의 대상이 된다는 것을 의미하며, 기업의 간판과 같은 CEO의 외모와 의상은 때로 기업이미지에 지대한 영향을 주기도 한다. 젊고 건강한 CEO의 외모는 긍정적인 기업이미지를 형성하는데 적지 않은 역할을 할 것이며 협력사나 고객들도 기왕이면 젊고 건강해 보이는 CEO를 둔 기업과 거래하기를 원할 것이다. 물론 CEO의 외모가 기업의 성과지표와 직접적인 연관성이 있다는 연구결과는 아직 나온 바 없다.

성형대국이라는 오명을 쓴 우리나라에서 학생들에게 성형을 권유하는 것이 올바른 태도는 아니지만 경제적 여건이 된다면 성형을 권하고 싶은 학생들이 간혹 눈에 띈다. 외모지상주의를 비판하지만 기업이 고객을 대상으로 비즈니스를 수행하는 직원을 뽑을 때 외모를 평가하지 말라면 그것은 억지요 지나친 간섭일 것이다. 특히 서비스직종에서 외모는 선택적인 것이 아니라 필수적인 것임을 특정 직종(기내 승무원, 화장품 판매원 등)에서 일하고 있는 사람을 보면 자연히 알 수 있다. 그렇지만 외모에 대한 평가는 대단히 주관적이므로 공정한 평가를 기대한다는 것이 사실 불가능하다는 점을 잘 알고 인사관리에 적용해야 한다.

3.4 후천적 형질

앞서 설명한 선천적 형질 중에는 후천적 형질과 뚜렷하게 구분할 수 없는 것들도 있음을 전제해야 하겠다. 뇌의 시냅스(가지돌기)는 사람의 성격과 기질을 결정하며, 학습을 통해 얻은 정보를 기록하고 저장하는 곳으로 후천적 학습에 의해 상당히 변화한다. 이는 가정교육, 학교의 정규·비정규교육, 경험, 다양한 환경적·상황적 요인들이 선천적 형질의 일부를 강화하거나 약화시키는 경우가 많아 선천성과 후천성을 두부 자르듯이 구분할 수 없는 이유가 된다. 예를 들어 성격과 기질에서 설명한 위험부담 성향은 반드시 유전적으로 전달되는 것만으로 볼 수는 없다. 케네디家에서 볼 수 있듯이 위험을 무릅쓰고 과감하게 도전하는 정신이 외지에서 이주해온 이민자들이 새로운 환경에서 생존하기 위해서 경험적으로 획득한 기질일 수도 있기 때문이다. 케네디 대통령을 포함한 조지프 P. 케네디의 자녀들 역시 여느 미국 가정의 자녀들처럼 보편적 시민교육을 받았을 것이지만 자녀들이 경쟁적 사회에서 좌절하지 않고 도전하여 성취하는데 필요한 기질을 키우는데 필요한 가정환경을 조성해 준 것도 사실일 것이다. 실리콘벨리의 대부 스티브 플랭크 역시 창업에 적합한 후천적 형질을 타고난 창업자를 다음과 같이 설명한 적 있다.

> "훌륭한 예술가가 될 수 있는 자질이나 뛰어난 화가나 음악가가 될 자질이 있는 사람은 창업가가 될 자질이 있다. 무에서 유를 만드는 사람들이고 새로운 걸 시도할 줄 아는 사람이고, 눈에 보이지 않는 아이디어가 창조됐을 때 어떨지를 내다볼 수 있는 능력이 있는 사람들이기 때문이다. 어릴 때 예술 감상하는 법을 가르치는 게 유익하다고들 하지만, 그걸로 커리어를 개발하고 돈을 벌 수 있다고는 생각까지는 안 하는데, 돈을 벌수도 있다. 스타벅스 이전에는 커피가 브랜드가 될 수 있다고는 아무도 생각을 안 했다. 훌륭한 창업 아이디어들도 처음엔 우습게 보일 수 있지만 그게 혁신을 시작하는 단초가 될 수 있다. 또 성공한 창업자 중에는 불우한 환경에서 자란 사람이 꽤 많다. 어수선한 분위기에서 자란 탓에 스타트업 같은 불안정한 환경은 그들에게 일상인 셈이다. 그런 성장 과정에서 살아남은 경험은 남다른 집중력과 투혼을 갖게 하는 경향이 있다."[13]

그래서 지금부터 언급하고자하는 후천적 획득 형질은 대부분 유전적으로 물려받는 부분도 있지만 의식적 노력과 무의식적 자극을 통해 변형되거나 강화될 수 있다는 전제하에서 다뤘다. 예를 들어 감성, 창의성, 문제해결능력은 유전적으로 타고나는 경향이 있지만 어릴 적부터 받는 정규·비정규교육 그리고 다양한 경험이 영향을 줄 수 있는 형질이어서 여기에서 다루었다.

13) 조선일보 14.7.12~13.

1) 감성(emotion)

최근까지만 하더라도 감성은 음악, 디자인, 예술 그리고 여성 경영자에게 주로 적용되는 단어로만 여겨졌다. 가령 한 대기업의 여성 CEO가 직원과 그 가족들의 생일을 직접 챙겨주면 그것을 '감성경영'이라고 불러 마치 여성 CEO의 전유물로 보기도 하였다. 경영에 감성이 필요한 이유는 인간은 프로그램된 기계가 아니고 생물이면서 고등동물이기 때문이다. 전통적으로 경영은 자료와 사실을 근거로 객관적이며 합리적인 판단을 통하여 매출과 이윤을 극대화하는 것을 목표로 삼는 이성적, 과학적 영역으로만 봐왔다. 최근 들어 이러한 고정관념은 급속히 바뀌고 있는데, 감성이 받쳐주지 않고 이성만이 지배하는 경영과 조직은 더 이상 지속적으로 성공할 수 없다는 것이 정설이 되고 있기 때문이다.

오늘날 시장에서 제품과 서비스를 사고팔 때 디자인이 매우 중요한 비교우위의 원천이 되고 있다. 기계미학(mechanical aesthetics)이라는 말이 의미하듯 디자인은 제품이 요구되는 기능을 충분히 수행하면서 소비자들에게는 감성적으로 호소할 수 있는 중요한 외양적, 심미적 요소이다. 광고 역시 소비자의 감성에 어필하는 독특한 이미지를 창출하여 그들이 제품과 서비스에 대해 긍정적인 감정과 태도를 형성하도록 돕고 궁극적으로 소비욕구를 일으키게 하는 대표적인 감성적 산물이다. 오늘날 단순히 정보만을 전하는 전통적인 광고의 기능은 점차 줄어들고 있다. 그럼에도 해당 제품이 소비자들이 수용할 수 있는 가격으로 생산이 가능한지, 현재의 생산능력으로 주문량을 소화해 낼 수 있는지, 광고가 목표 고객들에게 효과적으로 어필하는지는 관련 데이터를 과학적으로 분석한 후 객관적으로 판단해야 하는 문제들이다. 즉 경영에서 감성과 이성은 배타적인 요소가 아니라 상호보완적인 것들이다.

SK의 김성근 야구 감독은 '야신(野神)'이라는 별명이 붙을 정도로 신인 선수들의 잠재력을 잘 간파하고 팀워크에 플러스로 만들어 팀을 승리로 이끄는 비범한 리더십을 가지고 있다. 그는 한 인터뷰에서 후배 감독에 대한 평을 할 때 감성이라는 단어를 자주 썼다. 그는 감성을 변화에 민감하고 그 변화에 잘 적응하는 능력으로 이해하고 있었다.[14] 감성적이라는 말은 sensitive 즉 민감하다는 말과 연관이 있으며 이는 개인 선수의 정신과 컨디션, 팀웍과 정신력 그리고 경기의 흐름에 민감하여 적절하게 잘 대응할 수 있다는 의미가 담겨있다. 그래서 거칠기만 할 것 같은 남성 스포츠팀 경영에도 감성은 중요한 리더십의 한 요소임을 알 수 있다.

김정운 교수는 '감정적으로 경영하라'라는 주제의 글에서 과학적 경영이론가들이 주장하는 'CEO는 감정적인 판단을 하지 말라'는 말에 적극 반대하였다. 특히 경영·경제 영역에서 감정과 정서가 회피되고 억압되는 이유를 서구권의 문화, 즉 온순한 삶의 방식이 전 지구적 규범으로 자리 잡았기 때문으로 해석하였다(김정운, 2011, 244). 그래서 CEO의 리더십을 얘기할 때 감정은 터부시 되는 경향이 있는데, 이는 감정이 합리적 판단을 저해하는 방해요인으로만 간주되어 경영·경제에서는 거의 터부시되었기 때문이다. 한 걸음 더 나아가 그는 감정과 정서를 잘 표출하지 못하는 우리나라 남성 특유의 문제를 CEO의 문제와 연결 지었다. 대다수의 한국의 CEO들은 감정과 정서를 얼굴에 드러내지 않고 근엄한 표정을 통해 스스로를 합리적인 의사결정자임을 보여주려 하는 강박이 있다고 하였다. 그는 성공적인 CEO는 감정에 민감하고 그 감정을 잘 이용할 줄 알아야 한다고 주장하였다. 이러한 능력을 살로베이(Salovey)와 베이어(Mayer)는 정서지능(emotional intelligence)으로 불렀으며 다음 3가지 능력으로 요약하였다.

- 자신의 감정을 수시로 짐검하고 확인하고 표현하며 조절할 수 있는 능력
- 다른 사람의 감정을 확인하고 해석하고 이해하는 능력
- 생각하고 행동하는 데 이러한 감정정보들을 활용하는 능력

한편 김정운은 오늘날 합리성이 중시되는 경영환경에서 더 이상 합리적 경영방식만으로는 남들과 차별화될 수 없다고 하였다. 즉 21세기 기업의 경쟁력은 이성과 감정의 이분법을 벗어나 감정을 얼마나 적극적으로 경영에 활용하는 가에 달려있다고 하였다. 신경생리학자, 다마지오(Damasio) 교수(미국 아이오와 대학)

14) TV조선 최·박 토크 판, 2012. 1. 4.

는 대뇌에서 감정을 담당하는 영역이 사고와 추론영역의 통합적인 기능을 한다고 설명하였다. 즉 감정이 이성과 분리된 개념으로 생각할 것이 아니라 두 가지의 적절한 상호보완이 보다 효과적이고 합리적인 문제해결을 가능하게 한다는 것이다. 감정을 관장하는 사람의 정서체계가 합리적인 판단을 하는데 필요한 정보와 행동의 준거를 제공하기 때문이다.

감성이 여성들에게 상대적으로 더 풍부한 기질로 알려져 있지만 여성 못지않게 남성들에게서도 어렵지 않게 찾을 수 있다. 문학, 음악, 미술, 디자인, 요리 등 예술분야에서 탁월한 재능을 보이는 남자들이 많다는 것에서 알 수 있다. 대구백화점 창업자인 고 구본흥 회장은 고객의 입장에서 고객의 불편과 필요를 누구보다도 예민하게 찾아내 그것을 백화점 운영에 반영하기로 유명하였다. 구 회장은 어려서부터 한학을 배웠기에 선비정신에 입각한 원리원칙을 중시하였다. 그를 인터뷰한 한 작가는 그가 구술하는 모습을 보고 감성이 매우 풍부하다는 것을 알았고 그래서 그를 '감성적 이상주의자'라고 평하기도 하였다. 그는 이런 형질을 물려받았겠지만 이 또한 자녀들에게도 유전된 것으로 보인다. 장남은 글을 잘 써 수필집을 발간하였고, 현재 회장을 맡고 있는 차남 구정모 회장도 그림에 일가견이 있으며, 넷째 딸은 화가로 활동하고 있다. 대기업 계열 대형백화점이 지역 상권을 장악하고 있는 시대에 대구의 토종기업인 대구백화점이 아직도 생존할 수 있었던 것은 이런 내력이 한 몫을 했을 것으로 추측한다(구석본, 2010).

감성이 생물학적으로 남성에 비해 여성에게 더 풍부할 수 있지만 그것이 여성의 전유물은 아니라는 것은 분명하다. 남성 CEO가 성공적인 경영자가 되기 위해서는 이성으로 인해 차가워질 수 있는 조직의 온도를 감성으로 데워줄 필요가 있다. 전 대구은행 이화언 행장은 재임동안 내내 CEO레터라는 짧은 글을 써 직원들에게 전자우편으로 보냈고, 퇴임 후 그것들을 묶어 책으로 내기도 하였다. CEO가 스스럼없이 털어놓는 신변잡기, 경험담, 전문적 견해는 CEO를 직접 만나기 힘든 직원들에게 친근감을 주고, 조직문화를 간접 체험토록 하는 계기가 되어 결과적으로 조직에 대한 충성심을 높이는데 도움이 될 수 있다.

2) 준법성과 도덕성

경영자의 준법성과 도덕성은 아무리 강조해도 지나치지 않다. 특히 언론의 주목을 받는 대기업의 경영자들은 더욱 그러하다. 그럼에도 현대 사회에는 도덕은 고사하고 실정법을 어긴 재벌총수와 CEO들이 재판정에 서는 경우가 비일비재하다. 2015년 7월 모 그룹의 총수는 2년째 감옥에 수감되어 있어 오너 경영자가 아니면 결정하기 힘든 대규모 해외투자 등이 지연되면서 기업이 크게 위축되기도 하였다. 한 순간의 탈법과 비도덕적 행동은 기업의 이미지를 실추시켜 기업을 큰 위험에 빠뜨리게 할 만큼 경영자의 준법성과 도덕성은 기업의 지속경영에 매우 중요하다.

도덕적 해이(moral hazard)라는 용어를 우리는 경영자들의 탐욕을 얘기할 때 자주 쓰며, 노블레스 오블리주(Noblesse oblige)는 가진 자의 사회적 책임을 얘기할 때 쓴다. 2008년 월가에서부터 시작된 금융위기는 거대자본을 굴리던 투자기업들이 오직 자신의 이익을 극대화하기 위해 서브모기지 상품으로 파생상품을 만들고 금융위험을 쪼개고 쪼개 팔아넘긴 결과 결국 통제 불능 상태에 이르러 전 세계 경제를 위기로 몰아넣었다. 그 과정에는 금융계 CEO들의 도를 넘는 탐욕이 도사리고 있었다.

2010년 C&그룹의 L회장은 멀쩡한 기업들을 M&A한 후 회사 현금을 빼돌리고 사기대출을 받는 방식으로 불과 몇 년 만에 10여 개의 계열사를 거느린 대기업으로 성장시켰다. 2013년 6월, 마침내 그는 1조 원 규모의 경제범죄를 저지른 대가로 징역 5년형을 선고 받았는데, 죄목을 보면 경제범죄 관련 모든 메뉴를 보는 듯하다. 분식회계 등을 통한 8839억 원의 사기, 200억 원대 부정거래, 회사 현금 110억 원 횡령, 78억 원 배임 등으로 계열사에 900억 원대의 손실을 끼쳤고 금융권에서 1704억 원 규모의 사기대출 받는 한편 C&중공업 등 계열사 주가조작을 통해 245억 원을 챙긴 것으로 드러났다. 그에게 기업과 자본시장은 사리사욕을 채우는 도구였을 뿐 기업의 구성원, 협력업체, 고객에 대한 책임은 눈곱만큼도 없었다.

2013년 동양그룹 사태 역시 그간 세월이 꽤 흘렀음에도 기업가나 CEO의 도덕성이 크게 개선된 것이 없다는 사실을 일깨워준 중대 경제 범죄 사건이었다. 결국

2014년 초, 현재현(64) 회장은 사기성 기업어음(CP) 발행 의혹으로 구속되었다. 그는 회사가 곧 법정관리를 신청할 예정이라는 사실과 발행어음에 대한 상환 능력이 없다는 것을 잘 알면서 1,000억 원대의 ABCP(자산담보부 기업어음) 발행을 지시하였고, 계열사들에 이를 떠안게 해 수천 억 원대 손해를 끼친 것은 물론 그 CP를 산 일반 투자자들에게도 큰 손해를 끼쳤다. 동양그룹은 또한 계열사 동양네트웍스 등을 매각할 것처럼 공시를 내보내 기업어음을 판매하는 데 활용하려 한 혐의도 받고 있으며, 기업어음을 판매하는 과정에서 삼척화력발전소의 사업성을 과대 포장해 투자자들을 유인했다는 의혹도 사고 있다.

준법의식과 사회적 책임의식은 성공적인 경영인이 되는데 필수조건이다. 탈법을 통해 잠시 이익을 얻고 위기를 벗어날 수는 있지만 그게 지속경영에 전혀 도움이 안된다는 것은 분명하다. '바늘 도둑이 소 도둑 된다'는 속담이 있다. 당장의 이익만을 추구하다보면 필요해서 만든 법들이 거추장스럽게 여겨진다. 그래서 조금씩 편법이 동원되고 그 편법이 일상화되는 기업문화가 형성되면 그 기업은 언젠가 '소 도둑'이 되어버리기 마련이다. 이 모든 것들은 정점에 있는 최고경영자가 경영윤리를 소홀히 하고 부하들에게 잘못된 시그널을 보내면서 시작된다. 문제가 있을 때 CEO가 면피하기 위해 편법과 탈법을 직접 지시하지 않는다고 하더라도 그런 부하를 옆에 두기를 좋아하고 감싸기 시작하면 조직구성원들에게 잘못된 신호가 전달되고 그 조직은 탈법과 불법의 온상이 되기 시작한다.

경영자들은 자신의 판단과 결정이 합법적인지를 잘 알며 특히 측근 중에 법을 잘 아는 변호사를 두었다면 더욱 그렇다. 그런데 그것을 아는 것만으로 충분하지 않을 때가 많다. 특히 도덕을 알고 그것을 실천하기 위해서는 강한 내재적 동기와 양심이 있어야 한다. 역사가 오래된 기업이라면 수십 년간 지켜온 핵심가치가 그런 역할을 할 수 있고, 창업자의 유훈, 개인의 원칙과 신념 등이 그런 역할을 할 수 있을 것이다. 그렇더라도 내·외부 문제로 매출이 뚝 떨어지고 부채비율이 올라가고 현금유동성이 떨어지면 잠시 위기를 모면해야겠다는 생각에서 탈법과 편법을 생각하게 된다. 이런 유혹을 이기기 위해서는 경영자의 도덕적 무장이 각별해야 한다. '번만큼 반드시 세금을 낸다', '이익의 1%는 기업의 사회적 책임에 필요한 사업에 꼭 배정한다.' 등 예외를 인정하지 않는 원칙과 신념을 만들고 그것을 지키려는 경영자는 그런 유혹에 덜 빠지지 않게 된다.

스스로 법을 지켰다고 주장하는 많은 결정조차도 사회적 규범과 공유 가치에 부합하지 않아 여론의 뭇매를 맞고 회사가 어려움에 처할 수도 있다. 그간 기업에 대해 국민들의 공분을 샀던 사건들 중에 하나는 2~3세 경영권 승계를 위해 부(富)를 편법으로 승계한 사건이었다. 1996년 에버랜드 전환사채(CB) 발행으로 시작된 삼성그룹의 '경영권 편법승계' 논란은 13년에 걸친 특별검사의 수사와 대법원의 파기환송을 거치는 우여곡절 끝에 2009년에 유죄판결이 났다. 에버랜드는 전환사채(CB)를 이재용씨 남매에게 저가로 발행해 회사에 손해를 끼쳤고 이재용 부회장 남매에게는 재산상의 이득을 준 혐의로 1심에서 에버랜드 전·현 사장에게 집행유예형이 선고되었다. 한편 경영권 불법승계와 조세포탈 혐의로 기소된 이건희 전 회장의 파기환송심에서 특정경제범죄가중처벌법이 적용되어 징역 3년에 집행유예 5년, 벌금 1,100억원이 선고됨으로서 사건은 일단 종료되었다. 삼성그룹이 내부적으로 주식과 채권을 발행하고 증여하는 과정이 여론의 도마에 오른 것은 그 과정을 통해 국내 최대기업의 소유권과 경영권에 큰 변화가 있었기 때문이었다. 문제의 발단은 그 과정에서 이익을 본 사람들이 적법하게 증여세를 내지 않았기 때문이었다. 대기업의 탈법은 사회에 미치는 악영향도 매우 크다. 우리나라 기업가과 경영자들이 다른 국가들에 비해 덜 존경을 받는 것도 이런 일들이 아직도 다반사로 발생하기 때문이다. 세계경제포럼(WEF)의 2014년 국가경쟁력 조사에서 그러한 문제가 빙산의 일각으로 드러났다. 기업 경영윤리는 144개국 중에 95위를 기록하였으며 이는 2013년 순위(79위) 보다 더 떨어진 것이었다.

경영목표를 설정할 때 과욕은 CEO가 가장 경계해야하는 것 중에 하나이다. 비현실적인 경영목표와 진출할 신규 사업을 정해놓고 CEO가 지나치게 직원들을 내몰기 시작하면 직원들은 목표달성을 위해 수단방법을 가리지 않게 되고 결국에는 사회적 책임을 경시하는 결과를 낳게 된다. 2015년 7월 일본의 도시바는 부정회계와 관련해서 전·현직 사장 3명이 사임하였다. 도시바 경영진은 12년 전부터 '챌린지'라는 구호아래 달성 불가능한 목표를 설정한 후 독려하였다. 당기이익 지상주의가 판을 치면서 100원을 벌고는 150원을 번 것으로 회계처리를 하였고, 이듬해는 150원이 아닌 200원을 벌겠다는 목표를 세우면서 부적절한 회계를 할 수밖에 없는 구조가 되었던 것이다. 2014년 남양유업도 비슷한 사태를 겪었다. 비현실적인 영업목표를 정하다 보니 목표를 달성하기 위해 각 대리점들이 소화해낼 수 없는 물량을 강제적으로 밀어내고 스스로 감수해야 할 손실을 대리점주에게 떠넘기려했던 행위는 온 국민의 지탄을 받아 한 동안 그 대가를 치러야 했다. 남양유업의 실적 지상주의와 업계의 과도한 경쟁은 선량했을 수도 있는 영업 직원을 사악한 악마로 내몰았던 것이다.

특히 우리가 후진적 사회였을 때 부정부패의 특징은 정경유착을 통한 구조적 부패고리였다. 경쟁업체를 누르고 더 빨리 성장하고 새로운 사업기회를 잡기 위해서는 특혜가 필요했고 그 기회는 권력을 쥔 정치권에서 나왔다. 기업은 정치권이 필요로 하는 막대한 검은 자금을 대주고 정치는 그 자금을 공급해줄 기업에게 이권을 챙겨주거나 탈법을 외면하면서 악어와 악어새의 공생관계를 맺었다. 그렇지만 오늘날 우리가 더 선진화되었음에도 C&그룹, 태광그룹의 40대 후반의 젊은 CEO들 그리고 일부 재벌 3세 경영인들이 여전히 불법을 일삼고 감옥에 가는 일을 어떻게 해석해야 하는가? 비록 우리나라가 경제적으로 급성장하여 일인당 GDP가 선진국의 문턱까지 이르렀지만 준법정신은 선진국과 비교하여 턱없이 모자란다. 준법정신이 박약해질 수밖에 없었던 것은 고속성장을 해야 하는 환경에서 탈법과 편법은 필요악과 같은 것이었다. 빈곤했던 우리는 더 많은 것을 나누어 갖기 위해서는 더 큰 파이가 필요했다. 정부는 경제의 고속발전에 필요한 페달을 계속 밟아야 했고 기업들은 그런 시책에 잘 호응하여 성과를 낼 수 있었다. 때로 급하게 일을 추진하기 위해 법을 우회하거나 무시한 기업인들도 있었지만 정부는 경제적 기여를 면죄부로 적당히 눈감아 주기도 하였다. '유전무죄 무전유재'라는 말이 그래서 나왔고, 대충 얼렁뚱땅 넘어가는 적당주의와 온정주의는 우리 DNA의 일부가 되어버렸으며 그것들의 폐해는 오늘날 사회 곳곳에서 대형사고로 터져 나오고 있는 것이다.

정상조 서울대 법대 학장은 박근혜 정부가 추구하는 창조경제를 위해 기업가정신이 중요하다는데 동의하지만 선진 일류 기업문화를 만드는데 무엇보다 중요한 것이 법치주의라고 주장하였다.[15] 사회와 시장에서 법치주의가 자리 잡기 위해서는 대기업 경영자나 대주주들이 진정으로 법을 존중하는 태도를 가져야 한다. 따라서 자신의 사유물이 아닌 회사의 재산을 빼돌리는 행위를 경영적 판단으

15) 정상조, "기업가정신과 법치주의를 조화시켜야," 조선일보, 2013.5.12.

로 포장하는 일은 더 이상 용납되어서는 안 된다.

경영자의 준법정신과 도덕적 수준은 환경과 교육에 의해 후천적으로 형성된다. 사람들은 어릴 때부터 사회의 정의와 질서를 실현하기 위해 준법의 필요성과 당위성을 배우고 도덕적 판단에 요구되는 다양한 준거를 가정과 학교 등에서 학습한다. 당연히 사람들이 어릴 적부터 배우고 겪는 모든 것들은 그 시대를 지배하는 법 감정과 주류적 가치관이 반영된 것이다. 따라서 사람들은 그들이 경영자가 되기 이전부터 이미 그 사회에서 통용되는 준법에 대한 태도와 행동에 대한 도덕적 준거를 체득하며 이 후 기업의 경영과 의사결정에 그것들을 적용하고 실행한다. 따라서 준법과 도덕적 행동에 대한 경영자의 태도는 그 시대 사회가 그어 놓은 기본적 틀과 수준을 크게 벗어날 수 없다. 따라서 준법과 도덕적 판단에 대한 사회구성원 다수의 인식이 변화되고 사회적 합의가 진전되고 그것에 경영자들이 발을 맞추어 준다면 이들의 준법의식과 도덕성은 진일보할 것이다. 따라서 단기간에는 앞 세대가 보였던 행태를 후세대가 그대로 배워 모방하는 것 같아 발전이 없는듯하지만 그래도 장기적으로 볼 때는 점진적인 변화와 발전은 있을 것이다.

그렇다면 준법성과 도덕성에 있어 남성과 여성의 차이가 있을까? 남녀 중학생을 대상으로 정상가정과 결손가정 내에서 남녀의 성별에 따른 도덕성 발달의 차이는 없다는 국내 연구가 있다. 그렇지만 일반적으로 여성이 남성에 비해 탈법과 비윤리적 행위를 적게 하는 것으로 이해하는 경향이 있다. 이는 여성이 생물학적, 유전학적으로 더 도덕적인 행동을 하도록 설계된 것인지 아니면 적어도 우리나라의 경우, 탈법과 불법을 저질러 사회적 문제가 될 정도로 높은 지위에 오른 여성들의 비율이 상대적으로 낮아서 그런지 단정할 수는 없다. 대부분의 기업의 불법 행위는 최고경영층이 지시하고 그 아래 부하 직원들이 실행한다. 현재 남성들에 비해 여성들이 최고경영층에 오르는 비율이 낮은 상황에서 여성 CEO가 불법을 자행하는 비율이 낮다는 통계만으로 여성이 더 도덕적이고 준법정신이 투철할 것이라고 단정하는 것은 좀 이르다는 생각이다.

• • •

[Box 사례] 준법과 혁신: 우버(Uber)[16)]의 역설

경영에서 혁신(innovation)이라는 단어를 빼버리면 죽은 개념이다. 인터넷과 무선통신을 기반으로 한 다양한 형태의 e-비즈니스(인터넷 비즈니스)는 말 그대로 이 시대 혁신의 아이콘이다. 그런 혁신의 아이콘 중에 하나인 우버는 2010년 미국에서 개인끼리 차량공유를 위한 서비스 개념으로 시작되었다. 즉 자동차를 직접 소유하기에는 힘에 겹고, 공공교통수단은 다소 불편하고, 영업용 택시 비용은 만만찮은 사람이 차를 놀리고 있는 동료나 지인의 차를 빌려 타고(공유하고) 약간의 비용을 지불하는 방법은 말 그대로 '누이 좋고 매부 좋은' 거래였다. 우버는 이러한 서비스의 상업화 가능성을 보았고 스마트폰 앱을 개발해 이 서비스를 중계하는 P2P 서비스를 시작하였다. 우버 서비스는 계속 진화하여 현재 호출하면 고급 리무진 차량을 보내주는 '우버 블랙', 일반인이 자기 차량으로 영업하는 '우버 X', 영업용 택시를 불러주는 '우버 택시' 등의 서비스를 제공하고 있다. 우리나라에서 문제가 되는 것은 자기 차량으로 영업하는 '우버 X'다. '우버 X'는 개인이 정부로부터 허가를 받지 않고 영리행위를 하므로 불법이며, 사업자 등록을 하고 정당하게 세금을 내며 영업하는 택시업자와는 불공정한 경쟁을 한다는 비난을 받을 수밖에 없다. 2014년 12월 우버의 항의에도 불구하고 인 · 허가권을 가지고 있는 서울시는 관계 법 · 조례를 개정해 단속할 예정이다.

기술혁신을 통해 시민들에게 편리하고 저렴한 운송서비스를 제공하겠다는 우버의 선의는 한국의 법과 제도 속에서 제대로 평가받지 못하고 왜곡되는 부분도 있다. 우버의 입장은 "이용자 90%가 우버서비스 지지 의사를 밝혔고, 95%가 친지에게 추천하겠다고 답했다"고 말하며 '우버는 승객과 기사를 연결해주고 수수료를 받을 뿐 실제 운송 과정에 참여하지 않는다'고 했다. 그렇지만 우버가 처음 이 비즈니스를 시작할 때 가졌던 좋은 취지는 비즈니스모델을 다양화하면서 퇴색된 셈이다. 인터넷은 다양한 사회적, 개인적 잉여자원을 쉽게 공유토록 함으로써 부가

16) 2010년 미국에서 차량공유 서비스 개념으로 시작된 개인 간 차량(택시) 중계서비스이다. 스마트폰 앱을 이용해 호출하고 대금결재도 폰을 통해 할 수 있는 서비스로써 기존 택시운수업계의 큰 위협이 되고 있다. 서울시는 이 서비스를 불법으로 규정하였다.

가치를 창출하는 훌륭한 공공 인프라이다. 우버가 처음에는 뉴욕의 불편하고 비싼 공공교통수단의 폐해를 극복하기 위해 시민들이 자신의 주변 사람들과 차량을 공유하는 일을 중계하는 좋은 취지로 시작하였다. 그렇지만 우버가 지속경영에 필요한 이윤을 확보하기 위해서는 결국 차량중계서비스를 돈이 되는 쪽으로 다양화할 수밖에 없었다. 서비스가 필요한 개인과 그것을 제공할 여건이 되는 개인을 단순 연결해준다는 취지는 좋지만 이 서비스를 통해 지속적 수입을 얻고 싶어 하는 개인들이 생겨나게 마련이다. 이러한 개인들은 영업택시 사업자와 진배없기 때문에 정부에 사업자 등록을 하고 정당한 공과금과 세금을 내는 것이 정당하다. 그러므로 우버가 소비자와 공급자를 단순히 연결만 해 주는 서비스를 하므로 우리에겐 책임이 없다고 항변하는 것은 국가나 시가 정한 법과 절차를 어기면서 불법 및 불공정 거래를 조장하는 것과 다름없다.

법과 제도가 혁신을 가로막는 경우가 있지만 때로 그것이 기존 경쟁자(업체)의 권익이나 창의성을 보호해줌으로써 기업가적 창의성을 더욱 확장시켜주는 순기능도 있다. 과거에도 음원(MP3 파일)을 개인과 개인끼리 공유할 수 있도록 중계해준 P2P사이트가 있었다. 그들도 법원에서 우리는 단지 파일을 공유하려는 사람과 그것을 필요로 하는 사람을 연결해 준 것 밖에 없어 불법을 행한 일이 없다고 항변하였다. 그렇지만 결국 그들의 비즈니스가 예술가들의 창의성과 지적재산권을 침해할 소지가 있어 불법으로 판정을 받았고 그 덕분에 국내의 음반업계는 더욱 활성화될 수 기반을 갖게 되었다. 우리 대중음악의 한류열풍도 이러한 일련의 조치들의 도움을 받아 가능했다고 할 수 있다. 그런 측면에서 우리도 법과 규제 그리고 창의적 기업 활동 간의 관계를 새롭게 정립할 필요가 있다. 즉 혁신을 통한 새로운 사업기회를 찾는 벤처기업인들의 의욕을 가로막는 법과 규제 그리고 벤처기업인들도 건강한 경제생태계를 위해 최소한 지켜줘야 하는 법과 규제를 구분할 수 있는 판단력이 필요하다.

3) 창의성

창의성은 상당부분 유전적인 부분이 많아 후천적 형질로만 분류하기에는 문제가 많다. 그렇더라도 창의성은 어릴 때부터 받는 정규·비정규 교육, 가정환경 그리고 개인적 체험의 영향을 받아 향상될 여지가 많이 있으므로 후천적 형질로 일단 분류하여 설명하고자 한다.

창의성이 성공적인 경영자의 후천적 형질인지 선천적 형질인지를 판단하는데 도움이 되는 2가지 사례가 있다. '라볶이'로 유명한 어느 분식점의 할머니에게 창의성이란 곧 문제해결능력이며 오랜 경험을 통해 얻는 후천적 형질임을 추측할 수 있다. 할머니는 오랫동안 정말 맛있는 라볶기[17]를 만들어 내놓고 싶었다. 그녀는 우연히 시중에서 잘 팔리는 '신라면'을 알게 되었고 그 라면의 스프에 주목하게 되었다. 그녀는 몇 날을 집요하게 스프의 성분을 분석한 결과, 라면을 감칠맛 나게 만드는 성분은 바로 정체불명의 까만 가루 즉 표고버섯 가루라는 사실을 알게 되었다(강신장·황인원, 2014). 할머니가 우연히 라면 스프에 주목한 후 내용물을 집요하게 분석하게 한 것은 더 맛있는 떡볶이를 만들어야겠다는 열망, 목적의식 그리고 문제의식이 작동한 결과이다. 우연히 스프에 주목할 수 있었던 것과 그 중에 표고버섯 가루가 그러한 맛을 낸다는 것을 알게 된 것도 그녀의 오랜 요리경험이 있었기에 가능한 것이었다. 그녀가 찾은 해결책은 자신이 평소에 해왔던 일과 근무환경 속에서 찾은 것이었기에 그녀의 창의성은 후천적 형질에 가깝다고 할 수 있다.

한편 학력이 일천한 고 정주영 현대그룹 회장의 창의성은 선천적 형질로 분류할 수 있다. 정주영 회장에 관한 재미있는 일화가 많지만 그 중에 울산 미포만에 선박건조에 필요한 시설 하나 갖추지 않은 상태에서 설계도 한 장으로 영국의 은행에서 차관을 받아내고 그리스 선주로부터 선박을 수주했던 전설 같은 이야기는 압권이다. 1960년대 유럽의 은행들과 선주(바이어)들은 갓 6.25 전쟁의 상흔을 힘들게 딛고 일어나 도약을 위해 신발 끈을 묶고 있던 조그마한 한국의 기

---

17) 라면과 떡볶이를 합성하여 부르는 말.

업과 그들의 기술수준을 도저히 믿을 수 없었다. 이런 유럽인들을 설득하기 위해 정주영 회장은 500원짜리 지폐에 있었던 거북선 그림을 활용하였다. "우리나라는 영국보다 300년 앞선 16세기에 이미 철갑선을 만들었고 이 철갑 거북선으로 수백 척의 배를 몰고 쳐들어 온 일본을 격퇴할 수 있었다. 다만 쇄국정책으로 산업화가 늦었을 뿐 그 잠재력을 그대로 갖고 있소"라며 상대방을 끈질기게 설득하여 수주할 수 있었다. 정 회장의 이러한 일화는 흔히 개척정신, 불도저 같은 추진력, 위험을 적극 감수하는 기업가정신(entrepreneurship)을 설명할 때 인용된다. 그러나 간과한 것은 그가 문제해결을 위해 이순신 장군의 거북선을 생각하였고 그것을 설명하기 위해 지폐의 그림을 이용하였다는 점이다. 그는 이순신 장군이 임진왜란 때 거북선과 각종 전함을 건조했던 일과 왜구를 격퇴하는데 그것을 성공적으로 활용했던 역사적 사건을 잘 기억하고 있었다. 그는 거북선과 같은 훌륭한 전함을 건조했던 이순신 장군의 DNA가 우리에게 있음을 매우 효과적인 소통 도구인 지폐의 그림을 활용하였다. 당시 조선업은 우리나라 산업화 전략의 목록에 갓 오른 메뉴였기에 선박건조에 필요한 전문지식이 별로 없는 상황이었다. 그럼에도 정 회장은 조선업을 사업목록에 넣었고 영업을 하면서 '거북선=선박건조기술'이라는 유추(analogy)를 한 셈이다. 정규 교육을 제대도 받지 못했던 정 회장이 이러한 연상과 유추를 문제해결을 위해 활용하였다는 것은 그의 창의력이 상당부분 선천적 형질로 볼 수 있다는 증거이다. 더구나 이 일화는 문제해결의 난초가 역사와 같은 인문학적 지식에서도 나올 수 있다는 의미이기도 한다. 그가 만일 역사를 잘 몰랐나면 이러한 상상력을 발휘할 수 있었을까? 창의성은 성공적인 창업자와 경영자에게 요구되는 매우 중요한 형질이기에 이에 대한 깊은 논의는 다음 4장에서 더 깊이 다루고자 한다.

4) 기타 형질들

성공적인 경영자의 후천적 형질은 앞시 설명한 것 이 외에도 셀 수 없을 정도로 많을 수 있지만 여기서는 스피드, 공정성, 추진력, 자신감을 설명하고자 한다.

스피드는 환경의 변화와 문제를 인지하고 그것에 대응하는 속도를 의미하며,

판단과 실행의 속도 그리고 순발력을 뜻하기도 한다. CEO들은 전광석화같이 결정을 내리고 신속하게 집행해야 하는 상황에 자주 접한다. 말콤 글래드웰의 '블링크'라는 책에서 설명한 직관적 결정이 여기에 해당된다. 그는 짧은 순간에 무의식적으로 내리는 직관적 판단이 많은 양의 자료와 정보를 분석한 후 내려지는 객관적이고 합리적인 결정보다 때로 더 정확할 수 있다고 하였다. 발굴한 고대 쿠로스 상의 진위여부를 판단할 때 박물관 조사팀이 14개월 동안 과학적인 조사과정을 거쳐 내린 결론이 한 전문가가 순간적으로 내린 판단보다 부정확했다는 사례를 그 증거로 제시하였다. 사람은 오랜 경험과 누적된 지식으로 재빨리 문제의 핵심에 이르고 이에 대한 해결방안을 설계할 수 있는 능력이 있다. 최근 심리학에서도 단숨에 결론에 이르는 뇌의 적응적 무의식(adaptive unconscious) 영역을 의사결정의 한 방식으로 보고 연구하고 있다(최무진, 2008).

빠른 판단과 결정은 그저 나오는 것이 아니라 준비되어 있기 때문에 가능한 것이다. 준비한다는 것은 결정에 필요한 정보를 사전에 습득하고 여러 경우에 대비한 시나리오를 생각해 두기 때문이다. 시나리오를 쓴다는 것은 예상되는 사건과 그 사건으로 인한 파급효과 그리고 그 파급효과를 상쇄할 수 있는 대응방안을 정신적으로 시뮬레이션 하는 것이다. 이런 일은 갓 입사한 신입사원이 하기는 어렵다. 실전 경험이 많고 전문 지식이 풍부한 경영자만이 할 수 있는 능력이다. 그래서 앞서 설명한 나이는 직관적 사고능력과 관련이 깊다. 나이든 CEO일수록 자신의 직관에 의지하여 결정을 잘 할 수 있지만 때로 회사를 어렵게 만들 수도 있다.

일본 노무라홀딩스의 CEO 와타나베는 2008년 9월에 매우 신속한 결정을 내린 적이 있었다.[18)]18 당시 서브 프라임 사태로 미국 투자은행들의 도산이 도미노처럼 일어날 때였다. 그 중 하나가 골리앗 리만 브라더스였는데, 와타나베는 파산한 리만 브라더스의 유럽·아시아·중동 사업부문을 인수하는 결정을 3일 만에 내렸다. 매사에 신중한 일본기업이 문화가 완전히 다른 외국 회사의 직원 8,150명의 고용승계를 약속하며 전격적으로 인수를 결정한다는 것은 결코 쉬운 일이 아니었다. 그가 이런 결정을 빨리 할 수 있었던 것은 사전에 체계적이고 과학적

---

18) 조선일보, 2010.10.23. "'개혁의 갈' 잡은 노무라홀딩스 와타나베 CEO".

인 분석을 이미 해두었기 때문이었다. 그해 4월에 취임한 와타나베는 평소에 노무라홀딩스가 갖고 있는 문제를 객관적 시각으로 바라보기 위해 많은 노력을 하였고 그 결과 글로벌 네트워크가 취약하다는 결론을 내렸다. 노무라홀딩스는 글로벌화를 위한 기회를 찾고 있던 중, 리먼 브러더스의 움직임에 대한 정보를 입수하였고 향후 전개될 여러 가지 상황에 대한 시나리오를 준비하고 있었다. 그리고 기회가 왔을 때 그는 매우 신속하게 움직였다. 파산한 회사라서 머뭇거리다가는 필요한 인재들이 금방 유출될 수 있기 때문이었다. 문제의 인식, 판단과 결정, 실행은 별개의 문제이다. 노무라의 전임 경영진도 글로벌화의 필요성을 절감하고 있었지만 체질이 미지근한 물과 같아서 변화에 필요한 스피드는 매우 느렸다. 그렇지만 새 CEO 와타나베는 스피드에 대한 남다른 경영철학을 가지고 있었다. "1시간 걸려서 100점을 받는 것보다 10분에 60점을 받는 것이 좋다." 즉 10분에 60점이면 1시간에는 360점이다. 그러므로 100점의 3.6배가 된다. '스피드'는 그의 3대 경영 키워드 중 하나이다.

발 빠른 대응과 그렇지 못한 대응으로 사회적 파장이 엄청나게 달라진 사례를 코오롱과 대한항공을 통해 배울 수 있다. 2014년 2월 17일 코오롱이 운영하는 경주 마우나리조트의 실내 체육관 지붕이 붕괴하는 사고가 발행하였다. 당시 내린 폭실의 하중을 못 이겨 지붕이 내려앉은 것이다. 당시 MT행사 중이던 대학생 10명이 사망하였고 100여명이 부상한 대형 사고였다. 이웅열 회장은 자택에서 전화 보고를 받은 후 1시간 만에 과천 본사에 간 후 상황 파악을 마쳤다. 이어 그는 날이 밝으면 내려갈 것이란 예상을 뒤집고 당일 밤 11시에 바로 사고현장을 찾았다. 이어 새벽 6시 사고 현장에서 그는 "깊이 사죄한다. 코오롱이 할 수 있는 것은 다 하겠다"는 사과문을 발표했다. 사건 발생 9시간 만에 최고경영진이 전격적으로 대국민 사과를 한 것이다.

한편 2014년 12월 5일 '항공기 회항(回航) 사건'의 장본인 조현아 전 대한항공 부사장과 경영진의 대응방식은 너무나 안이하고 느렸다. 대응에 우왕좌왕했고 상황을 봐가며 사과의 수위를 높여가 국민의 분노를 샀다. 조현아 부사장이 기내 서비스를 매뉴얼대로 하지 않았냐는 이유로 고함을 지르며 사무장을 내리게 한 사건은 12월 5일 오후 2시 50분(뉴욕 현지 시각으로는 0시 50분), 대한항공이 이에 대한 입장을 처음 표명한 것은 그로부터 3일이 지난 8일 밤이었지만 그

내용도 '승객 분들께 불편을 끼쳐드려 죄송하다 → 대한항공 임원은 기내 서비스와 안전에 대한 점검 의무가 있다 → 사무장은 변명과 거짓으로 적당히 둘러댔다 → 조현아 부사장의 지적은 당연하다 → 앞으로 승무원 교육을 강화해 서비스 질을 높이겠다' 식으로 대응했다. 사과문도 아닌 어정쩡한 입장표명이 SNS를 통해 퍼지면서 의혹은 확산되었고 회사의 젊은 부사장의 행동에 대해 국민들의 분노는 증폭되었다.

스피드와 신속성은 평소에 문제의식을 갖고 준비한 경영자에게 허락되는 역량이다. 즉 최종 판단과 행동개시까지 걸리는 시간은 짧지만 그 결정이 내려질 때까지 사전에 분석하고 준비한 과정을 간과해서는 안된다. 그러한 사전 과정이 생략된 스피드는 그저 무모하고 어리석을 뿐이다. 결론적으로 굼벵이 같이 판단하고 움직이는 경영자가 기업에서 생존하기는 낙타가 바늘구멍을 통과하는 것보다 힘들다.

공정성(fairness)은 관계성 및 리더십과 밀접한 관계가 있다. 공정성은 경영자의 판단과 결정을 경제적, 사회적, 문화적 맥락에서 타자가 평가하는 것이다. 판단과 결정의 공정성은 그것을 근거로 실행되는 전략과 행동계획의 정당성을 확보해 줄 뿐만 아니라 그것의 실행에 힘을 실어준다. Mumford 등(2000)은 문제해결기술(problem solving skill), 사회적 판단기술(social judgement skill), 지식(knowledge)을 리더의 역량을 구성하는 요소라 하였다. 그 중에 사회적 판단력은 사람을 이해하고 사람들 간의 사회적 시스템을 이해하는 역량을 말한다. 구체적으로 균형 잡힌 시각(perspective taking), 사회적 지각(social perceptiveness), 행동의 유연성(behavioral flexibility), 사회적 행동(social performance)으로 설명될 수 있다. 균형 잡힌 시각이란 문제나 해결책에 대해 감정이입(empathy)을 하고, 타인의 관점에서 그것들은 바라보는 능력을 말한다. 사회적 지각은 조직구성원들의 특이한 욕구, 목표 그리고 요구에 대한 이해를 말한다. 누군가가 변화를 제안하였다면 그것에 대해 다른 사람들은 어떻게 생각하고 반응하는지를 파악하는 능력을 말한다. 변화의 과정에는 분명 이해관계가 대립되기 마련이다. 그 변화로 인해 손실을 봐야 하는 구성원이 있다면 그 손실이 공정한 과정에 의한 것인지 판단할 수 있어야 한다. 결과적으로 성공하는 경영자는 공감능력을 갖추어야 한다. 즉 타인의 시각으로 이해하고 자신의 행동을 수정할 수 있는 능력과 용기를 말한다. 끝으로 사회적 행동은 직원들의 시각에 대한 이해를 바탕으로 경영자가 자신의 비전을 효과적으로 전달하는 능력을 말한다. 변화가 필요하다면 변화의 필요성과 타당성을 효과적으로 전달해야 하는데 이 때 공정성은 그것을 설득하는데 매우 중요한 요소가 된다. 예를 들어, 급여를 삭감해야 할 때 경영자가 자신의 급여를 먼저 더 많이 삭감한다면 급여 삭감의 정당성을 확보될 수 있다. 이는 그렇게 하는 것이 대부분 사람들이 공정하다고 여기기 때문이다.

경영자의 공정성은 교육과 경험을 통해 오랜 기간에 걸쳐 형성된다. 가정과 학교의 교육 그리고 인간관계의 형성과정에서 얻는 다양한 체험으로부터 아이들은 공정성이 무엇이며 그것이 갖는 강력한 힘을 알기 시작한다. 학급에서 반장을 하거나 봉사할 수 있는 기회를 받은 학생들은 학교나 교사에 대한 불평이 적다. 학교의 왕따 문제는 불공정한 인간관계가 극대화된 것이다. 공정한 것이 자신과 모두에게 유익하다는 것을 이해하는 학생들은 자신이 리더가 되었을 때 공정하려 노력하게 되고, 팔로우가 되었을 땐 리더의 공정성에 수긍한다. 경영자가 공정하게 행동하는 것은 공정함이 갖는 위대한 힘 때문이다. 자사는 물론 공급업체와 협력업체 간의 적정 이윤을 상호 보장하거나 희생이 필요하면 적절하게 분담하는 경영혁신방안은 공정한 것이며, 직원들을 공정하게 대우하고 균등한 승진기회와 그들의 성과를 객관적으로 평가할 때 공정한 인사가 되는 것이다. 공정하기 위해서는 공감능력이 필요하므로 감성과도 관련이 있다. 이화언 전 대구은행장은 매일 'CEO레터'를 직원들에게 보냄으로써 직원들의 감성을 터치하였고 결정에 대한 직원들의 공감을 얻었다. 앞서 설명한 균형 잡힌 시각, 사회적 지각, 행동의 유연성, 사회적 행동 모두가 경영자의 공감능력과 감성의 영향을 받는다. 이론적으로 쉬워 보이는 이 공정성이 때로 경영자의 독선과 편견으로 훼손되고 조직을 큰 위험에 빠지게 할 수도 있다.

성공적인 경영자는 또한 강한 추진력을 갖추는 일이 필요하다. 추진력이란 무엇인가? 추진력은 목표를 설정한 후 이를 달성하는데 필요한 시간과 자원을 주도적으로 할애하고 결과를 확인하는 행위이다. 문제가 해결될 때까지 일의 진척 상황을 확인하고 적절한 자원이 공급되고 있는지 그리고 시작한 과업이 어떠한 결과를 가져왔는지를 확인하고 지속적으로 통제하는 것이 추진력의 본질이다. 성공하는 리더의 특성 중에 문제를 해결하고야 말겠다는 결단력(determination)이란 것이 있다. 결단력이란 불확실한 가운데 적절한 시기에 결정을 하고 그것을 밀고 나가는 능력을 말한다. 결단력이 높은 리더는 장애가 발생하면 그것을 제거하고 극복할 때까지 인내하는 능력도 갖추고 있다. 기업가정신(entrepreneurship)을 말할 때 흔히 이 결단력을 중요한 덕목으로 삼는다.

경영자의 추진력의 밑바탕에는 주위의 거듭되는 부정적인 평가에도 굴하지 않고 밀어붙이는 자신감(confidence)과 신념(belief)이란 것이 있기 때문이다.[19] 위스콘신대 포센 교수와 취리히대 마티노니 랭 교수는 구글이 3가지의 전략적 투자안 중에 하나를 선택해야 하는 상황에서 능력과 전략적 자신감 중에 어느 것이 더 경영성과를 높일 수 있는 지를 수학적 모형 시뮬레이션을 통해 실험해 보았다. 3가지 전략적 투자안이란 i) 검색엔진의 강화(A안), ii) 온라인 커뮤니티 구축(B안), iii) 전자상거래(C안)이다. 이 선택 중에서 외부투자자들은 검색엔진을 강화하는 A안에 계속적으로 부정적인 의견을 주장할 때 구글 창업자인 페이지와 브린은 고민하지 않을 수 없었을 것이다. 여기에서 전략적 자신감이란 이러한 부정적인 의견이 있음에도 A안을 계속 밀고나가는 능력을 말한다.

능력은 출중하지만 자신감이 부족한 경영자는 자신감을 높이는 노력이 필요하다. 자신감을 높이기 위해서 자료를 더 수집하거나 회의를 더 많이 하기 보다는 경영 멘토로 부터 의견을 듣거나 부하들과 회식하며 팀워크를 다지거나 가족과의 유대를 더욱 공고히 하는 것이 필요하다. 능력은 부족한데 자신감이 너무 압도하는 경영자도 문제다. 주변의 충고를 무시하고 치명적인 실수를 할 가능성이 높기 때문이다. 이런 경영자는 교육이나 훈련에 더 많은 시간을 할애하여 회계보고서나 사업계획서 등 사실(fact)을 더 면밀히 검토하는 습관이 필요하다. 환경이 불확실할수록 3가지 대안 중에 어느 것이 나은지 판단하기가 쉽지 않으므로 자신감과 능력이라는 전략적 자산이 더욱 중요해지는 것이다.

19) 정세진 교수, "능력있는 CEO라면, 선택 밀어붙이는 자신감 가져라," 조선일보 2014.2.8-9, C7.

5) 운(運, luck)

경영능력을 말할 때 운이라는 변수를 어떻게 자리매김해야 할까? 평소에 우리는 사업에는 운이 따라줘야 한다는 말을 자주 하기도 하고, 그 운조차도 그 사람의 실력의 일부라는 얘기도 한다. 미래를 예측하고 불확실성을 최소화할 수 있는 최첨단 빅데이터 분석기술이 즐비한 시대에 운이 사업의 성공을 설명하는 여지는 계속 줄어들 것은 분명하다. 그럼에도 이 운이라는 요인을 완전히 배제할 수 없는 것은 결국 일어나지 않는 미래는 상당부분 우리가 알 수 없는 영역이고 그 모르는 영역은 운이나 무작위적 행운으로 설명할 수밖에 없기 때문이다.

사업계획이란 미래에 일어날 일들을 예측하고 그 예측에 근거하여 필요한 자금과 인력을 미리 확보하는 경영활동이다. 예측을 위해 우리는 다양한 전제를 해야 할 때가 있다. 생산설비의 규모나 생산능력을 결정하기 위해서는 당연히 미래에 있을 소비가 어느 정도일지 미리 예측을 해야 한다. 매출의 규모에 따라 기업은 수입예산을 추정할 수 있고 비용을 갚아가며 미래를 위한 투자에 어느 정도 돈을 쓸 수 있는지도 알 수 있다. 자기 회사의 과거 자료를 활용하든, 동일 업종의 경쟁사 정보를 활용하든, 전문컨설팅 업체의 고급정보를 구매하든 예측모델을 만들어 최대한 정확하게 미래의 매출과 수입을 예측하려 하지만 이 예측모델이 흠이 있는 경우가 잦다. 예를 들어, 예측모델을 만들 때 가격에 대한 수요의 탄력성, 목표 시장의 규모, 제품의 수명 등을 미리 가정을 하는데 이것들이 과대 또는 과소평가되었다면 그 예측치는 부정확하게 된다. 그렇다면 운이란 무엇인가? 예측하거나 시나리오를 만들 때 고려했던 관리 불가능한 영역에서 예기치 않은 상황이 발생하지 않는 것, 즉 가정했던대로 모든 일들이 모델과 시나리오에 따라 순조롭게 진행된다면 그것 역시 운이 좋은 것이라 할 수 있다.

결과적으로 성공한 경영자에게 '운이 좋았어'라고 얘기하는 것은 적절치 않은 표현이다. '운이 좋았다'라기 보다 가정을 했던 여러 통제 불가능 영역(자연, 정치, 경제, 시장 등)에서 예측하지 못했던 상황이 발생하지 않아 다행스럽다고 말하는 것이 더 정확한 표현이다. 그래서 현명한 경영자는 통제 불가능한 영역에서 발생할 수 있는 예외적 상황까지 미리 예측하고 이를 대비하는 시나리오를 짜둔다. 예외적 상황에 대비한 임의 계획(contingency plan)을 세우고 우직하게 과업을 실천해 나갔을 때 의도치 않은 사건과 환경의 변화가 잘 맞아 떨어지면서 사업이 큰 성공이 되기도 하고 예외적 상황이 발생하더라도 임의 계획이 있으므로 손실을 최소화할 수 있다. 우연한 변화[20], 사건, 기회 등으로 인해 사업적 문제가 해결될 때 그것을 운이라고 하지만 그것을 온전히 우연으로 치부할 수 있을까? 평상시에 성실하게 구축해둔 인맥이 그 우연적 열쇠의 촉매제가 되었다면 말이다. 결국 행운이든 불운이든 운이라는 것도 전혀 준비하지 않은 경영자에게 오지는 않는다. 행운이라면 더 없이 좋을 것이고, 불운이라면 이를 대비함으로써 파국적인 결과를 허용하지 않는 지혜가 경영자에게 필요하다.

• • •

[Box 사례] 운 좋은(?) 대웅제약의 최수진 상무

대웅제약 최수진(45세) 상무는 제약업계 연구개발 부문에서 최연소로 임원이 되었고 업계 유일한 여성 임원이었다. 2002년 당시 대웅제약에 입사 8년차였던 그녀의 고민은 “나는 늘 왜 이렇게 안 풀릴까”였다. 그녀는 1995년 연구개발 부문 공채로 뽑힌 10명 중 유일한 여성이었는데, 남자들의 세계에서 전공도 약학이 아닌 화학분야여서 늘 기가 죽어지내야 했다. 입사 당시 제약업계는 전반적으로 연구개발을 중시하는 분위기가 아니어서 대부분 복제약을 저렴하게 공급하는 일에 치중하여 연구개발 기능은 매우 취약하였다.

2001년 대웅제약 원료개발팀(2005년 의약합성연구팀으로 개칭)은 연구 성과가 별로 없어 만년 꼴찌 팀을 면치 못하고 있었다. 당시 주목을 받지 못했던 최수진 상무는 ‘제2의 비타민제’로 불리는 노화방지 성분인 코엔자임Q10 합성법을 개발해 제품화하겠다는 결심을 하였다. 코엔자임Q10은 1972년 일본에서 개발된 후 누구도 합성에 성공하지 못한 물질이었다. 회사 임원들은 한 번 해보라고 말했지만, 그가 실제 성공하리라고 기대하지는 않았다. 그녀는 인터뷰에서 “후배 연구원 5명을 모아 팀을 만들었죠. 밤샘은 일쑤였고 틈만 나면 원료공장으로 달려가서 도

---

20) 물론 우연이란 없다. 대부분의 현상과 사건은 원인이 있게 마련이다.

와달라고 사정했어요. 원료가 너무 비싸 이를 국산화하지 않으면 시장성이 없어서였죠."라고 말했다. 수천 번의 실험을 거치면서 '이젠 포기하자'고 마음먹은 어느 날 문득 기적이 일어났다. 개발 착수 1년 반 만에 새로운 합성 아이디어가 떠올랐고 그것이 성공으로 이어졌다. 세계 두 번째이자 국내 최초로 이룬 성과였다. 10년은 족히 걸릴 것이라던 예상을 그녀는 무려 8년 반 이상을 앞당겼다. 이 후 그녀에게 운은 계속 따라 주었다. 합성법 개발에 성공하자마자 코엔자임Q10 부족 사태가 빚어졌고 회사 주가가 10배까지 치솟았다. 대웅제약은 수백억 원어치 코엔자임Q10을 해외에 수출하며 국내 제약원료 수출 1위 기업으로 올라섰다.

최수진 상무가 지금까지 오는 데는 두 번의 행운이 있었다. 첫 번째는 새로운 합성 아이디어를 우연히 찾은 것이고, 두 번째는 코엔자임Q10 공급부족 사태였다. 둘 다 모두 통제 불가능한 것들이므로 행운으로 보이지만 정말 그런지 인터뷰를 통해 알아보았다. 당시 연구팀이 겪었던 문제는 코엔자임Q10 합성기술과 이것을 대량생산하는 것이었다. 2002년 12월 첫 생산에 들어갔는데, 25kg을 예상했는데 0.5kg밖에 나오지 않았다. 채산성에 문제가 생긴 것이다. 코엔자임Q10의 대량생산기술은 그냥 나온 것이 아니라 연구팀의 끊임없는 도전으로 가능했다. 즉 그 방법은 노력하면 언젠가는 찾을 수 있는 것이었지 완전히 통제 불가능한 변수는 아니었다. 둘째는 코엔자임Q10이 시장성에 관한 것이다. 대웅제약 경영진은 2001년에 이 물질의 세계시장 규모가 1조원이라는 예측을 하고 있었고, 해외마케팅 담당지도 유럽과 미국 등지에서 수요가 늘어날 것으로 예측하였다. 국내에서도 웰빙이라는 사회적 분위기에 편승하여 미용(미백효과 화장품), 피로해소(비타민제), 노화방지, 질병예방이라는 국민들의 욕구가 증가해 가는 상황이었다. 그래서 경영진과 최 상무는 코엔자임Q10을 개발해야 하는 확실한 동기가 있었으며, 이를 충족시켜야 한다는 대웅제약의 사명감, 기업 문화, 개발팀의 역량, 최 상무의 리더십이 절묘하게 맞아떨어져 성공할 수 있었다.[21] 결론적으로 최상무의 성공은 운이 전부가 아니라는 것이다.

21) "국내 최초, 세계에서 두 번째 대웅제약, 코엔자임Q10 개발 성공이야기," 조선일보 2012.3.2; 대웅헬스케어 347호 2005.8.15.)

6) 성공적인 경영자의 특성(자질)에 대한 경영대학 학장(부학장)들의 의견

우리나라 경영교육을 대표하는 15개 경영대학 학장(또는 부학장)으로부터 성공적인 경영자가 가져야 할 자질(특성)을 개방형으로 질문하였으며 그 결과는 다음 표와 같다.[22] 그들이 언급한 내용에서 키워드를 추출하여 분류하였으며, 키워드의 관계성은 저자가 주관적으로 판단하였다. 학장(부학장) 전원이 경영자의 도덕성을 언급함으로써 우리 사회에서 기업들이 한층 더 윤리경영이 필요하다는 것을 시사하였다. 본 장에서는 준법성과 도덕성을 성공적인 경영자의 후천적 형질로 분류하였지만 현재의 경영교육을 통해 이를 교정하거나 강화하는 데는 한계가 있어 보인다. 실무능력, 의사결정능력, 실용적 지식 등으로 다양하게 표현되었지만 결국 논리적, 종합적 사고를 통한 문제해결능력 역시 중시하였다. 문제해결능력은 여러 종류의 역량들이 복합적으로 섞여 있는 실천적 개념이다. 경험과 지식만이 아닌 감성, 도덕성, 창의성, 스피드, 공정성, 추진력, 자신감 등을 갖춘 경영자만이 문제해결방법을 설계하고 이를 실행할 수 있기 때문이다. 다음으로 혁신성을 포함한 창의성, 경영전문지식, 리더십 등을 다음으로 중요한 특성으로 언급하였다. 대부분의 학장(또는 부학장)들이 창의성이 중요하다는 생각을 하지만 그것을 배양하는 방법에 있어서 인문학과 같은 타학문과의 융복합적 접근방법은 거의 고려하지 않고 있다.

---

22) 2015년 4월 1일~30일 사이에 서울소재 9개 대학, 지방소재 6개 대학의 경영(경상·상경)대학 학장(부학장)을 대상으로 전화 인터뷰를 시행하였다. 인터뷰 전에 해당 경영대학의 홈페이지에 게시된 비전, 미션 그리고 교육목표를 분석하여 인터뷰 시 참조하였다. 질문내용은 [부록 2]에 있다.

〈표 1〉 성공적인 경영자의 특성(자질)에 대한 경영대학 학장(부학장)들의 의견

순번		특성	빈도수	비고
1		도덕성 (사회적 책임, 직업윤리, 정직, 인격함양)	15	
2		글로벌능력(외국어, 개방성, 문화적응력)	13	
3		문제해결능력 (실무능력, 의사결정능력, 실용적 지식)	12	이론과 실무겸비
	3.1	사고력	1	논리적 사고, 종합적 사고, 문제해결능력은 뛰어난 사고력이 필요.
4		창의성(융합능력, 통합지식, 학습과 응용)	9	혁신을 하려면 창의성이 필요하다.
	4.1	혁신성	2	
5		경영전문지식	8	
	5.1	타분야 전문지식	1	
6		리더십(의사소통능력)	8	
7		협동심(팀웍)	5	
8		인성(실천성, 의지력, 도전정신)	3	기업가정신

CHAPTER

04

4.1 창의성

4.2 리더십

4.3 기업가정신

창의성·
리더십·
기업가정신

CHAPTER **04**

창의성·리더십·기업가정신

3장에서 우리는 성공한 경영자의 특징들을 인터뷰와 사례(문헌)를 통해 집중적으로 살펴보았다. 비록 정량적 타당성이 확보된 자료수집 및 분석방법은 아니라 할지라도 성공한 경영자를 결정짓는 형질은 타고난 부분과 출생 후 겪는 정규·비정규 교육, 개인적 체험, 타인과의 교류 등을 통해 변형되고 강화되는 후천적 형질도 있다는 결론을 얻었다. 물론 어느 정도 예상했던 결론이지만 그런 형질들을 깊이 이해하고 형질들 간의 관계를 더 깊이 규명해 보는 성과는 있었다. 이 책은 궁극적으로 후자의 가능성에 더 많은 여지를 두고 정규·비정규 교육과 학습을 통해 성공한 경영자의 형질을 확장·발전시키기 위한 통합적 이론과 방법을 찾아 이것들을 경영교육에 응용하고자 한다. 성공적인 경영자에게 필요한 선천적 형질을 가진 아이는 어릴 적부터 발굴하여 거기에 맞는 기초 및 경영교육을 제공하면 좋을 것이고, 잠재력이나 적성과는 상관없이 막무가내로 경영학을 공부하기 위해 몰려드는 학생들을 가르쳐야 하는 교수들과 교육행정가들에게는 그러한 학생들이 성공적인 경영자에게 요구되는 형질을 후천적으로 습득하고 체화하는 데 도움이 되는 정규·비정규 교육과정과 내용을 설계할 때 도움이 되는 것으로 남은 여백을 채워나갈 계획이다.

성공적인 경영자를 결정짓는 수많은 형질들이 있지만 앞으로 전개될 교육과의 연계성을 위해 창의성, 리더십, 기업가정신, 이 3가지에 좀 더 집중하고자 한다. 기업가정신(entrepreneurship)은 창의성과 깊은 관계가 있다. 기업가의 창의성은 활발한 창업(start-up)의 밑거름이다. 세상에 없지만 소비자가 꼭 필요로 하고 인류공영에 새로운 가치를 제공하는 것을 찾아 그것을 구체화해야하기 때문이다. 창업 이후 기업은 매출이 늘고 이윤을 남기는 기업으로 계속 존속되어야 한다. 창의성과 리더십은 기업의 지속경영에 경영자가 갖추어야 하는 매우 중요한 특징이다. 기업가정신은 사유재산을 인정하고 자유로운 시장에서 자신의 이익의 극대화를 허용하는 자본주의가 잉태한 위대한 정신이면서 동시에 지금까지 인류의 지속적 번영에 꼭 필요한 이념으로 정착되었다. 그래서 이 기업가정신에는 창의성과 리더십이 모두 함축되어 있다. 미래의 경영교육은 학생들이 이 3가지를 체득하고 내면화하여 사회 곳곳에서 성공하는 경영자가 되는 확률을 높이는 것을 목적으로 삼아야 한다.

4.1 창의성

1) 창의적 생각(creative thinking)

창의성(creativity)의 개념과 적용분야는 매우 광범위하나. 직업적으로 볼 때 창의성을 가장 많이 요구하는 분야는 창작과 관련이 있는 예술과 문학이다. 예술가들에게 창의성은 '새로운 것(newness)'을 의미한다. 세상에 없는 유일무이한 것을 자신의 작품을 통해 관객과 독자에게 전달하는 것이다. 따라서 예술가들에게 표절은 더욱 치명적이고 결코 허용할 수 없는 범죄행위로 여겨지기도 한다. 2015년에는 한 베스트셀러 작가가 표절의 도마에 올라 사과하기까지 하였다. 자신이 쓴 소설의 일부 표현이 일본작가의 것과 너무나 흡사하다는 것이 문제의 발단이었다.

최근의 첨단 전자제품(스마트폰, 스마트워치, 인터넷TV 등)은 흔히 융합(convergence)의 산물들이다. 기존에 있는 기술과 기능들을 업그레이드 하거나 하나로 묶어 소비자들에게 더욱 편리한 도구로 재구성한 것들이다. 흔히 스마트폰을 처음 만든 애플의 스티브 잡스를 창의력의 아이콘으로 꼽는다. 그는 PC 기능, 무선 통신, 인터넷 브라우저, 디지털 카메라, MP3 플레이어, 동영상플레이어 등을 세련된 소형 하드웨어에 모두 탑재하여 PC시대를 종식시키는데 앞장 선 사람이다. 융합 능력에서 중요한 요소는 바로 그랜드 디자인(전체 플랜)이다. 소비자가 기꺼이 자신의 호주머니를 열 수 있는 새로운 도구의 개념을 정의하는 일, 그런 도구를 가능하게 하는 기술 리스트를 확정하는 일, 중구난방 식으로 존재하는 기술들을 수려하게 디자인된 하드웨어의 틀 속에 묶어 넣는 일이 바로 창의력이라 할 수 있다. 스마트폰은 그런 창의력을 가진 사람들이 이뤄낸 21세기 최고의 발명품 중에 하나가 되었다.

창의성은 매우 다면적인 특징을 가진다. 루트번스타인 & 루트번스타인(2007, 25)은 「생각의 탄생」에서 창조적 생각은 감각기관을 통해 느끼는 것으로 보았다. 문제를 이해하려는 욕구는 반드시 감각적이고 정서적인 느낌과 함께 어울러져 지성과 통합되어야 상상력 넘치는 통찰을 낳을 수 있다. 신경학자 안토니오 다마지오(Antonio Damasio)와 예일대 철학과 교수 케이건은 「데카르트의 오류(Descartes' Error)」에서 마음(생각)과 몸(존재 혹은 감각)의 분리를 주장했던 데카르트를 반박하는 내용을 썼다(케이건, 2012). 특히 다마지오는 갑작스러운 사고나 뇌졸중, 종양으로 정서적 감응구조가 총체적으로 바뀐 신경질환자들은 문제해결과정에서 정서적으로 몰입할 수 없어 합리적 계획을 세우는 능력이 부족하다는 것을 발견하였다. 따라서 느낌과 직관은 합리적 사고의 방해물이 아니라 합리적 사고의 원천이자 기반이 될 수 있다. 다마지오에게 육체와 정신, 감정과 지적능력은 불가분의 것이다. 따라서 모든 학문에 있어 창조적 사고와 표현은 직관과 감정에서 비롯된 산물(느낌, 의문, 해결책 등)을 과학이나 합리성의 틀에다 집어넣음으로써 표현하고 소통하는 것이다.

루트번스타인 & 루트번스타인 (2007)은 사람이 생각할 때 사용하는 도구(방법)로써 관찰, 형상화, 추상화, 패턴인식, 패턴형성, 유추, 몸으로 생각하기, 감정이입, 다차원적 사고, 모형 만들기, 놀이, 변형, 통합을 들었다. 이 리스트는 완벽에 가까워 여기서 그대로 사용하기로 한다.

관찰이란 우리 몸의 오감을 통해 느끼는 것을 말한다. 세상에 관한 많은 지식은 관찰을 통해 얻어진다. 형상화란 이런 느낌과 감각을 다시 불러내거나 어떤 이미지로 만들어 머릿속에 떠올리는 상상력을 말한다. 예술가와 과학자들은 실제로 본 적이 없는 것을 마음의 눈으로 상상하고, 세상에 존재한 적이 없는 멜로디를 들을 수 있으며, 한 번도 만진 적이 없는 어떤 것의 질감을 느끼는 능력이 탁월하다. 아인슈타인은 이미지로 사고하는 일(형상화, imaging)에 매우 익숙한 천재였다. 전기관련 사업을 했던 아버지를 둔 덕에 어릴 적부터 그는 주변에 널려있는 실험도구를 이용하여 실험을 통해 많은 물리적 현상을 깨우쳤다. 그래서 대다수의 과학자들은 모호한 수학적 개념 속에 갇혀 있었지만 아인슈타인은 이미지처럼 선명한 직관을 통해 위대한 물리적 법칙을 어렵지 않게 발견할 수 있었다. 그는 모든 사물과 현상을 물리적 그림으로 바꿔보는 능력을 가지고 있었다. 이는 언어를 통해 순차적으로 사고하는 방법보다 그 인지속도가 훨씬 빠르다. 이미지를 통한 사고는 거의 무의식적으로 이루어지므로 직관력과 창의력이 매우 발달하게 된다. 훗날 그가 상대성이론을 착안하는데 걸린 시간은 불과 10분 정도였다. 많은 수학공식을 써가며 증명을 통해 발견한 것이 아니라 그냥 직관적으로 떠올린 결과물이었다. 이 후 그는 자신의 이론을 수년에 걸쳐 수학자들의 도움을 받아 수학적 언어로 표현하였다. 아인슈타인은 상상력을 통하여 자신이 가지고 있는 이미지를 외부에 있는 광대한 지식으로 연결하였던 것이다 (홍익희, 2013, 294-295).

두뇌가 처리하는 감각적 경험과 형상은 너무나 양이 많고 복잡하기 때문에 창조적인 사람들은 추상화를 통해 질서를 부여한다. 마치와 사이먼(March and Simon, 1958)은 개인의 인지과정을 지각(perception), 환기(evocation), 추상화·이해·예측, 추론의 순으로 설명하였다. 사람이 지각하는 환경적 자극은 너무나 광범위하기 때문에 전체로서 내면화되기 보다는 분명하게 드러나는 몇 가지 속성에 따라 축약된 형태로 표현하는데 이것을 추상화(abstraction)라 부른다. 피카소, 아인슈타인, 헤밍웨이는 그들의 직업이 무엇이든 복잡한 사물들을 단순한 몇 가지 원칙들로 줄여나가면서 창조적 활동을 하였는데, 이 과정이 바로 추상화인 것이다.

추상화는 단순화와 동의어이다. 패턴을 찾는다는 것은 문제나 정보를 단순화시키는 한 방편이다. 패턴인식은 첫째, 자연의 법칙과 질서 그리고 수학의 구조를 발견하는 일, 언어와 춤, 음악의 운율을 발견하는 일, 그림의 경우 화가의 형식적 의도를 감지하는 일과 관계된다. 패턴을 인식하는 일은 새로운 것을 창조하는 첫 걸음이다. 기발한 패턴을 만들어내는 일은 단순한 요소들을 이전과는 달리 새롭게 조합하는 것에서 출발한다.

패턴을 인식하는 것은 곧 유추로 이어진다. 명백히 다른 두 개의 사물과 사건이 공유하고 있는 중요한 특징과 기능을 발견하는 유추 능력은 과학이나 예술에 있어 위대한 발견이나 발명을 가능하게 하는 중요한 생각 도구이다. 생각 도구는 소통을 위한 언어와 상징 이전의 것들이다. 몸으로 생각한다는 것은 생각이 먼저 오감과 근육, 힘줄과 피부를 타고 느낌으로 다가오는 것을 말한다. 소통의 수단으로 언어와 수학적 공식을 빌리기 이전부터 수많은 창조적인 사람들은 어떤 생각의 덩어리가 솟아오름을 느꼈던 것이다.

몸의 감각과 근육의 움직임, 감정들은 보다 정교한 사고로 나아가는 도약대 역할을 한다. 운동선수, 무용가, 음악가는 신체 동작의 느낌을 상상하고, 물리학자와 미술가는 몸속에서 전자나 자연의 움직임과 긴장을 감지한다. 감정이입은 몸으로 생각하는 것과 긴밀하게 연결되어 있다. 많은 창조적인 사람들은 뭔가를 생각할 때 자신을 잊어버리고 생각의 대상과 하나가 되는 경지를 체험한다. 배우들은 최고의 연기를 위해 맡겨진 배역에 감정이입을 한다. 과학자나 예술가들도 배우처럼 일종의 연기를 통해 타인, 자연, 전자와 양자, 별이 된다. 칙센트미하이(2008)는 그의 저서 「Flow」에서 행위에 깊게 몰입하여 시간의 흐름이나, 공간, 더 나아가서는 자신에 대한 생각까지도 잊어버리게 될 정도의 심리적 상태를 플로우(flow)로 보았다. 대상을 놀이처럼 접근하면 완벽한 심리적 몰입에 이르게 되어 최고의 행복감을 느끼는 경지에 이를 수 있다는 것이다.

대상과 자신을 하나로 보는 일체화는 뛰어난 상상력을 필요로 한다. 작가이자 화가인 폴 호건(Paul Horgan)은 창의력과 상상력을 연결하였다. 즉 존재하지 않는 것을 상상할 수 없다면 새로운 것을 창조할 수 없으며, 자신만의 세계를 창조해내지 못하면 다른 사람이 묘사하고 있는 세계에만 머무를 수밖에 없다(루트번스타인 & 루트번스타인, 2007, 45). 과학도 마찬가지다. 루이 파스퇴르는 실험자가 가진 환상은 그의 능력에서 가장 큰 부분을 차지한다고 말하였고, 아인슈타인 역시 "창조적인 일에는 상상력이 지식보다 더 중요하다"라고 하였다.

시인이 창작을 잘 할 수 있는 것 역시 이 '일체화' 능력 때문이다. 시인 장석주가 쓴 '대추 한 알' 이라는 시에는 "저게 저절로 붉어질 리는 없다/ 저 안에 태풍 몇 개/ 저 안에 천둥 몇 개/ 저 안에 벼락 몇 개..." 라는 구절이 있다. 시인이 대추를 보면서 태풍, 천둥, 벼락을 상상해 내는 것은 시인의 뛰어난 일체화 능력에 기인한다. 시인은 스스로 대추라는 열매의 입장에 서 보는 것을 넘어 자신을 대추와 일체화시키는 능력이 탁월했기에 이런 시를 쓸 수 있었던 것이다(강신장·황인원, 2014). 고객관리를 할 때 우리는 역지사지(易地思之)라는 사자성어를 자주 적용한다. 즉 제품과 서비스를 설계하고 제공할 때 고객의 입장에 서서 하라는 의미여서 일체화와 별반 다르지 않다. 스스로가 고객이 되어 제품을 따져보고 서비스 과정을 바라볼 수 있어야 고객의 필요와 고충을 파악할 수 있다. 대구백화점을 창업한 구본흥 회장은 이 일체화 능력이 뛰어났다. 고객이 원하는 것, 싫어하는 것을 누구보다도 일찍 간파하여 60년대에 정찰제와 반품제도를 국내에서 최초로 시행하였으며, 82년에는 기혼여성들을 위한 '육아자모교실'을 운영하기도 하였다.

일체화를 제대로 하면 발상의 전환이 쉬워진다. 시인처럼 대추를 자신과 일체화를 한다는 것은 내 삶의 모든 경험을 대추가 처한 상황에 투영하는 것이다. 살며 겪었던 좌절, 방황, 슬픔, 아픔을 붉게 영근 대추의 모습에 투영해 봄으로써 자신을 대추와 쉽게 일체화할 수 있는 것이다. 따라서 나이와 경험이 많을수록 이 일체화 소재와 능력이 탁월할 것이며 그래서 경력이 화려한 CEO가 당면한 경영 문제를 해결하기 위해 더 많은 창의적 대안을 낼 수 있을 것이다. 그러나 많은 경영 지침서들은 창의적 아이디어가 젊은 사람들의 전유물인 것처럼 말하는데 이는 잘못된 것이다. 현대적 전략수립 방법 중에 하나는 고객과 빈번하게 접촉하는 영업사원이나 젊은 사원들을 전면에 내세워 그들의 생각과 경험을 전략 수립할 때 반영하는 것이다. 즉 시장과 현장에서 접하는 고객의 목소리를 경영전략에 반영해야 한다는 취지이므로 일체화 능력은 나이와 경험을 떠나 경영에 있어 매우 중요한 능력임은 분명하다.

다차원적 사고는 문제해결을 위해 공간적 경험을 사용하는 상상력이다. 다차원적 사고란 어떤 사물을 평면(2차원)으로부터 끌어내어 3차원 이상의 세계로, 지구에서 우주로, 무의식에서 초자아로, 시공간을 초월하여 다른 미지의 세계로 옮기는 상상력을 말한다. 화가나 조각가 특히 공간 예술 작가와 산업디자이너들은 대형작품을 제작하는 준비단계로 상상한 것을 스케치하거나 작은 모형이나 목업(mock-up)을 만든다. 무용수들은 일반 사람들의 동작에서 안무를 뽑아내고, 의사들은 모조 인체모형을 놓고 시술과정을 배우며, 디자이너와 엔지니어들은 프로토타입(prototype. 실험적 모형)을 만들어 설계의 적합성을 검토한다. 조각가 브렌트 콜린스(Brent Collins)[23]는 자신의 작업과정을 이렇게 설명하였다. "처음에는 나는 평면적인 형판(2차원)을 만들어본다. 작품을 이루는 전체적인 수학적 논리를 이 형판에서 읽는다. 형판은 조각을 만들기 위해 필요한 공간적 사고의 지침이 되어준다. 이어 일반적인 목공도구를 가지고 작업을 시작한다. 그러면서 점차 완성될 작품을 머릿속에 떠올려볼 수 있게 되고 느끼게 된다. 선형 패턴이 추상적 형태로 나타난다." 그의 작업과정에서 다차원으로 생각하기, 모형 만들기, 몸으로 생각하기, 형상화, 추상화, 통합과 같은 생각의 도구가 모두 활용되었다는 것을 알 수 있다.

다차원 사고를 증진하기 위한 공간감각 훈련이 지능지수(IQ)를 향상시킬 수 있다는 연구도 나왔다. 2014년 영국 서식스대 연구팀은 공간감각 능력이 거의 없는 성인들을 대상으로 공간감각 훈련이 미치는 효과를 조사했다. 이들은 어린 시절 흔히 접할 수 있었던 다양한 색상의 알파벳 장난감처럼 참가자들에게 이런 글자를 보여주는 실험을 진행했는데 이 훈련을 받은 이들은 그렇지 않은 대조군보다 지능지수(IQ)가 평균 12점이 높아졌다.

놀이는 몸으로 생각하기, 감정이입, 역할연기(role-play), 모형제작 등의 생각도구들을 통합함으로써 가능해진다. 놀이는 습관적인 절차나 목표, 게임의 법칙 등에 얽매이지 않으므로 일에 대한 즐거움을 더해준다. 놀이는 사람들로 하여금 일에 더욱 몰입하여 상상 이상의 성과를 내는데 필요한 요소로 인식되기도 한다. 무슨 일이 일어날지 궁금해서 과학과 기술 그리고 예술의 한계에 장난스럽게 도전하다 많은 획기적인 아이디어가 탄생하기도 하였다. 이화언 전 대구은행장은 펀경영(fun management)을 도입하였다. 펀경영은 직원들의 기를 살려주는 동시

23) 브렌트 콜린스는 주로 기하학적 도형을 목공예에 구현한 조각가였다. 그의 일부 작품은 http://www.cs.berkeley.edu/~sequin/SCULPTS/collins.html에서 볼 수 있다.

에 보람차고 신나는 일터를 만들어 경영의 효율성을 극대화시키는 것이다. 그는 잘 노는 사람이 일도 잘하다고 보았다. 한 가지 일에 미치도록 몰입하는 사람은 어떤 일을 하다더라도 자기가 맡은 일에 미치도록 몰입하기 때문이다.

변형이란 것은 앞서 설명한 하나의 생각도구와 다른 생각도구 사이 그리고 생각도구들과 공식적인 전달매체(언어, 시각매체 등) 사이에서 발생하는 변환과정을 의미한다. 생활에서 우리가 체험하는 불편을 통해 문제를 포착하고 고객센터에 접수된 고객 불만 사항을 분석하거나 빅데이터를 통해 제품과 서비스의 문제와 소비자의 욕구를 알 수 있다. 문제에 대한 인식은 해결책을 추구하는 시발점이 되며 문제점과 해결방안은 언어, 동작, 방정식 등을 통해 논리적으로 표현되어야 한다. 변형은 앞서 설명한 다양한 생각도구들을 한데 묶어 하나로 작동하는 전체로 만들고 각각의 기술을 다른 기술들과 상호 접합시키는 것을 말한다. ICT 분야에서 디지털 컨버전스(또는 융합)와 비슷한 개념이다. 데스크탑 PC의 굴레에서 벗어나 어디서나 인터넷에 접속하여 정보를 얻고, 음악을 듣고, 사진을 찍고, 전자상거래를 할 수 있는 유비쿼터스한 디지털기기에 대한 욕구는 오랜 전부터 존재하였지만 필요한 성숙된 기술이 나오기까지 시간이 더 필요했다. 그러다 어느 날 혁신적 기업가는 반도체기술, 무선통신기술, 멀티미디어 기술들을 하나로 묶어 스마트폰이라는 혁신적 도구를 만들세 된 것이다.

끝으로 통합은 앞에서 설명한 생각도구들의 완성단계이다. 이 생각도구들이 잘 조합된다면 환상(비전, 꿈, 희망, 목표 등)을 현실(성취, 성과)로 연결해주며 문제에 대한 통합적 이해를 가능하게 한다. 문제를 이해한다(understanding)는 것은 많은 경험과 지식들을 통합하는 과정이다. 통합에는 2개의 기본 요소가 있다. 첫째, 공감각(共感覺, synesthesia)은 동시에 복수적으로 느끼는 것을 의미하는 신경학적·예술론적 용어로써 사물이나 현상을 자신과 동일시하는 일체감과는 조금 다르다. 시각을 통한 색감은 온도 감각을 유발하고, 미각을 통한 맛은 공간적, 시간적 기억을 불러낸다. 오감을 통해 들어오는 정보들은 들은 지식으로 통합되고, 통합된 지식 안에서 관찰, 형상화, 감정이입, 역할 놀이 등의 생각도구들이 유기적으로 작용한다. 이 모든 것은 순차적으로 이루이지기 보다는 동시다발적으로 이루어지며, 기억, 지식, 상상, 느낌 등 모든 것들이 따로가 아닌 전체로 우리의 몸을 통해 이해된다. 이것을 육체와 정신, 감각과 분별력을 이어주는 '통합적 이해(unified understanding)', 또는 종합지(綜合知, synosia)라 부른다(루트번스타인 & 루트번스타인, 2007, 51). 과학과 예술분야처럼 경영교육도 이런 종합지를 가르치는 것을 지향해야 한다.

루트번스타인 & 루트번스타인(2007)은 앞서 나열한 생각도구가 지식을 습득하는데 중요한 역할을 한다고 주장하지 않았으며, 생각도구를 뇌의 해부학적 구조나 신경체계와 연결해서 뇌의 특정 부위의 기능과 연결하여 설명하지는 않았다. 그들은 생각도구를 요리사의 주방기구에 비유하였다. 주방기구를 잘 다룬다고 하여 독창적인 요리법을 개발할 수 있는 것은 아니지만, 거꾸로 주방기구를 잘 활용하지 못하는 요리사가 창의적인 요리를 만들 수도 없다. 즉 생각도구를 잘 활용하면 사람들이 창조적 일을 하는데 크게 도움을 받을 수 있다. 그래서 이러한 생각도구를 정규·비정규 교육과정과 교수법에 적용하면 창의적 인재를 양성하는데 도움이 될 것이다. 2014년 김용 세계은행 총재는 선행 학습과 암기에 주로 의존하는 한국의 학습문화로는 창의력을 기를 수 없다며 이제는 '개발도상국 교육'에서 '선진화 교육'으로 바뀌어야 한다"는 말을 하였다. "덜 공부하고, 더 놀아라(study less, play more)"는 그의 말에 창의력 교육의 뼈가 담겨 있다.[24] 놀이(play)는 몸으로 생각하기, 감정이입, 역할연기(role-play), 모형제작 등의 생각도구들을 통합한다. 놀이는 습관화된 절차나 목표설정, 게임의 규율 등에 얽매이지 않으므로 일에 대한 즐거움을 더해준다. 놀이는 사람들로 하여금 일에 더욱 몰입하여 상상 이상의 성과를 내는데 필요한 요소이다. 무슨 일이 일어날지 궁금해서 과학과 기술 그리고 예술의 경계에서 장난스럽게 도전하다 많은 획기적인 아이디어가 탄생하였다. 경영교육에서도 놀면서 배울 수 있는 주제들과 구체적 교수방법을 모색할 필요가 있는 대목이다.

2) 인문학과 창의성

근래 창의력을 길러주기 위한 방편으로 인문학을 자주 거론한다. 인문학은 일

24) 조선일보 "교육혁신 없이 창조경제 힘들다.", 2014.1.16.

반적으로 문학, 역사, 철학(문·사·철)을 말하며, 사람(들)에 대한 이야기를 주로 다룬다. 문학이나 역사에는 내가 있고 나를 닮은 타인이 등장한다. 내게 있을 법한 스토리가 있고 내 누이와 형제 그리고 이웃과 영웅의 얘기가 나온다. 철학에는 사람의 도리, 처세술, 사람의 과거와 현재 그리고 미래가 다 있다. 철학은 '사람다움'의 의미와 존재의 정당성을 찾게 함으로써 인생의 가치와 방향을 설정하는데 도움이 되므로 경영자의 도덕성 형성에 유효한 도구가 될 수 있다. 창의적 생각도구 중에 일체화는 뛰어난 상상력을 요구한다. 시인 장석주의 "대추 한 알"에서 자신을 '대추'와 일체화시켰듯이 한 편의 시는 시인 자신과 대상을 일체화한 산물이다. 이 일체화의 능력도 인문학 교육을 통해 가능한 것이다. 경영을 나와 함께 일하는 동료, 부하, 상사와의 관계 그리고 사업 파트너와 고객과의 관계를 관리한다는 관점에서 본다면 문·사·철만큼이나 유용한 도구가 없는 셈이다. 문·사·철에 대한 심오한 지식은 인간관계에 대한 이해를 깊게 함으로써 사람으로 하여금 가슴 뛰게 일을 할 수 있도록 동기부여를 하며, 기업이 금전적 이득만이 아닌 다른 고귀한 사회적 책임을 받아들일 수 있도록 하며, 지속경영에 필요한 고귀한 가치(예: 고객만족, 자연보호, 사회봉사 등)를 만들어 이해관계자들이 공유하도록 한다. 그래서 피터 드러커는 경영을 조화를 중시하는 예술에 비유하기도 하였다.

한편 인문학은 그 자체가 새로운 비즈니스모델이나 사업적 기회를 제공하는데 주요한 자원이 되기도 한다. 오늘날 스토리는 다양한 비즈니스 기회를 제공한다. 소설책 한 권이 웹툰(인터넷 만화)으로 재창조되고 이 웹툰은 다시 TV 드라마, 영화, 게임의 소재가 된다. 원소스(one-source)에 멀티유즈(multi-use)이다. 방송국과 영화업계에서는 수많은 작가들이 생업으로 이 스토리를 생산하기 위해 땀을 흘리고 있다. 역사적 서사(narrative)들은 그 자체가 돈이 될 수 있는 콘텐츠이며 관광자원이기도 하다. 근래에 조선왕조실록이 완역되어 일반사람들도 접근이 가능하게 되면서 수많은 연극, 드라마, 영화, 뮤지컬의 소재가 그것에서 탄생할 수 있었다. 역사는 현대인들에게 새로운 스토리의 소재가 되며, 인간의 생각과 행동을 보다 잘 이해하도록 돕고, 경영자가 더 현명한 판단과 선택을 할 수 있도록 돕는 훌륭한 교육 자료이다. 그래서 어떤 인문대학은 최고경영자들을 대상으로 인문학을 강의하고, 경영대학원의 커리큘럼에 인문학이 포함되기도 한다. 그렇지만 이런 강의들이 대학의 경영학 정규 교육과정에 포함되지는 않는 것이 현실이다. 젊은이들이 인문학을 다소 고리타분하게 여기는 경향도 있고, 대다수의 경영학 교수들은 인문학을 개인이 독서를 통해 각자 알아서 해결해야 하는 교양 정도로 여기기 때문이다. 그런 점에서 경영학은 보다 창의적인 경영자 교육을 위해 융합할 수 있는 인문학의 주제와 융합의 범위와 방법론에 대한 검토가 필요하다.

인문학이 성공적인 경영자의 자질과 능력을 증진하는데 플러스가 된다는 학술적 근거는 없다. 다만 경험을 통한 추측성 인과관계에 근거하여 막연히 인문학 지식이 경영자의 감성, 창의성 그리고 상상력에 도움을 줄 것이라고 생각하는 것이다. 사실 경영 관련 학문을 전공하는 학생이나, 취업 후 사회생활을 갓 시작한 대부분 젊은이들은 인문학에 대한 관심이 낮다. 당장 취업에 필요한 지식들은 대부분 인문학과는 거리가 멀기 때문이기도 하다. 인문학에 대한 관심은 나이와 인생의 성숙도와 어느 정도 비례한다고 봐야한다. 인문학 주제들은 실패와 성공의 경험과 인생의 쓴맛 단맛을 모두 봐 본 사람들이 더 쉽게 공감하고 친근하게 다가오는 것들이 많다. 인문학이 주는 묵직한 주제들, 특히 처세술과 대인관계론은 대부분 나이가 어느 정도 든 중간관리자나 최고경영자들에게 피부에 와 닿는 교훈들이 많다. 세종대왕과 이순신 장군의 리더십, 조정에서 계파간의 다툼과 사화들, 단종과 같은 비운의 왕과 왕족들 사이에 얽혀 있는 인간관계사, 연산군의 얘기는 현재의 리더십, 노사관리, 인간경영에 많은 시사점을 줄 수 있지만 청년들 그리고 젊은 직장인도 그대로 느끼고 자신의 문제해결에 활용할지는 알 수 없다. 그럼에도 일부 대기업들과 공무원 채용시험에서 한국사능력시험 점수를 평가항목에 넣고 있고, 그런 사례가 점차 늘어나는 것이 추세이다. 이는 인문학(특히 역사)에 대한 관심과 지식이 성격과 기질 그리고 관리 능력에 영향을 미칠 것이라는 추측에 근거하지만 역사에 관한 얄팍한 조각 지식이 진정 그러한 역할을 할 수 있을지는 알 수 없다.

대기업의 전문경영인들 중에는 학부에서 인문학을 전공한 사람들이 많다는 점에서 적어도 인문학적 배경이 성공한 경영자가 되는데 걸림돌이 되지는 않는 것 같다. 물론 오늘날 인문학 전공자가 경영과 경제를 전공한 학생보다 취업이 더 어려운 것은 사실이지만 취업한 후 전공이 경영자의 성공과 큰 상관관계는 없는 것 같다. 고 이헌조 전 LG전자 회장은 서울대 철학과를 나와 1957년에 락희화학 공업에 처음 입사, 1976년 국제증권 사장을 시작으로 1996년 LG전자 회장에서 퇴임할 때까지 LG그룹 주요 계열사 CEO로 활동했었다. 은퇴 후 그는 한국실학 연구에 써 달라며 70억원을 기부함으로써 (재)실시학사 설립에 도움도 주었다.[25] 철학을 공부하고서도 최고 기업의 여러 계열사의 CEO로 성공적으로 재임한 사례이다. 최근 사례로는 영어영문학 출신이지만 영국 RBS증권 아시아투자 본부장으로 있는 패트릭 한 씨를 들 수 있다. 그는 99년에 HSBC은행에 입사하여 애널리스트로 금융·반도체·항공사 업황을 분석하였다. 인문학 출신인 그는 금융 분야에서 남보다 탁월하기에는 기초가 부족하다는 사실을 인정하고 이론과 실물을 함께 배울 수 있는 증권사로 옮겼고 그 곳에서 본부장(전무급)까지 승진하였다. 그 전에 그는 JP모건에 스카우트된 적도 있었는데 2002년과 2004년 신용카드사 수익급증과 신용카드발 거품붕괴를 정확히 예측하여 애널리스트로 이름을 날리기도 하였다. 그는 금융전공자들은 자기 세계에만 갇혀 시야가 좁다. 사회와 실물경제를 폭넓게 보는 안목이 중요하므로 "취미로 고대 전쟁사 관련 책 읽기를 좋아하는데 극한 상황에서 극도의 인내심을 발휘하며 병사들로부터 최고의 능력을 끌어냈던 로마시대 부사관(Centrurion)들에게서 지혜를 얻는다"면서 인문학적 소양을 쌓을 것을 권했디.[26] 이 사례 역시 인문학이 취업의 초기 진입장벽을 잘 극복한다면 이 후 성공적인 경영자가 되는데 큰 걸림돌이 되지 않음을 보여주고 있나. 특히 금융기관에서 투자를 위한 높은 수준의 재무분석 기술이 요구되는 직무였지만 그는 그 업무를 수행하는네 필요한 지식을 현업에서 일을 통해 모두 취득하였다.

3) 창의성과 개인 · 조직의 역량

창의성에 관한 연구는 심리학, 교육학, 경영학, 경제학 분야에서 꾸준하게 진

25) 조선일보 2010.11.10

26) 조선일보 2011.1.19

행되어 왔지만 경영교육과 관련된 시도는 많지 않았다. 기존의 연구들은 창의적인 개인의 특성과 성향에 대한 연구, 개인의 창의성에 영향을 미치는 맥락변수(context variables)에 대한 연구, 창의성에 영향을 미치는 조직 변수에 대한 연구, 소그룹의 창의성에 관한 연구 등으로 나눌 수 있다(Drazin, Glynn and Kazanjian, 1999, 신건권, 2003).

개인적 창의성에 대한 연구들은 주로 개인의 성격적 특성, 표현 및 언어능력, 지능, 수렴적·발산적 사고 등을 다루었다. 심리학, 사회학, 교육학 등에서 개발된 창의성 개발 및 활용기법들이 경영에 활발하게 도입되었으며 특히 인사관리와 직원교육에 적용되었다. 창조적 문제해결 기법(Creative Problem Solving: CPS), 마인드매핑, TRIZ 등을 예로 들 수 있다. 개인적 창의성에 대한 연구의 초점은 창의성이 높은 개인의 특성, 특히 인지적 특성을 규명하는데 중점을 두었다(최종인·김인수, 1996; Amabile, 1997). 다중지능이론에 의하면 인간은 여러 종류의 지능을 가지고 있으며 음악지능(musical intelligence)도 그 중에 하나이다(Guilford, 1987). 국내외 연구자들이 음악이 개인의 음악적 창의성 개발(특히 공간지각과 추리능력 향상)에 도움이 되느냐에 대해서 찬반양론이 있으나 긍정적인 측면이 우세한 실정이다(임성란, 2001). 그러나 음악적 창의성(감수성까지 포함)이 경영자의 창의성으로 바로 연결되는지는 명확하지 않다. 3장에서 성공한 다수의 경영자들이 감성이 뛰어났고 그러한 감성이 합리적 경영활동과 적절하게 배합되어 균형 잡힌 창의적 경영을 할 수 있었다는 이야기를 하였다. 그렇지만 뛰어난 연주가가 예술 관련 단체나 조직에서 경영하는 모습을 보면 예술적 능력과 경영능력이 항상 함께 가는 것은 아닌 것 같다. 2014년 서울시립교향악단에서 일어났던 사건에서 오케스트라를 잘 운영했던 훌륭한 지휘자가 조직 관리는 주먹구구식, 아마추어경영이었다고 평가받았던 것처럼 음악적 재능(감성)과 경영능력은 별개일 수도 있다. 감성은 때로 사람을 감동시켜 동기를 부여하며, 문제에 대한 새로운 접근방법을 제시하는데 도움을 주기도 하지만 이성적 냉철함과 객관성이 요구되는 상황에서는 때로 독이 되기도 한다. 종교 조직에서 종교적 성향을 지닌 리더가 조직 전체를 멍들게 하는 경우도 잦다. 2014년 세월호 참사의 한 가운데에는 세모그룹이 있었다. 실질적 교주 유병언이 경영에 관여한 정황을 보면 적정 이윤과 사회적 책임을 추구해야 하는 기업이 종교적으로 조직화되면

안 되는 이유를 보여주는 극명한 사례이다. 직원들에게 충분한 급여를 주지 않고 부족한 것을 종교적 사명감(충성심)으로 메꾸려 한다거나, 그런 것에 대해 불만을 가지지 않는 신앙적인 사람(때로 역량이 떨어지는)을 고용한다거나, 터무니없는 투자나 지출로 회사의 이익을 훼손한 일들이 비일비재하였다. 유병언은 새로운 사업 아이디어를 만들고, 기업을 설립하고 운영하는데 필요한 기금(헌금)과 직원(봉사자)을 모집하는 데는 매우 창의적이었다. 그렇지만 세모의 주요 경영자들은 부실한 세월호를 정상인 것으로 포장하고 부정한 방법으로 인·허가를 받아내는데도 창의적이었고 협력적이었다. 그렇지만 그러한 창의성과 담합을 통한 부패는 결국 세월호 참사를 낳았을 뿐이다. 창의성이 성공한 경영인의 필요조건이긴 하지만 충분조건은 아님을 알 수 있다.

창의성에 대한 집단(group) 수준의 연구들은 사회심리 수준과 조직적 수준으로 확장시킨 연구들이다. 이들 연구들은 다양한 집단 및 사회·심리적 변수들과 창의성의 관계를 탐구하였다(Leonard and Swap, 1999; Ford and Gioia, 1995). 특히 로빈슨과 스턴(Robinson·Stern 1997)은 조직의 창의성을 조직 구성원들이 지시나 교육 없이도 새롭고 잠재적으로 유용한 행동을 함으로써 기업의 장기적인 생존과 성장에 필요한 개선과 혁신을 가져오는 능력으로 규정하였다. 기업 내 창의성을 유발하는 요인으로는 방향 일치, 사발적인 활동, 비공식적 활동, 다양한 자극, 운 좋은 뜻밖의 발견, 사내 커뮤니케이션을 들었다.

창의성 문제를 사회적 수준의 문제들과 연관시킨 연구는 많지 않지만 창의성이 발현되고 촉진되기 위해서는 개인이나 집단, 조직의 차원을 넘어서 사회와 문화 그리고 제도적 맥락에서 연구되어야 할 것들이 많다. 때로 개인이 뛰어난 창의적 역량을 가지고 있다 할지라도 그가 소속된 사회와 조직의 환경과 문화에 따라 그 창의성이 억제될 수도 거꾸로 발휘될 수도 있다. 따라서 경영자가 성장해온 교육적, 문화적 환경, 작게는 조직의 특성과 문화도 한 사람이 성공하는 경영자가 되는데 중요한 요인이 될 수 있다. 2015년 7월, 박근혜 정부는 질 좋은 청년 일자리 창출을 위해 전국 18곳에 창조경제혁신센터를 설립하였다. 센터들은 청년들이 잠재된 창의력을 일깨우고 이를 건실한 창업으로 연결되도록 지원한다. 그리고 대기업들은 지역의 센터를 하나씩 맡아 재정적, 물질적, 인적 지원을 제공하기로 약속하였다. 정부 주도 노력이 사회 전반에 창의적 역량을 업그레이드 하는데 어느 정도의 역할을 할 수 있겠으나 민간이 중심이 되어 이끄는 노력만큼 효과가 있을지는 미지수다. 대통령의 국정에 협조하는 차원을 넘어 개인과 중소기업의 새로운 기술과 사업 아이디어를 대기업이 제대로 평가하고 제 값을 지불하고 구매해주는 풍토만 조성되어도 사회 전반에 창의적 노력(창업)은 몇 배로 늘어날 수 있다. 지금까지 정부주도의 다양한 창업지원 프로그램들이 선을 보였으나 정권이 바뀌면 그 효과가 채 증명되기도 전에 명칭과 무늬가 바뀐 경우가 허다하기 때문이다.

4) 창의성과 문제해결능력

손태원 등(2000)은 1990년대 말 국내 기업들이 성장 한계에 부딪힌 근본적인 원인을 창의성 부족에서 찾았다. 산업화 시대에는 경영의 핵심가치가 생산성 향상과 품질경영에 있었다. 여러 분야에서 우리 기업들은 글로벌 선두기업들을 따라잡기 위해 그들을 모방하였고 저렴한 가격에 평균수준의 품질로 세계시장에서 살아남을 수 있었다. 21세기에 진입하면서 우리 기업들이 여러 분야에서 선두 기업으로 나서면서 모방하거나 따라가야 할 대상이 점점 사라지기 시작하였다. 기업들은 가본 적이 없는 새로운 목표를 정하기 위해 방향을 재설정해야 했고 변화와 혁신을 위해 창의성은 더욱 중요해지기 시작하였다. 중국과 여러 동남아 국가의 후발주자들이 끊임없이 모방하며 추격을 하고 있는 상황에서 우리 기업들은 발목을 잡히지 않기 위해 경영의 질적 변화를 추구하는 '창조경영'을 추구해야 했다.

경영에 있어 창의력은 바로 문제해결능력에 적용된다. 경영자들은 수시로 직면하는 경영 문제를 해결하기 위한 창의적 방법을 상상하고 그것을 구체화한 것을 제시할 수 있어야 한다. 많은 경우에 문제들은 기존의 방식으로 해결이 어려워 새로운 방법의 설계를 요구한다. 사이먼(Simon)에 의하면 문제해결의 시작은 문제에 대한 인식에서 출발한다. 탐색(intelligence) 단계에서 사람들은 데이터를 분석하고 정보를 수집하여 문제로 인식될 수 있는 상황을 탐색하고 조직에게 기회와 위협이 될 수 있는 단서들을 확인한다. 문제에 대한 인식이 끝나면 사람들은 해결책을 찾기 시작하는데 이때 문제의 유형에 따라 고도의 창의력이 요구된다. 클라인(Klein, 1993)은 과거의 경험에서 문제해결의 단서를 끄집어내려고 노력하는데 이것을 고차원적 지적능력이라 하였다. 그는 인식(Recognition)-준비된 의사결정(Primed Decision-Making), 즉 RPD모델을 통해 3가지 수준의 문제해결방식을 설명하였다. 가장 초보적인 수준은 단순한 비교(match) 수준이다. 즉 문제가 인식되면 바로 과거에 이 문제를 어떻게 처리하였는지를 떠올린 다음 이 해결방안을 실행에 옮기는 수준이다. 우리는 일상생활에서 수없이 발생하는 단순한 문제들을 이런 방식으로 해결하고 있다. 다음 수준은 과거에 취했던 행동을 한 단계 발전시켜 변형된 해결방안을 생각해 내고 이를 선택했을 때 나올 결과까지 평가하는 수준이다. 마지막으로 최상의 수준은 앞서 말한 변형된 해결방안에 중대한 결함이 있어 대규모 수정이 요구되거나 더 복잡한 심리적 시뮬레이션이 요구되는 수준이다. 후자로 기존의 가설과 전제를 허물고, 새로운 프레임과 관점(perspective)으로 문제를 바라보고, 대안 개발에 필요한 새로운 정보 소스와 방법을 찾아야 하므로 보다 높은 차원의 창의력이 요구된다.

문제해결능력은 좌뇌가 주로 관장하는 이성적, 과학적 의사결정 영역으로 알려져 있지만 사람의 판단과정은 그렇게 단순하지가 않다. 신경학자 안토니오 다마지오(Antonio Damasio)는 「데카르트의 오류(Descartes' Error)」에서 마음(생각)과 몸(존재 혹은 감각)의 분리를 주장했던 데카르트를 반박하였다. 그는 갑작스러운 사고나 뇌졸중, 종양으로 정서적 감응구조가 총체적으로 헝클어진 신경질환자들은 문제해결과정에서 정서적 몰입이 어려워 합리적 계획을 세우는 능력이 떨어진다고 하였다. 따라서 우뇌가 주로 관장하는 감정(느낌)과 직관은 좌뇌가 합리적, 과학적 사고를 하는데 불필요한 방해물이 아니라 합리적 사고를 가능하게 하는 균형자라는 것이다. 즉 우리의 사고와 결정과정은 육체와 정신, 감정과 지적능력을 분리될 때 불완전해진다. 모든 학문에서 창조적 사고와 표현, 즉 직관과 감정에서 비롯된 산물(느낌, 의문, 해결책 등)은 과학이나 합리성의 틀을 통하여 표현되고 소통될 수 있다. 과학자 아인슈타인은 모든 사물과 현상을 물리적 이미지로 상상하는 탁월한 능력이 있었다. 그는 그 이미지를 이용한 사고를 통해 직관적으로 상대성이론을 착안해 냈고 훗날 자신의 이론을 수년에 걸쳐 수학자들의 도움을 받아 수학적 언어로 표현하였다. 즉 아인슈타인은 자신만이 상상할 수 있었던 이미지를 외부에 있는 광대한 과학적 지식체계를 통해 현실화하고 증명해 보였던 것이다.

멈포드 등(Mumford et al., 2000)은 리더의 지식 및 역량과 리더십 성과 사이에 존재하는 관계를 검증하기 위해 능력모형(capability model)을 제시하였다. 이 모형에 문제해결기술이라는 항목에 주목할 필요가 있다(〈그림 4〉 참조). 능력모형에는 역량(competencies), 개인속성(individual attributes), 리더십 성과(leadership outcome), 커리어 경험(career experiences), 환경적 영향(environmental influences)으로 구성되어 있는데 아래 그림에는 앞의 세 가지만 포함하였다. 특히 역량에는 문제해결기술(problem solving skill), 사회적 판단기술(social judgement skill), 지식(knowledge)이 포함되었지만 우선순위와 관계는 생략되어 있다.

문제해결기술은 새롭고 이례적이며 불명확한 문제들을 해결하는 창의적 능력이다. 즉 해결해야하는 문제가 무엇인가를 명확하게 구분하는 능력이며, 적절한 정보를 수집하여 문제에 대한 새로운 이해의 지평을 넓히고 바람직한 해결방안을 계획하는 이성적 능력을 말한다. 문제해결기술만으로는 문제를 효과적으로 신속하게 푸는 데는 한계가 있어 감성을 필요로 하는 사회적 판단력이 이를 보완한다. 사회적 판단기술은 사람을 이해하고 사람들 간 상호작용 원리를 이해하는 능력을 말한다. 리더가 탁월한 사회적 판단기술을 가질 때 타인과 더불어 문제해결을 위해 협업할 수 있고 그들의 지원을 얻어 변화를 가능하게 한다. 사회적 판단기술은 복잡한 조직의 문제를 해결하는데 필요한 인간관계기술로 연결되며 이 장의 후반에서 더 논의될 것이다.

끝으로 지식은 문제해결기술을 적용하고 실행하는 일과 매우 밀접하다. 리더는 복잡한 조직문제를 파악하고 조직의 특별한 상황에 문제해결방안을 적용하는 일에 이 지식을 활용한다. 여기서 지식은 문제해결에 도움을 주는 축적된 과거 정보이며 동시에 문제해결에 쉽게 활용할 수 있도록 정보를 조직화하는 정신적 구조(mental structure)다. 즉 지식은 판단하는데 필요한 딱딱한 잣대를 제공하기도 하지만 감성이 가미된 경험도 포함한다. 경영자의 다양한 경험은 풍요로운 지식의 원천이 될 뿐만 아니라 보다 엄정한 지식체계(schemata)를 제공함으로써 지식을 보다 효율적으로 활용할 수 있게 한다. 그래서 나이 들어감에 따라 사람들은 보다 융통성 있는 지식체계를 가지고 유연하게 위기에 대응할 수 있어 성공적인 경영자의 선천적 형질의 하나로 앞에서 설명하였다.

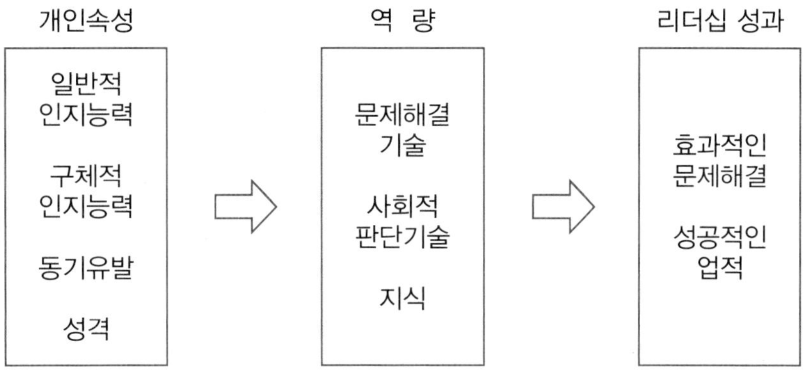

〈그림 4〉 능력모형

자료원 : Mumford 등 (2000), p. 23.

한 분야에서 꾸준하게, 적어도 10년 이상 노력하여 터득한 문리(文理)[27] 및 문제해결 원칙과 방법을 다른 분야에 적용할 때도 창의력이 필요하다. 잘 나가던 산부인과 의사를 그만두고 가업인 교보생명의 회장을 맡은 신창재 회장을 보면 알 수 있다. 그는 경영 메시지를 강력하게 전달하기 위해 개그맨 이경규 가면을 쓰기도 하였고, 생명보험업계에서는 관행이었던 가명계약제를 타파하여 위기에 빠진 기업을 구한 경력도 있다. 그가 이런 독창적인 일을 잘 할 수 있었던 것을 자신의 의사경험과 무관하지 않다고 인터뷰에서 밝혔다.

> "산부인과 의사 하는 일이 정상분만이냐 수술이냐를 결정하고, 분만 중 발생한 출혈이 정상인가 이상인가를 따져 조치하는 것 아닌가. 위급한 상황에서 (신속하게) 결단 내리는 트레이닝을 받은 게 정책 결정을 할 때 큰 도움이 되더라..."

27) 사물의 이치를 깨달아 아는 힘.

• • •

[Box 사례] '태양의 서커스'의 창조경영[28)]

가장 드라마틱한 창조경영 사례는 단연 캐나다의 '태양의 서커스'를 들 수 있다.

지금으로부터 30년 전(1984년 첫 공연), 거리 예술가들이 창조적이며 도전적인 73명의 직원으로 시작하였던 기업이 2014년에는 직원 4,000명, 매출 1조원의 대기업으로 성장하였다. 태양의 서커스가 창립될 무렵 전통적 서커스는 대표적인 사양산업이었다. 당시 거리에서 공연을 하던 거리 예술가들은 '이전에 없던 완전히 새로운 것을 한 번 해 보자'는 생각으로 새로운 시도를 하였다. 전통 서커스의 필수 요소였던 동물 쇼를 과감하게 없애 동물 구매, 조련, 의료관리, 축사운영, 운송 등 비중이 컸던 동물 관련 비용을 대폭 줄였다. 또 서커스에 연극적 스토리를 도입하고, 음악 · 무용 · 발레 같은 다른 공연의 장점을 융합해 '아트 서커스'라는 새로운 장르를 만들었다. 주요 고객층을 어린아이에서 성인으로 설정하고, 공연 장소와 좌석을 안락하게 만들었으며, 입장료도 75~180달러로 책정해 품격 마케팅전략을 채택하였다.

태양의 서커스가 18개의 새 레퍼토리를 개발하는 동안 아트 서커스를 표방한 경쟁적인 공연도 많이 생겨났다. 2014년 11월, 한국에서 공연한 '카발리아(Cavalia)'도 그중 하나다. 잘 훈련된 49필의 말과 아티스트 33명이 함께 등장해 말과 인간의 교감을 표현하는 이 공연은 '태양의 서커스' 예술감독 출신 노만 라투렐이 만든 것이다. 시르크 엘르와즈(Cirque Eloize)와 세븐 핑거스(7 Fingers)도 아트 서커스로 유명하다. 즉 블루 오션이었던 아트 서커스 시장이 이제 레드 오션으로 서서히 바뀌고 있다. 이러한 경쟁적 시장에서 업계의 리더인 태양의 서커스는 새로운 변화를 시도할 수밖에 없었다. 그래서 탄생한 것이 150만 갤런(약 500만 리터)의 물을 도입한 수상 서커스 '원(One)'이라는 공연이다. 마이클 잭슨의 뮤직 비디오 영상을 배경으로 곡예를 전면에 내세우지 않고 춤과 율동을 위주로 꾸민 '원(One)'에서는 인간의 일그러진 욕망이 부른 파국을 표현하였다. 마술쇼처럼 무대 위에 거대한 기둥을 합쳤다 흩뜨리며 절벽과 평지를 만드는 특수효과를 연출하기

---

28) 오윤희, "[Weekly BIZ] 매출 1조원 태양의 서커스", 조선일보 2014.11.1.

도 하였다.

2014년 태양의 서커스는 모든 장르가 통합된 엔터테인먼트 회사를 지향하고 있다. 태양의 서커스의 출발점이 됐던 아트 서커스 범주를 더 넓은 예술적 영역으로 확대해 나가고 있다. 이를 위해 적어도 1년에 한 편 정도의 새 래퍼토리를 창작해야 하는데, 태양의 서커스는 이러한 역동성을 가능하게 하는 창조적 DNA를 유지하기 위해 안간힘을 쓰고 있다. 새로운 것을 시도할 때마다 극복해야 하는 것은 위험과 실패에 대한 두려움이다. 그렇지만 태양의 서커스는 위험과 두려움을 조직 프로세스의 일부로 생각하는 DNA가 있다. 서로 관련이 없어 보이는 모든 것들을 연결하는 통합과 변형의 미학을 추구하고 있다. 대개 운동선수 출신인 곡예사들의 훈련에는 항상 두 명의 코치가 따라붙는다. 한 명은 곡예 훈련 코치, 다른 한 명은 예술적 표현을 도와주는 예술 코치다. 따라서 곡예사들은 기본인 곡예에다 연기력과 표현력을 갖추도록 훈련받는다. 관객들이 공연마다 새로운 감동과 울림을 경험하고 예술적 가치를 발견할 수 있기 때문에 공연을 한 번 본 관객은 다른 공연의 티켓을 또 구매한다. 그리고 첨단 기술은 인간을 대체하기 보다는 인간이 중심이 되는 공연을 더 강렬하고 인상적인 공연을 만드는데 활용된다. '원(One)'이라는 공연에서 인간의 일그러진 욕망이 부른 파국을 표현하기 위해 거대한 기둥을 합쳤다 흩뜨리며 절벽과 평지를 만드는 특수효과를 연출한 것도 그런 것들 중에 하나이다. 수중 무대를 평지의 땅으로 바꾸고, 다시 그 평지를 수중 무대로 바꾸기 위해 7개의 수압 조절 장치를 고안하여 단 몇 초 만에 물을 빼고 넣기도 하였고, 라스베이거스 벨라지오 호텔 주변 풀장 물을 끌어다 수면 위로 부글부글 거품이 끓어오르는 것 같은 무대 효과를 연출하는 한편 무대와 객석 사이에 눈에 보이지 않는 공기 벽을 만들어서 무대 쪽에서는 물속에서 공연하는 배우들을 위해 상온보다 높은 온도를 유지하도록 한 것도 쇼에 도입된 과학 기술 중에 하나다. 의상과 메이크업 역시 물에 젖어도 물방울이 그대로 떨어지는 특수 의상과 수분에 지워지지 않는 메이크업을 고안하였다. 한 마디로 태양의 서커스의 성공 비결은 겉보기엔 전혀 상관없는 요소(기예, 예술, 기술 등)들을 결합해서 새로운 가치를 창조하는 능력(random combination)과 곡예사들의 기량에 예술적, 기술적 가치를 결합해 새로운 가치를 만들어내는 능력(convergence and transformation)에 있다.

새로운 공연을 위해서는 새로운 아이디어가 필요하다. 2002년 기획한 '바레카

이(Varekai 집시어로 '어디서나'라는 뜻)'는 날개를 단 청년이 숲 속에 떨어져 애벌레 모양을 한 여성과 사랑에 빠진다는 내용을 담고 있다. 그리고 '카' 쇼는 동양적 무대를 배경으로 중국 무술과 곤봉 돌리기가 등장한다. 이렇게 다양한 아이디어를 낼 수 있었던 것은 늘 새로운 아이디어에 열려 있고, 새로운 것을 받아들이려 하는 독특한 기업문화 때문이다. 얼마 전 스위스의 어느 대학교수가 드론(무인 항공기)을 이용해 공중에 불꽃놀이처럼 조명을 쏘는 유튜브 동영상을 보았고 그것을 쇼에 활용할 계획을 세우고 있으며, 삼성전자가 개발한 혁신적인 '기어 VR(가상현실 헤드셋)'을 쇼에 적용하는 것도 계획하고 있다. 그리고 태양의 서커스는 북미 지역 12개 대학과 산학 교류를 맺어 학생들이 자유롭게 창의적인 아이디어를 제안하는 통로를 만들었다. 본사 복도엔 학생들이 제안한 아이디어가 곳곳에 전시돼 있는데, 그중 하나가 '매직 가발'이다. 빗으로 머리카락을 빗으면 으스스한 음악이 흘러나오는 아이템이다.

창의적 아이디어는 '똘끼(craziness)'를 가진 인재에서 자주 나온다. 태양의 서커스 본사의 공식 명칭은 국제 본부(International Headquarters)지만, 사장을 비롯한 사원들은 이곳을 '크리에이티브 센터'라 부른다. 본부가 하는 모든 일은 창의적인 생각을 하고, 창의적인 아이디어를 만드는 일에 집중하기 때문이다. 라마르 사장은 "창의적으로 되기 위해선 약간의 똘끼(craziness)가 필요하다"고 말한다. 따분한 성격의 사람이 쇼를 만들면 그 쇼 역시 따분할 수밖에 없다. 그래서 약간 비정상적인 미치광이 같은 요소가 창조적인 것을 만드는데 필요한 자양분이다. 예를 들어 본사 빌딩 안에는 실제 광대가 돌아다니며 멍청한 행동을 해서 직원들을 웃긴다. 임원들이 진지한 토론을 할 때도 광대가 문을 열고 들어와 우스꽝스러운 짓거리를 하면서 회의를 방해한다. 그런 똘끼를 유지할 때 사람들은 깨어 있게 되고 좋은 아이디어가 떠올릴 수 있다.

4.2 리더십

리더십은 소그룹이든 대기업처럼 큰 조직이든 성공적인 경영자에게 매우 중요한 자질이다. 모든 기업의 흥망성쇠는 어떠한 리더를 내부적으로 기르고 외부에서 모셔오느냐에 달려있다 해도 과언이 아니다. 경영자의 리더십 역량을 구성하고 또 이것에 영향을 미치는 요인들은 수없이 많다. 특히 리더십은 집단상황과 집단과정(group process)에서 발생하는 매우 역동적인 현상이어서 개인의 성격과 기질, 소통기술, 소통매체, 기술적 지원이 리더십에 큰 영향을 미친다.

리더십은 매우 다양하게 정의될 수 있다. 리더십을 집단과정(group process)의 관점에서 보면 문제해결을 추구하는 집단 활동의 중심에 리더가 서게 된다. 리더십을 성격적 관점(personality perspective)에서 본다면 구성원들로 하여금 미션과 목표를 향해 일을 하도록 독려하는 기질적 특성으로도 볼 수 있다. 권력구조의 관점에서 본다면 리더는 다양한 권력(힘과 영향력)을 가진 자로서 그것을 적절하게 이용하여 타인의 행동에 영향을 미치는 사람으로 볼 수 있다(Bass, 1990).

사람이 효과적인 리더십을 갖도록 하는 요인과 배경에 대한 많은 연구들이 있었다. 1900년대 초에는 사람을 리더답게 하는 특성, 즉 그들의 개인적 자질이나 특징을 찾아내는데 초점을 두었다. 위대한 리더들은 일반사람들과 구별되는 독특한 형질을 가지고 태어나며 그 형질(특성)을 집단역학(group dynamics) 속에서 유감없이 발휘하는 것으로 보았다. 그래서 주로 리더와 추종자(부하)를 구분하는 형질(특성)을 찾는 일에 연구가 집중되있으며 나름대로 성과도 있었다(Bass, 1990). 한편 스톡딜(Stogdill, 1948)은 여러 문제적 상황에서 리더와 추종자를 구별하는 일관된 특성이 없다는 것을 주장하여 큰 반향을 일으켰다. 그는 특정한 리더십 특성을 가진 사람이 상황에 따라 효과적인 리더십을 발휘할 수도 그렇지 않을 수도 있다는 일종의 상황이론(contingency theory)을 제안하였다. 리더십을 결정짓는 수많은 개인적 특성(personal trait)에 대한 연구도 매우 중요한 연구의 한 흐름이었다(Bryman, 1992). 스톡딜(Stogdill, 1974)이 두 번째 연구에서 리더십과 상관관계가 높은 형질들을 제시하였는데 바로 아래 리스트이다. 대부분 특성이 다음에 논의할 기업가정신과 매우 밀접하다는 것에 주목할 필요가 있다.

- 책임감과 과업완성을 향한 추진력
- 집요한 목표추구

- 문제해결에 있어 과감성과 독창성
- 사회적 상황에서 주도성
- 자신감과 자기정체감
- 결정과 행동의 결과의 자발적 수용성
- 인간관계 스트레스의 수용성
- 좌절과 지체에 대한 참을성
- 타인의 행동에 영향을 미치는 능력
- 목표를 향해 사회적 상호작용 시스템을 구조화하는 능력

컬크패트릭과 로크(Kirkpatrick & Locke, 1991)는 비(非)리더와 달리 리더가 갖추고 있는 명백한 차이점을 지적하였다. 그들의 정성적 통합연구에 의하면 리더와 비리더는 추진력(drive), 지도욕구(desire to lead), 정직과 성실성(honesty and integrity), 자신감(self-confidence), 인지능력(cognitive ability), 사업지식(knowledge of business)에 있어 차이를 보였다. 리더는 이 모든 특성을 선천적으로 타고 나는 부분도 후천적으로 습득하는 부분도 있다. 부산 삼진어묵의 박용준 실장은 원래 리더의 성향이 미미했던 사람이었는데, 사양 산업(어묵제조가업)을 다시 일으켜 세우는데 탁월한 리더십을 발휘한 사례라 할 수 있다. 그는 성격이 소심하여 학창시절 내내 한 번도 반장을 한 적이 없었고 때로는 옷에서 어묵냄새가 난다는 이유로 왕따를 당했던 사람이었다. 그런 그가 대학 시절에 당한 큰 교통사고, 군복무, 뉴욕에서의 유학생활 등을 거치며 성격이 변해 갔다. 2대째 가업으로 내려온 어묵가공업을 물려받기 싫어 미국 유학을 갔지만 아버지의 병환으로 결국 회계사의 꿈을 포기하고 귀국하였다. 그는 값싸고 비위생적인 이미지를 가진 어묵을 다품종, 고급화하여 4년 만에 매출을 10배나 늘리는 경영능력과 리더십을 발휘했다. 그가 주도한 혁신과 변화(베이커리식 고급 오댕 개발, 카페 분위기의 매장 리모델링, 입소문 마케팅 등)는 그의 리더십 없이는 불가능한 것들이었다.

인간관계 측면에서 본 받을만한 인간미는 별로 없지만 위대한 성과를 이뤄낸 경영자들도 많이 있다. 대표적인 사람이 애플의 스티브 잡스다. 그는 강한 목적의식과 책임감, 과업을 향한 집중력, 문제해결에 있어 과감성과 독창성, 독특한

자신감과 자기정체감, 결정과 행동의 결과의 자발적 수용성, 타인을 동기부여 하는 능력, 그리고 주변의 사회적 상호작용 시스템을 목표를 지향하도록 하는 능력은 탁월하였다. 그는 때로 자신의 감정을 숨기지 않았고 직설적으로 말을 뱉거나 사람들을 무시하는 발언을 통해 주변 사람들에게 상처를 주었지만 이 모든 것들이 그의 집요한 목표추구 본능, 과업완성을 향한 추진력과 집중력 등이 야기한 부산물들이었다. 결국 그는 애플이라는 그저 그런 조직을 훌륭하게 이끌어 음성통화 서비스에만 초점이 맞춰져 있던 모바일 기기를 손안의 정보처리기로 만들어 새로운 스마트 가전시대를 열었다고 평가된다.

창작을 하는 예술가들의 성격을 얘기할 때 흔히 '까칠하다', '독특하다', '튄다'라는 표현을 자주 쓴다. 타인의 감정에는 관심이 없고 오로지 자신의 감정에만 몰입하다보니 독단적이라는 말을 듣기도 한다. 화가, 음악가, 광고카피라이터... 무엇이든 그대로 받아들이는 게 없고, 일단 '왜'라는 물음으로 시작한다. 남들이 그렇다고 해도 별로 믿지 않고 넘치는 의심과 호기심으로 항상 찔러보고 검증한다. 다른 사람 생각을 듣기는 하지만 순순히 수용하기보다는 자신의 답에만 골몰하는 성향이 있다. 창의성의 발현을 위해 까칠한 성격을 당연하게 수용해야 한다면 좋은 인간관계를 구축하고 타인들을 동기 부여하여 조직의 비전과 목표를 향해 가슴 뛰게 만들어야 하는 리더로서 경영자는 그러한 창의성을 버려야 할지도 모르겠다. 그렇지만 다수의 성공한 경영자는 창의성의 발로로 까칠해질 수 있는 자신의 말투와 태도를 매일 점검하고 그것이 외부에 드러나지 않도록 하는 이성적 절제능력을 함께 갖춘다. 여기에서 주요한 리더십 특성을 i) 지적능력, ii) 자신감, iii) 결단력, iv) 성실성, v) 사교성으로 나눠 더 심도 있게 살펴보았다.

1) 지적능력(intellectual capability)

지적능력은 창의력, 문제해결능력, 리더십과 관계되는 다면성을 가진 특성이다. 일반적으로 리더는 지적능력이 우수하여 그렇지 않은 사람에 비해 문제의 본질, 구조, 범위를 더 잘 분석하고 적절한 문제해결방법을 더 잘 설계하는 능력을 가진다. 그래서 지적능력이 뛰어난 리더는 팀과 조직이 효율적이며 효과적으로 목표에 도달하도록 돕는다. 그러나 성공적인 경영을 위해 리더가 탁월한 지적능력을 가진다면 좋겠지만 리더가 반드시 갖추어야 할 특성은 아니다. 때로 리더가 특정 분야의 문제해결에 필요한 전문지식이 없더라도 전문가를 적절하게 활용하여 더 효율적으로 문제해결을 하도록 하고, 자신은 자원을 확보하고 경영의 방해물을 제거하는 일에 더 집중할 수 있다. 리더의 지적능력이 구성원들에 비해 탁월할 때, 리더십을 행사하는 과정에서 때로 비능률적인 일이 생겨날 수 있다. 상사가 부하에 비해 문제해결에 필요한 대안들을 너무 잘 알고 있거나 대안이 가져다줄 결과를 잘 시뮬레이션할 수 있다면 부하에 대한 신뢰가 약해지고 권한위임을 통한 분권화와 그룹 시너지를 얻기 힘들다. 그 결과 조직 전체가 지나치게 리더에게 의존하고 수직적 소통이 어려워지는 비효율적인 조직이 될 수도 있다.

2) 자신감(self-confidence)

자신감은 자신의 역량과 기술을 신뢰하는데서 나온다. 기술적으로 효능감(efficacy)이라고도 하는데 이는 어떤 대상(문제, 도구, 사람)에 대한 자기 통제력을 의미한다. 자신감은 또한 자존감(a sense of self-esteem), 능력에 대한 신뢰감(self-assurance)으로 표현되기도 한다. 자신감은 자신이 내린 선택과 행동이 적절한 것이며 좋은 결과를 가져올 것이란 강한 믿음이기도 하다. 리더는 자신감을 통해 자신이 제시한 방향과 목표 그리고 문제해결대안에 대한 신뢰를 구성원들로부터 얻을 수 있다. 구성원들의 신뢰가 모여지면 문제와 해결방법에 대해 구성원들 사이에 강한 합의(consensus)가 형성되며 그로 인해 과업의 추진이 가속도를 받을 수 있다.

리더가 갖는 지나친 자신감은 '통제의 환상(illusion of control)'이라는 판단적 오류를 낳아 기업을 예기치 않은 실패로 몰아넣기도 한다. 미 대륙의 원주민이었던 인디언들은 떠나간 버펄로(buffalo)가 돌아오기를 염원하며 계속적으로 군무를 추는 전통이 있었다. 인디언들은 자신들의 군무가 버펄로의 이동경로를 통제한다는 강한 믿음(자신감)으로 춤을 추지만 사실 버펄로는 계절의 변화에 따라 먹을 것이 있는 경로(초원)를 쫓아 주기적으로 이동하는 것일 뿐이다. 즉 리더는 자신의 선택과 판단이 가져다 줄 결과를 통제할 수 있다는 과도한 자신감으로 지금 잘못된 판단을 할 수도 있다.

3) 결단력(determination)

결단력이란 어떤 과업을 추진하여 끝을 보겠다는 강한 욕망을 말한다. 결단력이란 불확실한 여건 속에서도 선택을 하고 그것을 지속적으로 밀고 나가는 특성을 말한다. 거기에는 위험감수, 진취성, 주도성, 지속성, 지배욕구, 추진력, 인내와 같은 성격과 기질이 버무려져 있다. 결단력이 강한 리더는 장애가 있더라도 굽힐 줄 모르고 장애물이 사라지거나 제거될 때까지 인내하고 버틴다. 물론 장애물을 제거하기 위해 행동하는 것도 포함된다. 다음에 설명할 기업가정신(entrepreneurship)은 이 결단력을 중요한 기질로 삼는다. 새로운 제품이나 서비스를 시장에 처음으로 소개한다는 것은 불확실성 속에서 최적의 시기를 선택하고 과감하게 행동해야하기 때문이다. 결단력은 3장에서 성공적인 경영자의 후천적 형질로 설명한 스피드와 추진력으로도 설명될 수 있다.

1987년 11월에 인디언의 박순호 회장은 자신의 사업 여정에서 가장 힘든 결단을 내려야 했다. 당시 경제는 호황이었고 경영에도 부정적인 성과지표가 전혀 없었다. 그럼에도 그는 다양화하고 고급화되는 소비자의 욕구를 읽었으며, 유통방식의 일대전환이 필요함을 절감하였다. 그는 측근들의 만류를 뿌리치고 결국 재래시장 도매방식에서 프랜차이즈 대리점방식으로 전환하는 일을 추진하였고 결국 그 목표를 달성하고 만다. 장기적 관점에서 인디언이 위기를 극복하고 한 단계 더 성장할 수 있었던 것은 세운 목표의 달성을 위해 집요하게 밀어붙인 그의 결단력 때문이었다.

4) 성실성(integrity)

성실성은 정직과 신뢰성을 의미한다. 우리는 흔히 원칙에 근거하여 선택과 행동을 지속적으로 일관성 있게 하는 사람을 성실하다고 얘기한다. 리더는 성실함을 통해 다른 사람들로부터 신뢰를 얻으며 그것을 통해 리더로서의 높은 정당성을 확보하기도 한다. 일부 리더는 스스로가 지적능력과 결단력이 좀 부족하다고 생각하면 이것을 성실성으로 극복하는 경우가 많다. 대기업 계열의 대형백화점의 공격적 경영에 눌려 지방의 대부분 향토 백화점들은 고사하였지만 그 가운데서 아직도 생존해 있는 백화점 중에 하나가 대구백화점이다. 대구백화점을 창업한 구본흥 회장이 초창기에 사업을 시작할 때 성실성이 그의 가장 큰 무기였다. 일제 식민지 시대에 대구 도심에서 작은 가게를 하나 인수하여 사업을 시작할 때 고객을 유치하는 일이 결코 쉽지 않았다. 그는 매일 아침 일찍 가게 앞 골목 전체를 깨끗하게 쓸면서 자신의 성실함을 보여주었고, 그로 인해 당시 큰 구매력이 가졌던 일본 고객들과 영향력이 컸던 일본 도매상인들의 신뢰를 얻을 수 있었다(구석본, 2010). 이 성실성에는 3장에서 설명한 준법성과 도덕성이 포함되어 있다. 불법과 비윤리적 행위를 자행하면서 성실과 신뢰라는 탑을 쌓을 수 없기 때문이다.

5) 사교성(sociability)

사교성은 즐거운 사회적 관계를 만드는 능력을 말한다. 사교성이 뛰어난 리더는 친절하고 개방적이고 예의바르고 재치가 있으며 외교적이다. 사교성이 좋은 경영자는 감성이 발달하여 다른 사람들의 필요와 욕구에 민감하고 타인이 잘 되는 일에 관심을 갖는다. 사교적인 리더들은 대인관계기술(interpersonal skill)이 뛰어나며 부하들과 협력적인 관계를 잘 만들어간다.

일정 규모를 가진 기업에서 혼자 할 수 있는 일이란 거의 없다. 효율적으로 과업을 수행하기 위해서는 팀웍이 중요하며 팀 목표를 향한 팀원 개인의 집중력과 헌신이 필요하다. 사교성이 좋은 리더에게 구성원들은 호감을 갖고 그룹과정에 더욱 활발하게 참가함으로써 결과적으로 더 나은 결과를 얻을 수 있다. 사교성은 특히 비영리 조직을 이끌 때 리더의 중요한 덕목이 된다. 그렇지만 기업과 같은 영리조직에서는 사교성이 앞에 열거된 리더의 덕목들을 대체할 정도로 중요한 것은 아니다. 흔히 조직 내에는 과업지향적인 리더가 있는 한편, 관계지향적인 리더도 있다. 한 리더가 두 성향을 모두 갖추면 좋겠지만, 그렇지 못할 경우라도 성향이 다른 리더들(새끼 리더라도 좋다)이 서로가 부족한 부분을 보완하는 것이 집단역학(group dynamics)에서 일어나는 바람직한 현상이다. 일반적으로 관계지향성으로 편향된 종교조직은 과업목표를 합리적이고 효율적으로 수행하기 어렵다. 이는 본 장 앞에서 감성이 지배하는 종교조직이 기업경영을 할 때 발생할 수 있는 폐해를 설명할 때 언급하였다.

리더가 갖추어야 하는 특성에 대한 연구의 한계는 위에서 언급한 특성을 갖춘 리더가 그렇지 못한 리더에 비해 더 좋은 성과를 일궜다는 객관적이고 과학적인 증거가 별로 없다는 점이다. 게다가 다양한 리더십 교육 프로그램들이 전국적으로 매일 어디에선가 열리고 있지만 그런 프로그램을 통해 리더가 되는데 필요한 특성을 체화하여 효과적인 리더로 거듭나는 지는 확실하지 않다. 그래서 경영자로 하여금 지적능력과 창의력을 증진하거나 성격을 개조하기 위한 단기 훈련 프로그램에 참여토록 강요하는 일은 그다지 바람직한 결정으로 보이지 않는다. 특히 성격과 기질은 비교적 고정된 심리구조이므로 교육이나 리더십훈련을 통해 단기간에 쉽게 바꿀 수 없다. 그렇더라도 장기간에 걸친 지속적인 교육과 훈련을 통하여 바람직한 리더의 특성을 인지하도록 하고 이를 현장에서 반복적으로 실천하다 보면 리더에게 필요한 특성이 조금씩 체화될 수 있을 것이다.

조직계층별 리더십

성공적인 경영자는 기본적으로 과업수행과 문제해결에 있어 탁월한 능력을 보임과 동시에 집단과정(group process)에서 효과적인 리더십을 발휘한다. 경영자는 조직 내 직급 그리고 담당하는 과업(업무)에 따라 필요한 리더십의 내용도 달라진다. 캣츠(Katz, 1955)는 성공적인 경영에 필요한 리더십은 리더가 가진 전문적 기술, 인간관계기술, 개념적 기술에 의해 결정된다고 하였다. 리더십 기술(leadership skill)은 조직의 목표를 달성하기 위해 자신의 지식과 역량을 사용하는 능력을 말하므로 교육과 훈련을 통해 어느 정도 계발될 수 있다. 〈그림 5〉는 경영계층별로 중요도가 달라지는 리더십 기술을 보여주고 있는데, 경영계층이 올라갈수록 개념적 기술은 중요해 지는 반면 전문적 기술의 중요성은 줄어든다.

〈그림 5〉 경영계층별 요구되는 기술

자료원 : Katz (1955)

1) 전문적 기술 (specialized skill)

전문적 기술(능력)은 구체적인 과업과 문제해결에 필요한 지식과 그것을 능숙하게 처리하는 실무 능력을 말한다. 따라서 전문적 기술은 특정 분야에서 요구되는 역량이고 분석능력이며 이 일을 수행하는데 필요한 도구와 기교를 활용하는 능력이다. 하위관리자가 현장이나 사무실에서 통제와 관리 업무를 수행할 때 필요한 기술로써 수출기업에서는 바이어와 상담하는 능력, 소프트웨어개발 회사에서는 업무프로세스를 이해하고 프로그래밍을 할 수 있는 능력, 제조업체의 생산현장에서는 품질관리를 위해 통계적 기법을 활용하는 능력이 예가 될 수 있다. 이 전문적 기술은 최고경영층으로 갈수록 필요성은 점차 줄어든다. 1966년 대림산업이 미국비행장공사를 수주하였을 때 미군당국의 요청으로 PERT/CPM 프로젝트관리 기법을 처음으로 이용하여 계획공정도를 작성하였다. 대규모 프로젝트의 효과적인 통제를 위해 처음으로 도입하여 사용한 실무기술의 예라 할 수 있다. 경영교육에 반드시 포함되어야 할 기초기술이면서 동시에 효과적으로 가르칠 수 있는 내용들이다.

2) 인간관계기술(human skill)

인간관계기술(능력)은 사람들과 더불어 일하는데 요구되는 인간관계에 대한 지식과 더불어 일할 수 있는 능력을 말한다. 리더일수록 조직의 목표를 달성하기 위해 부하직원, 동료 그리고 기타 관계자들과 더불어 일하는 인간관계기술이 더욱 필요하다. 특히 인간관계기술은 집단구성원들이 공동의 목표를 향해 협력하여 과업을 성취하는 데에 꼭 필요한 기술이다.

캣츠(Katz, 1955)는 인간관계기술을 문제를 향한 자신과 타인의 시각을 함께 인지할 수 있는 능력으로 정의하였다. 따라서 효과적인 인간관계기술을 가진 리더는 자신의 생각과 의견을 타인들의 그것과 잘 조화시키는 능력을 가진다. 그는 상호신뢰의 분위기를 조성하여 구성원들이 일을 하는데 편안함과 안정감을 갖게 하며, 의사결정과정에 이들이 참여하도록 동기부여를 한다. 탁월한 인간관계기술은 타인의 생각, 요구, 감정에 민감할 것을 요구하므로 감성의 영역과도 겹쳐진다고 할 수 있다.

인간관계기술은 경영계층과는 상관없이 골고루 중요하지만 직급이 올라갈수록 그 내용과 범위 그리고 깊이는 달라진다. 사람의 태도와 관점 그리고 선천적 형질까지 변화시키는 것이어서 정규경영교육과정에서 가장 다루기 힘든 영역이라 할 수 있다.

3) 개념적 기술(conceptual skill)

개념적 기술(능력)은 아이디어의 생성과 응용과 관련된 기술로 창의력, 상상력과 밀접한 사고능력이다. 캣츠(Katz, 1955)는 전문적 기술을 사물을 다루는 기술(skills to deal with things)로 보았고 개념적 기술은 아이디어를 다루는 능력(the ability to work with ideas)으로 구분하였다. 개념적 능력은 문제의 본질과 경계선을 파악하고 대안을 창출하는데 필요한 경험과 정보를 정의하며 대안의 결과를 정신적으로 시뮬레이션 할 수 있는 형상화와 이 일을 수행하는데 필요한 창의력과 깊은 관련이 있다. 루트번스타인 & 루트번스타인(2007)이 「생각의 탄생」에서 사람이 생각할 때 사용하는 도구들인 형상화, 추상화, 패턴인식, 패턴형성, 유추, 몸으로 생각하기, 감정이입, 다차원적 사고 등을 아우르는 사고력이다.

개념적 능력이 뛰어난 리더는 미래를 계획하고, 복잡한 문제해결을 위한 다양한 아이디어를 제안하고 그러한 계획과 아이디어가 미래에 어떠한 결과를 가져올지를 마음으로 그려볼 수 있다. 그렇지만 개념적 능력만으로 훌륭한 리더가 되기는 어렵다. 앞서 설명한 전문적 기술과 인간관계기술이 함께 하지 않는다면 그의 개념적 능력은 미완으로 끝나기 쉽다. 예를 들어 고객 서비스에 필요한 시설을 디자인하는데 좋은 아이디어를 생각한 매니저가 있다고 가정하자. 그가 머릿속에서 형상화한 아이디어는 구체화되어 조직구성원과 소통되어야 그의 아이디어가 현장에서 실현될 수 있을 것이다. 그래서 그는 머릿속에 있는 아이디어를 디자이너와 설치업체와 소통하기 위해 스케치하고 그 결과물인 시각적 자료를 활용할 필요가 있다. 그래서 유능한 리더는 이 3가지 기술을 모두 갖출 필요가 있지만, 혹 전문적 지식이 없다면 이를 대체할 수 있는 전문가를 활용할 수는 있을 것이다.

오늘날 4년제 대학의 경영관련 학과에서는 개념적 능력을 갖추는데 필요한 다양한 이론을 지나칠 정도로 많이 가르치고 있다. 전략분야에서는 마이클 포터의 경쟁적 힘(competitive force) 모델, 가치사슬 이론, 의사결정분야에서는 각종 의사결정이론, 집단의사결정, 조직행동분야에서는 동기부여이론, 커뮤니케이션 이론 등 다양한 이론들은 학생들이 기업환경과 경영문제를 개념화하는 일을 많이 도울 수 있다. 그렇지만 개념화한 것을 구체화(형상화)하는데 필요한 멀티미디어창작기술(파워포인트, 플래시, 동영상편집 등)에 대한 교육은 다소 제한적이며 학생 개인이 알아서 자격증 취득을 통해 해결하고 있다. 끝으로 전문적 기술, 즉 과업을 수행하고 문제해결에 필요한 도구는 다양한 경영학 과목에서 다루고는 있지만 그 깊이와 전문성의 정도는 과목에 따라 큰 차이를 보이고 있다. 예를 들어 생산관리나 서비스경영에서 다루는 생산계획과 재고관리를 위한 수리적 모델, PERT/CPM과 같은 프로젝트관리기법들은 그것의 용도를 이해하는 수준에서 그친다. 재무관리에서 가르치는 다양한 수리적 모델은 금융기관의 실무에 직접 적용할 수 있는 수준까지는 이르지 못한다. 그래서 금융기관에 취업을 희망하는 학생은 추가 교육을 받거나 관련 자격증의 취득이 필요하다. 마지막으로 인간관계기술에 대한 교육은 거의 학생들이 스스로 알아서 하는 영역으로 방임되어 있다. 대부분 리더십 관련 특강을 듣거나 개인적인 독서 그리고 수업에서 팀 프로젝트를 수행하면서 개인별로 인간관계기술을 습득하고 있을 뿐이다. 이 주제는 성공적인 경영자는 반드시 갖춰야 하는 리더의 역량이므로 통섭경영교육의 방법에서 다시 논의될 것이다.

4.3 기업가정신

4.3.1 창업과 기업가정신

2013년에 시작된 박근혜 정부는 우리나라가 경제를 한 단계 더 업그레이드함으로써 선진국 대열에 합류하기 위해서 혁신적 창조경제가 매우 절실함을 강조했고, 이를 실천하기 위한 구체적인 정책들을 수립하여 집행하고 있다. 창조경제는 자본이나 단순한 노동보다 인간의 창의력, 상상력, 아이디어, 지적 능력을 최대한 활용하여 새로운 경제적 가치를 생산하고 소비하는 선도형 경제로서 '창조산업(creative industries)'의 핵심이 되는 개념이다.

창조경제의 목적은 다양한 지식과 첨단 기술이 특정 업종과 산업의 경계를 넘어 융합됨으로써 이전에 없던 새로운 시장적 가치와 일자리를 창출하는 것이다. 이를 가능하게 하는 추진력은 새로운 아이디어를 생성하고 이를 새로운 비즈니스로 현실화하는 창의력, 위험부담능력, 추진력 그리고 관리와 통제를 통한 지속경영을 가능하게 하는 경영능력이다. 따라서 일견 창조경제의 원동력은 '기업가정신(entrepreneurship)'에서 찾을 수 있다. 오늘날처럼 다양성이 용납되는 풍요로운 사회를 만들 수 있었던 것은 전 세계의 창의적이고 혁신적인 기업가들의 열정과 도전 때문이라 하여도 과언은 아니다. 물론 부자들의 무한탐욕, 가진 자와 가지지 못한 자간 양극화의 심화 그리고 그것으로 야기되는 계층 간 갈등과 사회적 문제가 없는 것은 아니다. 그렇지만 사회적 책임의식과 도덕성을 겸비한 다수 기업가들이 창업을 통한 개인목적의 추구는 건전한 경쟁과 다양성을 촉발함으로써 더욱 풍요로운 사회를 만드는데 크게 기여하였다.

모든 일에는 시작이 있다. 특히 벤처창업(venture start-up)은 실패할 시 감내해야 하는 높은 위험이 있음에도 성공할 때 받는 높은 보상 때문에 많은 사람들이 도전한다. 사람들의 창업 동기는 매우 다양하며, 성공적인 창업에 영향을 미치는 요인들에 대한 연구도 많았다. 강판국(2004)은 막스 베버, 슘페터 그리고 피터 드러커가 제시한 기업가정신의 개념을 검토하였으며, 이를 일본과 한국의 경제발전, 주요 기업들과 연계한 연구를 하였다. 기업가정신은 성공적인 창업과 그 이후의 지속경영을 결정짓는 중요한 개념이다. 박동수와 구언회(2007)는 경영자의 심리적 특성이 기업가정신의 구성개념이 될 수 있는지를 탐색하였으며, 이를 근거로 경영자의 심리특성과 기업가정신이 기업성장에 미치는 영향을 연구하였다. 이일한과 한주희(2009)는 벤처기업 창업자의 리더십(카리스마, 개별배려, 지적자극)이 구성원들에게 미치는 영향을 연구하였다. 장수덕(2011)은 우리나라 벤처기업들을 기업수준의 기업가정신 활동을 중심으로 유형화하였고, 유형별 특성들을 비교·분석하였으며, 정인식과 김은비(2013)는 글로벌 시장에서 중소기업의 기업가정신과 시장지향성에 관한 연구를 수행하였다.

성공한 경영인을 기업의 라이프 사이클 측면에서 보면 세 종류로 분류할 수 있다. 성공적으로 창업한 기업가(entrepreneur), 성공적으로 창업한 후 경영까지 잘 한 기업가, 기존 기업을 가업으로 승계 받거나 직원으로 입사하여 기업을 성공적으로 이끈 전문경영인(professional manager)이 그들이다. 전자의 두 종류는 굳이 구분할 필요는 없다. 창업하자마자 경영권을 자신의 가족이나 타인에게 바로 넘긴 경우는 흔치 않기 때문이다. 결국 경영자는 창업한 기업가와 전문경영인으로 나눌 수 있을 것이다. 일반적으로 우리는 시장과 고객이 분명하지 않은 매우 불확실한 환경에서, 즉 무에서 유를 창조한 사람들을 기업가라 부르고 '입지전적의 인물'로 존경을 표한다. 일제 식민지시대 그리고 50~60년대, 일부 세대는 여전히 기억하고 있는 그 시대, 뚜렷한 시장과 고객집단도 없었고, 소비자의 구매력도 미미했으며, 자원과 산업 인프라도 열악했던 시절에 현대, 삼성, LG, 효성, SK 등의 모기업을 창업했던 정주영, 이병철, 구인회, 조홍재, 최종건 회장 같은 분들은 분명히 성공한 기업가 및 경영인 반열에 속한다. 한편 창업자의 2~3세 경영승계자들이나 직원으로 입사하여 내부에서 잔뼈가 굵어 성장한 전문경영인들도 새로운 시장을 찾아 신기술을 개발하고 신제품과 서비스를 시장에 내놓으면서 기업을 지속적으로 발전시킴으로써 창업자 못지않은 기업가정신(entrepreneurship)을 발휘하기도 하였다. 그렇지만 1세대 창업자와 그 뒤를 이은 경영승계자나 전문경영인들에게 요구되는 성공요인은 분명한 차이가 있다. 시장과 고객이 형성되어 있지 않은 상황에서 창업을 한 기업가는 이미 축적된 자본과 경험·지식을 가지고 시장과 사업을 확장해간 경영승계자나 전문경영인 보다 훨씬 더 높은 위험부담을 안았고 자신의 통찰력과 경험, 개인의 인적네트워크 그리고 운에 더 많이 의존했을 것으로 추측된다.

기업가(창업자)는 미래에 있을 보상을 위해 현실의 위험을 과감하게 선택하는 사람으로 오랫동안 정의되어 왔다. 이는 독일 경제학자 슘페터(Schumpeter, 1934)의 노력에 기인한다. 슘페터는 기업가 정신을 보다 새롭고 더 혁신적 기술로 현재의 기술과 일을 하는 방식을 대체하는 소위 '창조적 자기파괴' 개념으로 획정하였다. 이후 기업가정신을 정의하기 위한 노력들이 간헐적으로 있었지만 이 주제가 본격적으로 뿌리 내리기 시작한 것은 사회적으로 기업가의 영향력과 존재감이 확연하게 부각되기 시작한 1970-80년대 부터였다. 그 시절 많은 사람들은 기업의 안정된 보호망 아래에서 피고용인으로서 안락한 삶을 누렸지만 노동시장의 불안정으로 차츰 해고와 조기은퇴가 생겨나면서 창업을 소득을 얻기 위한 대안으로 생각하기 시작하였다. 즉 크고 작은 규모의 창업을 통한 개인적 사업을 일구는 일이 광범위하게 용납되는 사회적 분위기가 조성되었고 그것을 비교적 쉽게 할 수 있는 사회적 인프라도 형성되었다. 이러한 창업러시는 불황으로 기업들이 구조조정을 위해 해고를 하면서 더 이상 평생 고용이 보상되지 않는 사회적 현상과 맞물리면서 더욱 가속화되었다.

초창기 성공적인 기업가(창업자)를 연구한 사람들은 기업가 개인에 관심을 가졌을 뿐, 기업을 성공적으로 일구게 된 과정에 대해서는 별 관심이 없었다. 그래서 초창기 연구자들은 성공한 창업자와 그렇지 못한 창업자의 유전적, 성격적 차별요인을 찾는 일에 집중하였다. 이 후 피터 드러커(Peter Drucker)가 기업가정신의 핵심은 '혁신'이라는 점을 강조하면서 기업가정신에 대한 논쟁이 개인적 특성을 탐구하는데서 벗어나 창업과정에 대한 관심으로 확대되기 시작하였다. 드러커는 "지금까지는 혁신과 기업가 정신이 마치 특별한 재능이나 성격, 번쩍이는 영감을 가진 천재처럼 신비로운 것으로 간주해 왔지만 이 책에서는 시스템적으로 언제라도 조직할 수 있는 목표지향적 과업으로 정의하였다"(Drucker, 1996). 이로써 그동안 파편화되어 통일된 흐름으로 발전되지 못했던 기업가정신의 개념이 하나의 과정으로 정리되기 시작하였다.

기업가정신의 교과서적 정의는 다양하지만, 일반적으로 "기회를 얻기 위해 과감히 위험을 부담하고자 하는 의지"라는 문구가 자주 포함 되었다(Lambing and Kuelhe, 2003). 롱네커 등(Longenecker 등, 2003)은 기업가를 "새로운 시장의 기회를 발견하고 이 필요에 응하기 위해 새로운 기업을 설립함으로써 자율적 시장경제 시스템의 형성을 돕는 의사결정자"로 정의하였다. 시간이 지나면서 학자들은 기업가정신을 점점 포괄적인 개념으로 정의하게 되었다. 예를 들어 코울터(Coulter, 2003)는 기업가정신을 현재 보유하고 있는 자원과는 상관없이 혁신과 독창성을 통해 소비자의 필요와 욕구를 채워줌으로써 새로운 가치를 창출하고 성장할 수 있는 기회를 찾기 위해 개인이나 그룹이 조직적으로 노력하는 과정으로 정의하였다.

티몬스(Timmons, 2003)는 기업가 정신을 "기회를 찾고, 전인적으로 접근하며, 균형 잡힌 리더십으로 생각하고, 추론하며, 행동하는 방식"으로 정의하고, 동적인 창업 프로세스의 핵심 주제들을 망라하는 본원적 모형을 제시하였다. 이 모형은 다음 3가지로 구성된다. 첫째는 아이디어를 넘어 기회가 주도하는 과정으로서 수요, 시장 규모, 수익률과 같이 사업적 의미가 있을 경우를 전제한다. 둘째, 혁신에 제약을 받지 않는 선도 기업가나 혁신적 팀이 주도하는 과정이다. 셋째, 제한된 자원으로 최대의 효과를 얻기 위해 창의적으로 자원을 활용하는 과정이다.

4.3.2 창업정신의 개념적 구성요소

구슨(Goossen, 2004)은 창업정신의 개념적 구성요소로 i) 자원 확보 능력, ii) 혁신과 변화 능력, iii) 개인적 성취욕구, iv) 객관적 평가 능력, v) 개인적 습관 형성능력, 5가지를 제안하였다.

1) 자원 확보 능력

창업에 필요한 물적, 인적 자원을 확보하는 능력이 결여된 창업자는 비행기 없는 조종사와 같아 결국 목적지에 이르기 어렵다. 많은 창업자들이 이 능력이 결여되어 있음에도 사업을 시작해 어려움을 겪는 경우가 많다. 특히 위험이 높은 벤처사업에 외부 투자를 유치하기가 힘든 우리나라에서는 자신의 급여나 미래의 소득인 퇴직금까지 투입하는 경우도 많아 사회적 문제가 되고 있다(성현모, 2013). 1970년대 스티브 잡스와 스티브 워즈니악의 경우, 인쇄회로기판(PCB)을 제조해 파는 그들의 첫 사업을 위해 잡스는 자신의 폭스바겐 자동차를 워즈니악은 고가의 전자계산기를 팔아야 했다.

기업가는 때로 투자금 유치를 위해 타인을 설득하고 신뢰감을 줄 수 있어야 한다. 스티브 잡스와 워즈니악이 애플을 창업할 수 있었던 것은 당시 대다수가 외면한 마이크로프로세스가 장착된 회로기판을 테럴(당시 바이트숍이라는 컴퓨터 상점을 운영) 사장이 개당 500불에 구매해줬기 때문이었다. 그들은 이 주문을 받고 부품을 사기위해 친구와 부친으로부터 5000불을 더 빌려야 했다. 그 당시 미국도 지금과는 달리 젊은이들의 창업을 돕는 지원프로그램은 열악하였기 때문이다.

오늘날 미국이나 우리나라에서 창업자금을 비교적 손쉽게 저렴한 비용으로 구할 수 있는 환경이 조성되었다. 정부와 대기업이 출현한 재단 그리고 엔젤투자자들은 참신한 사업 아이디어만으로 소성의 창업자금을 대출해 주고 있다. 창업선도대학 선정 및 지원, 소상공인 창업자금 대출, 청년창업펀드 및 엔젤투자 매칭

펀드의 조성, 각종 창업경연대회 등을 통해 기업가들이 쉽게 창업할 수 있는 시대를 살고 있다. 그렇지만 과도한 중복지원이 창업자의 도덕적 해이를 조장할 수 있다는 우려도 없는 것은 아니다.

2) 혁신과 변화 능력

창업자는 시장에서 혁신과 변화를 위한 기회를 포착하고, 활용할 수 있는 능력을 가져야 한다(Martinez, 2003). 혁신과 변화는 지속경영에 필수적 요소이다. 기업가에게 변화란 삶의 일부로서 관리의 대상이지 기피의 대상이 아니다. 성공적인 기업가는 항상 변화를 추구하고, 그것에 대응하고, 새로운 기회를 잡기 위해 그것을 활용하는 자세를 가진다. 피터 드러커(Peter Drucker, 1996)는 혁신을 기업가정신을 구현하는 도구로 보았고 부의 창출을 위한 역량으로 보았다. 기업가는 혁신에 필요한 비용을 지불해 줄 수 있는 시장의 범주 안에서 혁신을 추구해야 한다. 예를 들어, 월마트는 구매, 물류, 유통에 있어 끝없는 혁신을 통해 양질의 제품을 최저가로 시장에 공급하고 있다. 그런데 이러한 혁신은 전 세계의 수백만 명의 고객들이 그들의 혁신을 보상해 주고 있기 때문에 가능한 것이다. 성공적인 창업은 새로운 비전과 전략 그리고 제조·서비스 시스템의 창안이 필요하며, 기존 경쟁업체가 있다면, 이들의 것을 능가할 수 있는 혁신적인 대체재를 제시할 수 있어야 한다.

3) 개인적 성취욕구

성공적 창업에는 개인의 탁월한 성취욕구도 큰 몫을 차지한다. 개인의 성취욕구는 동기부여, 위험부담, 변화와 불확실성을 흡수하는 능력, 기술적 능력, 자기주도성 등에 의해 결정된다(Balabanis and Katsikea, 2003). 이것들 대부분은 성공적인 경영자의 선천적 또는 후천적 형질에서 논의된 것들이다.

기업가는 조직의 오너가 되어 사회적으로, 경제적으로 독립을 지향하는 자기주도적 삶을 살고 싶어하는 강한 열망을 가져야 한다. 기업가는 목표달성과 과업 완수에 대한 강한 집중력과 일에 대한 높은 만족감을 가져야 한다. 일반적으로 위대한 창업자들은 기업을 통해 금전적 이익을 얻겠다는 동기보다 그 사업을 통해 얻게 되는 자기만족과 이익의 사회적 환원에 더 높은 관심을 보인다. 컴퓨터 보안회사 안랩을 창업한 안철수는 자신의 원래 직업인 의사를 그만둘 정도로 안티 바이러스 프로그램을 제작하는 일과 바이러스로 인해 곤경에 처한 사람들을 돕는 일에 성취감을 느꼈다. 스티브 잡스는 견고한 마니아층이 형성될 정도로 제품의 완벽한 기능성과 매력적인 디자인을 추구하였는데, 그는 단순히 돈을 더 벌기 위해 그런 일을 한다는 생각을 한 적이 없었다(아이작슨, 2011).

4) 객관적 평가 능력

성공적인 기업가는 냉정할 정도로 사업적 기회에 얽힌 위험과 보상에 대한 객관적 평가능력을 갖추어야 한다. 신사업이 가져다줄 정확한 현금 흐름(cash flow), 원가, 수익의 중요성을 알지 못하는 기업가는 시장에서 오래 생존할 수 없다. 카플란(Kaplan, 2003)은 이를 위해 사업 아이디어의 평가, 아이디어 보호조치(특허신청 등), 현금흐름분석, 경쟁적 우위 분석, 경쟁적 분석이라는 5단계를 제시하였다.

설사 창업자가 이러한 절차에 충분한 시간을 투자했다 하더라도 각종 위험으로부터 완전히 자유로울 수는 없다. 결국 창업자가 감당할 수 있는 위험수준은 투자금액, 회수의 규모와 시기, 창업자의 개인적 상황에 따라 결정된다. 따라서 사업적 기회와 관련된 위험과 보상에 대한 객관적 평가능력은 창업할 때 매우 중요한 능력이다. 오늘날 이러한 객관적 평가능력 없이 창업을 쉽게 생각하였다가 접는 경우가 허다하다. 대학의 경영관련 교육과정에서 재무관리, 회계학 등을 통해 분석도구를 교육하고 있지만 경영학을 배울 기회가 없는 학생들은 그러한 도구의 존재조차 모른 체 창업에 뛰어드는 경우가 허다하다. 한편 아무리 사업적 기회의 손익을 객관적으로 잘 평가할 수 있다 하더라도 미래에 발생할 투자에 대한 회수와 그에 따른 위험을 예측하기에는 여전히 역부족이다. 그래서 멘토와의 상담과 컨설턴트의 도움은 때로 매우 필요하다.

5) 개인적 습관 개발능력

창업을 하기에 적합한 성격과 습관을 다룬 문헌들은 많이 있다. 일부 문헌은 이러한 성격과 습관은 유전적으로 타고나는 형질로 보기도 하며, 일부는 후천적 형질로 보기도 한다(Isachsen, 1996; Miner, 1996). 선천적으로 내려 받은 성격과 기질이 당연히 성공적 창업에 도움이 될 수 있지만, 기업가정신을 후천적으로 습득하여 습관화된 기술들(skills)의 집합으로 보는 것이 일반적인 견해이다.

티몬스(Timmons, 2003)는 성공적인 기업가에게 나타나는 특성으로 5가지를 제시하였다. i) 헌신과 결단력, ii) 리더십, iii) 기회지향성, iv) 위험, 모호함 그리고 불확실성에 대한 인내력, v) 창의력, 자신감 그리고 적응력, vi) 탁월함의 추구이다. 앞 장에서 설명하였듯이 이 특성들의 일부는 타고나는 형질이지만 일부는 지속적인 교육과 훈련을 통해 후천적으로 습득될 수 있는 것들이다. 멕그레스와 멕밀란(McGrath and MacMillan, 2000)은 체질적 기업가(habitual entrepreneur)의 특성으로 불확실성 속에서 기회를 만들어내는 탁월한 기술을 들고 있다. 체질적 기업가는 i) 열정적으로 기회를 찾으며, ii) 엄격한 절제(규율) 아래 기회를 추구하며, iii) 오직 최고의 기회만 추구하며, iv) 실행에 집중하며, v) 해당 분야 사람의 모든 에너지를 끌어들인다. 소프트뱅크의 손정의 회장은 체질적 기업가로서 성공적인 경영자의 습관을 골고루 갖춘 사례이다. 그는 계획성과 예지력, 열정과 기회지향성, 빠른 실행력, 자기 절제력, 주변사람들을 가슴 뛰게 하는 소통능력을 갖추고 있다. 가장 빠른 창업기회를 찾기 위해 대학시절부터 지속적으로 발명에 몰두하였으며, 다국어 번역기 아이디어를 샤프사에 팔아 창업에 필요한 종자돈을 벌었으며, 특정 분야에서 최고가 될 수 있는 사업아이디어에 집중하고 필요한 사업체를 과감하게 인수·합병하였다.

본 장은 성공적인 창업자나 경영자가 갖추어야 하는 핵심적 특성인 창의성, 리더십, 기업가 정신을 집중적으로 다루었다. 위대한 혁신적 기업들, GE, P&G, 3M,

애플, 삼성전자, 현대자동차 모두들 창업할 때 위대한 기업가들이 있었다. 그들의 위대함은 개척정신(frontier spirit)에서 찾을 수 있다. 아무도 생각하지 않았던 고객의 필요를 상상하였고, 그 필요를 충족시켜줄 세상에 존재하지 않는 제품과 서비스를 상상하였으며, 그것을 현실화하는데 필요한 기술과 자원들을 모집·융합하였다. 그리고 그 기업이 계속 존속하는데 꼭 필요한 성공 DNA를 기업문화 속에 심어 놓았다. 최소 100년을 가는 위대한 기업이 되기 위해서는 변하지 않는 소중한 가치와 원칙, 비전, 미션 그리고 조직문화가 준비되어야 한다. 위대한 기업가들은 이러한 것을 만드는데 필요한 탁월한 창의력과 리더십을 발휘하였다.

CHAPTER

05

5.1 교육의 효용

5.2 경영과 인재의 조건

5.3 교육 방식의 차이

5.4 암기식 교육 vs. 체험 교육

5.5 이론과 현장의 괴리

5.6 창의성 교육의 현실

5.7 경영교육의 문제

경영교육의 현실

CHAPTER **05**

경영교육의 현실

지금처럼 자본주의와 시장경제가 지속되는 한 위대한 기업가와 성공적인 경영자의 계속된 출현이야말로 지구촌은 물론 우리나라의 경제적, 사회적, 문화적 흥망을 결정짓는 중요한 요인이라는 주장에 이의를 제기할 사람은 별로 없을 것이다. 2015년 기준으로 우리나라는 10여 년째 일인당소득 3만불을 돌파하지 못하고 저성장이라는 덫에서 헤어 나오지 못하고 있다. 세월호 참사, 메르스(중동호흡기증후군) 사태 등으로 어려워진 경제는 재도약이 쉽지 않으며, 소득양극화는 심화되고 있고, 충분한 일자리가 만들어지지 않아 젊은 세대에게 희망을 주지 못하고 있다.

이러한 위기에서 탈출하고 진정한 선진국으로 진입할 수 있는 방법은 없는 것일까? 사실 '창조' 밖에 없는 것이 현실이다. 박근혜 정부의 '창조경제'의 개념이 모호하다는 사람도 많지만 세상에 없는 새로운 가치를 만들어내고, 있는 것은 더욱 개선하기 위해 창의력을 발휘하지 않고서 이 위기를 돌파할 수 있는 방법은 없어 보인다. 이전에 없었던 새로운 사업 기회를 찾는 창의성과 기업가정신을 교육하고, 가능성이 엿보이는 아이디어를 현실화하기 위해 지원을 아끼지 않고, 창업을 통한 새로운 일자리와 가치를 창출하며, 기업들은 뼈를 깎는 혁신과 변화 그리고 사업 확장을 통해 글로벌 시장에서 경쟁적 우위를 지켜나가는 일이 절실한 시점이다.

그럼 이런 일들을 누가 할 수 있는가? 당연히 기업가와 경영인들이다. 그런데 미래의 창업자와 경영자를 위한 교육을 우리는 제대로 하고 있을까? 경영관련 교육제도, 교육과정과 방법들이 성공적인 미래의 리더와 CEO를 길러내는데 유효하며 적절한가? 이러한 질문들에 답하기 위해 5장을 썼다.

5.1 교육의 효용

혹자는 아무리 교육을 한다하더라도 사람이 선천적으로 타고난 성격과 기질을 변화시키는 것은 거의 불가능하며 단지 표면적으로 변한 것처럼 보일 뿐이라고 주장한다. 설사 그렇더라도 지속적인 교육과 학습은 인류가 오늘과 같은 고급 문명을 이룩하는데 가장 지대한 공헌을 한 개인적, 공동체적 행위였다. 그래서 대부분 국가는 국민에 대한 기본 교육에 대한 책임을 질뿐 아니라 모든 국민은 기본 교육을 받을 권리까지 규정하고 있다. 교육과 훈련 그리고 다양한 비정규교육은 사람에게 조직과 시스템의 운영에 필요한 고급지식을 공급하고, 사회의 규율과 절차를 준수하게 하며, 생산적인 일을 통해 사회와 조직에 기여하는 유익한 교양인으로 양육한다는 것은 명확한 사실이다. 특히 기업의 규모가 커감에 따라 경영의 복잡성과 환경의 불확실성이 높아지면 질수록 경영을 돕는 지식들(예: 재무분석기법, 회계, 품질관리기법 등)은 반드시 필요한 것들이다.

교육의 효과를 측정하는 일은 매우 중요하다. 효과가 입증되어야 정부나 조직은 그 교육에 지속적인 투자를 할 수 있는 정당성을 확보할 수 있으며, 효과가 미미하다면 교육내용과 방법에 변화를 주거나 폐기해야할 이유가 되기 때문이다. 수학문제를 푼다거나 외국어를 교육하는 일은 그 직접적인 효과를 측정하기가 상대적으로 쉽다. 그러나 사람의 사고력을 업그레이드하고 행동을 변화시킴으로써 과업과 의사결정의 질이 어느 정도 개선되었는지 측정하는 일은 결코 쉽지 않다. 따라서 2015년 교육부가 추진하였던 인성교육의 효과에는 의문을 제기할 수밖에 없다. 경영교육 역시 내용에 따라 그 효과를 직접 목격할 수 있는 경우도 있지만, 성공적인 경영자의 특성을 형성하는데 미치는 영향을 측정하고 검증하는 일은 오랜 시간이 걸리며 주관적으로 흐를 가능성도 높다. 예를 들어 회계에 관한 교육은 회계실무능력을 즉각 향상시켜줄 수 있어 교육의 효과를 빠른 시간 안에 확인할 수 있지만, 리더십이론, 전략경영이론, 의사결정이론을 가르치는 과목이 수강 학생의 전략적 사고 및 판단과 결정의 질적 향상에 미친 영향을 측정하기는 사실 거의 불가능하다. 더구나 미디어에서 자주 접하는 성공한 스타 경영자들의 프로필에는 명문대학의 이름이 자주 거론되고 있어 우리에게는 교육 그 자체가 그를 성공한 경영자로 만들었다기보다 명문 교육기관의 강한 아우라가 같은 사람이라도 더 성공한 경영자로 보이게 만드는 것은 아닌지 모르겠다.

일제 식민지 시대와 산업화 이전 시대에 현대적 의미의 경영지식이 전무했던 사람들조차도 창업을 하여 대기업으로 키워낸 입지전적의 기업가들이 많이 있었다. 현대그룹 창업자인 정주영 회장이나, 교보생명 창업자인 신용호 회장은 정규 학력이 거의 없고, 대구백화점을 창업한 구본흥 회장도 한학과 신동분교에서 신학문을 2년 정도 배운 것이 공부의 전부였다. 그렇지만 이들의 짧은 가방끈이 자신의 창업과 훗날 기업을 키워나간 역량을 제한하였다는 증거는 어디에서도 찾아볼 수 없다. 창업 당시 그들에게 꼭 필요했던 것은 교육이라기보다 소정의 자본과 열정 그리고 마음에 맞는 동업자뿐이었다. 그렇지만 기업의 규모가 커가면서 강력한 카리스마를 가진 창업자의 관리 능력은 한계를 가질 수밖에 없었다. 그래서 그들에게 부족한 도구적 경영지식을 가진 전문경영인들을 필요하기 시작하였다.

1950년대 이후 국내에도 규모가 큰 기업들이 생겨나면서 대규모 조직과 시스템을 경영하는데 필요한 상학과 경영학이 본격적으로 도입되었고 이를 가르치는 중등학교와 대학의 상경계열 학과들이 생겨났다. 그렇지만 그 이전에 활동하면서 성공하였던 기업가들은 가까운 일본에서 선진국 경영기법을 배울 기회가 있었던 극소수의 사람을 제외하고는 경상분야의 정규교육을 받을 기회가 거의 없었다. 산업화가 본격 궤도에 오른 60~70년대에도 성공한 경영인들 중에는 2~4년제 대학에서나 고등학교 등에서 경상분야의 정규교육을 받지 않은 경우가 빈번했으며, 세월을 거슬러 더 올라가 지금의 대기업의 모체가 되었던 소규모 기업들을 창업하던 재벌 1세대들은 경상분야의 교육은 차치하고라도 정규 중등교육조차 제대로 받지 않았던 기업가들이 많았다. 그래서 성공한 기업가와 경영인이 되는 것과 경영분야의 정규교육을 받는 것과는 상관관계가 높은 것은 아닌 것 같다.

성공적인 창업 1세대에 이어 기업들의 규모는 더욱 커갔고 이러한 기업들의 경영에 참여한 전문경영인들의 학력 역시 점차 상향되어 갔다. 그러나 그런 사람들의 학문적 배경이 반드시 상경계열만은 아니었다. 고 이헌조 전 LG전자 회장은 서울대 철학과를 나와 1957년에 락희화학공업(현 LG생활건강)에 처음 입사, 1976년 국제증권 사장을 시작으로 1996년 LG전자 회장에서 퇴임할 때까지 LG그룹 주요 계열사 CEO로 활동했다. 은퇴 후 그는 한국실학연구에 써 달라며 70억원을 기부하기도 하였다.[29] 그는 인문학인 철학을 공부하였지만 LG계열사에서 경영능력을 인정받고 승승장구하였으며, 퇴임 후에도 경영학과는 관련이 없는 학문을 하는 단체의 발전을 위해 자신의 재산을 기부하기도 하였다. 대학들의 총장이나 부총장의 전공을 보더라도 철학이나 언어학 등 인문학을 전공한 한 사람들이 많고 대부분 대학을 무난히 잘 경영한 후 퇴임한 사람들이 무수히 많다.

영국 RBS증권 아시아투자 본부장 패트릭 한 씨는 영어영문학과 출신이다. 그는 99년에 HSBC은행에 입사하여 애널리스트로 금융·반도체·항공사 업황을 분석하였다. 인문학 출신인 그는 금융 분야에서 남보다 탁월하기에는 기초가 부족하다는 사실을 인정하고 이론과 실물을 함께 배울 수 있는 증권사로 옮겼고 그곳에서 본부장(전무급)까지 승진하였다. 그 전에 그는 JP모건에 스카우트된 적도 있는데 2002년과 2004년 신용카드사의 수익급증과 신용카드발 거품붕괴를 정확히 예측하여 애널리스트로 이름을 날리기도 하였다. 그는 인터뷰에서 "금융 전공자들은 자기 세계에만 갇혀 시야가 좁다. 사회와 실물경제를 폭넓게 보는 안목이 중요하다"고 하였다. 그는 취미로 고대 전쟁사에 관한 책을 많이 읽는데 극한 상황에서 극도의 인내심을 발휘하며 병사들로부터 최고의 능력을 끌어냈던 로마시대 부사관(Centrurion)들에게서 많은 지혜를 얻을 수 있기 때문이라고 하였다. 그는 인문학적 소양이 성공적 금융인이 되는데 큰 도움이 되었다고 말하고

29) ""한국실학연구에 써 달라" 70억원 기부", 조선일보 2010.11.10.

있다.[30)]

위의 사례들을 읽다보면 우리는 경영 관련 정규교육을 받지 않았더라도 창조적 사고력, 우수한 문제해결능력을 갖춘 사람은 대학의 전공과 상관없이 탁월한 경영자로 성공할 수 있음을 추론할 수 있다. 패트릭 한씨의 경우, 기업 전체를 탁월하게 이끈 경영인이라기보다 금융 분야에서 특수한 전문지식(기업분석)을 적용하여 탁월한 실적을 냄으로써 최고경영자로 성장해간 사례이다. 그는 업무에 필요한 전문지식을 정규교육기관에서 경영학을 통해 습득했다기보다 기업현장에서 훈련과 연수 그리고 현장경험을 통해 전문적 직무지식을 터득해 갔다. 대학생들이 취업할 때 전공과 학점은 중요한 스펙들 중에 하나이다. 그렇지만 비상경계열 전공이 자신의 첫 직장을 잡는 일에 크게 방해가 되지 않는다면, 커리어를 시작한 후 해당 분야에서 실무경험을 쌓고 뚜렷한 업적을 쌓아가면서 전문적 정규교육을 병행하는 것도 성공적인 경영인이 될 수 있는 길임을 보여준다.

고등학교든 대학이든 공부를 한다면 기왕이면 잘 하는 것이 좋다. 취업할 때 기업의 인사팀이 지원자를 평가할 때 학점도 중요한 스펙의 하나이기 때문이다. 그렇다고 공부를 잘하는 것, 대학에서 높은 학점을 잘 받는 것과 기업가나 경영자의 자질과 능력과는 상관관계가 있을까? 그에 대한 답 역시 크게 고민할 것 없이 '노우'이다. IT업계의 스타 경영자였고, 억만장자인 스티브 잡스, 빌 게이츠 모두 대학을 중퇴하였다. EBS 다큐 프라임이 '공부 못하는 아이'라는 프로에서 성적과 성공의 관계를 검증해보기 위해 30세 청년 300명을 조사했다.[31)] 경제적 안정을 포함한 다섯 항목을 만들어 성공 지표로 삼고 조사한 결과 모든 항목에서 높은 점수를 받은 상위 그룹에서는 성적이 성공의 결정적 요소로 작용하지 않는 것으로 나타났다. 한 예로 고등학교 1학년 때 심각한 게임중독 때문에 성적이 꼴찌였던 한 청년은 이후 명문대를 졸업하고 현재 삼성전자에서 일하고 있었다. 성공적 삶을 사는 청년들의 공통점은 명문대든 지방대든 다닌 학교에 만족하고 있었으며, 대학 및 학과를 자기 뜻에 따라 선택하였다. 중·고등학교 시절 공부문제로 부모와 갈등이 적었던 대신 정서적 유대감은 돈독했다. 이 성공한 청

30) "[사람과 이야기] [글로벌 영 파워] 사무실서 신문지 깔고 자던 청년, 10년 만에 英 1위 증권사 전무에," 조선일보 2011.1.19.

31) EBS 다큐프라임, "공부 못하는 아이-성적표를 뛰어넘는 성공비밀," 2015.1.7

년들은 좌절을 겪거나 힘든 일이 있어도 정신적으로 빨리 안정을 찾고 낙관적 시각을 잃지 않는 등 정신력이 강한 것이 장점이었다. 물론 성공한 청년과 경영자는 다르지만 인생의 시간이 연속선상에 있으므로 성공한 청년이 성공한 경영자로 계속 성장할 확률도 높은 것은 당연하다. 한편 탁월한 경영자들 중에는 명문대학에서 우수한 성적으로 졸업한 수재들도 많다는 점 역시 잊어서는 안된다. 즉 공부능력이 탁월한 경영능력의 필수조건은 아니지만 적어도 충분조건은 된다는 말이다.

최고의 대학에서 우수한 성적으로 졸업한 사람이 현재는 평범한 변호사로 살아가는 사례에서 공부능력과 사회적 성공과는 큰 상관관계가 없다는 것을 알 수 있다. 물론 우리나라에서 변호사는 어려운 시험들을 통과해야 자격증이 주어지므로 평범한 직업은 아니다. 한 때 언론에서 화려하게 소개되었던 젊은이가 있었다. 찢어지게 가난한 환경에서 탁월한 공부능력으로 인생을 역전시킨 우리시대의 '개룡男'(개천에서 난 용), 장승수라는 젊은이에 대한 스토리였다. 1996년 당시 서울대 법대에 수석합격의 영광을 안았던 그는 4년째 서울대를 도전하여 수석 합격의 영광을 안았다. 그는 고등학교 졸업 후 6년간 포크레인 조수, 식당용 물수건 배달부, LPG 가스통 배달부, 골프장 조경 인부, 신문배달부, 택시기사를 거치며 홀어머니와 두 살 어린 동생을 부양했었고, 노목공사장 막일꾼은 그의 7번째 직업이었다. 그의 이런 이력을 보면 현재 벤처기업의 성공한 CEO가 되어 있었나면 더 어울리겠다는 생각을 하지만 그는 그저 평범한 변호사가 되어 있었다. 2013년에 한 일간지가 그를 인터뷰한 내용의 일부를 옮긴다.

> "당신을 '대한민국 대표 개룡남'이라고들 합니다." 그의 대답은 "굳이 아니라고 하지는 않겠지만 용(龍)도 용 나름이죠. 내가 사회적으로나 경제적으로 그렇게 높은 사람, 성공한 사람은 아니잖아요. 굳이 분류하자면 '이무기' 정도라면 모르겠지만." "서울대 수석이라는 한 번의 성공으로 인생이 해결되는 게 아니잖아요? 그 이후에 많은 시행착오, 실패가 있었어요. 그런 경험들이 쌓여 세상일이라는 게 일희일비할 게 아니라는 걸 이제는 압니다. 나는 의뢰인을 위해 최선을 다하는 평범한 변호사일 뿐이지요."

개천에서 용 나는 시대는 장승수에서 끝난 것이 아닌가라는 기자의 말에 그는 다음과 같이 답변하였다. "동의할 수 없어요. 기업 사건을 많이 맡아서 CEO들을 많이 아는 편입니다. 그중에 동갑내기 CEO가 있는데, 벌써 시가총액 수천억 원대 기업을 일궜어요. 지방대 공대를 나온 사람이에요. 학벌이 성공의 기준인가요? 왜 꼭 서울대여야 해요? 서울대에 가는 것 말고 새로운 꿈을 꿀 기회는 많아졌어요. 학벌이란 고정관념을 버리면, 꿈과 열정, 성실로 성공한 '개룡'들은 주위에 많습니다." "어느 정도 열정을 가져야 개룡이 될까"란 질문에, "열정 때문에 자다가도 벌떡 일어날 정도"라고 그는 말했다.[32)]

학력과 학점이라는 것이 새로운 기회를 만들고 성공한 리더나 경영자가 되는 것과 큰 상관관계가 없다는 사실을 장승수의 인생 역정에서 그리고 그의 생각에서 분명하게 엿볼 수 있다. 경영학 관련 전공과 우수한 학점 역시 성공적인 경영자가 되는데 꼭 필요한 스펙은 아니라는 의미다. 기업을 성공적으로 경영하는 데는 3장에서 언급하였듯이 다양한 후천적 획득 형질을 요구한다. 절제된 감성, 준법성과 도덕성, 창의성, 리더십, 스피드, 공정성, 추진력, 자신감 등. 이러한 자질들 중에 학교에서 정규교육을 통해 얻을 수 있는 것이 얼마나 될까? 그럼에도 부모들에게 질문을 던졌을 때 아직 10명 중에 8명은 여전히 자신의 자녀가 좋은 대학에서 입학하여 열심히 공부만 하면 기업이 필요로 하는 인재, 성공하는 인재가 될 수 있다고 생각하는 것이 문제이다.

5.2 경영과 인재의 조건

경영교육의 미래를 이해하려면 미래 인재의 조건, 미래 일터의 특징을 이해할 필요가 있다. 과거 인간노동의 궤적은 매우 단순했다. 20대 대학 졸업 - 30대 입사 - 40대 승진 - 50대 경력관리 - 60대 퇴직. 9시 출근 - 5시 퇴근, 평생고용, 연공

32) 조선일보 2013.6.15 "[Why] [이길성 기자의 人사이드] 막노동일꾼에서 변호사로 '승천'한 장승수"

서열제 등. 이런 것들이 이젠 모두 옛말이 되어버렸다. 안정된 직장은 어디에도 없으며, 취업과 이직, 업무와 휴식은 모자이크처럼 뒤섞여 경계가 없어졌다. 「일의 미래」에서 린다 그래튼(Linda Gratton, London Business School 교수)은 앞으로 평균적인 제너럴리스트가 설 자리는 점점 줄어들고 유연한 전문능력을 가진 사람이 더 필요해진다고 하였다. 유연한 전문능력이란 한 분야에서 전문성을 쌓은 후 조금씩 변형과 변화를 통해 인접 분야로 넓혀가는 능력을 말한다. 제너럴리스트의 역할은 위키피디아와 같은 지식지원도구나 지능형 시스템이 점차 대체해 갈 것이고 협업과 인적네트워크는 갈수록 중요해질 것이다. 단순 경쟁의 논리는 설득력을 잃어갈 것이며 대신 다양한 아이디어와 관점들이 협업하는 네트워킹 능력이 힘을 얻게 된다. 즉 고립된 우수한 개인보다 상호 연결된 혁신적 집단이 우위에 선다.

인적 네트워킹은 복잡하고 거대한 문제해결에 매우 필요한 도구이다. 집단지성(collective intelligence)[33]은 2명 이상으로 구성된 그룹이 같은 문제를 해결하기 위해 긴밀하게 협력하는 것을 말하는데 오늘날 강력한 유무선 인터넷과 SNS는 이러한 활동의 효율성을 더욱 극대화하고 있다. 사람들의 네트워크와 협업이 얼마나 강력한 힘을 발휘하는 지를 보여준 기념비적 사건은 미국 국방부가 주최한 '빨간 풍선 찾기' 게임이었다. 넓디넓은 미국 진역에 흩어놓은 10개의 빨간 풍선의 위치를 모두 먼저 찾는 팀에게 4만 달러의 상금이 주어진 게임이었는데, MIT팀은 불과 9시간 반에 이를 해내 1등을 차지하였다. MIT팀은 빨간풍선을 발견하는데 도움이 되는 정보를 제공한 사람들에세 상금(이익)의 일부를 차등 배분하는 알고리즘을 만들어 더 많은 사람들이 문제해결과정에 참여하도록 인센티브를 제공하였고 그 결과 문제해결시간을 단축할 수 있었다. 즉 집단지성에 자본주의적 인센티브가 결합된 창의적 방법이었다.

20년 전 서강대 경영대학원 최고경영자과정 최고경영자들을 대상으로 신입사원 채용 시 최고경영자가 중시하는 평가요소에 대해 조사한 바 있었다(강호상 외, 1996). 조사결과를 보면 다른 사람과 협력해서 일하는 능력, 업무처리 의욕,

33) 집단지성은 문제해결을 위해 다수가 힘을 모으는 것을 말한다. P&G는 비효율적인 R&D부서를 축소하고 대신 전 세계에 있는 학자와 지식인들을 대상으로 문제해결방안을 모집하는 크라우드 소싱을 하였는데 이는 집단지성의 한 방법이다.

리더로서의 잠재력, 원만한 대인관계 등 인성과 인간관계에 관한 항목들을 특히 중요하게 꼽았다. 20년이 지난 지금 크게 달라졌을까? 기업은 결국 권한과 책임 그리고 역할이 다양한 다수의 팀(부서)과 개인으로 구성된 이익추구 집단이다. 팀과 개인은 문제해결에 필요한 정보를 교환하고 합의에 의한 결정을 위해 소통이 필요하다. 상충되는 이해관계가 있다면 목표를 다시 조정하고 필요할 때 통제를 위한 피드백을 받기도 한다. 자신의 입장을 주장할 때도 있지만 필요할 때는 양보도 한다. 결국 성공적인 경영에는 원활한 인간관계, 소통, 팀워크, 리더십, 신뢰와 같은 기초적 사회적 자본이 조직의 인프라처럼 깔려있어야 한다. 그 때와 비교해 달라진 점은 소통을 위해 더 많은 전자적 채널을 이용한다는 것과 문제해결을 하는데 쓸 수 있는 데이터와 분석도구가 더 많아졌다는 것뿐이다.

유대인들은 흔히 무역(상업)을 잘 하는 민족으로 알려져 있다. 그들이 장사를 잘 할 수 있었던 것은 상업적 지식과 인적 네트워크가 우수했기 때문이다. 대부분 문맹이었던 고대 시절부터 유대인들은 유대교의 가르침에 따라 항상 공부하며 살았기 때문에 문맹률이 낮았고 교육수준도 높았다. 더구나 역사적으로 핍박을 피해 세계 도처에 흩어져 살아야 했던 이주자들은 연락을 위해 편지를 자주 써야했다. 기독교 전파의 최대 공로자인 예수의 제자 바울도 잦은 서신을 통해 신앙공동체에게 자신의 교리와 확신 그리고 근황을 전했다. 그들은 이러한 서신에서 종교적으로 필요한 질의와 응답을 했을 뿐만 아니라 지역 사정과 상품 정보 등 상업과 교역에 필요한 정보들을 교환하였다. 이러한 전통은 오늘날에도 이어져 내려와 유대인들은 세계 각처에 흩어져 있는 유대인 공동체를 통해 서로 긴밀하게 정보를 공유하고, 교역을 통해 이익을 남길 수 있는 상품 정보를 나누면서 상호협력하며 살아왔다. 특히 먼 거리에서 교역을 할 때 유대인 공동체가 중간에 있으므로 서로가 더 신뢰할 수 있어 이를 통해 막강한 국제적 무역네트워크가 구축하는 계기가 되기도 하였다(홍익희, 2013, 231).

린다 그래튼은 30개국 200명에 이르는 글로벌 인사담당자들과 대담한 후 2025년 미래의 국제노동시장의 상상도를 다음과 같이 그렸다. 세계화와 정보화와 더불어 구직·구인자들은 글로벌 노동시장에서 수십억명과 경쟁해야 한다. 수많은 인재가 뜻 맞는 사람과 성공할 수 있는 일을 찾아 다른 나라와 도시로 이동한다. 인재를 평가하는 기준도 출생지가 아니라 타고난 재능과 동기, 개인이 접하는 정보의 내용들이다. 예를 들어 예전엔 아프리카 사하라 이남에서 태어났다는 이유로 소외되었던 자들도 두뇌와 야망을 갖추면 글로벌 인재 자원에 합류할 수 있다. 달리 얘기하면 미래의 업무 환경은 지리적, 직무적 선택의 폭은 넓어지지만 고립과 단절, 파편화의 위험은 늘어날 수 있다. 지금까지 과업과 경력개발에 대한 선택은 기업이 알아서 해 주는 편이었지만 앞으로 개인이 스스로 선택하고 만들어가야 한다. 첨단의 시대에 역설적으로 자기 성찰이 더 중요해진다는 의미이다. 그래서 평소 내 일이 아닌 다른 영역에도 관심을 가지고 인적 네트워크를 구축해야 일자리 찾기도 더 쉬워진다. 네트워크를 쌓기 위해서는 카멜레온처럼 스스로 내 일이 아닌 영역에도 관심을 가져야 하며, 이를 위해 생소한 모임에 가거나 모르는 분야의 강연을 듣거나 다른 회사나 다른 부서에 잠시 들러 다양한 경험을 해 보는 것도 좋다. 사이버 세상의 비중이 커지면서 약화될 수 있는 인간관계를 의도적으로 만들고 가꿔야 한다.

2025년 직장의 주역이 될 Y세대(1980~95년생)가 꿈꾸는 일터와 노동에 대한 시간은 그들의 부모 세대와는 많이 다를 것이다. 보고 배울 동료가 있는 직장을 택하고 일과 사생활의 균형을 원하며, 다른 사람이 갔던 길을 그냥 따라가기보다 자기 요구와 취향을 더 많이 반영한 직장을 택한다. 갈수록 급여가 주는 매력보다는 생산적인 경험을 제공하는 직업에 더 마음이 끌리게 된다. 과거에는 고액연봉과 소비가 주 관심사였다면 Y세대는 직장에서 생산적인 경험을 해보기를 원한다.

인적 네트워킹과 집단지성을 통해 기업들은 다양한 사람들이 보유하고 있는 비정형적, 암묵적 정보와 지식들을 체계적으로 분류하고 조합하여 복잡하고 거대한 문제의 해결책을 쉽게 설계할 수 있다. 한편 여전히 미래는 불확실하고 세상만사를 모두 알 수 없는 게 경영자의 한계이다. 그래서 미래에 대한 통찰력을 얻고자 부분적 샘플을 분석한 결과를 가지고 전체를 이해하고 계획을 수립하는 일이 그나마 효과적인 방법이었다. 그런데 이제 더 이상 샘플 조사가 아니라 세상 전체(population)를 보려는 노력이 진행되고 있다. 세상에서 수집될 수 있는 모든 데이터를 저장해 놓고 그 데이터가 말하는 현상과 관계에 대한 이야기를 들을 수 있는 세상이 되어가고 있는 것이다. 빅데이터(Big Data)는 세상에서 발생하는 문제와 현상들에 대한 전수조사를 가능하게 하고 있다. 데이터 저장단가는 계속 하락하고, 수집할 수 있는 데이터 소스와 종류는 더욱 다양해지고, 엄청난 양의 데이터를 순식간에 처리할 수 있는 컴퓨터의 프로세싱 파워와 분석 소프트웨어 기술은 날로 발전하고 있는 것이 빅데이터를 차세대 전략적 도구로 만드는 원천적 힘(driving force)들이다.

빅데이터는 소량의 정보로부터 찾을 수 없었던 특별한 가치를 제공한다. 데이터의 양이 많으면 정보들 사이의 상관관계를 의외로 쉽게 파악할 수 있다. 수많은 점들이 그래프로 찍히면서 유난히 눈에 드러나는 선들은 과거의 정보기술로는 찾기 힘들었던 데이터들의 새로운 상관관계를 보여준다. 구글은 사람들의 검색어를 분석하여 독감 유행 지역과 심각성을 예측해주는 구글독감지도(flu map)를 제공한다. 아마존은 구매된 책과 책 사이의 상관관계를 전수 조사한 결과를 가지고 책을 추천하는 개인화서비스를 제공한다. 페이스북은 사람과 사람 사이의 관계 그리고 '무엇을 좋아했는지'도 전부 다 기억해서 알려주려 하며, 월마트는 허리케인이 올 때 딸기맛 팝타르츠라는 과자가 불티나게 팔린다는 사실도 알고 있다. 그렇지만 때로 경영자는 빅데이터의 분석결과의 진정한 의미를 논리적으로 이해할 수 없는 경우도 많다. 데이터는 어떤 현상을 스스로 말해줄 것이라는 막연한 낙관, 다른 모든 기술적 유행과 마찬가지로 빅데이터는 이와 같은 낙관에서 시작된 무시할 수 없는 데이터분석 기술이다(쇤버거 & 쿠키어, 2013).

대부분의 첨단기술은 도입 초기에 부작용과 문제가 있을 수밖에 없다. 빅데이터도 예외가 아니다. 인상적인 수치를 제공하여 관심을 끄려는 욕구, 데이터 분석결과를 조작해 사실을 왜곡해서 전달하려는 유혹도 생긴다. 예를 들면 구글의 2012년 겨울 독감 예측은 부정확한 것이었다. 사이트가 유명세를 타자 데이터 자체가 왜곡되어 버린 것이다. 빅데이터는 예상하지 못한 개인의 프라버시 침해와 같은 불쾌한 사건을 일으키기도 한다. 미국의 대형할인점 타깃(Target)은 오로지 분석결과 즉 데이터의 상관관계만을 믿고 고등학생에게 육아용품 쿠폰을 보냈다. 여성이 임신 3개월 전후로 구매하는 제품들은 서로 상관성을 보이기 때문이었다. 이 업체의 친절한 행동으로 학생의 아버지는 딸의 임신 사실을 알게 된 것이다. 수치로 결코 표현되어서는 안되는 프라이버시가 데이터 속에 있지만 마케터는 그런 것에 관심을 두지 않는다. 무조건 정량적 분석자료만을 최고로 인정하는 분위기도 문제가 될 수 있다. 도덕성이 마비된 경영자는 실적을 부풀리기 위해 데이터를 조작하고 분식(粉飾)회계까지 자행하기도 한다. 이 모두가 숫자에 만 의존하려는 경영학의 덫이지만 빅데이터가 스스로 해결할 수 없는 문제이기도 하다. 정량적 데이터가 말을 건네지만 그 이야기를 듣고 이해해서 결정에 참조하는 사람은 결국 경영자 자신이기 때문이다.

기업은 오래전부터 과거와 현재의 데이터를 분석해서 미래의 사건을 예측할 수 있는 방법과 기술을 확보하기 위해 많은 투자를 해 왔다. 수많은 데이터(변수 및 요인)들끼리 갖는 상관성을 먼저 아는 기업은 이를 활용하여 마케팅활동에 적용하기도 하고 사업적 기회를 포착하여 시장을 선점할 수 있기 때문이다. 빅데이터도 근래 주목을 받기 시작한 첨단 데이터분석기술의 하나일 뿐이다. 그럼에도 경영자는 빅데이터를 직접 다루지는 않는다 하더라도 빅데이터와 같은 첨단기술이 가진 잠재력과 그것이 각종 경영활동에 있어 어떻게 적용 가능한지를 이해하고 그것이 가져다 줄 수 있는 경제적 가치를 알고 있어야 한다. 즉 문제해결에 필요한 데이터를 확보하고 그것을 적절하게 가공한 후 결정과 문제해결에 필요한 영감과 통찰력을 얻을 수 있어야 한다. 그래서 문제해결에 필요한 데이터가 무엇인지 구분하고 알고 싶은 관계를 찾는데 필요한 분석모델을 선택하고 분석결과를 해석하는 능력은 오늘날 성공적인 경영자에게 꼭 필요한 능력이다. 물론 오늘날 고급 데이터 가공·분석은 자료 분석 전문가(data analyst)들이 담당하고 있다. 그렇더라도 경영자는 그들과 소통하는데 필요한 최소한의 수리 및 통계지식은 지니고 있어야 한다.

유능한 경영자는 데이터를 가공하고 그 정보와 지식을 활용하여 문제를 인지하고 합리적, 과학적 의사결정을 할 수 있어야 한다. 오늘날 경영학에는 리더십과 인적 네트워크와 같은 인문·사회과학적 내용이 많이 차지하고 있지만 과학적 의사결정에 필요한 수리적, 통계적 내용도 그와 못지않게 많다. 장영재는 『경영학 콘서트』에서 수학적 논리와 과학적 방법론을 통해 정교하게 작동하는 경영의 세계를 잘 설명하고 있다. 공급망관리(SCM), 고객관계관리(CRM), 데이터 마이닝(Data mining) 그리고 그 외의 다양한 마케팅 기법들은 모두 수학과 통계이론을 기반으로 더 큰 날개를 달 수 있었다.

지금까지 경영을 구성하는 여러 과업들의 특징과 이 과업을 성공적으로 수행하는데 필요한 자질과 기술들을 설명하였다. 과업들의 특징은 경영활동수준(level of managerial activities)에 따라 하위관리자, 중간관리자, 최고경영자가 하는 일로 나눌 수 있으며, 수준에 따라 수행하는 과업들이 다르며 필요 정보도 모두 차이가 난다. 예를 들어 하위관리자에게는 매일 발생하는 일(주문처리, 영업 등)에 대한 통제활동이 주를 이루지만 최고경영자는 간헐적인 전략적인 판단과 선택(신시장개척, 신제품개발, M&A 등)을 해야 한다. 기능적으로는 경영을 인사, 생산, 마케팅, 재무, 회계, 경영정보 등으로 구분하기도 하며, 계획(planning), 조직(organizing), 조정(coordinating), 지휘(directing), 통제(control)로 나누기도 한다. 경영에 필요한 자질과 기술은 정치적(political), 개념적(conceptual), 대인업무(interpersonal), 진단(diagnostic), 리더십(leadership), 전문지식(technical expertise)으로 나눌 수도 있다. 앞에서 인적 네트워크 구축과 활용능력, 소통능력, 데이터 분석과 이해 능력, 첨단기술의 활용, 업무지식 등으로 요약하였는데, 사용한 용어의 사소한 차이만 있을 뿐 크게 다른 것은 없다. 기업은 직무에 맞는 적성과 자질 그리고 필요한 지식과 기술을 갖춘 것으로 판단되는 사람들을 선발해서 회사의 조직이라는 화분에 심고 물을 주고 뿌리를 내리도록 한다. 대기업은 수십 개, 수백 개의 씨앗을 매년 심지만 제대로 뿌리를 내려 부서장이나 조직의 정상까지 승진하는 사람들은 상대적으로 제한되어 있다. 기업의 미래는 이런 뿌리내린 경영자들의 역량에 의해 결정되므로 사람들을 선발하고 교육하고 동기부여하고 적재적소에 배치하는 일은 지속경영을 위해 대단히 중요하다.

5.3 교육 방식의 차이

처음부터 성공적인 경영인의 DNA를 갖고 태어나는 사람은 별로 없다. 고 정주영 회장, 소프트뱅크의 손정의 회장, 세정그룹의 박순호 회장 등 일부 창업자들은 특별히 비즈니스 교육을 받지 않았음에도 그 세계에 과감하게 도전하여 성공을 거뒀던 극소수의 사례이다. 이 책은 평범한 사람 조차 후천적 노력과 외부의 자극으로 성공적인 경영자가 되는 확률을 높일 수 있다는 전제하에 썼으며 그러한 노력 중에 교육과 학습 그리고 체험이야말로 단연 우선이다.

아시아 학생들의 기초분야의 성적은 서양학생들의 그것 보다 단연 뛰어나다. 2014년 국제수학올림피아드 참가자 성적을 보면 1위 중국, 2위 미국, 3위 타이완, 4위 러시아, 5위 일본, 6위 우크라이나, 7위 한국, 8위 싱가포르 등으로 아시아권 학생들이 상위권을 많이 점하고 있다. 그럼에도 동양의 교육은 교과서를 기계적으로 외우는 식이어서 학생의 창의력을 키우는데 한계가 있다는 지적을 자주 받는다. 과학기술분야에서 더 높은 수준에 도달하기 위해서는 창의력과 상상력 그리고 혁신적인 사고가 필요하지만 동양의 교육체계와 전통 그리고 문화는 이런 능력을 키우는데 다소 불리한 측면이 있다(카쿠, 2012, 519).

서양에는 "삐걱거리는 바퀴에 기름칠을 하라."는 속담이 있지만, 동양에는 "튀어나온 못이 망치를 얻어맞는다(또는 "모난 돌이 정 맞는다")"라는 속담이 있다. 앞의 속담은 문제가 있으며 교정해서라도 잘 하도록 해야 한다는 교육적인 의미가 담겨 있지만, 후자는 너무 튀거나 앞서가면 오히려 주목을 받아 불이익을 당할 수 있다는 교훈을 담고 있다. 이 두 속담을 통해 학습과 삶의 태도에 대한 동서양의 차이를 엿볼 수 있어 흥미롭다. 창의적인 사람들의 혁신적 아이디어는 때로 튀거나 독특하여 기존의 전통과 관습, 가치관, 문제해결방식 그리고 기술적 인프라와 잘 맞지 않아 수용하기가 거북한 경우가 흔하다. 서구사회는 그런 아이디어가 있다면 일단 수용한 후 기름칠을 하고 갈고 닦아 활용하려는 노력을 하지만 우리나라는 그것들이 비현실적이고 비용이 많이 든다는 이유로 싹을 아예 잘라버리는 경우가 많다. 변화와 혁신에 대한 저항은 안정된 시장과 고객기반을 가진 공공기관, 공기업, 사기업의 경우에 더욱 강하다.

유대인의 교육방식은 독특하기로 유명하다. 우리나라와 이스라엘 두 민족 모두 자녀교육을 중시한다는 점은 닮았지만 접근방법에서는 큰 차이가 있다. 유대인 부모들은 자녀들에게 먼저 스토리를 들려주고 수수께끼를 줘 생각하도록 함으로써 사고력을 기르는 것을 중시한다. 즉 재미있게 배우게 함으로써 공부가 즐거운 것이라는 생각을 갖도록 한다. 일도 즐겁게 할 때 사람들은 더욱 몰입하게 되고 짧은 시간에 더 능률적으로 일을 할 수 있다. 미국과 일본에 비해 우리나라 노동자들의 생산성이 많이 떨어지는 이유를 이런 몰입과 집중의 차이에서 찾을 수도 있다. 그리고 한국인은 주로 암기위주로 공부를 하는데 반해 유대인은 질문과 토론을 통해 학습한다. 유대인은 많이 배워야 하되 수동적으로 배우는 습관에 배지 않도록 노력한다. 아이에게 수동적으로 배우는 습관이 들게 되면 인간 본성에 내재되어 있는 창의력과 주도성이 죽기 때문이다. 즉 창의력을 인간의 본성으로 보고 그 본성을 죽이지 말고 일깨워주고 살려주자는 것인 유대인 교육의 취지라 할 수 있다. 그래서 교사들은 학생에게 질문을 많이 하도록 하고 그에 대한 대답을 하도록 유도한다. 질문은 매우 어려운 일이다. 제대로 된 질문을 준비하기 위해서는 주제를 깊게 공부해야 하고 많은 고민을 한 후에 나오기 때문에 학습효과가 저절로 발생한다.

우리나라는 학교나 부모나 학생들이 모든 것을 잘 하기를 바라는 경향이 있다. 어린 시절 세계적으로 주목을 받았던 천재 소년 김웅용씨는 한 때 미국 NASA에서 근무한 적도 있었지만 자신의 천재성을 끝까지 유지·발전시키지 못하였다. 그는 그 후 충북대학교에서 토목공학으로 박사학위를 받은 후 현재 한 지방대학에서 평범한 교수 생활을 하고 있다. 최근 인터뷰에서 그는 다음과 같은 말을 하였다.

> "사람들은 손연재를 평가할 때 리듬 체조 선수로서의 기량만 보죠. 김연아는 피겨를 잘해서 세계 최고의 스타이고, 박태환은 오로지 수영, 기성용은 축구로 스타가 됐어요. 그것 하나로 그 사람을 인정해 준다는 얘기죠. 하지만 공부에서는 그렇지가 않아요 국어도 영어도 사회도 잘해야 합니다. 뭐 하나 못하면 '너는 수학을 잘해 놓고 왜 과학은 한 개 틀렸느냐?'고 물어요. 그건 'IQ가 210인데 왜 피겨는 못타냐?'라고 묻는 것과 똑같은 얘기죠. 사람은 만능일 수 없어요. 자기가 잘하는 부분에 집중해야죠. 올림픽을 위해서는 4년 동안 오직 자기 종목에만 몰두하죠. 공부도 그래야 한다는 거예요. 지금은 좋은 대학 가려면 특목고가 필요하고, 특목고 가려면 만능 중학생이 되어야 하며, 그러기 위해서는 초등학교 때부터 모든 과목을 다 잘해야 해요. 학생이 모든 과목을 잘 할 수는 없어요. 그럴 필요도 없고, 그게 가능하지도 않죠."(김의철 2013, 4)

김의철(2013, 4)은 한국 교육의 한계를 육해공 모두에 조금씩 능한 오리를 예로 들어 설명하였다. 오리는 날 수 있지만 참새에 미치지 못하고, 땅위를 걸을 수 있지만 병아리보다 못하며, 헤엄칠 수 있지만 송사리보다 못하다며 한국 교육은 학생이 모든 것을 잘하기를 바라지만 실은 모든 면에서 최고가 될 수 없는 오리만을 양산한다고 하였다. 오리는 린다 그래튼(Gratton)이 말했던 평균적인 제너럴리스트를 의미한다. 평균적인 제너럴리스트는 한 분야의 전문성을 쌓고 조금씩 변형과 변화를 통해 인접 분야로 넓혀갈 수 있는 유연한 전문가를 절대 이길 수 없다. 대학의 경영학 교육도 이 비유에서 크게 벗어나지 않고 있다. 일반적으로 경영과 관련된 많은 과목을 두루 듣고 학사학위증을 받고 졸업하기 때문이다.

5.4 암기식 교육 vs. 체험 교육

우리 교육의 문제점을 말할 때 흔히 암기 중심의 공부를 강요하는 풍토를 지적한다. 수업시간에 배운 내용의 암기를 강요하고 잘 암기한 것을 답안지에 그대로 잘 풀어쓰는가를 기준으로 성적을 주는 경영관련 학과에서 조차 성공적인 경영자의 자질을 기르기에는 한계가 있어 보인다. 우리가 소설을 읽고 예술작품과 음악을 감상할 때 분석의 대상으로 '무엇'을 보거나 듣는 것은 단지 현상을 그대로 받아들이는 것에 지니지 않는다. 반대로 예술이 '어떻게' 그리고 '왜' 발생하였고 그것들이 인생과 어떤 연관성을 맺고 있는지 이해할 수 있어야 진정한 경험의 경지에 이를 수 있다(루트번스타인 & 루트번스타인, 2007, 42).

2013년 6월 서울시립미술관에는 세계적인 화가 고갱의 작품전이 있었다. 관람객은 초등학생부터 노인에 이르기까지 다양했고 많은 시민들이 대가의 작품을 감상할 기회를 가질 수 있었다. 전시회 기획자는 관람객이 작품을 단순히 분석하는 수준이 아니라 경험할 수 있도록 배려를 한 흔적이 곳곳에 있었다. 작품들 사이사이에 고갱의 연보를 보여주었고 그의 대작인 「우리는 어디서 왔는가, 우리는 무엇인가, 우리는 어디로 가는가」는 상세한 작품의 설명이 함께 게시되어 있었다. 고갱은 이 기념비적 대작을 그리게 된 당시의 심경과 작품 제작 동기를 상세하게 편지에 적어 동료 화가 몽프레에게 보냈다. 그 편지에는 대작을 그리기로 결심하게 된 경위, 작품에 임하는 심경과 자세, 작품 속 인물, 인공물 그리고 배경에 대한 상세한 설명이 있었다. 관객이 이런 정보를 제대로 알고 작품을 관람한 사람은 당시의 시대적 상황, 그의 생각과 종교관, 가족관계, 습관과 건강이 어떻게 작품에 영향을 미쳤는지 일목요연하게 이해할 수 있다. 그의 편지를 읽고 그의 작품을 보게 되면 그가 표현하고 싶어 했던 근원적인 경험을 관람객도 함께 공유할 수 있다. 이렇게 온전히 그의 삶과 작품을 병렬적으로 체험하는 수준에 이르러야 고갱의 작품을 전시한 기획자의 목표는 달성될 것이다. 사실 대부분의 전시회는 이런 교육적 시도가 미약한 편이어서 단편적인 감상의 수준에 그치는 경우가 많다.

그래서 교육철학자 존 듀이(John Dewey, 1983)는 종래의 예술교육이 과학교육의 전철을 답습하면서 실패했다고 주장하기도 하였다. 그는 실패한 이유를 이론과 실천을 연결하는 고리를 드러내지 않고 은폐하는데서 찾았다. 즉 우리가 예술작품을 감상할 때 그것을 만들게 된 근원적인 경험에서 멀어질수록, 예술과 무관한 영역 속에 작품을 고립시킨다고 보았던 것이다. 그렇게 되면 '경험을 정제하고 강조하여 만들어낸 예술작품'은 그 '경험을 한 매일의 사건, 행위, 고난'과 아무런 관련이 없어지게 되어 예술작품의 원래 취지가 무색해져 버린다.

예술작품을 그 작가의 인생과 생각 그리고 작품동기와 분리해서 감상하는 일은 마치 지식을 통째로 암기하는 것과 같다. 마치 그것은 '잘 알고 있다'라는 착각을 줄 뿐 실제로 그 작품을 잘 이해하고 있는 것은 아니다. 마찬가지로 암기위주의 교육은 학생들로 하여금 이해함으로써 앎에 이르는 것이 아니라 그냥 외움으로써 알고 있다는 착각에 빠지게 할 뿐이다. 생각 없이 그냥 외운다는 것은 다양한 대상(자연현상, 예술작품, 경영문제 등)의 구성요소와 그 요소들끼리의 관계성을 뜯어보지 못한다는 것을 의미한다. 결국 대상을 잘 이해하지 못하고 그 문제를 어떻게 풀어야 할지 그리고 문제해결을 위해 어떤 이론과 기법을 어떻게 적용해야 할지 모른다는 뜻이 되며, 결국 새로운 문제해결방법을 창조해내는 능력이 결여된다. 그렇게 쌓인 지식은 외장만 화려한 겉치레 '학문적 성취'에 지나지 않을 것이다.

수많은 경영이론들을 암기하는 것으로 끝난다면 앞서 얘기한 경험의 경지에 이를 수 없다. 경영이론이 현실 경제와 시장에서 어떠한 문제와 연관성이 있는지, 과거에 만들어진 경영이론이 여전히 현대의 경영문제에 어떻게 적용 가능한지, 경영이론에 문제가 있다면 그것을 어떻게 수정하여 적용할지를 고민하지 않고 학습을 끝내버린다면 학생들의 창의적, 융합적 학습은 공염불로 끝날 것이다. 더구나 대부분 학부학생들은 기업의 현장 문제에 대해 문외한들이다. 학생들로 하여금 준 경험의 수준 정도에라도 이르게 하려면 이론과 현장의 문제를 연결해줘야 한다. 그래서 현업 관리자를 초청하여 짧은 강의를 맡기는 일, 현장을 방문하는 일, 사례를 통해 배우는 일이 매우 중요하다.

대부분 사람들은 태생적으로 또는 정규교육을 받는 과정에서 어느 정도의 창의력과 응용능력을 갖추게 된다. 그런데 일방적인 강의 중심의 교육은 이런 능력을 정체시켜 버린다. 아동교육 심리학자 지앤 뱀버거(Jeanne Bamberger, 1995)는 아이들이 물리학을 무척 힘들어하면서도 실제 생활에서는 그 원리를 잘 적용하고 있다는 사실을 발견하였다. 예를 들어, 아이들은 무거운 물건을 지렛대를 이용하여 들어 올릴 때 물건으로부터 적절하게 떨어진 위치에 지렛대를 가져다 놓아야 한다는 것을 잘 안다. 아이들은 왜 그렇게 놓아야 하는지를 구체적으로 설명하진 못하지만 아이들은 어릴 적 그냥 시소놀이의 경험을 되살려 알고 있다는 것이다. 즉 아이들은 과학자들과 예술가들이 문제해결을 위해 지닌 근원적인 통찰력 내지 개념의 씨앗과 같은 '실재(reality)'를 잘 이해하고 있는 것이다. 아이들은 경험으로 습득한 손지식(hand knowledge)은 학교에서 배우는 기호적 지식(symbolic knowledge) 만큼이나 강력하고 유효하다.

마우리츠 코르넬리스 에셔는 네덜란드 출신의 판화가이다. 건축과 장식 디자인 학교에 다니면서 판화 제작의 기술을 배웠고, 이탈리아, 스위스, 벨기에 등을 다니며 작품 활동을 했다. 초기 작품은 주로 풍경을 다루었으나 1936년부터는 패턴과 공간의 환영을 반복한 작품을 발표하였다. 이슬람식 모자이크에 영감을 받았으며 단순한 기하학적 무늬에서 수학적 변환을 이용한 창조적 형태의 테셀레이션 작품 세계를 추구하였다. 그는 고등학교 시절 산수와 대수는 아주 못했으나 상상력이 요구되는 기하학은 그나마 좀 나았다고 한다. 그럼에도 수학은 그의 디자인에 많은 영감을 주었고 특히 결정학(crystallography)은 그의 작품에 큰 영향을 미쳤다. 면적 나누기, 연결해서 붙이기, 대칭 만들기에 대한 그의 직관력은 탁월하여 수학자와 과학자들이 개념을 설명할 때 오히려 그의 작품을 활용할 정도였다. 그의 학창시절을 기억하는 교사들은 그가 수학의 원리를 작품에 활용할 것이라고는 상상조차 하지 못했을 것이다.

앞서 아이들은 지렛대의 원리를 구체적으로 설명하지는 못하지만 오랫동안 자연스럽게 축적된 경험지를 통해 그 사실을 직관적으로 알고 있었다. 어릴 적부터 장난감을 가지고 놀면서 저절로 터득한 것일 수도 있고 사람 속에 잠재되어 있는 생각의 씨앗일 수도 있다. 이런 잠재력을 찾아 살리고 확장하는 일이야말로 교육의 목적일 것이다. 경영교육도 마찬가지다. 대학에서 경영학 관련 수업들은 여전히 일방통행식 강의위주로 진행되고 있으며 시험도 학생들의 암기력을 테스트 하는 경우가 잦다. 학생들은 수업에서 강의로 전달받은 경영이론들을 잘 이해하는 듯 하지만 막상 경영 현장에서 문제에 직면했을 때 배웠던 이론을 기억 속에서 끄집어내고 그것을 창조적으로 적용할 수 있을지는 분명치 않다. 그런데 마치 물리를 배운 적이 없는 아이가 지렛대 원리를 잘 이해하고 있듯이 정식으로 경영학을 배운 적이 없는 경영자가 경영 문제에 직면했을 때 의외로 매우 현명하게 잘 대처하는 경우가 많다. 예를 들어 매출이 전년도에 비해 줄었다면 당연히 원인에 대해 관심을 갖게 되고 그 원인을 찾기 위해 데이터를 분석하려 할 것이며, 이후 회복을 위한 구체적인 행동계획을 수립할 것이다. 이는 대부분 경영자들이 위기에 처했을 때 거의 본능적으로 진행하는 프로세스이다. 즉 초·중·고등학교에서 배운 산수와 논리적 추론능력만으로도 그 정도의 논리적 생각은 진행할 수 있다. 학생들은 이미 대학을 입학하기 전에 다양한 상품광고를 봐왔고 미숙하지만 가격을 비교하고 구매결정을 한 경험도 있다. 스마트폰 악세쓰리를 구매하기 위해 인터넷과 오프라인 상점에서 가격도 비교해 보았을 것이다. 학급을 운영하면서 회비를 거둬 스승의 날 선물을 구매하기도 하였고, 받은 용돈을 절약하여 사고 싶은 전자제품을 구매하기 위해 예산을 수립해 보기도 하였을 것이다. 이러한 파편적인 작은 의사결정 경험들은 경영교육을 위한 훌륭한 자원이 될 수 있다. 따라서 경영을 교육할 때 기업의 실제 문제를 해결하기 위해 피학습자들이 가진 이러한 경험지를 최대한 활용할 수 있도록 돕고 이를 정당화하고 보완할 수 있는 이론과 도구를 제공하면 좋을 것이다. 문제는 얼마나 정확하게 문제의 원인을 짚어내고 유효한 방책을 세우는가이다. 그러기 위해서는 일방적인 주입식, 암기식 교육은 경영교육에서 가장 경계해야 할 대상이다.

5.5 이론과 현장의 괴리

이론이 중요하지 않다는 것은 아니지만 경영교육에서 더 중요한 것은 그 이론이 필요한 이유와 목적을 아는 것이다. 즉 이론을 가르치는 것과 그 이론을 현실문제에 적용하는 능력을 가르치는 것은 별개의 문제지만 병행해서 해야 하는 것이기도 하다. 교실에서 가르치는 각종 이론과 방법론은 어디까지나 현실의 문제를 이해하고 해결책을 찾기 위한 목적으로 만들어진 것임에도 오늘날 이 두 가지가 잘 결합되어 체험중심의 현장교육으로까지 이어지는 경우는 많지 않다. 특히 이론과 현장의 괴리 문제는 오늘날 경영교육에서 심각한 문제의 하나로 인식해야 한다.

유명한 두 과학자가 이론과 이론의 응용 사이의 괴리를 현장에서 체험한 사실을 고백하였다. 전자를 발견하여 노벨물리학상을 받은 물리학자 조지프 J. 톰슨은 케임브리지대학에서 학생들에게 물리학을 가르쳤다. 케임브리지대학은 영국의 최고 수재들만 모인다는 곳이다. 그는 많은 학생들이 렌즈에 관한 복잡하고 어려운 문제는 잘 풀면서 막상 렌즈를 이용해 촛불을 관찰하라고 하면 렌즈의 어느 쪽으로 촛불을 들여다봐야 하는지 모른다고 하였다. 그리고 학생들은 수학이란 것을 단지 시험지에 답을 써내는데 필요한 도구라고만 인식하는 경향이 높다고 하였다. 수학자 앙리 푸앵카레 역시 중등교육을 받은 학생들이 학교에서 배운 기계학 지식을 실생활에 전혀 응용하지 못한다는 사실에 충격을 받았다. 그들의 경험에 의하면 과학(이론)의 세계와 실제(현장)의 세계는 방수벽으로 막아놓은 것처럼 완전히 괴리되어 있었던 것이다.

루트번스타인 & 루트번스타인(2007, 36-37)은 아는 것과 이것을 현장에 적용할 때 발생하는 괴리에 관한 재미난 사례를 얘기하고 있다. 존이라는 학생은 그가 다닌 대학 역사상 가장 총명한 학생 중 한명이었다. 기계학에 관한 연속강의가 끝나고 몇 주가 지난 후 존이 교수를 실망시키는 일이 하나 벌어졌다. 존은 키가 크고 마른 편이었지만 그렇다고 픽픽 쓰러지는 허약한 약골은 아니었다. 그런 그가 오래된 강의실의 육중한 참나무 문을 열려고 안간힘을 쓰고 있었다. 그 와중에 누군가가 손잡이 부분을 한 번 밀자 강의실 문은 너무도 쉽게 열렸다. 존은 어떻게 그런 일이 일어날 수 있는지를 신기해했고 친구들은 그의 반응에 의아해 했다. 존은 얼마 전에 기계학 강의에서 문(door)과 관계되는 물리학원리를 배웠고 중간고사에서 최고의 점수를 받기도 하였다. 다음은 그 다음 이어진 일문일답이다.

"난 정말 이해를 못하겠다구."
"넌 문 가장자리가 아니라 가운데를 밀었잖아."
"그래서?"
"손잡이가 왜 문 가운데가 아닌 가장자리에 붙어 있다고 생각하냐?"
"그래야 걸어 잠그기에 편하니까 그런 거 아니야?"
"그야 물론이지. 그런데 거기에 어떤 물리학원리가 개입되어 있는지 모르겠어?"
…. "토크 존, 토크 말야!"

토크(torque)란 물체를 회전시키는 힘으로, 대개 우리는 렌치를 사용하거나 문을 여닫는 행위를 운동감으로 이해한다. 즉 문을 열 때 경첩이 달린 쪽에서 먼 쪽을 밀수록 문이 쉽게 열린다는 것을 경험적으로 안다. 존은 그때서야 깨달았다는 표정을 짓고는 문의 가운데가 아닌 가장자리에 힘을 가할 경우 적은 힘으로 문을 열수 있다는 x, y 방정식을 풀어냈다. 존은 머리로는 가장 잘 이해하고 있었던 물리학 이론을 자신이 체험하고 있는 현실문제에 연결하지 못했던 것이다. 그는 물리학 시험에 나온 토크문제를 수학공식을 이용해 잘 풀긴 하였지만 그때는 그저 토크방정식의 환상을 보았을 뿐이었다. 존의 실생활에는 그런 수학문제가 존재하지 않았고, 엄청난 지식과 계산능력이 일상에서의 행동과 결정에 연결되지 않았던 것이다. 따라서 그가 알고 있는 이론은 현실에서 아무런 소용이 없었던 것이다.

• • •

[Box 사례] 버지니아 울프와 그녀의 아버지

이론과 현실의 괴리문제는 비단 과학과 기술 및 공학의 관계에서만 발견되는 것이 아니라 인문학 교육에서도 종종 발견된다. 영국 소설가 버지니아 울프(Virginia Wolf)는 자신의 아버지로부터 실패한 인문학 교육의 전범을 찾았다. 그녀의 아버지 레슬리 스티븐(Leslie Stephen)은 당대에 손꼽히는 뛰어난 지성인이었다. 그는 「영국인명사전」의 편집인이었으며 위대한 문학가가 되고자 끊임없이 노력했던 사람이었다. 비록 그는 학문적으로 눈부신 성취를 이루었지만 남긴 것이라곤 무미건조하고 분석적인 비평이 전부였다. 울프는 회상하기를 자신의 아버지가 철학자로서도 작가로서도 항상 패배의식을 지니고 살았으며 스스로도 이류 지성인에 불과하다고 고백하였다. 울프는 아버지의 비평능력과 창작능력 사이에는 큰 괴리가 있음을 발견하였다. 분석적 사고 측면에서 볼 때 아버지는 날카롭고, 명징하고, 군더더기가 전혀 없는 사람이었지만 실생활 측면에서 보면 매우 조야하고 고리타분한 사람이었다. 아버지의 모습을 통해 그녀는 영국의 최고 명문 캠브리지 대학의 교육의 병폐를 엿볼 수 있었다. 19세기 중반 영국의 대학들에서 치러졌던 트라이포스(Triposes)로 알려진 시험들은 암기와 빠른 구두 답변으로 구성되어 극심한 경쟁심을 유발하는 형식이었다. 그는 주입식 공부에 매우 강해 이 시험을 143명의 영재 중에 20등으로 통과할 정도의 수재였다. 훗날 스티븐은 케임브리지대학에서 학생들에게 항상 시험만 생각하고, 책에만 매달리며, 졸업하기 전까지는 아무것도 즐기지 말라고 조언하는 교수가 되어 있었다. 이런 그는 문학비평이 아닌 다른 분야, 즉 미술, 음악, 연극, 오페라 같은 분야에 대해서는 매우 무지하였으며, 예술가들을 지나치게 감정적이고 주관적인 개인의 세계에 매몰되어 있는 존재로 생각하여 그들과 거리를 두기도 하였다. 그러다보니 스티븐은 자신의 감정을 직시하지 않고 거부하며 타인의 느낌에도 관심을 갖지 않는 등, 스스로의 감정과 느낌을 진지하게 수용하고 자신의 생각이 타인에게 영향을 미칠 수 있음을 인지하지 못했다. 이런 그가 타인에게 감동을 줄 수 있는 시나 소설을 쓸 수는 없었다.

한편 그의 딸 울프는 폭넓고 종합적으로 학습하는 환경에서 자랐다. 그녀는 어린 시절부터 아버지가 읽어주는 다양한 소설과 고전을 들으며 자랐으며, 사우스

켄싱턴 박물관의 기계전시실이나 자연사박물관의 곤충실에서 시간을 보내기도 했고, 형제들과 만들어낸 이야기를 가족신문에 싣기도 하였다. 그런 체험적 교육 때문이었는지 그녀는 책을 읽을 때 등장인물에게 완전히 감정이입을 할 수 있었고, 열다섯 살부터 역사, 전기, 여행과 모험담, 시, 소설, 에세이 등을 독학으로 공부하기 시작하였다. 그녀는 정작 수학이나 아버지에게서 배웠던 독일어 공부에서는 별 성과를 나타내지 못하였다. 대신 대학생 오빠와 열띤 토론을 벌이거나 언니들이 그림 그리는 모습을 옆에서 지켜보기도 하고 작품을 습작하면서 문학이란 어떤 것인지 그리고 어떻게 하는 것인지를 체득해 갔다.

교육에 있어 이론과 현실의 괴리문제는 비단 과학과 기술, 공학 그리고 인문학에서만 있는 현상은 아니다. 자원과 자본 그리고 사람의 경영을 가르치는 경영학에서도 이와 비슷한 일들이 종종 벌어지고 있다. 이 시점에서 우리는 경영교육에 있어 응용능력(applicable capability), 문제해결능력, 더 나아가서 창의성 교육의 필요성을 생각하는 계기를 가질 필요가 있다. 대학의 경영학 커리큘럼은 기능별(재무, 인사, 생산, 마케팅, 회계, 경영정보 등)로 광범위한 이론교육을 하지만 학생이 실제로 그것을 현실에 바로 적용할 수 있는 문제해결능력까지 가르쳐주는 수업은 많지 않다. 경영학 교과서에는 많은 사례가 실리지만 대부분 신문 칼럼 정도의 수박 겉핥기 수준이어서 구체적인 경영 문제를 심도 있게 배울 정도는 아니다. 간혹 정부(교육부)의 재정적 지원을 받는 경영관련 학과나 대학은 졸업반 학생들에게 자신이 배운 지식을 바탕으로 기업문제를 컨설팅하거나 문제해결에 필요한 시스템을 개발하도록 한다. 창업과 관련된 과목에서 창업계획서를 작성하기도 하고 정부가 주는 창업지원금을 받을 수도 있다. 그렇지만 여전히 이론들을 적용해 보는 기업 현장(환경)을 온전하게 대학에 그대로 구현할 수는 없다. 이것은 항공기 스튜어디스 지망생을 위해 기내서비스 실습을 위해 꾸며놓은 비행기 실내와는 다른 차원의 문제이다. 예를 들어 대다수의 기업들이 정보관리를 위해 도입하여 사용하고 있는 ERP(전사적자원관리)시스템 조차도 학생들에게 실습용으로 제공되는 시스템은 가공된 가짜 데이터를 사용할 뿐이다. 정보가 조직 내에서 흘러가는 경로를 이해하면서 부서간의 관계의 이해를 돕기 위한 실습이라지만 실전을 배우기는 여전히 제한적이다. 중소기업용 시스템이라 하더라도 기본 셋팅을 하기 위해서는 상당한 수준의 경영 및 회계지식이 필요하다. 아웃소싱(외주)의 이점과 단점 그리고 전략들을 가르칠 때도 학생들의 이해도 한계가 있을 수밖에 없다. 오늘날 기업들은 희소한 자원들을 선택된 핵심역량 사업에 집중하고 부차적인 일들은 다른 업체에 아웃소싱함으로써 원가를 절감하고 전문화를 통한 경쟁적 우위를 확보할 수 있다는 개념을 체험하도록 하는 일은 쉽지 않다. 장영재 박사가 『경영학 콘서트』에서 경영학 이론과 현실과의 괴리를 '린 생산방식(lean system)'[34]을 이용하여 설명하였다. 휴렛패커드(HP)사는 생산성 향상을 위해 '린 생산방식'을 도입하였지만 오히려 생산성이 떨어지는 결과를 얻었다. 이론은 '린 생산방식'을 도입한 기업들에게 재고감소, 생산계획의 단순화, 생산성향상이라는 성과가 보장된 것 같이 말하지만 실행 결과는 다른 경우가 많다. 일본에서 성공한 경영기법이라고 직원을 대상으로 교육을 시행하고 그대로 따라하지만 기대한 결과가 똑같이 나오는 것이 아니다. 다시 말해 새로운 이론을 현실에 적용할 때조차 고유의 환경과 조건을 고려해서 새 이론과 시스템을 적용하는 창의적 발상이 요구된다는 점을 시사하고 있다.

대학을 졸업한 학생들이 기업의 경영현장에 도착하는 즉시 느끼는 것은 낯선 새로운 환경에 적응해야 한다는 두려움이다. 그렇지만 학생이 새로운 환경에 적응하고 실패에 대한 두려운에 맞서 싸울 수 있도록 용기를 주고 동기부여하는 경영교육은 거의 없다. HP회장을 역임한 칼리 피오리나가 MBA를 취득한 후 입사한 첫 직장이 AT&T(정보통신회사)였고 그 곳에 처음으로 지원한 업무가 영업이었다. 그녀가 영업에 관한 교육을 받을 때 실패에 대한 두려움을 극복하는 일이 제일 힘들었다는 고백을 한 적이 있다. 학생들이 졸업 후 사회로 나섰을 때 그들이 처음 맞는 사회와 조직은 그들이 감내하기 어려울 정도로 냉엄하기만 하다. 대학의 정규 및 비정규 교육과정으로 학생들이 사회와 기업조직의 이러한 현실을 체험할 수 있도록 하기에는 역부족이다. 그래서 인턴은 취업을 생각하는 학생들에게 꼭 필요한 제도이다. 그렇지만 우리나라의 기업에서는 한시적 임금절약을 위한 편법으로, 대학에서는 취업률 제고를 위한 방편으로 활용되는 경우가 많

34) "린(lean) 생산방식"은 고객을 위한 가치창출을 저해하는 자원 낭비를 야기하는 모든 방법과 절차를 제거하는 생산방식을 말한다. 토요다자동차 생산방식에서 최초로 유래되었다.

아 원래 취지를 제대로 살리지 못하고 있어 안타깝다.

5.6 창의성 교육의 현실

손태원 등(2000)은 1990년대 말 국내 기업들이 성장한계에 부딪힌 근본적인 원인을 창의성 부족에서 찾았다. 2016년 지금도 그 진단은 여전히 유효한 것 같다. 20세기 후반까지 우리 기업들은 세계 시장에서 적당히 모방하고 적당한 품질의 제품을 내다팔면서도 생존할 수 있었다. 그래서 '새로움', '1등', '처음'과 관계되는 창의성과는 거리가 멀어도 큰 문제가 없었다. 21세기 디지털경영·경제시대에 들어서면서 더 이상 팔로우(follower)로 시장에서 생존하기는 힘들어졌다. 글로벌 시장에서 2등이 설 수 있는 자리는 매우 좁아졌고, 그래서 1등이 되기 위해서는 창의적 문제해결능력과 뛰어난 상상력을 가진 인재가 더욱 절실해졌다. 21세기를 맞은 우리 기업들의 새로운 경영 패러다임은 '창조경영'이다. 생산성 향상과 최고의 품질은 기본으로 개혁과 변화를 지속적으로 추구할 때 글로벌 1위로 남아 있을 수 있다.

우리나라의 창의성 교육은 선진국에 비해 많이 뒤쳐져 있다. 90년대 초 일부 기업들은 창의적 인재의 필요성을 인식하여 창의성 교육 프로그램을 개발·시행하였으며, 1996년 교육부는 교육발전 5개년 계획안을 고시하여 창조적 인재를 육성할 계획을 세웠다. 이러한 계획들은 일방통행형의 주입식 교육의 한계점을 극복하고 창의력이 넘치는 인재를 육성하자는 취지였지만 가시적이고 만족스런 성과를 내지는 못하였다. 오늘날 특성화고·마이스터고[35]들이 있어 학생들의 적성에 맞는 기술 중심의 교육을 하지만 여전히 다수의 학생들과 학부모들은 특화된 기술을 익혀 사회에 일찍 진출하기 보다는 4년제 대학 입학을 선호하는 편이다. 한편 대부분 일반 중고등학교는 국영수사과음체미를 똑같이 종합적으로 가르친 후 점수를 기준으로 서열을 매기는 주입식 교육을 계속 하고 있다.

루트번스타인 & 루트번스타인(2007, 19)은 오늘날의 교육시스템을 다음과 같

35) 2010년부터 시작된 산학연계 맞춤형 고등학교

이 진단하였으며 우리나라에 적용하더라도 큰 무리가 없을 것 같다.

- 전문적 지식의 양은 늘어나는데 비해 학문 간의 교류는 오히려 줄어들고 있어 종합적 이해력은 퇴보하고 있다.
- 우리는 정확한 답을 요구하는 교육방식과 규범에 얽매인 전체주의적 사고방식 속에서 창조적 사고를 하지 못하도록 제약을 받아왔다.
- 오늘날의 교육시스템은 문학, 수학, 과학, 역사, 음악, 미술 등 과목을 철저하게 분리시켜 학생들에게 가르친다. 수학자들은 오로지 '수식 안에서', 작가들은 '단어 안에서', 음악가들은 '음표 안에서'만을 생각하도록 강요받고 있다. 통찰이라는 것은 상상의 영역으로 호출된 수많은 감정과 이미지에서 태어나는 것이므로 '느낌' 또한 커리큘럼의 일부가 될 필요가 있다.

시대는 변했지만 우리의 교육현실은 이를 따라가지 못한다. 인터넷으로 촘촘하게 연결된 사회에서 우리는 정보와 지식이 대량 유통되는 시대, 그 정보와 지식의 생명주기는 무척 짧지만 엄청난 부가가치를 창출할 수 있는 지식정보의 시대에 살고 있다. 그럼에도 학교는 여전히 금세 무용지물이 될 지식을 일방적으로 주입하는 방식에서 벗어나지 못하고 있어 학생들이 주도적으로 지식을 학습하고 활용하여 새로운 가치를 창조하는 역량을 키워줄 수 없다. 창의적 인간이란 이전에 존재하지 않았던 사상, 재화와 서비스, 문제해결을 위한 아이디어를 생성하는 사람을 말한다. 창의적 인간은 스스로 지식을 습득하며 부족한 것이 무엇인지 인지할 수 있으며, 그 부족한 것을 채우기 위해 기존 지식에 새로운 지식을 융합하여 새로운 것을 만들어낼 수 있다. 따라서 단순히 지식을 이해하고 아는 것에 그치지 않고 어떤 정보와 지식이 내게 필요한지, 그것을 어디에서 구하거나 구매할 수 있는지 그리고 그 지식들을 어떻게 융합해야 하는지를 능숙하게 안다. 거기다가 지식의 경제성과 시장성까지 알면 금상첨화일 것이다. 물론 이 모든 것을 혼자 할 수는 없다. 그래서 누가 이러한 실질적인 지식을 가지고 있는지 그리고 그와 더불어 지식을 함께 활용할 줄 아는 인적 네트워크도 중요한 지식사전의 일부이다. 그래서 주입식, 암기식 교육보다는 체험을 통한 자기주도적 학습이 창의성교육에는 최선의 방법이다.

루트번스타인 & 루트번스타인(2007, 30-31)은 "소위 '창조적인 작업'을 할 때 과학자나 수학자, 예술가(작곡가, 작가, 조각가 등)들은 우리가 '생각을 위한 도구'라고 부르는 공통된 연장(관찰, 형상화, 추상화, 패턴인식, 패턴형성, 유추, 몸으로 생각하기, 감정이입, 차원적 사고, 모형 만들기, 놀이, 변형, 통합)을 사용한다. ... 그동안 우리가 창조과정의 보편성에 주목해왔다고는 하지만 그 주목이 '보편적'이었던 것은 아니다. 직관적인 생각도구가 학문에 공통적으로 사용될 수 있음을 알고 있는 사람들은 많지 않다. 근시안적인 인식과 태도는 철학자들이나 심리학자들뿐만 아니라 교육자들에게도 나타난다. 유치원에서 대학원에 이르기까지 모든 교육단계의 커리큘럼이 과정이 아닌 결과에 의해 규정되어 어떻게 여러 과목으로 나눠고 있는지 보라. 교육의 시작단계에서부터 학생들은 문학, 수학, 과학, 역사, 음악, 미술 등으로 분리된 과목을 공부한다. 마치 그 과목이란 것이 본질적으로 별개의 것이고 상호배타적이기라도 한 것처럼 말이다. 요즘 유행하는 '교과목 통합'이라는 거창한 구호에도 불구하고 진정한 통합수업은 드물 뿐 아니라 모든 지식을 망라하고 아우를 수 있는 커리큘럼은 아예 생각조차 되지 않고 있다."고 하였다. 현대의 교육방법과 내용에 대한 이 책의 신랄한 비판은 경영을 가르치는 교육자들을 포함한 해당 영역의 전문가들의 '담장쌓기'가 그 원인이라고 할 수 있다. 생각도구를 포함한 교육방법과 학문적 성과를 서로 빌려오고 빌려줘서 새롭게 융합된 내용들을 거리낌 없이 보여주고 공유할 수 있는 학문적 풍토나 매체가 조성되어 있지 않을 뿐만 아니라 그런 노력 자체를 게을리하고 있다. 일례로 경영학자들이 경영학의 여러 분야의 교육에 대한 논문을 게재하기 위해 만든 학술지 「경영교육연구」가 있다. 그런데 정작 여기에 게재되는 대부분의 논문은 경영현상을 연구대상으로 하는 학술적 논문들만 있을 뿐 경영학을 통한 창의력 배양이나 경영학의 창의적 교수방법에 대한 논문은 찾기 힘들다. 논문의 심사자들도 내용의 융합적 성과는 보지 않으며 자료를 분석할 때 얼마나 객관적이고 과학적인 방법론을 적용하였는지에 초점을 두고 있다. 작금 교수들의 업적을 양적으로만 평가하기에 나오는 씁쓰레한 결과이기도 하다.

5.7 경영교육의 문제

2장에서 6.25전쟁 직후, 미국의 전후 복구를 위한 원조의 일환으로 미국의 현대적 경영학이 수입되었다는 이야기를 하였다. 엄밀히 말하면 기업과 군대조직의 규모가 점점 커지면서 더 이상 주먹구구식으로 운영하기에는 힘들 정도로 복잡해졌고, 이렇게 복잡한 시스템의 관리를 위해 품질관리와 대형 프로젝트 관리 기법들이 처음 도입되기 시작하였다. 1955년 충주비료공장이 건설될 때 참여한 미국기술자들은 우리에게 품질관리 지식을 제공하였으며(나창수, 1972; 이순룡, 1995, 45), 1966년에는 대림산업이 미국비행장 공사를 수행할 때 미군당국의 요청으로 계획공정도를 PERT/CPM기법을 적용하여 작성하였다(정복규, 1973; 이순룡, 1982). 따라서 이 시기에는 당장 실무에 적용될 수 있고 그 효과를 즉각 확인할 수 있는 기법(method)을 주로 도입했던 시기였다.

한편 산업화가 진전되면서 기업들은 규모가 점점 더 커갔고 팽창하는 조직의 효과적인 운영이 매우 절실해지기 시작하였다. 당시 60~70년대 대학의 경영학 학부 및 석사과정 교육은 기업의 실무자, 공무원, 군 장교들과 같은 초급 리더들에게 필요한 최신 경영이론을 전달하는 채널 역할을 하였다. 예를 들어, 고려대학교의 '이노베이션그룹'과 육군관리참모부의 '고급장교위탁교육'은 고급관리자와 고급장교들을 대상으로 시행된 경영학 교육이었으며 이때의 교육생들은 훗날 포항제철과 같은 신생기업에서 중추적인 역할을 하였다. 1967년을 기점으로 교육방법이 개편되었지만 여전히 사례연구와 사례토의시간이 전체교육시간의 34%를 차지할 정도로 사례연구중심의 교육이 이루어지고 있었다. 1973년 개편에서는 경영학이 대폭 강화되어 전체교육시간의 40% 이상을 차지할 정도로 확대되었다(육군본부, 1986). 당시 사례연구와 토론교육이 활발할 수 있었던 것은 오늘날처럼 긴 강의시간을 채울 수 있는 콘텐츠가 부족하였고, 대다수의 학생들이 현업에서 마주치는 새로운 경영 문제를 대학 경영관련 학과의 정규커리큘럼 또는 특수과정에서 제기하고 실질적인 해결방안을 토론하고 찾을 수 있는 흔하지 않은 통로였기 때문이었다.

경영학은 과업수행의 효율성(생산성)을 증진하고 문제해결에 초점을 두는 실용적 학문이다. 따라서 현장에서 일어나는 문제를 이해하고 문제해결에 도움을 줄 수 있는 이론, 기법 그리고 기술을 찾아 적용하는 교육이 중요하다. 만일 기존에 그러한 것이 없다면 기존의 것을 변형하거나 새로운 것을 개발하는 것도 수업의 일부가 될 수 있다. 사례연구는 현업의 경영 문제를 이해하고 분석하여 원인에 대한 진단을 내린 후 처방을 찾기에 매우 적절한 교육방법이다. 60~70년대에 사례중심의 교육이 활발할 수 있었던 것은 다수의 교육생들이 현장에서 실무를 보고 있었던 사람들이 많았기 때문이다. 교수들도 이들로부터 수업에서 쓸 수 있는 사례를 쉽게 얻을 수 있었으며, 사례내용도 요즘처럼 기밀로 분류되는 경우가 적어 학교에서 교육용으로 쓰겠다면 쉽게 접근할 수 있었다. 아울러 체계적인 사례연구는 훌륭한 학술논문으로 인정되기도 하였다. 그래서 지금도 미국 주요 대학의 MBA 프로그램에서는 사례를 분석하고 토론하는 것이 매우 중요한 교육적 도구이다. 사례를 개발하기 위해 연구비가 지원되기도 하고 기업들도 적극적으로 자료제공에 협조하는 풍토가 조성되어 있다.

그런데 이러한 사례 및 토론 중심 교육이 약화되기 시작한 것은 정규 경영학 교육이 석사나 전문가과정에서 학부중심으로 옮아가면서 시작된 것이 아닌가 추론한다. 4년제 학부과정에 입학한 학생들은 대부분 취업의 경험이 없기 때문에 경영에 대한 배경적 지식과 기업 현장에 대한 경험이 없다. 그들에게 경영학이란 인문사회계열의 대부분 학과들에 비해서 취업하기에는 상대적으로 유리한 인기 있는 학문 정도로 알고 입학하는 학생들이다. 이러한 학생들을 대상으로 교수들이 강의를 한다면 당장 그들에게 생소한 비즈니스현장의 문제를 설명하고 문제해결에 필요한 이론과 이것들과 관련된 전문용어를 이해시키는 일 만으로 벅차다. 사실 이러한 교육내용은 현장에서 일한 경험이 있는 사람들에게 더 효과적으로 전달될 수 있는 것들이 많다. 그래서 미국 경영대학원의 MBA프로그램은 몇 년간의 직장경험을 최소 입학조건으로 내걸고 있다. 그리고 경영학 학부교육이 급속하게 팽창함에 따라 교수의 수요가 급격하게 늘어나면서 인력 공급의 부족이 한 동안 지속된 것도 원인의 하나로 지목된다. 경영현장에서의 실무경험이 별로 없으며 산업현장과 괴리된 박사취득자들이 경영교육을 맡으면서 경영교육은 점차 이론교육 중심으로 흘러가기 시작한 것으로 추측된다. 실제로 대학원 수업을 할 때 관련 실무를 하고 있는 학생들이 참석하고 있을 때 사례와 토론을 통한 수업이 쉽게 이루어진다. 학생들은 실무에서 겪고 있는 문제나 현업에서 하고 있는 과업을 설명하고 해당 실무를 경험하지 못한 학생이나 교수조차도 그들의 경험과 질문으로부터 배우기도 한다. 그리고 즉석에서 관련 이론이나 기법을 적용하는 방법을 설명함으로써 충분하지 않지만 문제해결에 접근하기도 한다. 그런데 비즈니스경험이 전무한 학생들만으로 구성된 학부 수업에서는 이런 일은 거의 불가능하다. 그래서 주입식, 일방적 강의로 흘러가게 되는 것이다.

경영교육의 내용과 방법에 대해 문제를 제기하고 이에 대한 해결방안을 제시한 논문이나 기사들은 1990년대 후반에 들어서 나타나기 시작하였다(최종인·김인수, 1996; 권순백, 1999, 2002; 유시정, 1999; 정재삼, 2000; 신건권, 2011). 여기에는 한국적 환경에 맞는 경영학이론의 필요성에 관심을 둔 학자들도 있었다. 이순룡과 이영면(1998)은 한국에서 경영학이 도입되는 시기를 재조명하면서 한국적 경영학이 국내에 정착할 수 없었던 이유로써 국내 학술지가 외국의 이론을 근거로 도출된 가설을 국내 데이터에 적용하여 실증적으로 증명한 논문을 선호하기 때문인 것으로 보았다. 그러면서 외국의 이론이 우리나라 경영현장에 그대로 적용될 수 있는지에 대한 검토과정을 거쳐야 한국적 경영학이 뿌리를 내릴 수 있는데 그런 노력이 부족하였다고 보았다. 이들은 이 주장을 경영교육으로 확대하면서 '한국경영학(가칭)'[36]이 개설될 필요가 있다고 주장하기도 하였다. 사실 이들의 주장이 잘못된 것은 아니다. 그렇지만 한국적 경영학이 뿌리를 내리기 위해서는 첫째, 외국학자들에 의해 제기되고 외국의 데이터로 증명된 가설들을 국내 데이터를 활용하여 다시 검증하는 노력이 계속 있어야 하고 이러한 결과물을 공유할 수 있는 학술지가 있어야 한다. 그렇지만 그런 노력의 결과를 받아주는 학술지도 없거니와 큰 의미가 없다는 생각이 경영학계에서는 팽만하였다. 더구나 오늘날 연구 성과를 외국의 영문 학술지에 게재하는 일을 점점 장려하는 상황에서 외국에서 이미 증명된 가설을 다시 국내 데이터를 가지고 쓴 논문을 해외 학자들이 인정해줄 여지는 별로 없다. 둘째, 앞으로는 국내 기업에서 발생하는 문제들로부터 한국적 가설을 도출하고 이 가설을 검증하는 노력이 더욱 필요하다. 물론 그러한 가설들의 타당성도 재검토 대상이라 할 수 있다. 우리의 경제규모가

36) 이 명칭은 대한민국 국가경영의 뉘앙스를 풍겨 다소 부적절한 것 같다. 대신 '한국적 경영학'이 의도한 바에 더 가까울 것이다.

성장하고 우리 기업들이 글로벌 시장에서 차지하는 위상이 올라감에 따라 이러한 노력은 학문적으로 큰 의미를 가질 수 있다. 이는 미국과 같은 서양 나라들이 경영학의 학문적 종주를 자처하는데서 우리나라로 조금씩 바꾸어가는 중요한 출발점이 될 수 있을 것이다. 결론적으로 사례연구는 국내 기업들의 독특한 문제를 이해하기 위한 중요한 도구일 뿐 아니라 특히 현장 경험이 전무한 학부 학생들에게 훌륭한 경영학 교재로 활용될 수 있다. 끝으로 현장사례의 개발과 활용이 경영학 교육의 현장에서 더욱 활발해질 필요가 있으며 이를 위해서는 학부교육에서 경영관련 내용을 과도하게 가르치기보다 실무자들이 많은 MBA교육에서 보다 전문적인 경영교육이 시행되는 것이 더 적절할 수 있다.

CHAPTER
06

경영교육의
균형잡기

CHAPTER 06

경영교육의 균형잡기

현대 경영교육의 내용과 방법이 오늘날 기업이 요구하는 인재를 길러내는 데는 한계가 있음을 앞에서 설명하였다. 사회가 필요로 하는 인재의 요건과 경영교육의 역량은 무척 넓은 괴리가 있음도 파악하였다. 그래서 급변하는 경영환경에서 어느 조직에서도 성공할 확률이 높은 현재와 미래이의 경영인을 육성하기 위해서 경영교육은 대규모 수술이 필요한 환자라는 생각이 든다. 사람의 나이는 세월의 흔적이라 할 수 있는 주름으로 가늠할 수 있다. 사람들은 이 주름을 감추고 좀 더 젊어 보이기 위해 보톡스나 필러를 맞는다. 경영교육도 마찬가지가 아닐까? 변화된 환경에 걸 맞는 인재를 양성할 수 있는 경영교육이 아니라면 그 모습을 개선하고 거듭나기 위해서는 불가피하게 수술이 필요하다. 그렇다면 경영교육의 내용과 방법에 주입하여할 새로운 물질들은 무엇일까? 이 장에서는 경영교육에 주입해야 하는 보톡스와 필러를 예술과 인문학 그리고 융복합을 키워드로 잡았다. 물론 경영교육을 보완하고 혁신할 수 있는 레퍼토리는 예술과 인문학 이외에도 많이 있을 수 있다. 그렇지만 경영교육의 한계와 문제점을 극복하는 방편으로 최근 가장 자주 눈에 띄는 레퍼토리가 예술과 인문학이므로 이 주제에 지면을 더 할애하고자 한다. 경영학은 지금까지 최적해(optimal solution)를 추구하는 합리성과 과학적 방법에 근거한 이성에 최고의 가치를 둬 왔다. 그러기에 이

분야들은 인성과 감성을 보완해 줌으로써 전통적 경영인의 불균형을 해소할 수 있을 것이다. 특히 두 분야는 개인의 주관과 무한한 상상력 그리고 독창성을 요구하는 두 분야는 혁신과 변화 그리고 창의적 문제해결을 추구하는 경영학이 결여하고 있는 부분을 보완해줌으로써 경영교육에 보다 통섭의 관점으로 접근할 수 있도록 도울 것이다. 이성적 판단과 감성적 자질은 창의적 경영인이 되는데 매우 중요한 두 형질이다.

예술, 인문학 그리고 창의성의 관계를 극명하게 보여주는 사례는 천재 과학자 아인슈타인이다. 그의 아버지는 특히 고전문학을 많이 읽었는데, 그 영향을 받아 아인슈타인은 유년기에 그 또래의 나이에 맞지 않은 서적을 많이 읽었다. 12살 때 혼자 「기하학」을 읽었으며, 14살 때 칸트의 「순수이성비판」을 읽었다. 이외에도 그는 플라톤, 존 스튜어트 밀, 메이비드 흄, 칼 피어슨이 쓴 책을 읽으며 인문학적 사고능력을 키웠다. 한편 그의 어머니는 아인슈타인에게 6살 때부터 피아노와 바이올린을 가르쳤다. 어린 아인슈타인은 처음에는 거부하였지만 몇 년이 지난 후 모차르트의 음악을 연주하고 싶어 다시 바이올린을 배우기 시작했다. 아인슈타인은 스스로 하고 싶어 시작한 일에는 놀라운 집중력을 발휘하였다. 그는 바이올린을 배운 지 7년 만에 모차르트 음악에서 놀라운 수학적 구조가 있음을 터득하기도 하였다.

이러한 일련의 사건들을 계기로 그는 눈에 보이는 세계보다 그 뒤에 감추어져 보이지 않는 세계를 지배하는 법칙에 강한 호기심을 느꼈다. 그는 호기심과 상상력 속에서 감추어진 진리 곧 과학의 법칙을 깨달아가는 일에 큰 즐거움을 느꼈다. 그는 힘들게 들어간 취리히 연방공대에서도 수업에는 거의 출석하지 않았다. 대신 정치, 종교, 과학, 수학 등의 주제를 가지고 친구들과 토론하고 바이올린을 연주하는 일로 대학생활을 보냈다. 그는 추상적인 수리물리학에 관심을 가졌고 그 기초를 독학으로 공부하였다. 이런 모습은 스탠포드대학의 학부과정에서 다양한 인문학, 사회학, 자연과학, 예술 수업을 수강했던 HP 전 회장 칼리 피오리나를 닮았다.

창의성 교육은 뇌과학(brain science), 교육, 정보, 인간공학, 커뮤니케이션이론, 창의학(creatology) 등과 같은 인접학문들과 함께 종합적으로 접근해야 하는 분야이다. 창의적 사고 분야의 대가인 에드워드 드 보노(Edward de Bono)는 창의력은 신비한 능력이지만 선천적으로 주어지는 재능이 아니라 훈련에 의해 개발될 수 있는 능력이라고 하였다. 물론 이 말에 전적으로 동의할 수는 없지만 적어도 지속적인 교육과 훈련을 통해 후천적으로 어느 정도 길러질 수 있는 형질이라는 것에 동의를 하며, 그렇기 때문에 창의성 교육은 어릴 때부터 시작할수록 보다 비용효과적이다.

6.1 창의성과 예술교육

문화·예술교육은 체험을 통해 감각기능을 발달시키고 문제의식과 사고의 융통성을 향상시킴으로써 창의성과 감수성을 길러주는 데 더 없이 큰 도움을 줄 수 있다. 실제 영국의 창의성 육성 프로그램인「크리에이티브 파트너십」연구결과에 의하면 문화적·예술적 경험은 자신감, 의사소통 능력과 동기 부여를 높이는데 효과적인 것으로 나타났다. 세계 최대 IT업체인 HP의 CEO를 지냈고 지금은 미국의 차기 대통령 출마를 준비하고 있는 칼리 피오리나는 어릴 적부터 피아노를 배우면서 연주에 요구되는 정확성과 집중력을 즐기는 한편 두려움과 의심과 악몽을 표현하는 아름다움을 음악에서 찾기도 하였다. 대구백화점 창업자 고 구본흥 회장도 고객의 필요를 찾아내는 일에 탁월한 사람이었다. 그를 인터뷰한 한 작가는 그가 구술하는 모습에서 매우 감성적이라는 사실을 알았고 그를 '감성적인 이상주의자'라고는 수식어를 붙이기도 하였다. 그의 이런 감성적 유전자는 자녀들에게도 고스란히 드러났다. 장남은 글을 잘 써 수필집을 발간하였고, 현 회장인 차남 구정모 씨도 그림에 일가견이 있으며, 넷째 딸은 화가로 활동하고 있다.

영화감독·제작자이면서 드림웍스의 대표이기도한 스티븐 스필버그가 위대한 영화감독과 창조적 기업가가 될 수 있었던 것은 그가 어릴 적부터 부모로부터 받은 교육에 큰 영향을 받았기 때문이다. 그가 정규 교육을 통해 받은 성과는 미미했다. 소년시절에는 난독증으로 책을 읽지 못하였고 학습 지진아 학급에 편성되기도 했으며 결국 고등학교 2학년 때는 학교를 떠나야 했다. 그런 그를 아인슈타인의 부모처럼 인정하고 용기를 북돋워준 유일한 사람은 부모였다. 스필버그의 어머니 레아 애들러는 피아니스트를 꿈꿀 정도로 음악적 재능이 뛰어났지만 예술의 길을 포기한 여자였다. 레아 애들러는 스필버그가 기저기를 차고 있을 때부터 계속 음악을 들려줬는데 그 음악이 스필버그의 창의력 발달에 지대한 영향을 미쳤을 것이라고 지인들은 말한다. 그녀는 보통 어머니들보다 개방적이고 진보적이어서 문제가 많았던 아들에 대한 믿음과 기대를 결코 버리지 않았다. 레아는 아들에게 설교하듯이 나무라지 않았고 친구처럼 대화를 즐겼다. 스필버그는 한 인터뷰에서 "내 이야기를 가장 재미있게 들어주고 늘 대화를 충분히 나누며 옆에 있을 수 있는 사람은 어머니뿐이다"라고 할 정도였다. 한편 첨단 영화제작에 꼭 필요한 열정과 상상력 그리고 창의력은 그의 아버지로부터 물려받은 재능이자 교육이었다. 기계공학에 능했던 아버지는 아들 스필버그에게 새로운 경험을 통해 상상력을 기르도록 특별한 체험을 할 기회를 자주 제공하였다. 스필버그 10살 때, 아버지는 그를 무작정 차에 태우고 애리조나 사막으로 가 거대한 유성비가 떨어지는 하늘을 보여주기도 하였다.

예술가들이 창작을 할 때 주로 활용하는 창의성 도구들 중에는 의인화, 일체화가 있다. 이 두 가지의 개념과 적용사례를 자세히 알아보자.

의인화

화가들을 포함한 예술가들은 오래전부터 의인화를 통해 창조적 작품세계를 펼쳐왔다[37]. 의인화는 나중에 설명할 인문학에서 '일체화'와 '감정이입'과 연결되는 개념이다. 고대 그리스의 이솝(Aesop)은 동물이 사람처럼 생각하고 말하며 행동하는 우화(寓話)를 남겼다. 우화란 동물을 주인공으로 등장시켜 인간의 어리석음을 풍자하고, 삶의 교훈과 지혜를 주는 짧고 재미있는 이야기이다. 16세기 이탈리아 화가 베첼리오 티치아노는 인생의 3단계를 세 마리의 동물에 비유한 그림을 남겼다. 그림 윗부분에 세 남자의 얼굴이 있는데, 오른쪽부터 소년의 옆모습, 중년 남자의 앞모습, 노인의 옆모습이 있으며, 그 아래에는 개의 옆모습, 사자의 앞모습, 늑대의 옆모습을 그렸다. 그림 속 세 남자의 얼굴은 인생의 3단계

37) 조선일보, 2014.6.6 이명옥의 명작 따라 잡기 "동물 얼굴에 담아낸 인간의 본성" A26.

인 소년기, 중·장년기, 노년기를 의미하며 동시에 과거, 현재, 미래를 상징한다. 경험이 많고 신중하게 행동하는 노년기는 늑대를, 삶의 에너지가 넘치는 중·장년기는 사자를, 희망과 기대에 찬 소년기는 개에 비유했다. 즉 늙어감에 따라 자신을 알고 인생을 현명하고 지혜롭게 살아가라는 교훈을 주기 위해 동물을 인간에 비유한 작품이다.

17세기 프랑스 화가 샤를 르브룅은 인간의 성격과 행동을 동물의 얼굴과 비교한 그림을 그렸다. 그는 인간의 얼굴에 나타난 특징을 관찰하고 분석한 다음 다양한 동물의 얼굴로 표현했다. 한 작품에서는 인간과 당나귀의 얼굴을 비교하였다. 그가 인간을 동물과 비교한 그림을 그린 이유는 동물의 외형적 특징이 얼굴에 나타나는 사람은 그 동물과 비슷한 본성을 가졌다고 믿었기 때문이다. 예를 들어 늑대 모습을 닮은 사람의 성격은 어둡고 음흉한 행동을 한다고 생각했다. 우리는 동물학자들의 연구나 동물을 다룬 다큐를 통해 늑대에 대한 습성을 어느 정도 알고 있기 때문에 특정 동물을 특정 사람과 일체화할 수 있다. 우리가 실제로 그 동물이 되어 본 것은 아니지만 동물의 습성과 닮은 사람이 있다면 그 동물의 모습을 그 사람과 일체화시키는 것이다.

미국의 사진작가 윌리엄 웨그먼은 동물애호가이다. 그는 인간과 동물이 사이좋게 살아가는 세상을 만들고자 의인화된 개를 작품에 표현하였다. 웨그먼의 반려견 작품에서는 개가 네 발 달린 친구라는 것을 사람들에게 보여주고자, 인물 사진을 찍을 때와 똑같은 기법으로 반려견을 촬영하였다. 그는 개를 자신과 교감할 수 있는 사람과 다를 바 없는 생물체로 본 것이다. 한편 우리나라의 화가 성유진도 인간을 동물에 비유한 그림을 그렸다. 고양이가 인간의 모습을 한 그림에서 고양이는 의인화된 화가의 자화상이었다. 그녀는 대학 시절 우울증에 걸려 큰 고통을 겪었는데, 애완 고양이를 키우면서 우울증을 이겨냈다고 한다. 2006년 입양한 수고양이 '샴비'가 인생의 동반자가 되면서 자기 모습을 닮은 고양이가 그림에 나타나기 시작하였다. 고양이 인간의 표정이 우울한 것은 우울증을 앓았던 당시 화가의 모습을 담았기 때문이다.

예술가들이 쉽게 발휘하는 의인화와 일체화는 '감성경영'을 할 때 필요한 능력이다. 경영의 여러 대상 중에 하나는 사람이며 기업의 가장 중요한 자산이다. 모두가 조직의 비전과 목표를 향해 함께 뛰어가야 하는 상사, 동료, 부하, 협력업체 직원, 고객들이다. 사람들로 하여금 비전에 대해 가슴 뛰게 하고 동일한 목표를 향해 열심히 뛰도록 만드는 것은 급여와 금전적인 인센티브만이 아니다. 조직의 비전과 미션이 자신의 그것과 일체화가 되어야 그 조직을 위해 열심히 뛸 수 있고, 타인의 입장과 심정을 헤아릴 때 모두가 공감하여 신속하게 집행할 수 있는 해결방안이 도출된다. 사람마다 일상에서 타인과 일체화를 하는 정도는 타고난 성품과 기질의 영향을 받기에 천차만별이다. 과도한 일체화는 적정 이윤을 추구해야 하는 기업의 지속경영에 부정적인 영향을 줄 수도 있다. 따라서 조직구성원과 고객을 향한 경영자의 일체화 능력은 조직의 목표, 절차 그리고 규칙이 허락한 가이드라인 내에서 융통성 있게 쓸 수 있어야 한다. 때로 이윤의 극대화와 비용의 최소화 논리는 경영자의 일체화 능력을 지나치게 제한하여 기업을 파렴치한 냉혈조직으로 만들기도 한다.

6.2 창의성과 인문학

인문학은 내용 그 자체가 창의성의 무한 원천이기도 하면서 창의성 함양을 돕는 방법론을 제공하는 학문이다. 그렇지만 인문학 교육이 경영자의 창의력 증진에 미치는 영향에 대한 진술들은 상당부분 개인적 경험과 상식에 근거한 추론인 경우가 많다. 사람의 창의성에 영향을 미치는 요인들을 열거하자면 셀 수 없이 많지만 모든 것을 나열할 수 없을 뿐만 아니라 그것들의 상호관계성을 일일이 실증할 수 있는 방법도 마땅치 않다. 그래서 우리는 막연하게 실증되지 않은 산발적인 일화(사례)를 통해 인문학의 내용과 방법이 경영자의 창의성에 영향을 줄 것으로 전제해 왔다. 그래서 그런지 최근 들어 인문학과 창의력을 연계한 연구와 저서들이 많이 간행되고 있는데 이러한 현상을 결코 나쁘게만 볼 필요는 없다. 다만 다다익선(多多益善)이지만 또 과유불급(過猶不及)이란 사자성어가 필요한 현상이다.

문학과 창의성 교육

경영학 전문가와 문학을 대표하는 시(詩)의 대가가 '창조법'에 대해 쓴 흥미로운 책, 「감성의 끝에 서라」(강신장, 황인원 저, 21세기 북스사 간)가 있다. 두 사람이 이 책을 함께 쓴 동기는 시인이 지닌 언어적 창조성이 경영에 있어 문제해결에 필요한 창의력에 자양분이 될 수 있다는 전제 때문이었다. 두 저자는 "사물의 마음을 보는 것이 시이고, 사물에 새 마음을 담는 것이 상품기획이며, 사물의 마음을 사람들에게 전달하는 것이 마케팅이고, 사물의 마음을 형상화하는 것이 디자인"이라고 하였다.[38] 사물의 마음을 읽는다는 것은 마케팅 측면에서 볼 때 결국 사람이 갖고 싶어 하고, 느끼고 싶어 하고, 공감하고 싶어 하고, 체험하고 싶어 하고, 전하고 싶어 하는 것이 무엇인지를 찾는 능력으로 봐야 한다. 따라서 경청(listening)의 힘은 아무리 강조해도 지나치지 않다.

성공적인 기업가와 경영자들에게 반드시 필요한 자질 중에 하나는 상상력[39]이다. 경영에서 상상력을 필요로 하는 곳은 수도 없이 많다. 예를 들면 비전 개발, 전략계획, 인사관리, 신기술개발, 신상품개발, 광고, 고객서비스 등이다. 기업의 비전은 그 기업이 추구하는 미래의 모습이다. 지금 존재하는 것이 아니므로 당연히 높은 상상력과 긴 안목의 통찰력과 예지력을 요구한다. 경영자가 경영문제에 대한 해결책을 선택할 때도 반드시 그 해결책이 가져다줄 결과를 정신적으로 시뮬레이션한다. 이때 결과를 이미지로 상상하는 능력을 필요로 한다. 신기술과 신제품의 콘셉트를 잡고 디자인하는 일에도 당연히 상상력이 따른다. 한편 시(詩)를 짓는 일 역시 높은 상상력을 요구한다. 그래서 경영자가 시인의 상상력을 배운다면 경영에서 요구되는 상상력을 훈련할 수 있을 것이다. 시인의 감성적 능력은 경영자들에게 상상력을 교육하는데 더 없이 좋은 재료이다.

시인의 탁월한 상상력은 일체화(一體化, Identification) 능력에 있다. 앞서 일체화 능력은 중요한 창의력의 근원임을 설명하였다. 일체화 능력은 현상이나 문제 그리고 타인의 생각에 대해 공감하는 능력을 말한다. 이 공감능력이 뛰어나면

38) 강신장, 황인원, 감성의 끝에 서라, 21세기 북스사, 2014, p. 67.

39) 앞에서 이미지로 사고하는 일(형상화, imaging)로 다룬 적이 있다.

감정이입이 쉬워지고 생명이 없는 객체와 타자의 관점에서 현상과 문제를 바라볼 수 있다. 공감능력이 뛰어난 사람과 그렇지 못한 사람이 가지는 고객 만족의 개념과 태도는 크게 달라진다. 전자는 스스로를 고객의 입장에서 직원의 서비스 태도, 제품 그리고 서비스 시스템들을 바라보기 때문에 후자보다 더 용의주도하고 디테일하게 서비스를 설계할 수 있다. 따라서 일체화능력이 떨어지는 사람을 고객서비스 업무에 투입하는 것은 삼가야 할 것이다. 감성과 공감 능력이 탁월한 영향력을 발휘할 수 있는 영역 중에 하나는 광고와 홍보물 제작이다. 제과업체 오리온의 '초코파이'와 '정(情)'은 사실 아무런 관계가 없다. 그렇지만 광고제작자는 이 두 개를 연상토록 하는 작위적 설정을 광고에 넣어 관계를 만들었다. 이때 무한한 상상력과 감성이 요구된다. 시골분교의 한 초등학교 교실에서 어린 여학생이 엄마 치마 뒤에 숨어 이제 그곳을 떠나는 선생님에게 수줍게 손을 내밀어 초코파이를 전하는 모습을 보는 시청자는 두 사람 사이에 흐르는 정을 느끼게 되고 초코파이를 매개체로 그 감정을 공유하게 된다. 즉 사람들끼리의 정을 생각하면 초코파이를 연상하게 만든 것이다.

삶에 있어 감성이 필요한 이유는 사람의 마음을 이해하고 서로 소통함으로써 그 사람의 마음을 얻고 좋은 의미에서 내가 원하는 행동을 하도록 유도할 수 있기 때문이다. 사물의 마음을 이해하고 사물과 소통하는 것보다 더 감성의 극단으로 향하는 것은 없다. 유대인의 언어인 히브리어에는 '케세스(Chesed)'라는 단어가 있다. 이 단어는 동정, 연민, 공감능력을 뜻하는 매우 풍요롭고 심오한 단어이다. 상대방의 아픔을 나의 아픔으로 느끼는 힘으로 측은지심 곧 자비심을 뜻하기도 한다. 작가들은 자신의 감성 능력으로 이전에는 전혀 관련이 없었던 사물과 사물, 사물과 사람, 사람과 사람사이에 새로운 관계를 형성하고 끄집어내는 것이다. 그렇지만 이 감성이 지나칠 때는 오히려 조직에 독이 될 수도 있기 때문에 그것에는 항상 적절한 브레이크를 장착해야 할 필요는 있다.

강신장과 황인원(2014)은 '문학경영'이라는 신조어를 만들었다. 물론 그 의미가 애매모호하지만 이를 모토로 하여 경영자를 대상으로 시적 감성과 상상력을 교육하고 연습시켜 경영에 필요한 상상력을 키우는 교육프로그램을 직접 만들어 운영하였다. 「시인들의 창조법을 통해 배우는 Think Different 최고위과정」이 그것인데, 수강자로부터 매우 흡족한 평가를 받고 있다고 한다. 모 그룹의 최고경영자는 "내용이 유익할 뿐만 아니라 경영에도 활용할 가치가 높다"고 평가하였다. 이것을 경영관련 학부 교육에 맞도록 수정하고 확장하여 창의성 계발을 위한 감성교육의 한 방법으로 활용할 수 있을 것이다.

6.3 감성교육

앞서 설명하였듯이 예술교육과 인문학적 도구를 잘 활용하면 경영자에게 메마른 감성을 보충하고 문제해결에 필요한 창의성을 증대시킬 수 있다. 그렇다면 경영교육에서 감성교육이 가능하며 그 방법은 있는 것일까? 경영학 커리큘럼에 일반적으로 포함되는 기초과목(통계학, 경영수학, 비즈니스 커뮤니케이션 등), 기능별 과목(마케팅, 생산관리, 재무회계 등), 통합형 캡스톤 과목(경영전략 등)들 외에 감성교육만을 목적으로 한 과목을 개설하는 일은 쉽지 않다. 매학기 학과가 개설할 수 있는 최대학점이 제한되어 있기에 경영과 직접적으로 관련 있는 전공과목들의 개설을 우선시하기 때문이다. 기존 경영관련 과목에서 문학 작품을 읽거나 영화를 보도록 한 후 감상문을 쓰도록 할 수는 있겠지만 이런 과제를 내주면 학생과 주변의 비판을 피해가기 어렵다. 그 취지가 통섭적 경영교육의 목적을 위해 필요하다고 강변할지라도 일부 학생과 동료교수들은 과제의 부적절성을 비판하거나 대학의 인터넷 게시판에 항의성 글을 올릴 수 있기 때문이다.

제한적이지만 마케팅전략, 신상품 및 서비스기획 및 개발, 고객관계관리, 고객서비스, 광고 및 홍보 등 사람에 대한 분석과 이해가 기초가 되는 과목에서는 감성교육이 자연스럽게 삽입되고 병행될 수 있다. 이러한 분야들은 일방적인 주입식 강의를 보다는 학생들이 느끼고 관찰할 수 있는 기회를 주는 영상물이나 인쇄물을 적극 활용할 수 있기 때문이다.

● ● ●

[Box 사례] 의인화와 일체화를 통한 감성교육

강신장 · 황인원(2014, 70)은 상품 및 서비스 기획 및 개발과 관련된 예를 한 가지 소개하고 있다. 집이나 직장 건물에서 크게 주목받지 못하는 그렇지만 화재 시에는 더 없이 중요한 소화기를 인테리어용으로 만드는 과정을 소개하고 있다. 주변 곳곳에 배치되어 있는 빨간 색깔의 소화기를 상상하거나 소화기와 관련된 개인적 경험을 떠올리며 스스로 소화기의 마음이 되어보는 것이다. 평소에는 관심조차 없었던 소화기를 의인화하고 일체화해 보는 것이다. 소화기가 처해 있는 상황에 자신을 이입하고 소화기가 처해 있는 상황에 몰입해 보는 것이다. 〈그림 5〉는 소화기하면 떠오른 생각들을 요약해서 보여주고 있다. 이제 소화기의 마음을 알았으며 새롭고 독창적인 소화기를 디자인할 수 있을 것이다. 소화기에 얽긴 자신의 이야기를 하다보면 소화기가 정작 가장 필요한 곳에는 없고 어둡고 구석진 곳에 있는 경우가 많다. 즉 화재가 발생하면 큰 손실을 가져다줄 거실이나 안방에는 없고, 화재가 발생할 확률이 가장 높은 주방에는 정작 소화기가 없다는 것을 알게 된다. 우리는 왜 소화기를 보이지 않은 그런 곳에 가두어두고 정작 필요할 때 빨리 찾지 못해 허둥거려야 할까? 새빨갛고 커다랗고 투박하게 생긴 겉모습 때문은 아닐까? 생각이 여기까지 이르면 소화기를 누구라도 거실이나 부엌에 두고 싶을 정도로 세련되고 깔끔한 용기로 디자인하면 어떨지 생각하게 된다. 그래서 '기도하는 소녀상' 소화기, '골프하는 타이거 우즈' 소화기, '뽀로로' 소화기 같은 인테리어 소화기를 생각해 낼 수 있다. 스스로를 소화기와 일체화하는 과정을 통해 소비자들이 평상시에 생각하는 소화기의 모습과 실내 환경과의 부조화를 찾아내었으며 이를 극복하기 위해 필요한 제품혁신 아이디어를 창출할 수 있었다.

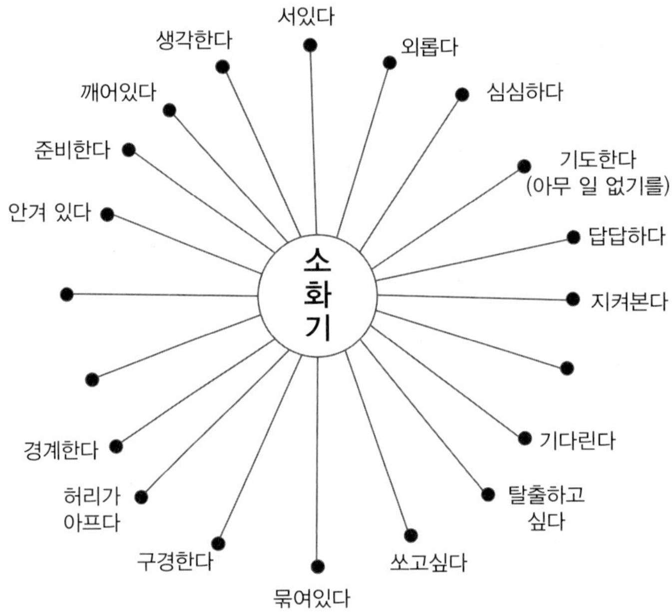

〈그림 5〉 소화기에 대한 연상단어 (강신장 · 황인원, 2014, 74)

경영 관련 전공 학생들이 부족한 감성을 훈련하여 자신의 이성적 역량과 균형을 잡도록 하기 위해서는 인문대학과 예술대학 등지에서 개설하는 전공 및 교양과목을 듣도록 하는 방법도 있다. 만일 이 방법을 쓸 경우, 적어도 과목들의 내용을 경영학 관련 교수들이 면밀히 검토하여 추천과목 리스트를 작성해줄 필요는 있다. 최근에는 '예술경영', '문화경영', '디자인경영'처럼 예술분야와 경영학을 접목한 융합과목들이 많이 개설되고 있어 감성교육을 일조하고 있다. 이러한 과목들은 예술관련 단과대학(미술대학, 음악대학, 패션대학)과 학과 그리고 경영관련 대학이나 학과에서 개설되기 보다는 일반교양으로 개설되는 경우가 많으며, 다수의 예술관련 대학원에서도 이러한 과목들을 많이 개설하고 있다.[40)]

저자가 학부생을 대상으로 가르치고 있는 디자인경영 수업에서는 디자인의 개념과 역사, 트렌드, 디자인 조직의 특징을 전반부에 가르친 후, 후반부에서는 디자인 조직의 경영에 필요한 경영이론들을 소개하고 있다. 주로 수강하는 학생들은 비예술계통의 학생들인데 과목의 목적은 오늘날 기업경영에 있어 중요한 위치

40) 숙명대, 한세대, 동국대, 중앙대, 한국예술종합학교, 이화여대, 홍익대, 경희대 등

를 차지하고 있는 디자인에 관심을 갖도록 하고 전문 디자이어와 소통에 필요한 기초지식과 전문용어 등을 익히도록 하기 위함이다. 그렇지만 이런 융합과목들은 예술계열 학생들과 비예술계열 학생들 모두로 부터 외면 받을 수 있다는 위험이 있다. 비예술계열, 특히 경영학 관련 전공자에게 디자인에 관련된 내용은 흥미롭지만 후반부인 디자인 조직의 경영에는 식상하여 흥미를 잃을 수 있고, 예술계열의 학생들에게는 정반대의 현상이 일어날 수 있을 것이다. 따라서 창의력 향상을 위해 예술교육과 인문학적 도구를 경영교육에 직접적으로 활용하는 방법을 고민하는 일이 필요하다.

6.4 감성과 경영

감성은 사람의 다양한 역량을 자극하여 창의력을 확대시킨다. 경영학에서 공식적(학술적) 용어는 아니지만 '감성경영'이라는 단어가 요즘 언론매체에서 자주 눈에 띈다. 특히 여성에게 감성이 더 풍부하다는 이유로 주로 여성 CEO가 수행하는 경영방식에 붙이는 이름표인 듯하다. 흔히 감성경영은 '모성애'라는 단어를 연상시키기 때문이다. 어머니와 같은 마음으로 부하의 고충을 이해하고 이들을 도닥거리면서 사기와 충성심을 높이는 동기부여 경영을 말한다. 그렇다고 감성경영을 여성의 전유물로 두어서는 곤란하다. 남성 CEO도 얼마든지 감성을 자극하고 활용하는 창의적 경영을 할 수 있어야 하기 때문이다.

현대그룹 현정은 회장은 고3 자녀를 둔 임직원에게 자녀 교육 지침서나 수험생 자녀를 위한 목도리를 전달하거나 격려의 내용을 담은 이메일을 임직원에게 직접 발송하기도 하며, 복날에 포장된 삼계탕을 전 임직원들에게 보내기도 한다. 기업 대상 전문여행사인 SM C&C의 송경애 사장은 고객보다 직원을 더 우선시 한다. 어린이날에 직원들의 자녀를 위해 본인이 직접 백설공주 옷을 입고 파티를 열어주고, 5년 이상 근속 직원의 부모님들을 모시고 함께 여행도 간다. 직원들이 '해피트리'라는 화분을 하나씩 키우도록 하고 자신의 소망을 적도록 한다. 다년간 육아휴직이나 해외 유학을 한 후 재취업할 수 있도록 하여 경력단절이 없도록 하여 여성들이 일하기 좋은 직장으로 유명하다. 그래서 SM C&C의 이직율은 매우 낮은 편이다. 일부 대기업은 정시에 퇴근하는 날을 정해 기업이 직원들이 가족과의 관계를 챙기도록 하며, 일부 여성 CEO는 수집한 예술작품을 전시하고 공개하는 활동을 통해 인적네트워크를 확장하고 관리하는 감성경영을 하기도 한다.

여성 CEO가 여성이 잘 할 수 있는 분야의 사업을 하면서 자연스럽게 감성경영을 하는 경우도 많다. 미국의 여성 CEO 마사 스튜어트는 '살림의 여왕'이라는 수식어가 늘 따라다니는 사람이다. 그녀는 요리, 바느질, 목공예, 집 안 꾸미기 같은 가사를 사업으로 만들어 매출 1억6000만 달러(약 1800억원) 기업을 일궜다. 6남매 중 장녀인 그녀는 어린 시절부터 어머니가 요리하는 것, 아버지가 정원을 가꾸는 것을 도와드린 덕분에 살림에 흥미를 가졌고 이 분야에서 일 잘하는 방법을 일찍부터 터득하였다. 그녀는 가계(家計)를 관리하는 것과 기업경영이 유사하다고 하였다. 그녀는 한때 월스트리트에서 주식 브로커로 일을 하면서 훌륭한 기업이 되는 조건에 대해 알게 되었고, 그 덕에 그녀는 훌륭하고 강한 기업을 만들 수 있었다. 그녀는 요즘도 직접 요리하고 바느질하는 모습을 잡지와 TV 쇼를 통해 보여주곤 하지만 이것은 어디까지 겉모습일 뿐 비즈니스는 어디까지 비즈니스이다. 즉 지속경영이 뒷받침해주지 못하는 감성경영은 자칫 낭비이거나 겉치레로 비칠 수 있다. 그녀가 때로 사업계에서는 "피도 눈물도 없는 냉혈녀"라는 평가를 받는 이유도 거기에 있다.

앞서 얘기하였듯이 감성경영을 여성 CEO의 전유물로 생각하거나 경영의 전부로 생각해서는 곤란하다. 성별을 떠나 모든 경영자는 구성원의 감정을 잘 읽고 그들의 필요를 채워주고 맡긴 일을 성실히 할 수 있는 환경을 구축해 주어야 한다. 사람은 다양한 욕구를 가진 감정의 동물이므로 직원을 급여만으로 동기부여하고 충성할 수 있도록 만드는 데는 한계가 있다. 그렇지만 지나치게 감성에 치우친 CEO(리더)는 때로 더 위험할 수 있다. 구성원의 감정에 지나치게 예민하여 그것에 얽매이면 지속경영의 기본이라 할 수 있는 이성적이고 합리적이어야 할 영역이 훼손될 수 있기 때문이다. 흔히 감성이 풍부한 훌륭한 예술가가 예술 관련 단체를 맡아 운영하는데 한계를 보이는 경우가 많은데 바로 그러한 케이스이다. 일 처리에 공과 사가 분명하지 않고, 손익을 무시한 예술성과 심미성에 대한 지나친 쏠림은 때로 조직의 지속경영을 훼손할 수 있다. 그래서 예술경영, 문화경영, 디자인경영과 같은 융합학문들은 다수의 예술가들에게 지나치게 경도되어 있는 감성적 부분에 합리성을 더해줌으로써 균형감각을 갖도록 하는데 초점을 두어야 한다.

기업은 조직이 나아가야 하는 방향, 전략과 정책에 대한 중요한 결정을 하는 이사회를 둔다. 이사회는 전문성 그리고 다양한 배경과 성격을 가진 사람으로 구성되는 것이 그 조직이 장수하는데 꼭 필요하다. 그 이유는 중요한 의사결정을 할 때 감성과 이성이 조합된 균형 잡힌 판단을 해야 하기 때문이다. 브레이크 없는 감성경영은 때로 매우 위험하다. 그래서 이성적이고 합리적인 사고를 하는 구성원이 브레이크 역할을 해주어야 하는 것이다. 대기업들의 이사회는 다수의 사외이사를 둔다. 사외이사의 역할은 내부 경영자들이 보지 못하고 지나칠 수 있는 것들과 투자자들의 시각에서 문제를 보며 적절한 브레이크 역할을 수행하는 일이다. 국내의 경우, 대다수의 사외이사들이 그들의 전문성 보다는 기업의 오너나 경영인과 학연이나 지연으로 엮여 있는 사람들을 위촉하는 경우가 잦은데 이것이 때로 큰 문제의 원인이 될 수 있다. 학연과 지연으로 엮여진 관계에서 사람들은 흔히 문제를 객관적인 시각으로 보기보다 이해당사자의 호불호를 따르는 감정적 판단을 할 경향이 높아지기 때문이다.

감성경영의 대상을 주로 내부직원에 한정하는 것은 대다수 언론매체의 편향보도 때문이다. 사실 감성경영은 그 대상이 내부직원만이 아닌 협력업체의 직원과 고객으로도 확대되어야 한다. 고객의 필요와 소리에 귀 기울이고 그들의 필요를 충족시켜줄 수 있는 제품과 서비스를 창안하는 것이야말로 진정한 감성경영의 목표가 되어야 한다. 결론적으로 내부직원을 대상으로 한 감성경영은 동기부여와 인적자원관리 및 조직관리 차원에서 다루어줘야 하고, 고객과 협력업체 직원을 대상으로 한 감성경영은 마케팅 분야, 신제품개발, 영업 분야, 수주 및 재고관리분야 등에서 반드시 다루어야 할 주제들이다.

6.5 창의성(문제해결능력) 개발도구

이 절에서는 경영교육을 할 때 활용할 수 있는 다양한 창의성 개발방법과 도구를 설명하고자 한다. 성공적인 경영자가 되기 위해서는 창의성만이 전부는 아니라는 것을 앞에서 설명하였다. 그래서 이 절에서 설명하는 방법과 도구들은 학생들이 미래에 성공하는 경영자 및 리더가 되는데 필요한 창의적 문제해결능력을 배양하는데 필요한 것들이다.

관찰능력의 배양

관찰능력은 창의력 함양에 매우 유용한 도구이다. 특히 다른 사람이 쉽게 놓치는 것을 봄으로써 행복을 느끼며 새로운 세계를 접하는 몰입의 즐거움도 여기에 있다. 사물이나 현상 그리고 문제에 자신을 몰입하고 일체화하기 위해서는 그것을 깊게 관찰하고 사색하는 노력이 요구된다. 박물관이나 미술관에서 작품을 대할 때 작품들을 건성으로 보는 관람자와 그렇지 않고 몰입해서 보는 관람자가 그 작품에 대해 느끼고 해석하는 분량의 차이는 엄청나다. 작품을 처음 접했을 때의 느낌은 이후 해설자가 제공하는 정보와 문헌에서 얻은 정보를 가지고 다시 작품을 감상할 때의 그것과 다양성과 깊이에서 큰 차이가 있다. 예를 들어 고갱의 작품을 그의 연보(개인역사)와 함께 감상하면 그의 인생관, 정신세계 그리고 관심사가 시간이 지나면서 변한다는 것을 어렵지 않게 감지할 수 있으며 그것 자체가 관찰의 즐거움이 될 수 있다.

관찰에 요구되는 끈기와 정밀성은 동·식물학자들이 탁월하다. 동물학자들은 동물 집단의 습성, 행동, 이동경로 등을 관찰하고 기록하기 위해 무거운 촬영 장비를 들고 몇 주 몇 달을 야영하기도 하며, 식물학자들은 생태계 속에서 식물이 자라고 군락을 이루는 과정을 관찰하기 위해 몇 년을 반복적으로 동일한 장소를 찾는다. 지속적이고 주도면밀한 관찰을 통해 동·식물학자들은 자연 속에서 오랜 기간에 걸쳐 일어나는 현상과 패턴을 포착하고 그것을 이론화한다.

고대 중국에서 시인을 견자(見者)라고 불렀다. 견자란 16지견(知見) 중의 하나이며 5온(蘊, 쌓을)으로 이루어진 몸에 아(我)가 있다고 보았다. 19세기 말 프랑스의 시인 랭보(Rimbaud)는 「견자의 편지(Lettres du voyant)」라는 둘째 편지에서 시인이란 무릇 무한한 시간과 공간을 꿰뚫어 볼 수 있고 개인의 인격에 대한 인습적 개념을 형성하는 모든 제약과 통제를 무너뜨림으로써 영원한 신의 목소리를 내는 도구로서의 예언자가 되어야 한다고 하였다.[41] 즉 그간 교육과 훈련 그리고 잡다한 경험을 통해 형성된 습관, 편견, 고정관념을 모두 버리고 사물과 문제를 객관적으로 관찰하고 생각해야 한다. 그렇지 않으면 문제해결과정 중 탐색단계(intelligence)에서 인식한 문제가 실제 해결해야 하는 문제가 아닐 수도 있기 때문이다.

강신장·황인원(2014, 89)은 「시인들의 창조법을 통해 배우는 Think Different 최고위과정」을 만들어 CEO들에게 일체화를 통한 창의력향상 교육을 진행한 결과 소기의 효과가 있었다고 앞서 설명하였다. 특히 신제품을 기획하는 단계에서 일체화를 적용한 결과, 독창적이고 기발한 제품을 생산하는데 도움을 준다는 것을 확인하였다. 삼성전자 스마트폰 '갤럭시 S4'의 디자인 콘셉트는 '삶의 동반자(Life Companion)'이다. 고객과 24시간 함께 하면서 때로는 아내(남편)나 여자(남자)친구로서, 때로는 친구나 비서가 되어 돕고 위로를 하겠다는 의미가 담겨있다. 삼성전자 다자이너는 이 콘셉트를 짜기 위해 스스로 휴대폰이 되어보기도 하였을 것이고, 사용자의 생각과 행동을 관찰하였을 것이다. 이런 과정을 거쳐 나온 제품을 팔 때 영업사원은 당연히 이 제품을 만든 회사의 마음을 전달해야 가장 효과적일 것이다. 그렇게 보면 영업 및 판매기법이란 것이 별 것 아닐 수도 있다. 기업이 이 제품을 고객의 어떠한 마음을 헤아려 만들었는지를 사원들에게 교육하면 될 것이다. 그가 진정 성공하고픈 영업사원이라면 당연히 자기가 팔 물건의 기능과 특징을 연구해야 할 것이고 이 물건을 구매할 잠재고객의 마음을 담아 제품을 분석해야 할 것이다. 디자이너도 영업사원도 관찰은 제품의 디자인과 판매에 필요한 귀중한 통찰력을 제공할 수 있다.

경영에 있어 관찰의 대상은 무엇일까? 매출액, 생산량, 현금흐름, 영업이익, 불량률 등기업의 재무 건전성과 경쟁력을 알리는 핵심성과지표(KPI)들은 당연히 지속적으로 관찰해야 한다. 기업은 이러한 지표들을 실시간으로 모니터링하기 위해 경영정보시스템, 전사적자원관리(ERP), 데이터웨어하우스 등에 많은 예산을 투자하고 있다. 경영자는 또한 경쟁업체나 협력조직(공급업체, 소비자단체, 정부기관, 금융기관 등)들의 움직임을 끊임없이 관찰해야 하며 자신이 속한 기업에 영향을

41) http://100.daum.net/encyclopedia/view.do?docid=b06r0073b

미칠 주요한 결정과 행동들을 미리 간파한 후 적절한 대응책을 마련하여야 한다. 때로 최고경영자는 경영진의 주요 멤버나 핵심 기술자들의 동향도 합법적인 범위 안에서 관찰해야 한다. 불만을 가진 사람은 갑작스럽게 회사를 떠날 수도 있을 뿐만 아니라 회사의 중요한 기밀사항을 경쟁업체에 넘길 수도 있기 때문이다. 직원의 성과를 평가하고 그들에게 상응하는 급여와 인센티브를 결정하기 위해 인사부는 직원들을 끊임없이 관찰하고 기록해야 한다. 그런데 이것뿐일까? 조직에서 상위계층으로 올라갈수록 정치, 경제, 사회, 문화적 트렌드에 민감해야 한다. 국제정치의 지형변화, 인구분포의 변화, 기후변화, 가치관의 변화, 소비자들의 생각과 태도의 변화 등 모두 열거할 수는 없지만 경영자는 문제를 정의하고 변화에 필요한 계획과 행동을 하는데 필요한 관찰을 지속적으로 해야 한다. 이것을 위해 경영자들은 해외에서 개최되는 각종 전시회와 포럼에 참석하고 다른 국가의 정치인이나 CEO들과 만나 대화를 나눈다. 어떻게 보면 동식물학자의 관찰은 끈질긴 인내가 요구되지만 경영자에게는 지속성과 통찰력이 함께 요구된다. 그래서 경영교육에는 데이터를 찾아 가공하고 그 정보가 갖는 의미를 해석하고 통합하는 능력이 포함되어야 한다. 여기서 정보란 의사결정을 위해 디지털형태로 저장된 데이터를 주로 말하지만 독서를 통하거나 직접 겪은 아날로그적 체험, 타인과의 대화 등을 모두 포함한다. 습득한 정보 중에 타인과의 대화나 체험과 같은 정성적 정보를 이해하고 해석하기 위해 우리는 감성을 더 많이 활용해야 할 것이고, 수치와 같은 정량적 데이터는 과학적으로 분석한 후 논리적으로 해석할 줄 알아야 한다. 제대로된 관찰을 위해 우리는 오감 모두를 활용할 줄 알아야 한다.

오감법

오감법은 감성교육의 한 방편이다. 보고(視覺), 듣고(聽覺), 느끼고(觸覺), 냄새맡고(嗅覺), 맛을 보는(味覺) 대상은 타인(직원, 고객, 협력업체 직원 등)이 아파하는 것, 갈구하는 것, 부족해 하는 것, 즐거워하는 것들이다. 새로운 것을 깨닫기 위해서는 남들이 보지 못하는 아픔, 갈구, 필요, 환희를 발견하는 일이다. 소니가 최초의 소형 카셋트 플레이어인 '워크맨'을 만들게 된 것은 걸으면서 음악을 듣고 싶어 하는 젊은 음악애호가의 갈구에 응한 것이며, 즉석 프린팅 폴라로이드 카메라 역시 찍는 즉시 바로 인화된 사진을 보고 싶어 하는 어린 아이들의 갈구에 응답한 것이다. 스티브 잡스가 스마트폰을 처음 구상하게 된 것 역시 전화기, 디지털 카메라, MP3 플레이어, 게임기, PDA 들을 모두 따로 가지고 다녀야 하는 사람들의 번거로움이 그의 기술-인문 융합의 본능을 자극한 것이었다.

오감법을 사물에 적용하면 앞에서 설명한 의인화가 가능해진다. 내가 바로 그 사물이 되어보거나 그 사물을 사람으로 생각하고 그것이 무엇을 생각할지, 어떻게 생각할지, 왜 그렇게 생각하는지를 논리적으로 객관적으로 관찰할 수 있다. 의인화를 통해 우리는 사물에 대해 상식적으로 알고 있는 범주를 벗어나 새로운 것을 볼 수 있게 된다. 광고 콘셉트를 잡을 때 이런 의인화 기법을 사용하는 경우가 많다. 찰떡을 속에 품은 과자를 임신한 여인으로 의인화하는 광고, 충치를 야기하는 균을 책임을 회피하려는 악마로 묘사하는 광고, 대출의 문턱이 낮다는 것을 강조하기 위해 무(우)대리를 설정하는 광고 등 쉽게 찾아볼 수 있다. 대구백화점 창립자 고 구본흥 회장은 백화점을 경영할 때 자신이 백화점의 사장이 아니라 손님의 위치에서 매일 매장을 돌아본다고 하였다. 그 이유는 자신을 손님과 동일 시 할 때 개선할 점이 더 잘 보이기 때문이었다.

틀(상자) 부수기

때로 사람들은 생각의 과정에서 막혀비릴 때가 있다. 이러저런 사투리 생각은 많이 떠오르지만 딱히 '유레카'하며 소리 지를 정도의 창의적인 아이디어가 떠오르지 않을 때가 있다. 이런 막다른 골목에 도달했을 때 활용해 볼 수 있는 방법들이 많이 있다.

「아이디어 메이커」의 저자, 뤼크 드 브라방데르 교수(벨기에 루뱅가톨릭대학)는 "상자(틀) 밖에서 생각하라(Outside the box)"라는 말을 통해 기존의 틀을 깨고 혁신하는 방법을 제시하였다. 인간은 애당초 틀 밖으로 나오기 힘든 존재이다. 인간의 뇌는 복잡한 현상을 접하면 그것을 쉽게 이해하기 위해 익숙한 틀(상자)에 집어넣어 단순화시키려는 습성이 있는데 그 틀 자체가 없다면 우리는 사고라는 행위 자체를 할 수 없기 때문이다. 따라서 창의성을 발휘하기 위해서는 이 상자 자체를 완전히 없앨 수는 없지만, 낡고 시대에 뒤떨어진 상자를 새로운 상자로 대체할 수는 있다. 즉 익숙한 틀에 갇혀 있지 말고, 새로운 대안적 틀을 생각하고 검증해 보고, 그 중에서 자기 자신과 변화하는 상황에 적합한 것을 선택하는 행위를 반복해야 한다. 그는 이것을 위해 2가지 방법을 제안하였다.[42]

첫째 '신념 감사(beliefs audit)'는 자신이 (무)의식적으로 가지고 있는 불필요한 신념을 찾아 없애는 일이다. 한 가지 예로 아홉 개의 점을 연필을 떼지 않고 그리는 퀴즈를 제시하였다. 네 개의 선을 그어 모두 연결하기 위해선 하나 이상의 선이 격자무늬 밖으로 나가야 한다. 격자무늬 밖으로 나가는 것을 생각해 내는 것이 바로 정해진 틀(상자)을 벗어나는 것이다.

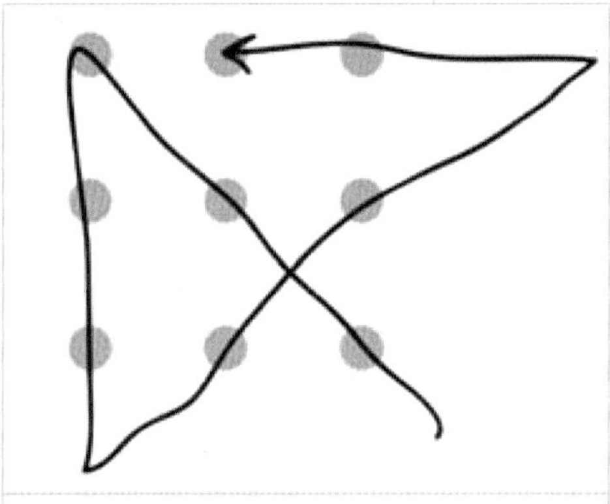

출처 : 브라방데르 & 아이니, 「아이디어 메이커」 청림출판, 2014

사람들이 틀(상자) 밖으로 나가기 힘들어하는 가장 큰 이유는 두려움 때문이다. 사르트르의 희곡 「닫힌 방」에는 지옥에서 같은 방을 쓰는 세 남녀가 등장한다. 이들은 창문도, 탈출구도 없는 비좁은 방 안에 갇혀 탈출하기만을 바란다. 막상 연극이 끝날 무렵, 세 사람은 탈출할 기회를 얻지만, 그토록 벗어나길 바랐던 방 안에 그대로 남기로 결정한다. 미지(未知)의 세계로 향하는 두려움 대신 고통스러운 익숙함을 택한 것이다.

그렇다면 이 틀(상자) 밖으로 나가는 방법은 어떤 것이 있을까? 첫째는 자신

---

42) 「이이디어 메이커」 저자 브라방데르 인터뷰, 조선일보, 2014.7.26

을 가두고 있는 틀(상자)이 있다는 사실을 인정하는 일이다. 자신이 어떤 형태로든 감옥에 갇혀 있다고 느끼고, 감옥의 구체적인 형태를 파악하는 일이다. 그런 다음 다른 차선의 상자를 선택하기 위해서는 일단 우리를 둘러싸고 있는 상자의 기능과 가치를 의심해야 한다. A라는 상자가 지금도 유용하다고 여겨져도 '그래도 더 나은 선택이 없을까?' '더 나은 방식으로 바꿀 순 없을까?' 하고 지속적으로 의문을 가져야 한다. 즉 지금의 상자를 당연한 것으로 받아들이지 말고 모든 것을 한 번쯤 의심해 보는 것이다. 특히 조직에 있어 신념 감사(beliefs audit)는 조직이 철석같이 믿고 있는 신념이나 전제 또는 가정이 타당한지 감사(監査)를 하듯 검증해 보는 것을 말한다. 이를 효과적으로 하기 위해서는 이해관계가 없는 제3자가 참여하여 직원들을 상대로 인터뷰를 하는 방법이 있다. 회사의 기본적인 철학과 약속, 회사의 현재 경쟁 우위 요소, 경영 환경의 핵심 위험, 미래 대비를 위한 혁신적 대안을 평가하는 것이다. 캐나다 '태양의 서커스'는 동물의 묘기쇼를 기존 서커스 관행을 타파할 대상으로 보았고 대신 뮤지컬과 연극적 요소를 조합해 연 9000억 원이 넘는 매출을 올리는 메가 히트 문화상품을 만들 수 있었다. '서커스 = 동물 묘기'라는 고정관념 즉 틀(상자)을 깨어버린 결과이다.

월러스(G. Wallace)[43]는 병아리의 '부화(孵化)'개념을 이용하여 사람들의 인지적 변화현상을 설명하였다. 창조적인 문제해결을 위해서는 지금 당면하고 있는 문제로부터 생각을 지우고 몸과 생각을 일시적으로 떠나 있는 시간이 필요하다. 해결이 안 되는 심각한 문제로부터 잠시 떠나 다른 생각에 몰두하다보면 문제해결에 필수인 통찰이 번개처럼 떠오르는 때가 있다. 마치 닭이 알을 품고 있는 부화의 시간처럼 창조적 해결을 위해 어느 정도의 침묵이 필요하다는 의미이다. 이는 창조적 일을 하기 위해서는 때로 몸과 마음이 쉬어줘야 한다는 것과 일맥상통한다.[44]

둘째 방법은 '만약 ~ 라면(What~if)'이라고 질문하는 것이다. 이 질문을 통해 우리는 다양한 가능성에 스스로 사고를 열어둘 수 있다. '휴대전화를 많이 사용하면 뇌종양에 걸릴 위험성이 높다는 보고서가 나온 뒤 미국인들이 모조리 휴대

43) 창조적 사고에 관한 선구적 연구를 한 영국의 사회심리학자
44) "남에 의해 바뀌면 참 힘들다", 김정운의 감언이설, 조선일보 14.6.6.

전화 사용을 중단하고 유선전화를 사용하기 시작한다면?'. '게임 유저들이 위키피디아 제작처럼 스스로 게임 제작에 나선다면?'. '가스 가격이 지금보다 열 배 급등한다면?'. '여름 폭염일수가 현재 보다 3배 증가한다면'. 이 '만약'이라는 가정으로 우리는 당연하게 여기고 있는 현재의 사회적 트렌드와 현상 그리고 개인적 생각을 한 번 뒤집어보고 새로운 가능성을 상상할 수 있게 된다. 19세기말 암기 중심의 독일식 교육에 적응하지 못한 아인슈타인은 스위스 취리히에 소재한 아라우주립학교를 1년간 다녔다. 그 때 만난 프리드리히 뮐 베르크 선생의 교육방식이 이와 흡사했다. 그의 수업은 견학과 체험학습이 많았으며, 관찰한 것을 잘 생각하여 그것을 표현하는 교육을 강조하였다. 이는 아인슈타인의 훗날 연구방식이었던 '사고(생각) 실험'에 큰 영향을 미쳤다. 이 실험은 '만일 ~ 라면 어떻게 될 것인가?'로 출발해서 결론을 이끌어내는 방식으로 뛰어난 상상력이 요구되는 방식이었다.

1950년대에 세계 최초 일회용 볼펜, 빅(BIC)을 발명한 사람도 '만약 ~ 라면(What~if)'사고를 하였다. 빅의 경영진은 1970년대 초까지 '저가의 일회용 플라스틱 필기도구'라는 틀 속에서 혁신적인 제품을 개발하는 데 대부분의 시간을 보냈다. 볼펜별로 색깔을 다양하게 하고, 볼펜에 금속 장식을 넣는가 하면, 갖가지 로고를 붙이기도 했다. 그러나 어느 순간 성장의 한계에 부딪혔다. 회사에선 브레인스토밍이 벌어졌다. 그때 빅의 한 임원이 '만약 우리가 일회용 볼펜 대신 일회용 라이터를 만들어 본다면?'이라는 가능성을 제시했다. 그 결과, 빅은 1973년 세계 최초로 일회용 라이터를 선보였고, 1975년엔 일회용 면도기를 출시해 일회용 면도기 시장에서 세계 2위 업체로 도약했다. 이 회사는 2008년엔 저렴한 선(先) 충전 휴대전화를 내놓는 등 실험을 계속하고 있다. 회사의 핵심어를 '필기'에서 '일회용'으로 바꾸는 관점의 전환이 가져온 큰 변화였다.

버릇처럼 굳어버린 사고방식에서 완전히 벗어나 새로운 상자 속으로 들어가기를 원한다면 서로 양립할 수 없을 것 같은 단어를 함께 사용하는 '모순 어법'을 활용하는 것도 도움이 된다. '경직된 유연성', '소리 없는 아우성', '소프트 카리스마', 'Super Normal' 혹은 셰익스피어가 '로미오와 줄리엣'에서 처음 써서 유행어가 된 '달콤한 슬픔'이 모순 어법의 사례가 될 수 있다.

경영자는 직원들이 더욱 창의적으로 일을 할 수 있도록 여건을 만들어 줘야 한다. 혁신적인 제품으로 새로운 시장을 창출해야 하는 IT·전자기업의 경우 더욱 그렇다. 일반적으로 통제와 규율 중심의 기업문화를 가진 조직보다는 자유로운 문화를 가진 조직이 더 혁신적이며 변화에 잘 적응한다. 규제(복장, 결제방법과 절차 등)를 최소화하고 근무시간을 자유롭게 선택하도록 해주거나 개인과 가정의 목표와 생활스타일을 조직이 인정해 줄 때 직원들의 조직을 향한 충성심은 증가하고 따라서 성과도 더 잘 낸다는 것은 잘 알려져 있는 사실이다. 창의적 인재를 고용하는 것도 중요하듯이 그런 인재가 창의력을 계속 발휘할 수 있도록 근무여건을 만들어주는 것도 더 중요하다.

6.6 유대인의 창의력 교육

여기에서 독특한 유대인의 창의력 교육을 언급하지 않을 수 없다. 이들의 창의력 교육의 기본인 후츠파(chutzpah) 정신은 유대인의 역사적 산물이다. 모세가 하나님으로부터 시나이산(Mt. Sinai)[45]에서 받은 성문법은 '정의와 평등'을 목표로 '민주주의 정신과 여성 존중'이라는 새로운 시대정신을 담고 있다(홍익희, 2013). '하나님 아래 모든 인간은 평등하다'는 사상은 이스라엘이 세계 최조의 민주주의를 도입하는 근간이 되기도 하였다. 왕이 없이 12 지파별로 공동체를 꾸려 평등사회를 지향했으며 지파 간의 갈등을 조정해 줄 판관을 민의로 뽑아 재판에 맡겼다. 그래서 유대인들은 나이와 직위에 상관없이 모두가 평등하다는 뿌리 깊은 믿음을 갖고 자란다.

유대인들이 노벨상을 많이 수상한 이유 중에 하나가 어려서부터 가정과 학교에서 창의성 교육을 받기 때문이다. 유대인들은 '생각이 경쟁력이다'라는 철학을 갖고 있다. 사고의 범위를 넓히기 위해서는 자신을 타인의 생각에 가두어두려 하지 않는다. 나이와 직위에 무관하게 모두가 수평적인 관계 속에서 서로 묻고 답하며 논쟁하는 것이 습관화되어 있다. 타인의 생각에 대해 의문점이 있거나 다른 견해가 있을 때면 누구에게나 주저하지 않고 질문하고 따지는 것이 몸에 베어 있

45) 모세가 하나님으로부터 십계명을 받은 산으로 시나이 반도에 위치한다.

다. 그래서 초등학교 교실 문을 열면 학생이 교사에게 질문하고 자기들끼리 토론하느라 혼란스러울 정도로 시끄럽다. 신약성서에는 나이어린 예수가 회당에서 나이든 선생(제사장과 서기관)들과 질의·응답을 했다는 얘기가 나온다. 이스라엘 대학에서는 교수든 학생이든 서로 의견이 다를 땐 몇 시간이고 '끝장 토론'을 벌인다. 지위고하를 막론하고 자유롭게 의견을 교환하고 자기주장을 말하는 것을 서슴지 않는 것이다. 이스라엘 젊은이들이 창업정신이 강하고 도전적인 벤처기업이 많이 생겨나는 것도 이 같은 배경 때문이다. 20대 젊은 창업자들은 투자설명회에서 처음부터 글로벌 시장 전략을 강조한다. 이는 내수로 기반을 다진 뒤 해외로 진출하는 일반 기업 전략과는 다르다. 구글 공동 창업자 세르게이 브린이나 페이스북 창업자 마크 저커버그도 모두 유대인이라는 공통점이 있다.

유대인의 창의력의 바탕에는 뛰어난 상상력의 힘이 있다. 유대인들은 추상적인 것을 믿고 그것을 숭배한 최초의 민족이었다. 고대 대부분의 민족들이 태양, 황소, 곰 등 눈에 보이는 것을 숭배의 대상으로 삼았던 반면, 유대인들은 보이지 않는 초자연적인 영적 존재, 스스로 존재한다는 여호와를 찾아 신앙의 대상으로 삼았다. 추상적인 존재인 신을 처음으로 생각해 낸 것은 뛰어난 상상력의 산물이라 할 수 있다. 즉 이미지를 상상함으로써 어떤 초자연적 대상을 이해한 것이다. 많은 종교들이 신앙하는 대상을 조형화하여 섬기는 경향이 높지만 유대인은 눈에 보이지 않는 신성한 영적 존재를 생각하고 상상만 할 뿐 결코 어떤 형상을 만들지 않는다. 이는 커다란 지적자극이 되었을 뿐만 아니라 상상력의 원천이 될 수 있었을 것이다.

• • •

[Box 사례] 보아 테크놀로지의 창조경영

보아 테크놀로지가 개발한 '신발 끈 대체 부품'은 2014년 포브스誌 선정 25大 혁신브랜드의 하나로 선정되었다. 다이얼을 감으면 와이어가 당겨지고 신발이 발에 맞도록 조여지는 독특한 부품이다. 보아의 이 부문의 점유율은 95% 이상이다. 이 기업은 직원의 창의성과 애사심을 높이기 위하여 독특하게 경영하는 것으로도 유명하다.

보아 테크놀로지는 자유스런 근무환경을 조성해 주었다. 이 회사는 창업할 때부터 직원들이 애완견을 데리고 출근할 수 있도록 허용했는데, 그 이유는 애완견을 집에 두고 오면 신경이 쓰여 오히려 생산성이 떨어지기 때문이라고 한다. 사무직원 78명(전체 직원 수 105명) 중 17%가 개를 데리고 출근한다. 이 외에도 직원은 자신의 출퇴근시간을 자유롭게 조정할 수 있으며, 근무시간인 오전 9시부터 오후 5시 사이에도 언제든 나가서 한두 시간씩 운동을 할 수 있다. 최근 직원들 사이에선 자전거 타기가 인기를 끌고 있는데, 사무실 한쪽 벽에 자전거를 보관하기 위해 설치한 행거에는 자전거 20여대가 빼곡하게 걸려 있었다. 또 매년 직원들로 하여금 자신의 건강 목표를 세우게 하고, 건강 검진을 해서 건강이 좋아진 정도, 운동 횟수, 운동량을 종합 평가해 점수를 매기는 '웰빙 랭킹' 시스템도 운영한다. 이 제도를 통해 우수 직원 10명에게는 포상 휴가나 아이패드 등을 선물로 준다. 직원들에게는 스톡옵션을 제공하며, 급여는 업계 평균보다 높다. 그 덕에 보아는 미국 아웃도어 전문지인 '아웃사이드'에서 최근 3년 연속 '가장 일하기 좋은 직장'으로 꼽혔다.

마크 소더버그(Soderberg) 사장(CEO)은 기업을 이렇게 자유롭게 경영하는 이유를 다음과 같이 설명하였다.

"어마어마한 매출을 올리고 수익을 만들어내는 것은 내 관심 순위에서 나중"이라고 말했나. "핵심은 이겁니다. '우리는 왜 일하는가?' '왜 사업을 하는가?' 사람들이 일히는 이유는 아이를 돌보고, 여유 시산을 슬겁게 활용하고, 삶을 즐길 새로운 기회를 창출해내기 위해서가 아닌가요?"

이하는 마크 소더버그(Soderberg) 사장(CEO)을 인터뷰한 내용이다.

Q. 왜 직원들에게 이처럼 많은 혜택을 주는가?

A. 이 방법이 좋은 실적을 내는 데 도움이 된다고 생각했기 때문이다. 사람들은 '일과 삶 사이의 균형점'을 찾고 싶어 한다. 운동을 좋아하는 사람이 일 때문에 못 한다면 의식의 한 지점에서 '오늘 별로 기분이 좋지 않네. 뭔가 할 일을 안한듯한 기분이야'라고 느낀다. 이런

생각이 있으면 일을 한다고 해도 집중이 잘 안 된다. 운동을 하고 나면 좀 더 일에 집중할 수 있고, 일하는 동안 더 생산적일 수 있다.

Q. 만약 회사 사정이 나쁘다면? 그때는 이런 혜택을 포기해야 하지 않을까?

A. 만약 그런 일이 생긴다면 CEO가 할 일은 '가장 창의적인 방법'을 찾는 것이다. 문제점은 회사의 구조적인 부분에서 나온다. 제품의 가격이 너무 비싸다거나, 공장 설비에서 낭비가 너무 많다는 것이다. 대부분 '사원 복지'와는 무관하다. 직원 봉급을 줄이거나, 복지 혜택을 줄이는 데서는 창의성을 찾아볼 수 없다. 복지는 가장 나중에 포기해야 할 이슈로 생각한다.

Q. 직원 중에는 개를 좋아하지 않는 사람도 있을 것 같은데요?

A. 그런 사람을 위해서 사무실에 개를 데려올 때는 몇 가지 규칙을 지켜야 한다. ①목줄이 있어야 하고 ②주인 근처에 있어야 하며 ③깨끗한 환경을 유지해야 하고 ④예방접종을 통해 건강한 상태를 유지해야 한다는 것이다. 그런데 여기 중요한 게 하나 있다. 강아지와 주인의 관계를 보면 대부분 서로 사랑하는 관계란 점이다. 중요한 건 그걸 지켜보는 주변 사람들도 마음이 흐뭇해진다는 것이다. 사랑하는 마음은 전염된다. 강아지가 있어서 업무에 방해가 될 수도 있을 것이다. 그러나 큰 그림에서 보면 더 긍정적이라고 생각한다.

Q. 왜 이렇게까지 직원 복지에 신경 쓰게 된 건가요?

A. 여기에 오기 전에 나는 어느 스키 회사의 CEO였다. 혁신적인 기술력을 가지고 있었지만, 비용이 너무 높았기 때문에 가격 경쟁력에서 저가 중국산에 밀렸고, 결국 회사 문을 닫아야 했다. 200명이 넘는 직원을 내 손으로 해고해야 했다. 나는 다시는 그런 경험을 겪고 싶지 않다. 그때는 회사를 경영하면서 숫자에 대해 너무

신경을 많이 썼다. 핵심이 비용이었기 때문에 어떻게든 비용을 줄이려고 노력을 했다. 그러나 그건 정답이 아니었다. 그땐 '메이드 인 아메리카'가 얼마나 중요한 건지 잘 몰랐다. 사람들은 최고의 상품, 최고의 가치를 원하기 때문에 비용을 줄이기보다는 프리미엄의 가치를 계속 밀어붙여야 했는데 그렇게 하지 못했다. 그날 200명을 해고하고 울 수밖에 없었다. 그때 이후 알게 된 것은 결국 사람이 전부라는 것이다.

Q. 예전에 한 직원이 백혈병을 앓자 전 직원이 머리를 삭발하고 그 장면을 페이스북에 올려 화제가 된 적이 있다.

A. 제 신조 가운데 하나는 '사람이 계급보다 훨씬 중요하다'는 것이다. 백혈병에 걸린 친구가 있다는 걸 알게 됐을 때, 모든 직원을 회의실로 불러서 회의를 했다. '우리 친구가 아프다, 우리는 어떻게 해야 할까?' 모두가 삭발하기로 한 건 한 직원의 아이디어였다. 미용사를 초빙해 사무실 중앙에서 단체로 머리를 잘랐습니다. 파티 같은 분위기였다. 삭발이 끝난 다음, 나는 그 환자직원이 있는 병원으로 화상 전화를 걸었다. '잘 지내나요? 우리는 지금 당신과 똑같습니다.' 그 친구는 아주 감동한 것 같았습니다. 지금은 건강을 되찾고, 회사에서 성실하게 일하고 있다.

6.7 협업 능력의 배양

혼자서 문제를 해결할 수 있는 시대는 지났다. 창의적 아이디어는 집단이 모여 난상토론을 하는 과정에서 더 자주 탄생한다. 한 사람의 사소한 아이디어가 발화점이 되어 보다 발전된 다른 아이디어가 나오고 이러한 아이디어가 반복적으로 제련되다보면 쓸 만한 창의적 아이디어가 나오는 것이다. 문제해결과정에 다수가 참여하면 앞에서 얘기한 긍정적인 효과도 있지만 사회적 편승(social loafing), 무임승차(free riding), 동기부여의 손실과 같은 부정적인 측면도 있다. 이를 최소화할 수 있는 제도와 기술적 지원을 함께 한다면 협업은 모든 조직에서 창의력을 극대화할 수 있는 방안이다.

다수가 함께 고민해서 아이디어를 내고 이를 집합해서 문제를 해결하는 것을 집단지성(Collective Intelligence)이라 부른다. 여럿이 함께 할 때 누구나 천재적인 생각을 해낼 수 있다. 미국 국방부는 '빨간 풍선 찾기' 경연대회를 열어 집단과 소셜 네트워크가 갖는 무서운 잠재력을 테스트 한 적이 있었다. 넓디넓은 미국 전역에 흩어놓은 10개의 빨간 풍선 위치를 정확하게 가장 먼저 찾는 팀에게 4만 달러의 상금이 주어졌다. 우승팀인 MIT팀은 불과 9시간 만에 풍선 10개를 모두 찾았다. 그들은 혼자 찾으려고 애쓰지 않았고 대신 풍선을 찾는 사람과 그것을 찾는데 결정적인 정보를 제보한 사람들에게 상금의 일부를 인센티브로 제공하였다. 즉 소셜 네트워크에 자본주의적 인센티브를 결합한 것이다. 수학적으로 적절하게 상금(이익)을 분배했을 때 더 많은 사람들이 빨간 풍선에 관심을 갖게 되었고 풍선과 관련된 정보를 공유하는 등 문제해결에 적극 참여하였다.

「탈무드」에는 '혼자 배우면 바보가 된다'는 말이 있다. 그래서 유대인들은 「탈무드」를 가르칠 때도 질문과 토론방식으로 가르친다. 앞서 얘기하였듯이 유대인의 학교교육도 주로 질문과 토론으로 진행된다. 질문은 준비한 자의 노력의 산물이므로 창의적인 질문일수록 더욱 그렇다. 이러한 질문과 토론 문화가 유대인의 창의성의 뿌리이다(홍익희, 2013, 170). 창의성은 우수한 개인에 의해서만 발휘되는 것만은 아니다. 오히려 평범한 사람도 잘 갖춰진 조직과 시스템 속에서, 융합과 통섭의 과정을 통해 창의성이 더 잘 발휘할 수 있다. 뛰어난 개인의 역량도 중요하지만 조직과 시스템 속에서 서로의 의견을 제시하고 토론을 통해 상호 검열하는 과정을 거치면서 최초의 아이디어가 다듬어지고 더 나은 것으로 구체화될 수 있기 때문이다.

6.8 몰입 교육

대한민국의 노동생산성은 미국이나 일본에 비해 많이 떨어진다. 서비스부분의 생산성은 더욱 심하다. 우리는 시간을 자신의 것이라는 생각이 강하다. 그렇지만 기업과 고용계약을 맺는다는 것은 자기 시간의 일부를 급여를 받는 조건으로 기업에 팔기로 약속하는 것이다. 그럼에도 근무시간을 조직의 시간이라기보다 개인의 시간이라는 생각을 하는 경향이 높아 근무시간에도 사적인 일을 하는 경우가 잦고 그래서 일에 대한 몰입도가 떨어진다. 몰입도가 떨어지면 생산성은 물론 창의성의 발휘에도 부정적인 영향을 미친다.

몰입 이론의 창시자, 칙센트미하이(2008)는 몰입(플로우, flow)을 삶이 고조되는 순간, 마치 자유롭게 하늘을 날아가는듯한 느낌이거나 물이 흐르는 것처럼 편안하고 자연스럽게 행동이 나오는 상태로 보았다. 그래서 황농문(2008)은 몰입을 창조적 인재를 만드는 핵심 키워드로 보았고 몰입이 인생에 미치는 의미와 효과를 다음과 같이 표현하였다.

> "몰입상태에서는 두뇌가 극대화될 뿐만 아니라, 가장 빠른 속도로 사고력이 발전한다. 또 몰입 상태가 되면 머리가 잘 돌아가 평소에 어려운 문제도 아주 쉽게 풀린다. 이렇게 극대화된 두뇌에 어떤 문제라도 해결할 수 있다는 자신감과 문제에 대한 강한 호기심이 더해지면 아무리 난이도가 높은 문제라도 답을 얻을 때까지 포기하지 않게 되고 결국 풀게 된다."

뇌이론을 빌린다면 사람은 지속적인 몰입 훈련을 통해 뉴런(신경세포)과 시냅스(가지돌기)를 몰입을 즐기고 잘 하는 쪽으로 변형시킬 수 있다. 그래서 몰입 교육이 필요하지만 경영학의 정규 교육과정에 편입하는 일은 쉽지 않을 것 같다. 몰입 교육에 대한 필요성을 알고 황농문 교수 같은 사람이 책을 쓰기도 하였지만 몰입 교육의 내용과 수준 그리고 필요성은 사람마다 천차만별이기 때문이다. 이화언 전 대구은행장이 펀경영(fun management)을 도입한 이유를 몰입의 중요성에서 찾았다는 것이 흥미롭다. 펀경영이란 직원들의 기를 살려주는 동시에 보람차고 신나는 일터를 만들어 경영의 효율성을 극대화시키는 것이다. 그는 잘 노는 사람이 일도 잘하다고 보았다. 왜냐하면 한 가지 일에 미치도록 몰입하는 사람은 어떤 일을 하다더라도 자기가 맡은 일에 미치도록 몰입하기 때문이다(이화언, 2009, 154).

CHAPTER

07

경영교육의 뉴 패러다임

CHAPTER **07**

경영교육의 뉴 패러다임

21세기다. 첨단기술이 극도로 발전하면 자본주의의 개념과 운영방식이 근본적으로 변할지도 모른다. 기술혁명의 여파로 생겨난 모든 사소한 잡음들은 '상품기반 자본주의'에서 '지식기반 자본주의로의 변환'이라는 문장으로 요약될 수 있다(카쿠, 2012, 506). 지식기반 자본주의는 로봇보다는 인간이 더 잘할 수 있는, 즉 로봇이 대체할 수 없는 '패턴인식'과 '상식과 지식에 근거한 추론'에 근거한 것이다. 일반 상품과 달리 인간의 지적능력(intelligence)은 다년간에 걸친 교육과 훈련의 과정을 거쳐 만들어지며 우리가 늙어 소멸할 때까지 계속 발전한다. 이 '지적자본주의'는 인공지능 소프트웨어와 과학적 지식을 기본으로 하지만 창조성과 예술적 능력, 혁신, 리더십, 분석력 등 상식과 지식을 기반으로 하는 다양한 직업에 의해 유지될 것이다. 따라서 21세기의 인재는 이러한 지적자본주의를 선도할 수 있어야 한다. 6장에서는 이러한 지적자본주의를 선도할 인재의 핵심적 자질을 감성, 상상력 그리고 창의성의 배양에서 찾았다. 이는 앞으로도 계속 인류를 안개의 미로에서 청명한 하늘로 이끌 과학적, 분석적 능력 그리고 객관적 사실에 근거한 합리적 경영과 함께 추구해야 하는 두 개의 축이라 할 수 있다.

지적자본주의처럼 21세기 초 대한민국이 화두로 삼고 있는 '창조경제'는 모든 분야에 있어 융합과 통섭적 접근을 요구한다. 지금까지 혁신적 기업가나 학자들은 나름 업종, 시장 그리고 학문분야를 지혜롭게 나누고 분류해 왔었고 사람들은 그 분류방식에 근거하여 특정 영역 안에서 비슷한 지향점과 성향을 가진 사람들끼리 문제를 정의·연구하고 그 결과를 공유해 왔다. 그러나 오늘날 사회와 기업의 문제는 실타래처럼 꼬여있으며, 사람들의 욕구와 취향의 다양성은 무한대로 확장되어 왔기에 하나의 이론이나 방법 또는 기법으로 그것들을 해결하기에는 거의 불가능한 지경에 이르렀다. 그래서 편협하고 단선적인 접근방식의 연구개발과 교육은 더 이상 문제해결에 유효할 수 없다.

7.1 경영교육의 문제

장영재(2010)는 오늘날 경영관련 학과들이 경영의 기초적 역량이라 할 수 있는 문제해결능력을 가르치는 일에는 소홀하고 단순히 리더십, 조직이론, 재무관리론, 마케팅, 고객서비스, 국제경영을 가르친다고 주장하였는데 어느 정도 동의한다. 문제해결능력 없이 이러한 경영 이론들을 마구 가르치는 것은 뿌리 잘린 나무를 땅에 묻은 뒤 물을 주고 비료를 주는 격이다. 즉 일차적으로 경영 문제를 정확하고 객관적인 자료를 근거로 파악하지 않고 다분히 피상적인 이해를 바탕으로 고객서비스 이론, 리더십 이론, 투자 이론을 적용하면 경영문제의 해결의 올바른 방향이 아닐 수 있기 때문이다. 문제해결능력은 감성과 창의성 그리고 데이터의 분석능력과 사실의 객관적 이해력이 합성된 고차원적 시석능력이다.

오피스 빌딩 지하에서 운영되고 있는 작은 편의점의 사례를 들어보자. 담배, 음료수, 간단한 먹을거리, 로또를 판매하는 이 편의점은 늘 발 디딜 틈이 없어 혼잡하였다. 두(2) 대의 계산대가 있지만 식음료를 사는 고객들과 로또를 구매하려는 고객들의 계산을 함께 처리하려다 보니 고객들은 상품 진열대 사이에서 길게 줄을 서야했고 물건을 고르는 사람들과 뒤엉키면서 고객은 물론 직원의 불만은 날로 커져만 갔다. 이에 편의점 사장은 주변에 있는 공무원, 은행 지점장, 콜센터장들을 차례로 방문하여 자문을 구하였다. 공무원은 경영자의 리더십을 특별히 주문하였다. 계산대 직원들이 게으름피지 못하도록 좀 더 독려하고 사회적 고통분담을 화두로 꺼내 고객들의 불만을 누그러뜨릴 수 있다는 조언이었다. 은

행지점장은 추가적 자본 투자를 권했다. 계산대를 1대 더 늘리고 파트타임 직원을 좀 더 고용하라는 조언이었다. 콜센터장은 직원들의 친절교육을 강조하였다. 기다리다 짜증내는 고객들에게 좀 더 조아리며 친절하게 대하도록 직원을 교육시켜야 한다는 것이었다.

사장은 이러한 조언들이 나름 전문성에 근거를 둔 훌륭한 제안이라는 생각이 들었으나 자신의 경영 현실에 딱 맞아 떨어지지 않는다고 느꼈다. 리더십과 고통분담은 응당 필요한 주제일 것 같지만 현재 부딪히는 문제와 어떤 관계가 있는 지 유추하기가 어려웠고, 더 많은 자본 투자를 하면 좋겠지만 현재 경영 상태를 고려할 때 부담이 될 것으로 판단되었고, 무조건적 친절교육도 한계가 있다는 생각이 들었다. 그러던 차에 대학을 은퇴한 수학자가 우연히 이 상황을 목격하게 되었고 사장을 도와주기로 하였다. 그는 하루 종일 편의점이 돌아가는 상황을 관찰하고, 스톱와치를 가지고 측정하고, 수첩에 무언가를 메모하였다. 은퇴교수의 수첩에는 고객 일인당 물건 구매 개수, 고객 일인당 계산에 걸리는 시간, 시간대별 대기 고객 수, 식음료만 사는 고객 수, 로또만 구매하는 고객 수, 모두를 구매하는 고객 수 등이 적혀 있었다. 그는 이 자료를 근거로 계산기 한 대를 추가 비치할 것, 특정 시간대에는 로또 구매자들에게 로또 전용 계산대를 할당할 것(파트타임 직원 추가), 로또 고객은 기다리는데 인내심이 더 있을 뿐만 아니라 굳이 매장에 있어야 할 필요가 없다는 판단에서 매점 밖에서 줄을 서도록 하며 TV의 방향을 틀어 시청할 수 있도록 할 것 등의 제안을 하였다. 이러한 제안들은 앞의 세(3) 전문가가 근거 없이 제시하였던 해결방안이 아니라 경영 현장의 문제점을 정량화하여 객관적으로 이해한 후 구체적인 환경과 시스템을 보완하는 처방을 내린 것이라 큰 투자 없이도 문제해결을 가능하게 하였다.

이 사례를 통해 느끼게 된 것은 경영교육자들이 앞의 세 전문가처럼 지나치게 자기 분야의 지식만 일방적으로 전달하는 일에 치중하고 있는 것은 아닌가 하는 것이다. 편의점 사장에게 필요한 것은 문제의 본질을 객관적 사실에 근거하여 판단하고 문제의 상황을 감성적으로 이해함으로써 고객이 이해하고 직원이 수용할 수 있는 실행 가능한 종합적인 문제해결방안을 도출할 수 있는 통합적 문제해결 능력이다. 우리가 그런 경영자를 교육하고 있는지 새삼 돌아볼 필요가 있다.

7.2 융합 · 통섭의 교육

융합은 기존의 질서가 그어 놓은 경계를 넘는 작업을 수반한다. 경계를 넘어보자는 취지는 고착화된 경계선이 세력화되고 권력화되는 것을 비판하는 것에서 시작된다. 사물과 현상을 더 잘 이해하고자 만든 학문적 경계선이 이젠 이것을 더 잘 이해하는데 방해물이 될 수 있다. 이를 위해 학계에서는 다양한 형태와 수준의 융합연구가 시도되고 있다. 개인이 여러 분야의 지식과 경험을 합쳐서 새로운 이론이나 기술을 만들어내는 개인적 차원의 융합이 있고, 같은 분야에서 다른 주제의 연구를 하는 사람들이 특정한 문제를 해결하기 위해 협력하는 다학제(multi-disciplinary) 연구도 있다. 서로 다른 학문들의 방법론과 이론을 합쳐서 중간 성격을 지닌 새로운 학문을 만드는 간학제(inter-disciplinary) 연구도 있으며, 이보다 좀 더 실험적인 차원에서 철학과 생물학, 예술과 과학처럼 상당한 거리를 가진 학문들끼리 지속적인 교류를 통해 학문 간 교류와 협력을 추구하는 초학제(trans-disciplinary) 연구도 있다(홍성욱, 2014).

융합에 더하여 통섭이란 단어도 자주 등장한다. 기본적으로 융합이란 두 개 이상의 분야가 하나로 합쳐져 완전히 새로운 것을 만드는 것이나, 통섭이란 두 개 이상의 분야가 각기 쌓고 있는 담(wall)을 낮춰 서로의 영역을 인정하고 이론이나 방법론을 상호 빌려 쓰면서 새로운 것에 도전하는 것을 말한다(홍익희, 2013). 결론적으로 통섭은 융합의 도구이며, 상호 간의 메타지식과 지식(이론과 방법론 등)을 빌려 쓰고 빌려줌으로써 새로운 학문 영역을 만드는 것으로 앞서 얘기한 간학제(inter-disciplinary)와 초학제(trans-disciplinary) 연구와 비슷하다. 새로운 경영교육의 패러다임은 통섭을 기반으로 한 융합적으로 접근하는 방식이 되어야 할 것이다. 경영학은 이미 이 길에 많이 들어섰지만 최근에는 이를 더 심화할 것을 요구하고 있다. 예를 들어 마케팅에서 전통적으로 소비자들을 인구통계학적 요인(나이, 성별, 직업, 교육수준, 거주지, 취미 등)으로 분류하였는데, 이는 인류학, 사회학, 심리학의 전통적 유산을 그대로 답습한 것이다. 오늘날 시장은 빅데이터를 활용하여 소비자들을 더욱 세분화되고 있는데 이는 통계학, 첨단DB 및 자료가공(분석)영역이라 할 수 있다.

이러한 상황에서 우리나라 교육시스템에 있어 문과와 이과를 구분하는 관행은 창의적 융합형 인재를 기르는데 장애물이 된다는 주장이 설득력이 있다(홍익희, 2013). 그래서 교육부도 2018년 실시를 목표로 문과와 이과를 아우르는 통합교육과정 계획을 세워 추진하고 있다.[46] 여러 업종의 글로벌 시장에서 우리나라 기업들이 더 이상 팔로워(follower)가 아닌 리더(leader)의 위치에 나서면서 경쟁사의 것을 적당히 모방한 제품으로 생존할 수 있는 시대는 이미 지났다. 시장을 선도할 수 있는 독창적인 제품이나 서비스를 만들기 위해서는 문제점과 기술의 응용성을 독특한 시각으로 바라보고 해결책을 사회·문화적 트렌드와 잘 버무릴 수 있는 융합적·통섭적 인재가 반드시 필요하다. 그러한 인재는 다양한 분야에서 경험을 쌓고 다양한 학문과 기술을 접한 사람일 것이다. 그래서 학문들 간의 경계를 과감하게 허물고 학생들이 다양한 시각으로 문제를 바라보고 문제해결책을 도출할 수 있는 융합과 통섭능력을 길러줘야 하는 것은 옳은 방향임이 분명하다.

우리 대학들도 문과와 이과의 구분이 확연하며 타 영역으로의 진입장벽이 매우 높은 편이다. 그래서 문과에 속하는 경영학이나 경제학을 공부하면서 인문학, 물리학, 심리학, 공학 분야의 전공을 이수하기가 쉽지 않다. 학칙이 정한 높은 담벼락(예: 전공이수학점 등)도 문제지만 문과 학생들이 중등과정에서 배운 지식으로 자연과학이나 공학 분야의 과목을 이수하기가 수월하지 않기 때문이다. 필자의 전공인 경영정보학(Management Information System)은 경영학에서 대표적인 융합학문의 하나이다. 사용자(경영자)가 필요로 하는 데이터를 찾아 그 데이터를 가공한 정보·지식을 제공하는 컴퓨터정보시스템(주로 소프트웨어)을 개발하되, 사용자가 쉽게 접근하고 쓸 수 있는 인터페이스를 제공해야 하므로 경영학(회계, 생산관리, 경영과학 등), 컴퓨터공학, 인지과학, 정보디자인 등 다양한 분야의 지식과 기술의 섭렵을 필요로 한다. 그러나 대부분 학생들이 4년 안에 이 여러 분야의 지식과 기술을 섭렵하기에는 어려움이 있다. 특히 시스템을 설계·개발하려면 컴퓨터 프로그래밍 기술이 중요한데 대다수의 문과 학생들은 이것 배우기를

46) 2014년 9월 교육부는 2018년부터 실시 목표로 문·이과 통합형 교육과정 개편 총론을 발표하였다. 문·이과 칸막이 없는 학교 교육을 통해 학생들이 인문학적 상상력과 과학기술 창조력을 갖춘 창의·융합형 인재를 육성하는 것을 목표로 하지만 교육계는 비현실적이라며 반발하고 있다.

매우 어려워한다. 장영재 박사의 『경영학 콘서트』는 수학적 논리와 과학적 방법론을 통해 정교하게 작동하는 경영의 세계를 설명하고 있다. 그는 특이한 학문적 편력을 자랑하는데, 학부에서 우주항공학을 전공하였고, 경영학 석사를 받았으며, MIT에서 기계공학으로 박사 학위를 받았다. 우주항공학과 기계공학, 경영학이 연결점이 별로 없다고 생각하지만 그는 그렇게 생각하지 않는다. 항공공학에서 많이 연구하는 유체의 움직임 같은 것은 금융공학에서도 많이 활용되고 있으며, 공급망관리(SCM), 고객관계관리(CRM), 데이터 마이닝 그리고 그 외의 다양한 마케팅 기법들은 모두 수학 이론을 기반으로 형성된 것이 많다. 그래서 그는 우리나라의 학문들이 상호간에 너무 높은 벽을 쳐놓고 생각을 한쪽으로 몰아간다고 주장한다. 일반적으로 학문의 융합 및 통섭교육을 통해 학생들에게 다양한 기회를 제공할 수 있다는 취지는 좋지만 개별 분야로 들어가면 깊이가 얕아져버리는 고민이 있다. 진정한 융합과 통섭은 1~2분야에서 상당히 깊이 있는 지식의 습득이 전제가 되어야 가능하기 때문이다.

휴렛패커드(HP)의 전 회장 칼리 피오리나는 인문학(중세종교사)을 전공하고 IT·통신기업(AT&T)에 처음 입사하였다. 그녀가 30세가 되었을 때 자리 이동의 기회가 있었는데, 상사가 강력 추천하는 쉬운 보직을 마다하고 엔지니어링 분야인 접속용량관리센터로 이동을 자청하였다. 그곳은 쉬는 날도 없이 하루 세(3) 교대로 돌아가고 무슨 일을 어떻게 해야 하는지 아무도 모르는 체계가 잡혀있지 않는 부서였다. 그런데도 피오리나가 그 곳을 지원한 동기는 무엇일까? 앞서 피오리나는 스탠포드대학의 학부에서 화학, 생물학, 물리학, 경제학, 인류학, 천문학, 음악 과목을 수강하였고 역사와 철학에 매료되었다는 점을 기억하기 바란다. 엔지니어링과 경영학 분야의 교육경험이 취약한 그녀가 접속용량관리센터에 자원한 것은 그곳이 변화를 필요로 했고 도전할 가치가 있는 영역이라고 생각했기 때문이었다. 그녀는 야망이 있었고, 다양한 학문을 섭렵하는 과정에서 매번마다 다가왔던 위기와 좌절을 극복한 경험이 있었고, 문제에 대한 다양한 시각을 가질 수 있었다. 그녀는 변화를 두려워하지 않았고 새로운 것에 과감하게 도전하는 태도를 습득한 것으로 보인다(물론 이런 태도가 선천적으로 물려받은 형질일 수도 있다). 그녀는 그곳에서 아무도 거들떠보지도 않던 문제에 집중하면서 창의적인 해결방안을 찾아냈다. 고객사인 벨 애틀랜틱이 AT&T에 요구한 네트워크 사용료 청구서가 빈번하게 과도하게 책정되어 왔다는 사실을 발견하고 이 사실을 객관적인 데이터를 근거로 증명하여 엄청나게 많은 비용을 절감할 수 있었다. 물론 하나의 사례지만 기업에 흔히 있는 운영상 문제를 해결하는데 그가 배운 학부의 인문·자연과학 분야의 지식과 고등학교 때 배웠을 수리지식이면 충분하였을 것이다. 나머지는 문제해결을 향한 그녀의 집중력, 자신감, 인내력, 추진력 그리고 확고한 목표의식이었다.

대구·경북에서 꽤 유명한 디자이너 최복호 씨는 목사가 되기 위해 대학에서 철학을 전공하였다. 대학시절 내내 자신의 진로에 대해 고민을 했는데, 그의 예술적 재능을 눈여겨 본 목사님의 권유로 다시 패션 공부를 시작했다. 패션 디자이너라는 직업은 그의 적성에 잘 맞았고 그는 패션업계에서 알아주는 디자이너가 되었다. 패션사업을 시작하였다가 IMF때 어려운 일도 겪었지만 잘 극복하였고, 대구 패션조합 협회장, 대학교수, 패션 아카데미 회장 등을 역임하면서 경영인으로도 성공하였다. 그는 경북 청도에 패션과 예술이 만나는 특별한 공간(패션문화연구소)을 만든 후 독특한 문화 활동도 주도하고 있다. 그 공간에서 패션, 의상들과 액세서리, 가방 등을 구경하고 쇼핑도 할 수 있고, 갤러리와 공연장이 준비되어 있어 전시회나 작은 콘서트가 열리기도 한다. 그는 자신의 전문분야인 패션을 의류나 장신구에 국한하지 않고 새로운 예술 공간을 통해 아트(예술)와 결합함으로써 자신의 패션의 가치를 다양화하고 아울러 홍보 및 마케팅을 확장하는 경영 능력도 보여주었는데, 이는 매우 창의적인 CEO의 모습이라 할 수 있다. 그의 이러한 창의적, 융합적인 아이디어는 사실 경영학이 아닌 철학과 패션에 대한 공부를 통해 나온 것으로 볼 수 있다.[47)]

요즘 학문의 융합·통섭추세는 미국도 예외가 아니어서 학문 간의 융합을 중시하는 융합학부를 설립하는 대학이 많아졌다. 예를 들어, 철학, 정치학, 경제학을 함께 가르치는 PPE(Philosophy, Politics, Economics)학부는 미국의 듀크대와 펜실바니아대 그리고 영국의 맨체스터대 등 수십 개 대학에 개설되어 있다. 원래 PPE학부는 1920년 영국 옥스퍼드대학에서 세계적 지도자를 양성하기 위해 개설한 프로그램이었다. 옥스퍼드대의 PPE 학부를 미국 대통령 빌 클린턴, 미얀마 민

---

47) 최창희, "최복호의 'FUN & 樂'은... 문화와 자연, 문화예술 소통의 장," 매일신문, 2010.11.6.

주지도자 아웅산 수치, 전 파키스탄 총리 부토 등이 졸업하였다.

이스라엘의 와이즈만 연구소는 학문 간 융합으로 유명하다. 와이즈만 연구소는 경영과는 직접적으로 관계가 없는 생물학, 화학, 물리학, 수학 등에 석박사 과정만 운영하는 순수과학 대학원 대학이다. 석사과정에 입학한 학생들은 1년간 자신의 전공이 아닌 다른 학과의 수업을 들어야 한다. 예를 들어 생물학 전공학생이라면 화학, 물리학, 수학 과정을 4개월씩 각기 나누어 이수해야 한다. 이러한 와이즈만의 통섭적 연구 분위기는 오늘날 첨단 과학 연구에 필요한 학문적 융합과 연계를 추구할 수 있는 자질을 자연스럽게 배우도록 한다. 팀별로 진행되는 실험수업에서 학생들은 서로 다른 시각과 새로운 실험들을 접하면서 호기심을 키우고 사고방식이 혁신되면서 자연스럽게 학문적 융합과 창의성이 길러지게 된다.

2014년 이후 우리나라의 교육과학기술부도 대학 교육의 융합·통섭화를 시도하고 있다. 교육과학기술부의 특성화 사업에 참여한 대학 학과의 현황을 분석해보면 총 342개 사업단 가운데 1개 학과만 참여하는 비율은 32.2%였다. 반면 유사학과끼리 모이거나 전혀 다른 계열의 학과와 연계한 '융·복합' 사업단 비율이 67.8%에 달했다. 이 중에 2개 학과가 연계한 경우는 25.4%, 3개 학과가 참여한 사업단은 17.5%, 5개 이상의 학과가 참여한 사업단 비율도 12.8%였다. 주력학과를 살펴보면, 공학은 71.6%가 융·복합 사업단이고, 자연과학(75.3%)도 융·복합 사업단 비율이 평균보다 높아 이공 계열에서 융·복합교육이 가장 활발했다. 2개 이상의 학과가 참여한 사업단 비율이 인문사회 계열은 65.1%, 예체능 계열은 53.1%로 나타났다. 특히 자연과학의 경우 참여학과가 5개가 넘는 사업단 비율이 23.4%로 다른 계열보다 월등히 높았으며 인문사회도 11.2%의 사업단은 참여학과가 5개 이상이었다(교수신문, 2014). 물론 특성화 사업에 다수의 학과가 참여한다는 사실만 가지고 모두 융합·통섭교육이 제대로 이루어진다고 말할 수는 없다. 그렇지만 우리나라 대학의 다수의 학과들이 전공의 담장을 허물기 시작하고 다른 학문을 파트너로 수용하여 융·복합적인 교육과정을 만든다는 것 자체가 대학교육의 큰 변화가 시작되었다는 것을 의미한다.[48] 그러나 이러한 노력들

48) 권형진, "공학은 '전기전자기계' 인문사회는 '경영경제'에 쏠려," 교수신문, 2014.7.21.

이 예산을 따기 위해 형식에서만 그쳐서는 곤란하다. 성공적 경영자 유전자를 학생들에게 심기위해서는 비빔밥 재료들만 주고 이것을 섞어 적당히 먹어라고 해서는 곤란하다. 어떤 비율로 어떻게 요리해서 섞고 버무려야 맛있는 비빔밥이 나오는지를 가르쳐주는 상상력, 감성, 창의력, 합리적 문제해결능력 교육까지 동반되어야 한다.

7.3 경영관련 학과는 무엇을 어떻게 가르쳐야 하는가?

저명한 일본의 경영컨설턴트 오마에 겐이치는 미래의 인재가 갖추어야 하는 2가지 기술로써 하드(hard)기술과 소프트(soft)기술을 들었다. 하드기술은 전공과 관련된 회계, 재무, 통계학, 마케팅이론 등 비즈니스에 필요한 도구들이며, 소프트기술은 국가, 지역, 성별, 종교가 다른 사람들과 커뮤니케이션을 하면서 유연하고 정확하게 대처해 나가는 기술이다. 그가 든 소프트기술의 예는 베트남과 같은 해외 공장에서 부임 인사를 하고 유능한 현지인이 회사를 그만두려 할 때 그가 계속 머물 수 있도록 설득하는 능력이다. 많은 학자들도 21세기 기업의 핵심역량으로 창의성, 아이디어, 자율성, 정보와 지식을 꼽고 있다(정재삼, 2000; 송영수, 2000). 이는 창의적, 통섭적 경영교육의 핵심가치이기도 하다.

대학의 경영관련 학과들은 다양한 커리큘럼, 교육인프라, 산학협력 네트워크를 활용하여 명시적, 묵시적 창의적 통섭교육을 가장 잘 할 수 있는 교육기관이다. 창의적 통섭교육이란 다중지능의 시각에서 학생들 각자가 무슨 문제나 일이던지 해결할 수 있다는 적극적이고 도전적인 의식을 갖도록 하는 일이다. 전 HP 전 회장 칼리 피오리나의 예를 다시 살펴보자. 그녀는 대학에서 인문학, 사회과학, 자연과학 분야의 다양한 과목들을 수강하면서 문제에 대한 끈질긴 도전의식과 다양한 관점과 접근방법을 배웠다고 하였다. 창의성 경영(creative management)이란 조직 구성원과 팀이 유용하고 혁신적인 아이디어를 창출하고 이것을 성공적으로 실행하는데 요구되는 촉진요인과 저해요인을 잘 관리하여 이들이 창의적으로 문제해결을 하도록 돕는 것을 말한다. 창의 경영에는 변화와 혁신을 유도하는 경영조직과 시스템 그리고 그런 기업문화가 요구되기에 기업문화, 기술, 관리

(경영), 사람이라는 네(4) 영역에서 이를 실현할 수 있다(신건권, 2003). 특히 창업자(기업가)가 주창한 기업문화, 창의적 기술혁신, 창의적 경영혁신, 창의적 인재육성에 관한 비전과 목표 설정은 훗날 기업경영에 지속적으로 영향을 미친다. 창의 경영을 가능케 하는 선결요인들로써 다양성, 자율성, 잉여성, 연결성, 유연성을 들 수 있다(손태원 등, 2000).

다양성(diversity)이 허락되는 조직에서 창의성은 더 활발하게 일어나는 것은 당연하다. 획일적이고 순혈주의를 강조하는 기업문화에서는 창의성이 발현되기는 어렵다. 최근 국내 공과대학들이 기술혁신이 뒤지고 기업이 요구하는 인재를 양성하지 못한다는 비판을 받게 된 원인이기도 하다. 구성원들이 자신의 직급, 연령, 성별에 구애받지 않고 자유롭게 아이디어를 제시할 수 있고 제시된 아이디어를 자유롭게 비판할 수 있는 창의적 갈등과정을 통해 획기적인 새로운 아이디어가 탄생할 수 있다. 오늘날 P&G, 3M과 같은 글로벌 기업들은 이 다양성을 극대화하기 위해 클라우드 소싱(crowd sourcing) 전략을 택하고 있다. 이들은 전 세계에 흩어져 있는 모든 잠재 고객들로부터 아이디어를 제공받으며 채택된 아이디어에 대해서는 적절한 보상을 해준다. 2013년, LG는 직원들이 제품에 대한 아이디어를 자유롭게 낼 수 있는 그룹 차원의 사내 포털 'LG 라이프(LIFE)'를 운영하고 있다. 구체적인 신제품 아이디어는 포털 내 '퓨처 챌린저'에 올리고, 이곳에 올라온 아이디어는 각 계열사 전문가들이 심사하고, 채택된 아이디어는 시제품 개발에 들어간다. 인터넷 공간을 기업들은 다양성을 확장하기 위해 자주 활용한다.

자율성이 보장되면 다양성과 창의성이 함께 증폭된다. 창의성은 상사의 지시보다는 자율적인 분위기 속에서 더 잘 발휘되기 때문이다. MBO(management by objectives)[49]처럼 구성원들을 의사결정과정에 참여시키고 스스로가 무슨 일을 어떻게 할 것인지 결정하도록 권한을 주면 이 자율성은 증대된다. 여기에다 시간, 자원, 인력 잉여(여유, redundancy)가 주어지면 창의력은 배가된다. 이전에 없었던 새로운 제품이나 서비스 방법을 생각해 내려면 탐구에 필요한 충분한 시간과 자원이 필요하다. 3M은 엔지니어들에게 근무시간의 15%를 업무와 상관없

49) MBO는 1954년 Peter F. Drucker에 의하여 이론적 기초가 처음 제시되었다. 모든 경영활동에 구성원이 자발적으로 참여하여 목표를 설정하도록 하면 도전감과 동기를 유발하여 보다 효과적으로 목표를 달성할 수 있는 관리기법의 일종이다.

는 개인적인 관심사에 사용할 수 있도록 허락하고 있다. 글로벌 IT기업 구글도 자유로운 분위기 속에서 직원들의 창의력이 더욱 활성화된다는 생각에서 7:2:1 정책을 실행하고 있다. 자신의 업무시간 중 70%는 자신의 고유 업무에, 20%는 업무 이외 회사와 관련된 자신만의 독자적인 프로젝트에, 나머지 10%는 회사 일과는 전혀 상관없는 것을 연구하도록 하고 있다. 개인이 실험하는데 필요한 기자재나 소비되는 재료를 넉넉하게 제공할 때 개인의 창의적 시도는 증가하고 혁신적인 신제품 아이디어가 나올 가능성은 높아진다. 아울러 여러 부서가 동일한 문제를 가지고 고민을 하면 인력이 낭비된다고 생각할 수도 있지만 결과적으로 더 많은 창의적 아이디어를 얻을 가능성도 높아진다.

연결성이란 고립과 반대되는 개념이다. 아무리 창의적인 인재라 하더라도 연결되어 있지 못하다면 그 사람이 가진 잠재력은 반감될 수밖에 없다. 개인들이 가진 정보와 지식이 연결될 때 그것의 가치와 효용은 기하급수적으로 증가하기 때문이다. 고립된 환경에서 아무리 높은 다양성과 자율성을 허락하더라도 인재의 창의성은 한계를 겪을 수밖에 없다. 그래서 사회적 관계성이 좋아 협업을 잘 하는 것은 성공적인 경영자의 특징 중에 하나이다. 끝으로 유연성은 경직성과 형식주의가 억제될 때 발휘될 수 있다. 조직이 관료화되면 조직의 유연성은 저해되고 구성원의 창의력도 반감된다. 디자인조직에서 디자인책임자의 가장 큰 역할은 디자이너가 관료적 형식과 절차에 의해 창의성을 상실하지 않도록 바람막이가 되어 주는 일이다. 조직이 지나치게 성공 문화에 함몰되어 실수와 실패를 가혹하게 문책하면 조직의 창의적 탄력성은 죽고 만다. 그런 조직에서는 구성원들이 새로운 일에 도전하지 않게 되며 실패할 확률이 낮은 일들에만 매어 달리게 되어 창조와 혁신은 사라지게 된다.

2003년도에 국내 G대학은 한국학술진흥재단(현 연구재단)의 지원을 받아 「창의성경영」과목(2학점 2시간)을 개발하였고, 이 과목을 위한 교재의 주요 내용은 다음과 같다(신건권, 2003). 비록 오래된 문헌이지만 흔치 않은 시도이므로 여기에 그 목차를 싣는다.

I. 창의성경영의 이해

1장 창의성경영의 기초

2장 기업경영과 창의성개발

3장 기업경영과 창의적 사고

4장 창의적 발상을 위한 사고기법 (1)

5장 창의적 발상을 위한 사고기법 (2)

II. 창의성경영의 내용

6장 창의적 기업문화

7장 창의적 경영혁신

8장 창의적 CEO 연구 (1)

9장 창의적 CEO 연구 (2)

10장 창의적 CEO 연구 (3)

11장 창의적 기술개발

12장 지식경영과 창의성

이 중 1~3장에 대한 강의내용의 소주제들은 [부록 1]에 있다. 창의성경영이 필요한 이유, 창의성 경영을 저해하는 또는 촉진하는 요소, 창의적 발상을 위한 사고기법들을 가르쳤나.

미국의 경영교육

경영대학원 최고경영자과정[50]에서 세무나 회계와 같은 전문적인 지식을 강의하면 대부분 강의평가가 형편없이 나온다. 내용이 딱딱하기 때문이다. 대부분 중소기업의 사장이거나 중역인 수강생들에게 왜 그런지 물어보면 그런 일들은 회계사나 세무사가 알아서 다 처리해 주므로 회계나 세무에 관한 전문지식을 굳이 내

50) 국내 대학의 경영대학원들이 현직의 최고경영자(CEO)를 대상으로 교양교육과 인적 네트워킹을 제공하는 비학위 프로그램을 말한다.

가 알 필요가 없다고 생각한다. 세무와 회계 업무의 핵심은 데이터를 정확하게 처리하는 일이고 데이터를 처리할 때 그 기준은 국가나 세계기구가 정한 법률 및 규정 그리고 세무 및 회계학 분야의 학자들이 발전시켜 온 이론들이다. 맞는 말이다. 회계와 세무와 관련된 실무는 회계사나 세무사가 하면 되는 것이고 경영자는 생성된 보고서를 그냥 이해할 수 있는 수준의 지식을 갖추면 된다. 더구나 요즘에는 정보시스템, 특히 ERP는 이러한 회계 및 세무 실무를 거침없이 잘 처리해 줄 정도로 잘 만들어져 있다. 그래서 회계사나 세무사도 직접 이 일을 하기 보다 회계 관련 전공(전산 회계 등)을 한 사원이 지시에 따라 자료를 입력하고 처리하면 될 정도로 자동화 소프트웨어가 발달해 있다. 따라서 기업의 규모가 충분히 커서 회계·세무업무를 전문적으로 담당하는 부서가 있거나 아니면 관련 서비스 비용을 감당할 수 있을 정도가 아니라면 경영자 스스로가 경리사원의 도움을 받아 이 일을 해야 한다. 그래서 아무리 작은 구멍가게의 사장이라 해도 수입과 지출, 외상매입금과 외상매출금, 영업비용과 영업 후 이익 등의 개념을 잘 이해하고 가게의 회계와 가계(家計)의 회계 정도는 구분하여야 지속가능한 경영을 할 수 있다. 그렇게 본다면 오늘날 자본주의 사회에서 기본적인 경영교육은 교양이요 필수라 할 수 있다.

그런 측면에서 미국은 우리보다 앞서가고 있는 나라임에 틀림없다. 미국은 경영을 모든 직업에서 필요로 하는 지식과 기술로 보기 때문에 오래 전부터 전 국민들을 대상으로 경영관련 교육을 시작한 나라다. 따라서 대학 입학과 전공에 상관없이 미래 커리어준비를 위해 초등학교부터 대학교에 이르기까지 경영교육이 필요하다고 생각했다. 기업이든 공공기관이든 조직의 구성원들은 사무처리, 정보관리, 리더십, 의사소통과 같은 기본적인 경영능력이 필요하며, 변호사, 의사, 건축사와 같이 개인 사무실을 운영하는 사람들도 마케팅, 영업, 고객관리, 재무관리, 운영관리 등의 기초적인 경영능력이 필요하다고 보았다. 따라서 경영교육은 초등학교부터 수학, 과학, 사회과목 등에 못지않게 일반적인 교과목의 하나로 자리를 잡고 있으며, 시민의 효율적인 경제생활을 위한 교양과목으로, 창업자 및 경영자가 활동하는데 필요한 전문기술과 능력을 가르치는 과목으로 그 위치를 확보하고 있다(권순백, 2002).

이를 위해 미국은 1994년 경영교육포럼(Business Education Forum)을 결성

하였고 그곳에서 정책문 56번을 구상하였다. 이 정책문에는 글로벌 사회, 정보화 시대를 사는 경영·경제 교육 대상(특히 학생)들에게 창의적 사고, 의사결정, 문제해결, 추론, 학습방법에 대한 지식 등 체계적이고 고차원적으로 사고하는 기술이 매우 중요하므로 이것들이 교육과 평가과정에 통합되어야 한다는 내용이 포함되었다(Policy Statement No. 56, 1994 권순백 (2002, 9) 재인용). 학생들은 이러한 체계적 사고기술(thinking methods)을 고립된 환경에서 공부하기보다 기업과 같은 실제 경제활동 현장에서 지식을 사용하고 적용해 봄으로써 더 쉽게 문제해결기술을 습득하고 일에 더 잘 적응할 수 있도록 하고 있다. 경영교육자는 피교육자가 복잡한 사회와 조직 속에서 직면하는 실제적인 문제들을 해결하는데 필요한 고도화된 사고기술을 개발하는데 중요한 위치에 서 있다. 사고기술은 개발, 적용, 평가로 나누어 생각할 수 있다.

1) 사고기술의 개발, 적용, 평가

개발

인간은 새로운 정보를 습득할 때 본능적으로 과거의 지식과 연결한다. 이미 알고 있는 과거 지식을 작동하는 수단은 여러 가지가 있다. 첫째, 이미 알고 있는 것을 사용하여 학습한 것을 재구성하는 방법이 그것이다. 학습자는 오감을 통해 사물의 정의, 가치, 일반화 등과 관련된 기존 지식과 연결시키는 논리적 구조를 개발한다. 둘째, 이전과 다른 형태의 지식들은 사실관계, 시계열, 인과관계, 문제·해결방안, 에피소드, 개념, 원칙 등을 이용하여 유형별로 조직화한다. 셋째, 훗날 새롭게 습득한 정보를 쉽게 또는 자동적으로 사용할 수 있도록 장기기억에 저장한다. 사람들은 오랫동안 기억하기 위해 다양한 맥락 만들기, 낭독, 연상, 기억술, 집단 훈련 등을 통해 핵심 아이디어를 오래 기억하는 능력을 개발해 왔다.

따라서 교수의 일방적인 주입식 강의보다 학생들이 집중, 분서, 연관성 분석, 질문, 판단, 유추 등을 통해 스스로 탐구하고 문제해결을 하도록 하는 것이 훨씬 효과적이다. 이를 위해 교수는 학생들이 스스로 학습하는데 필요한 문제해결 기법들, 모형들 그리고 신뢰할 수 있는 정보소스를 제공해야 한다. 구체적으로 문제해결 기법으로는 다양한 해결방안이 있는 문제를 제시하여 학생 스스로 해결방안을 찾도록 하는 확언(affirmation)방법, 문제해결과정이나 결과를 시각적으로 구성해 보는 시각화(visualization), 머릿속으로 스스로와 대화하는 자기대화(이는 생각을 명료화하며 집중능력을 증가시킨다.), 올바른 해결방안을 찾을 때까지 다양한 방법을 적용해 보는 인내력, 문제해결에 대한 감각을 갖도록 하며, 대안이 많지 않을 때 사용하는 시행착오(trial and error) 등이 있다.

문제해결모형[51]은 기본적으로 문제의 인식, 적극적 접근, 문제의 분할, 해결대안의 모색, 신뢰근거(지수) 추출, 해결대안의 비교, 적용, 평가, 선택에 이르기는 반복적 과정을 말한다. 문제해결과정에는 하나의 방법만이 존재하는 것은 아니므로 다양한 최근 참고자료들을 검토할 수 있고 다양한 해결방안들이 인정되어야 한다. 창의적 사고와 문제해결은 그룹 활동을 통해서도 체험할 수 있으므로 학생들이 그룹 활동에 적극적으로 참여하도록 해야 한다. 아울러 기업의 실무자를 강사로 초청하여 소그룹이 분석, 요약, 의견 제시하는 과정을 돕도록 할 수 있다.

적용

교수는 학생들이 개인 또는 그룹으로 시도한 문제해결 경험을 바탕으로 의사결정과정에서 충돌하는 가치관을 검토해주고, 부정적 편견과 반대의견을 인식하도록 하며, 정보의 타당성과 부족을 확인할 수 있도록 한다. 이를 위한 방법들은 질문지 작성, 인터뷰, 관찰, 문서화, 데이터베이스 등이 있으며, 습득한 자료들은 스피치, 리포트, 차트, 그래프, 동영상 등으로 요약할 수 있어야 한다. 고차원적 사고능력을 기르는 일은 현장실습이 필요하지만 여의치 않다면, 서클활동, 인턴십, 모의훈련을 통해 가능하며, 다양한 개인·집단의 사고력 증진 기술을 적용하고 평가해야한다.

51) 학술적 용어로 의사결정단계(decision-making phase)라고도 한다.

평가

사고기술의 평가기준은 상황에 따라 유연해야 하며, 학생들 스스로 또는 교수와 학생이 합동으로 개발할 수 있다. 작업과정은 물론 학생들의 작업결과물 포트폴리오를 평가해두면 향후 취업이나 진학에도 활용될 수 있다. 성공적인 사고능력의 성취여부는 학교에서 배운 지식, 기술, 태도를 실무현장에서 발휘하는 학생의 능력에 달려 있다.

2) 학습동기부여와 교육내용

학생들이 교육을 지루해 하지 않고 흥미를 가지고 더 적극적으로 배움에 임하도록 하기 위해서 학습동기부여는 매우 중요하다. 흥미 있는 과목임에도 대부분 학생들은 쉽게 지루해하고, 그룹과제를 주어도 소수만이 참여하는 경향이 높으며, 아무리 열성적 강의라 하더라도 낙오자는 늘 있기 마련이다(Jackson and Johnson, 1995). 그래서 미국 경영교육자는 경영과 관련된 내용을 전달하는 것도 중요하지만 학생들이 스스로 공부를 찾아 할 수 있도록 동기부여하는 일에 많은 신경을 쓴다. 그 이유는 공부에 대한 동기부여가 쉽지 않은 젊은 학생들에게 경영교육을 해야 하기 때문이다.

학습동기부여 수단은 다음 다섯 가지로 요약된다(Jackson and Johnson, 1995). i) 스스로 답을 찾도록 하는 것, ii) 실제 생활과의 관련성 제시, iii) 다양한 교수방법(예: 멀티미디어도구, Q&A, 토론 등)의 활용, vi) 다양한 보상제도 시행, v) 뚜렷한 강의 목표 설정이 있다. 첫째 학생들이 스스로 답을 찾도록 하기 위해 힌트나 해결책의 실마리를 제공하고 시행착오를 겪으면서 답을 찾도록 돕는다. 스스로 해답을 발견함으로써 경험하게 되는 기쁨과 흥분은 향후 학습 및 연구태도에 큰 영향을 미친다(권순백, 2002).

교육내용은 노동부 소속 위원회(Secretary's Commission on Achieving Necessary Skills)가 수행했던 사무직에 필요한 표준적 기술(Skills)에 대한 연구에 상당부분 근거하고 있다(Szul and Moore, 1999). 당시 조직/업무(24), 기술(53), 대인관계(55), 정보(25), 자원(18)의 5개 범주에 175개의 능력(competences)이 제시되었으며, 이 후 다시 다음과 같이 개정되었다(US Department of Labor, 2000).

- 조직/업무: 기업문화, 경영스타일, 책임성, 종업원평가, 경영정책과 절차 등
- 기술: 평생교육, 변화적응능력, 의사소통기술(구두, 문서, 언어 및 비언어), 자료관리(보안, 방화벽, netiquette) 등
- 대인관계: 팀구성, 의사소통능력, 윤리의식(직업윤리규정, 자기규율), 학습된 행동(상사, 부하, 동료를 향한) 등
- 정보: 프레젠테이션 소프트웨어, 그룹웨어, 하드웨어 사용, 파일구조 이해 등
- 자원: 인턴십 기회, 업무흐름형태(시작부터 완성에 이르는 과업수행능력) 등

이러한 기술(skills)에 관한 교육 이외에 미국의 경영·경제교육은 창의적 사고, 의사결정, 문제해결, 시각형상화, 추론, 학습방법지식과 같이 고도의 사고기술을 교육과 평가과정에 통합하려고 노력해 왔다. 이를 위해 교사가 일방적으로 지식을 전달하는 것이 아닌 학생들이 집중, 분석, 연관, 질의, 판단, 유추, 평가 등을 통해 자발적으로 탐구하고 문제해결을 하도록 한다.

3) 창업교육

젊은이들의 높은 창업 열정과 이들을 지원하기 위한 훌륭한 창업지원환경과 프로그램은 세계적으로 잘 알려져 있다. 실제 조사에서도 열 명 중 일곱 명의 고교생이 졸업 후 소기업의 창업을 원할 정도다. 실제 창업 후 실패율이 50% 정도에 이르지만 이러한 창업열기 덕분에 미국에는 매년 엄청난 수의 새 일자리가 창출되고 있고 미국의 경제를 이끄는 큰 힘이 되고 있다. 따라서 미국의 경영관련 교육의 상당부분이 청년들로 하여금 창업에 대한 열정과 관심을 계속 갖도록 하는 기업가정신(entrepreneurship)에 대한 교육에 초점을 두고 있다. 기업가정신

의 교육은 청년들로 하여금 자주성, 창의성, 위험부담능력, 열정, 독립성, 비전을 갖도록 하는 교육이다. 기업가정신교육을 위한 커리큘럼은 소기업과정, 기업가과정, 일반경영자과정으로 나뉜다. 일반적으로 기업가정신의 의미를 배우고, 기업경영에 본인이 적합한지 스스로를 평가하고, 아이디어를 얻는 방법, 사업계획서 작성 방법, 사업 실행 중에 발생할 수 있는 각종 문제에 대한 대처방안 등을 가르친다.

이러한 교육의 연장선에서 미국에는 소자본 자영업 창업을 원하는 학생들에게 실질적인 지원과 실습의 장을 제공하기도 한다. 예를 들면, 학생이 운영하는 학교기반의 학교-기업 협력조직을 만들어 학생들이 실제 창업의 과정에서 발생하는 많은 일들을 지역 기업인(멘토)들로부터 배울 수 있다. 이 협력조직을 통해 학생들은 사업계획의 수립과 실행에서부터 사업체의 운영과 폐업에 이르기까지 기업의 한 생명주기를 고스란히 체험할 수 있도록 한다.

특히 ICT(Information and Communication Technology)의 역할이 강조되는 창조경제시대에 다양한 실용적 IT교육이 필요하며, 그 중에 하나가 인터넷전자상거래와 관련된 것이다. 홈페이지의 디자인과 개발, 사이트의 광고, 판촉 등 마케팅활동, DB기술을 이용한 고객관계관리, 온라인사업의 윤리성과 고객정보의 보안에 대한 교육이 포함된다. 엄청난 속도로 변하는 정보처리기술의 속성상, 오늘날 IT교육은 기존의 문서작성도구(워드, 스프레스시트, 그래픽스, 데이터베이스 등)의 교육을 넘어 인터넷전자상거래시스템의 구축, 멀티미디어저작도구의 활용, 웹기반 의사결정지원시스템(DSS)의 개발 등을 포함한다.

창업과 창업 후 경영은 차원이 다르다. 요즘 언론에 가장 많이 오르내리는 기사 중 하나는 ICT를 활용하여 성공한 창업스토리이다. 무선인터넷 시대가 열리면서 빌 게이츠와 스티브 잡스의 PC기반 창업스토리는 이젠 고전이 되어버렸다. 페이스북의 공동설립자이자 현 CEO인 마크 저커버그가 만든 페이스북은 처음에 하버드대 기숙학생들의 인적사항 검색 및 소개 사이트에서 출발하였다. 창업할 때 가장 중요한 것은 제품과 서비스에 대한 창의적 사고와 이를 구현하는 기술력을 보유하고 있느냐이다. 저커버그와 함께 창업에 참여했던 더스틴 모스코비츠, 크리스 휴즈, 숀 파커의 면면을 보면 모두가 인문학 또는 경제학을 전공하였지만 IT와 프로그래밍에 대해서도 일가견이 있었다. 크리스 휴즈는 하버드에서 정치학과 인문학을 전공했으며 훗날 페이스북을 떠난 후 출판과 언론활동을 통한 사회혁신과 정치활동에 참여하고 있다. 더스틴 모스코비츠는 경제학을 전공했음에도 페이스북 최초 CTO를 역임할 정도로 기술에 대한 해박한 지식이 있었다. 저커버그는 하버드대학을 중퇴하였으며 컴퓨터 관련 전공을 한 적이 없었지만 프로그래밍기술을 독학으로 터득하였다. 이들 공동창업자들의 면면을 보면 모두가 지적으로 스마트하여 소셜네트워크서비스(SNS)의 필요성과 시장성 그리고 이런 서비스를 가능하게 하는 네트워크 및 IT 환경과 잠재력을 내다볼 수 있는 통찰력을 가졌으며 이러한 시스템을 구축하는데 필요한 기술력도 겸비하고 있었다. 그러나 훗날 거대한 규모로 성장한 페이스북의 경영문제는 4명의 공동창업자의 지식과 경험의 한계를 넘는 것이기에 공동창업자들은 하나둘씩 떠나게 되고 새로운 전문경영인의 영입을 필요로 하게 되었다. 2013년 최고기술책임자(CTO) 마이크 쉐로퍼, 최고운영책임자(COO) 쉐릴 샌드버그, 최고재무책임자(CFO) 데이빗 에버스먼이 바로 이들이다. 이들은 다른 기업에서 해당 분야에서 경력을 쌓으며 탁월한 역량을 입증한 전문경영인들이다. 이러한 전문경영인들의 영입으로 페이스북은 아직까지 탄탄대로를 달리고 있다. 결론적으로 창업교육과 창업 후 경영교육은 매우 달라야 한다.

7.4 대학 경영교육의 효용

대학, 특히 경영관련 전공(학과)들이 성공적인 경영자가 되는데 필요한 모든 것을 가르칠 수 있을까? 이 질문에 '예'라는 답하기는 어려울 것 같다. 앞에서 언급하였지만 정규경영교육을 전혀 받은 적이 없는 사람도 성공적으로 기업을 창업하였고 대기업으로 성장시켰던 스타 경영자들도 많았기 때문이다. 정리하자면 일반적인 기업운영을 위해 대학 졸업장이 굳이 필요하지 않지만 전문성을 필요로 하는 분야에서 유능하게 일을 처리할 수 있는 전문경영인이 되기 위해서는 대학의 학사 및 석사 졸업장이 필요할 수도 있다. 예를 들어 거래내역(데이터)을 처리하여 대외용, 내부용 회계보고서를 만들어야 하는 사람은 국제회계기준을 포함한 회계에 관한 전문적인 지식이 있어야 한다. 이 경우 공인회계사(CPA) 자격증을 보유하면 가장 좋겠지만 그렇지 않더라도 회계를 전공한 사람이라면 이 분야의 일을 성공적으로 처리할 수 있다. 반면에 해외영업을 담당하는 직원의 경우, 이야기는 많이 달라진다. 무역에 관한 전문·실무지식도 필요하지만 그것만으로는 충분하지 않다. 거래하는 외국기업이 속한 나라에 대한 상식과 외국어 소통능력이 추가되기 때문이다. 무엇보다 성공적인 해외영업인이 되는 데는 경험이라는 변수가 큰 역할을 할 수 있다. 일반적으로 학사학위에 필요한 학점을 130점으로 가정하고 한 전공을 취득하는데 요구되는 학점은 45학점으로 본다면 대학교육 중 경영관련 전공이 차지하는 비율은 35%에 지나지 않는다. 교육시간 관점에서 대학교육에서 성공적인 경영인을 양성하는데 경영관련 전공이 기여하는 비율은 35%에 지나지 않는다. 그렇지만 성공적인 경영인이 되는 데는 정규교육 이외에 또 다른 요인들이 많이 있기 때문에 실제 기여율은 훨씬 더 낮아질 수 있다.

대학에서 배우는 공부의 효용을 비용(등록금과 기회비용)과 대비함으로써 과소평가하는 사람들이 많은 것은 유감이다. 저자도 대학교육의 효과성에 의문을 제기하는 것이지 필요 없다고 생각하는 것은 아니다. 대학교육 서비스의 가치는 인터넷에서 여기저기 긁어모을 수 있는 잡다한 지식이라기보다 커리큘럼으로 짜인 체계화된 지식과 스스로 공부할 수 있는 환경과 문화이다. 학생들은 대학에서 분야별 전문지식도 배우지만 학문과 이론의 체계를 은연중에 배운다. 이는 훗날 계속 입력되는 새로운 정보들의 체제를 잡아주는 버팀목 역할을 한다. 지식에 대한 체계(메타지식)가 잘 잡혀있으면 상식적으로 알고 있던 과거의 지식에 새 지식이 더해지면서 시너지가 생기고 합리적이고 논리적으로 생각하며 고차원적 문제해결방안을 생각할 수 있게 하는 기초가 된다. 환경이 변할 때마다 기존 지식을 폐하고 새 지식을 추가하여 융합할 수 있어야 효과적인 대응 전략과 해결방안을 세울 수 있다. 그래서 작은 규모의 슈퍼마켓이나 식당을 운영하는 데 굳이 대학이 제공하는 전문 지식이나 고차원적 지식체계를 필요로 할 것 같지는 않다. 소규모 슈퍼마켓 경영의 핵심성공요인은 무엇일까? 자주 팔리는 물건을 파악한다거나 그런 물건의 재고를 충분히 확보하는 일, 유통기한 지난 식음료 제품을 소거하는 일, 단골을 알아보고 인사 건네는 일, 인근 경쟁업체의 가격을 모니터링 하는 일, 도난방지 등일 것이다. 이런 일을 잘 하도록 돕는 4년제 대학의 강좌는 사실 없다. 이는 중등교육과정에서 배운 교육과 정상적인 인생을 살면서 터득한 상식과 지혜만으로도 충분하지 않겠는가? 인근 경쟁업체와 비교해서 가격이 높고, 영업시간이 불규칙하고, 유통기한 지난 제품을 그냥 방치하고, 배달이 늦고, 고객에게 불친절하면 고객은 서서히 떠난다는 것은 상식적으로 다 안다. 물론 대학에서 배운 다양한 과학적 경영기법과 도구를 업체의 경영에 활용하더라도 탓할 거야 없지만 불필요한 과잉 지식일 뿐이다. 대학의 경영대학원 최고경영자과정에 가면 대학교육을 받지 않았음에도 상당한 규모의 기업을 일구고 키워온 성공적인 CEO를 쉽게 만날 수 있다. 그들은 경영학에서 말하는 체계적인 이론과 기법을 얘기하진 않지만 기업의 지속경영에 필요한 핵심성공요인은 누구보다도 잘 파악하고 관리한다.

창업을 위해서는 독특한 제품 및 서비스 아이디어가 있어야 하지만 이것 역시 학력과 크게 상관은 없는 듯하다. 성공한 창업자들의 면면을 보면 학력과 높은 상관은 없지만 창업의 질과 성공 확률은 학력과 지적능력(문제해결능력)과 상당한 관계가 있어 보인다. 예를 들어 대학이나 대학원에서 공학이나 자연과학을 전공한 사람들이 과학적 원리와 전기·전자·기계 기술에 기반을 둔 혁신적 제품을 만들어 창업에 크게 성공하는 사례는 많다. 이런 사람들은 아무도 관심을 두지 않고 있는 틈새기술과 틈새시장을 찾아내 그 시장(고객)이 필요로 하는 제품이나 서비스를 설계하고 구현할 수 있는 고급지식을 대학과 대학원에서 배운 경우가 많다. 사실 과학과 기술에 기반을 둔 고급 아이디어를 중등교육을 통해 취득하기는 거의 불가능하다. 휴맥스의 변대규 회장(그는 사실 KAIST 박사다)은 전자공학을 전공한 동기들과 모여 TV에서 아날로그 신호를 디지털 신호로 전환시켜주는 셋톱박스를 제조하여 성공한 1세대 벤처기업인이다. 그런 사업 아이템은 특정 분야를 깊이 있게 공부하지 않은 사람은 쉽게 모방할 수 없고, 여러 기술에 특허를 걸어 놓기 때문에 다른 업체가 쉽게 진입할 수도 없다는 측면에서 업종이 고급스럽다고 할 수 있다. 그런 그가 매출 1조를 향해 가는 도중에 주먹구구식 경영의 한계를 느껴 새로운 경영시스템의 구축을 위해 애를 써야 했다. 창업 후 일정 규모의 기업으로 성장시키는 데는 그가 가진 공학지식과 상식적 경영지식으로 부족하진 않았지만 그 규모를 넘어서니 그의 경영역량도 한계를 드러낸 것이다.

고졸이지만 국내 굴지의 전자기업에서 부사장까지 오른 사람도 있다. LG전자의 세탁기 사업부를 맡고 있는 조성진 부사장의 공식 학력은 용산공고졸이다. 그가 인터뷰에서 이런 말을 하였다.

> "과연 사람을 평가하는 방법이 학력밖에 없을까요. 사실 회사 들어와 보면 그렇지 않은데... 학력은 20%에 불과합니다. 솔직히 말해 창원공장에서도 지방대 출신들이 열정과 승부욕은 더 강해요. 그런데 회사 바깥은 학력을 기준으로 사람을 보니, 참 모순이라고 생각합니다."[52]

그의 이런 이력이 중앙지에 소개된 것은 우리 사회의 학벌만능주의의 허상을 알리기 위한 것과 무관하지 않다. 근래 성적고민과 생활고로 카이스트 학생 몇 명이 자살하는 사건이 있었다. 무한 경쟁으로 학생들을 내몰았다고 총장은 여론의 뭇매를 맞았다. 학생들이 받는 심한 스트레스를 완화시켜주기 위해 장학제도를 바꾸고 학생지도를 잘못했다는 교수들의 자책성 기자회견도 있었다. 이어 대학 등록금이 OECD 국가 중에 두 번째로 높다며 반값 등록금이 사회적 이슈로도 불거졌다. 동시에 불필요하게 대학이 많아 졸업 후 바로 백수가 되어버리는 현실이 다시 한 번 여론의 도마에 올랐다. 오래된 레퍼토리였다. 그래서 나온 해결책은 무엇이었는가? 불필요하게 높은 대학진학률을 줄이자는 것이었다. 너무 많은 수의 고등학생들이 '묻지마 식'으로 대학에 진학하므로 대학에 가지 않더라도 양질의 직장에 갈 수 있는 사회를 만들어야 하고, 노동수요가 없는 분야와 경쟁력이 없는 인재를 양성하는 대학들은 시장에서 퇴출되어야 한다는 것이다. 물론 2017~2018년에 정점을 찍는 학생 수의 감소도 당연히 참작되었다. 그러면서 한편으로 정부는 국가장학금을 대폭 제공해 많은 학생들이 반값으로 대학을 졸업할 수 있도록 도왔는데, 이는 구조조정을 통해 대학 수를 줄여야 한다는 논리와 정면 배치되는 포퓰리즘적 결정이었다. 대학 수와 정원은 줄여야 하는데 대학 다니는 비용은 줄여준 것은 분명 모순이다. 이러한 사회적 분위기 때문에 조 부사장의 고졸 학력이 언론에서 부각되었지만 현실은 조 부사장이 30년 전에 LG전자를 취업하던 때와는 너무나 다르다. 게다가 고졸의 신입사원이 최고

---

52) 조선일보, 11.7.6 B2면

경영자에 승진하는 비율을 굳이 따진다면 자기 자식에게 대학가지 말고 고등학교 졸업 후 바로 취업하라고 권할 부모는 많지 않을 것이다.

대학의 경영교육의 효용성, 즉 대학 졸업장을 가진 인재의 필요성은 기업의 규모와 어느 정도 비례한다. 기업의 규모가 커 갈수록 경영자는 넓은 시각으로 조직을 볼 수 있어야 하고, 그래서 통찰력을 갖춘 문제해결능력이 뛰어난 인재를 더욱 필요로 한다. 기업의 규모가 커진다는 것은 불확실성이 더 커지고 감시하고 통제해야 하는 요인들이 늘어나며 그런 요인들이 상호 충돌하여 그 충돌로 인한 비용과 손실도 늘어난다는 것을 의미한다. 그래서 기업의 규모에 걸맞은 경영관리시스템이 구축되지 않으면 기업에 막대한 손실이 발생할 수 있고, 그런 문제를 꿰뚫어보고 적절한 해결책을 제안할 수 있는 전문지식과 통찰력을 겸비한 경영자가 없다면 문제는 방치되어 곪아 터질 때 까지 갈 수 있다. 셋톱박스 전문제조업체인 휴맥스의 변대규 회장도 공급망관리(SCM)시스템이 제때 구축되지 않아 잘못된 물류결정으로 수십억의 손실을 보기 까지 제대로 된 통제시스템의 필요성을 인식하지 못하였다. 경영문제가 작고 단순할 때는 전문지식과 창의적 문제해결능력이 덜 요긴하지만 문제의 규모가 커지고 복잡해지면 혼자서 상식에 근거하여 해결할 수 없다. 문제 속에는 서로 충돌하는 여러 관계자들의 이해가 걸려 있고 조직의 장기적 경쟁력 문제와 지속경영의 이슈가 결려있다면 의사결정에 다수의 전문가와 창의적 사고를 가진 사람들의 협업이 반드시 필요하다. 비록 경영관련 대학과 학과들이 성공적인 경영자의 자질을 갖춘 인재를 양성하고 있지 못하다는 비난을 받고 있지만 여전히 기업들은 관리 라인에 주로 상경계열의 전공을 공부한 대졸 사원으로 채우는 이유는 무엇일까? 그나마 이들이 대학에서 경영이론과 사례를 공부하였고 교양과목과 타전공을 들으면서 문제를 바라보는 다양한 시각을 갖췄고 문제를 분석하는데 필요한 창의력과 전문지식 그리고 도구지식들을 갖추고 있다고 생각하기 때문일 것이다. 따라서 경영교육의 유효성을 따지기 이전에 경영자를 양육함에 있어 부족하지만 이 정도 수준의 대학교육이라도 그것을 대체할 수 있는 다른 방안을 찾기 쉽지 않은 것도 현실이다.

흔히 기업들이 공채를 통해 관리(사무)직 직원을 채용할 때 여전히 명문대 출신들이 선택을 받을 확률이 높다. 일부 대기업들은 학교, 학점, 외국어성적 등 일반적인 스펙을 블라인드하고 순수하게 직무적성에 맞는 신입을 뽑는다고는 하지만 여전히 명문대 상경계열 학생의 선발 가능성은 매우 높다. 이들이 명문대에서 우수한 교육과정과 교수를 통해 더 나은 양질의 교육을 받았을 수도 있겠지만, 명문대학들은 입학과정에서 벌써 우수한 인재를 확보한다. 이들 대부분은 고등학교에서 상위 1~3%로 드는 학생들이었으며 높은 지적능력(사고능력, 문제해결능력 등)을 입증한 학생들이었다. 오늘날 학력이 능력을 좌우하는 것은 아니라고 말하지만 지적능력이 뛰어난 사람일수록 복잡한 경영 문제를 더 잘 해결할 것이라는 믿음은 여전히 존재한다. 거기다가 그들이 가진 탄탄한 인적 네트워크는 덤이다. 일부 대기업들은 2차 면접부터는 출신학교나 학점 등을 가리는 블라인드 인터뷰를 한다지만 이러한 것들이 학력 지상주의의 병폐를 해소하는데 동참하려는 기업들의 홍보성 멘트인 경우가 많다. 결국 대기업에 채용되는 다수의 신입사원은 수도권의 명문대학출신들이 많으며 이들은 승진의 사다리를 거쳐 최고경영자로 오를 확률도 높다. 그러기에 오늘도 여전히 학생과 학부모는 의대나 약대 다음으로 상경계열의 합격을 위해 돈과 에너지를 쏟아 붓는다. 결론적으로 아무리 대학의 경영교육이 문제가 있다고 하더라도 미래에 성공할 경영자를 길러낼 수 있는 대안 교육시스템이 대학이외에는 별로 없다는 것이 현실이다.

7.5 교양경영학의 필요성

저자가 경영학의 한 분야인 경영정보학과의 교수로 있으면서 교양경영학을 운운한다면 자칫 같은 업계에서 엄청난 비난을 받을 수 있다. 교양은 전공보다 한 단계 아래라는 무의식적 생각에서 경영학을 교양으로 폄하한다고 비난하는 사람들이 있기 때문이다. 그렇지만 어느 누구도 경영학을 경영관련 학과나 대학만이 가르쳐야 한다고 주장하는 사람들 역시 없다. 경영관련 지식의 교류는 대학을 비롯해 대기업의 사내 연수프로그램, 사립교육기관(학원), 지자체 교양프로그램 등에서 다반사로 이루어진다. 특히 리더십, 경영기법, 재테크, 창의력 배양, 경영을 위한 인문학이 자주 다루어지는 주제들이다. 경영학 관련 정규 학위를 받기 위해서는 경영관련 학과와 대학에서 소정의 학점을 집중적으로 이수해야 하며 이는 교육부의 학위수여 규정이 정하고 있다. 대부분 전공이 그러하듯 경영관련 학과들도 입학정원이라는 제한이 있다. 게다가 실제로 기업이 관리직을 위해 필요로 하는 상경계열 졸업자들, 특히 기업이 채용하고 싶은 우수한 자질을 갖춘 졸업생의 수는 한정되어 있다. 한편 기업에 취업을 원하는 비상경계열 졸업생들도 상당수가 있으며 이들 역시 미래의 성공적인 경영인이 되기 위해서는 어느 수준의 경영관련 소양과 전문지식을 갖추기를 원한다. 이들을 위해 대학들은 부전공, 복수전공과 같은 제도를 통해 비상경계열 학생들도 경영관련 과목을 이수할 수 있도록 숨통을 터주고 있다. 그렇지만 수강여석이 늘 부족하여 일부 경영학 과목의 수강은 하늘의 별을 따는 것처럼 어렵다. 전공 불문하고 다수의 졸업생들이 기업에 취업을 원하고 그들의 일부는 전문경영인으로 성장해 나갈 것이다. 기업과 국가 경쟁력 차원에서도 유능하고 성공적인 기업인과 전문경영인이 많아야 하는 이유는 이런 사람들이 많을수록 창업의 성공률은 높아질 것이요 사업의 실패율은 줄어들 것이며 그에 따른 사회적 비용도 함께 줄어들기 때문이다. 예를 들어 가장 빈도수가 높은 창업 업종은 외식업인데 폐업율은 개업 후 5년 이내 90%에 육박한다. 일자리 창출이 매우 더딘 요즘, 젊은이들의 창업이 더욱 절실하고 실제로 증가추세에 있기 때문에 더더욱 그렇다. 그래서 지금처럼 제한적인 경영교육의 기회를 대폭 확대하기 위해서는 경영교육의 일부 내용을 교양과목화 할 필요가 있다. 미국에서는 초·중·고등학교부터 경영·경제·금융지식과 정보처리기술을 습득하도록 함으로써 기업 경영에 필요한 최소한의 이론적, 도구적 지식을 일찍부터 교육하고 있다. 우리나라에서도 중·고등학교는 물론 대학도 이 부분에 대한 역할을 어느 정도 분담해야 하지 않을 이유가 없다. 경영교육을 필요로 하는 미래의 CEO인 학생들 모두가 경영에 필요한 최소한의 이론적, 도구적 지식을 배우고 졸업할 수 있도록 하는 것이다.

다음 8장 통섭적 경영교육: 비전과 실제에서는 창의적 경영교육, 교양경영학, 고등경영교육커리큘럼의 체계를 통하여 실질적인 통섭적 경영교육의 실천 방안을 제시하고자 한다.

CHAPTER

08

통섭적
경영교육:
비전과 실천

CHAPTER **08**

통섭적 경영교육: 비전과 실천

새로운 고등교육은 융합을 넘어 통섭의 영역으로 확장되어야 한다. 융합이란 두 개 이상의 분야가 하나로 합쳐져 완전히 새로운 것을 만드는 것이어서 기존에 그어져 있는 경계를 넘나드는 도전이 필요하다. 사물과 현상을 더 잘 연구하고자 학자들이 편의상 그어 놓은 명시적, 암묵적 학문의 경계가 때로 새로운 것을 이해하고 연구하는데 방해물이 되기도 한다. 오늘날 많은 학문분야에서 다양한 형태의 융합연구가 시도되고 있다. 개인이 여러 분야의 지식과 경험을 합쳐서 새로운 이론이나 기술을 만들어내는 개인 차원의 융합이 있고, 같은 분야에서 다른 주제의 연구를 하는 사람들이 특정한 문제를 해결하기 위해 협력하는 다학제(multi-disciplinary) 연구도 있다. 융복합적 노력의 산물은 그것이 상품화될 때 더욱 분명해진다. 스마트폰은 대표적인 '융복합'의 산물이다. 이전에 독자적으로 존재했던 전화기, 카메라, 녹음기, 시계, PC, MP3 플레이어, PMP, 라디오, 게임기, 메모장 등이 각각의 기능적 정체성을 유지하면서 한 스마트폰에서 융합되었다. 이를 위해 반도체 소재와 부품들은 더욱 소형화되었고 일부 기계적 기능들은 정교한 소프트웨어로 대체되었다. 이전에는 각자 따로 가동되던 기능들이 유기적으로 연결되어 사람들이 더 편리하게 정보를 처리하고 활용할 수 있게 되었다. 예를 들면 사진을 찍어 저장하고 그것을 편집한 후 타인과 공유할 수 있는 소프트웨어, SNS가 한 기기 안에 모두 있기 때문이다.

한편 통섭이란 두 개 이상의 분야가 각기 쌓고 있는 담(wall)을 낮춰 서로의 영역을 인정하고 이론이나 방법론을 상호 빌려 쓰면서 새로운 것에 도전하는 것을 말한다(홍익희, 2013). 결론적으로 통섭은 융복합의 한 방편이며, 상호 간에 메타지식(지식의 체계)과 지식(방법론과 이론 등)을 빌려 쓰고 빌려줌으로써 새로운 영역(domain)을 만드는 것으로 간학제(inter-disciplinary)와 초학제(trans-disciplinary) 연구와 비슷하다. 간학제(inter-disciplinary) 연구는 다른 학문들의 방법론과 이론을 합쳐서 중간 성격을 지닌 새로운 학문을 만드는 것이며, 초학제(trans-disciplinary) 연구는 간학제 연구보다 더 실험적인 차원에서 철학과 생물학, 예술과 과학, 고고학과 지질학처럼 상당한 거리를 가진 학문들끼리 지속적인 교류를 통해 학문 간 교류와 협력을 추구하는 연구를 말한다(홍성욱, 2014). 통섭은 융합을 하되 각각의 학문적 정체성(영역)을 어느 정도 유지한다는 특징이 있다. 그래서 어떻게 보면 스마트폰은 융합적 산물이라기 보다 통섭적 결과물로 보는 것이 더 맞을지 모른다. 사람에게 필요한 여러 기능들을 폰(전화기) 하나를 통해 활용할 수 있지만 폰 안에 음성전화, 카메라, 녹음기, 인터넷, SNS 등 각각의 정체성은 여전히 유지되고 있기 때문이다. 진정한 융합적 산물의 예는 로봇이다. 인공지능, 컴퓨터공학, 전기·전자공학, 기계공학, 인지과학과 같은 다 학문이 융합되어 전혀 새로운 차원의 인간 대체물을 탄생시켰기 때문이다.

UN의 미래연구 싱크탱그인 '밀레니엄 프로젝트'가 발표한 미래예측보고서 '유엔 미래보고서 2025'는 미래 유망 직업으로 브레인퀀트(Brain Quant – 수학적 모델로 시장움직임을 예측하는 프로그램을 만들고 투자 결정을 내리는 전문가)와 금융기술 전문가를 제시하였다. 이는 최근에 금융업계에 종사하는 사람들의 면면을 봐도 어느 정도 알 수 있다. 과거 금융권에는 경영학과나 경제학과 전공자가 대부분이었지만 최근 다양하고 복잡한 금융상품과 시장상황을 분석할 수 있는 능력이 요구되면서 수학, 통계학은 물론 법학, 심리학, 사회학 등 다양한 분양의 전문인재가 필요해 졌다. 국내 H대가 중점 육성하고 있는 에너지공학과, 융합전자공학부, 소프트웨어전공, 미래자동차공학과, 파이낸스경영학과, 정책학과, 행정학과 등 7개 학과를 보면 그러한 추세를 어느 정도 엿볼 수 있다. 특히 파이

낸스경영학과는 경영학 중에 재무·금융·회계에 중점을 둔 학과로서 경제학, 재무, 금융, 수학에 이르는 다양한 연계과목들을 폭넓게 이수하도록 설계되어 있다.[53)]

경영학 중에 마케팅은 대표적인 통섭적 학문영역이다. 마케팅은 고객을 이해하는 것에서 출발한다. 기업은 고객이 추구하는 가치를 찾고 그 가치를 충족시킬 수 있는 제품·서비스를 개발해서 적정한 가격에 제공할 수 있어야 한다. 지구상에는 저마다 개성이 다른 70억의 인구가 사는데 모두 다양한 디자인 취향과 소비적 욕구를 가지고 있다. 이들의 다양한 필요를 충족시킬 수 있는 제품·서비스를 기획하기 위해서는 사회와 문화 그리고 사람의 구매행위를 관찰하고 이해할 수 있는 감성적 통찰력과 동시에 매출의 극대화와 적정이윤의 확보에 필요한 이성적 판단도 함께 가져야 한다. 소비자들에게 비용·효과적으로 제품·서비스를 제공하기 위해서는 이들을 세분할 수 있어야 한다. 거주지, 성별, 나이, 직업, 취향에 따라 소비자를 세분화하는 지식, 목표 고객군을 찾기 위해 인구통계, 소비자 행동, 상권정보 등에 관한 데이터를 분석하고 활용하는 것은 모두 이성지향적 영역이다.

마케팅에 있어 제품 가격을 결정하는 것(pricing)은 매우 중요한 주제이다. 가격결정은 '가격책정과학(Science of Pricing)'이라는 분야가 있을 정도로 정량적 분석에 근거하여 과학적으로 접근한다. 과학적으로 가격을 결정하기 위해 상품에 대해 소비자가 부여하는 가치를 정량화해야 하며 이를 위해 소비자 구매행동 데이터는 꼭 필요하다. 초기에는 이런 데이터를 확보하기가 어려웠지만 이제 인터넷과 전자상거래의 확산으로 대량의 고객데이터를 축적할 수 있게 되었다. 요즘 웬만한 대형 항공사의 항공료, 글로벌 호텔체인 숙박료, 대형 렌트카 업체의 대여비 등은 지역별, 노선별 실시간 수요와 과거 소비 패턴 등을 이용한 수학적 알고리즘에 의해 책정된다. 이마트, 홈플러스, 월마트와 같은 대형마트는 하루가 다르게 변하는 상품 가격의 결정을 위해 의사결정지원시스템을 활용하고 있다. 이러한 가격결정 알고리즘은 복잡한 수학적 등식으로 표현되는 수리적 모델들이

53) 오선영, [한양대학교] 동문 28만명 政·財·官·체육계 등 각 분야에서 리더로 활약… 로봇공학 등 미래 성장 동력 주인공도 양성, 조선일보, 2014.8.5.

다. 따라서 통계분석기법, 소비자행동분석, 시장의 경제학적 이해 등 통계학, 경제학, 컴퓨터공학 등이 마케팅의 가격결정에 지대한 기여를 하고 있는 현실에서 통섭적 경영교육은 당연하다.

앞서 설명한 것처럼 경영학은 이미 오랫동안 통섭의 길을 걸어왔다. 빌려온 이론과 방법론의 출처는 경영학의 분야에 따라 다양하다. 인사·조직관리, 마케팅은 사회학과 심리학으로부터 많은 빚을 졌고, 재무관리는 경제학과 수학으로부터, 생산운영관리는 OR과 산업공학으로부터, 경영정보는 컴퓨터공학, 행동과학, 인지과학으로부터 많은 이론과 방법론을 빌려왔다. 그렇지만 경영을 학문적 연구가 아닌 교육의 관점에서 보면 통섭의 여지는 더욱 확대될 수 있고 그것을 통해 경영교육의 질은 한 단계 업그레이드될 수 있다. 사회과학, 자연과학, 의학, 공학, 예술분야, 이 모두를 녹이는 통섭의 용광로에서 21세기형 '섞어찌개' 균형적 인재를 만들 수 있다. 김의철(2013)은 이러한 인재를 타입 3, 즉 '균형발달인'으로 명명하였다. 균형발달인은 이성적인 논리성과 감성적인 창의력을 동시에 갖춘 인재로서 우뇌와 좌뇌를 균형 있게 골고루 사용하는 인재를 말한다. 21세기를 넘어선 이 시점에서 우리 대학들이 이러한 경영교육을 할 수 있는 준비가 되었는지 물어야 할 때가 된 것 같다.

〈그림 6〉은 지금까지 논의한 성공적인 경영자를 교육하는데 필요한 통섭적 경영교육의 구성요소들을 시각적으로 정리해 보았다. 성공적인 경영자는 이성적 합리성과 감성적 통찰력을 균형적으로 갖추어야 하고(6장), 이를 바탕으로 창의력, 리더십, 기업가정신을 갖추어야 한다(4장). 끝으로 미래의 성공적인 경영자는 경영관련 이론과 도구지식으로 무장하고, 인문학 그리고 예술이 제공하는 생각 도구의 도움을 받아 감성, 창의력, 문제해결능력을 갖추어야 한다.

〈그림 6〉 통섭적 경영교육 프레임

8.1 대학 경영교육의 한계

통섭적 경영교육의 비전을 찾기 위해 경영관련 대학과 학과의 현재 교육과정, 교육내용 및 방법에 대한 진지한 반성과 검토가 필요하다. 이에는 경영학 관련 과목들의 교과과정과 내용을 초월하는 훨씬 더 큰 그림을 필요로 한다. 경영 활동은 사람과 자원을 조직화하고 동기부여 함으로서 가치를 창출하고 구체적인 성과를 내는 일이다. 인재로부터 새롭고 참신한 아이디어를 얻고 그 아이디어에 실행 가능한 비즈니스모델을 접붙여 새로운 사업체를 탄생시키는 창업가와 그것의 지속적 운영과 경영을 담당하는 전문경영인을 육성하는 것이다. 그래서 경영 관련 학과들은 균형적 사고력을 가진 도전적 기업가와 창의적 전문경영인을 육성하는데 필요한 교육과정과 내용을 개발해 왔다. 이를 위해 경영학은 이미 사회과학, 공학에 속하는 다양한 학문들을 통섭해 왔지만 이것만으로 이제 한계에 봉착한 것 같다. 다음 통섭의 대상은 인문학, 예술, ICT로 보인다. 이는 이성과 합리성만을 절대적 진리로 생각해 왔던 절름발이 교육에서 좌뇌와 우뇌를 조화롭게 쓰는 균형적 경영인의 육성으로 전환하는 것을 의미한다. 경영학은 이미 이 길에 많이 들어섰지만 최근에는 이를 더 심화할 것을 요구받고 있다. 예를 들어 전통적으로 마케팅에서 소비자들을 인구통계학적 요인(나이, 성별, 직업, 교육수준, 거주지, 취미 등)을 기준으로 분류해 왔는데, 이는 인류학, 사회학, 심리학의 전통적 유산을 활용한 것에 머무는 것이다. 오늘날 소비자들은 데이터 마이닝, 빅데이터를 활용하여 소비취향, 사회적 성향, 동선 등을 기준으로 더욱 세분화할 수 있게 되었다. 통계학, DB기술 및 데이터분석 소프트웨어에 대한 지식이 더욱 중요해 짐을 의미한다.

저자를 포함하여 경영학을 가르치는 대학교수들은 자기 분야의 학문과 연구영역이 가장 중요하다는 자긍심을 가지고 연구하며 학생들을 가르친다. 긍정적인 측면에서 어쩌면 그것은 학자이자 교육자가 되는데 필요한 최소한의 자존심일 수 있다. 특히 훌륭한 학술지에 많은 논문을 게재하기 위해서는 한 우물을 파듯이 자기 분야에서만 더욱 깊이 삽질을 해야 한다. 그렇게 나온 많은 연구결과물들이 기업과 경영자들이 고민하는 문제와는 동떨어진 탁상공론의 논문이 되는 경우가 잦아 교수들 스스로도 고민하고 있다. 구덩이를 깊이 파고 들어가면 갈수록 학자들은 그 속에 갇히게 되고 주변을 돌아볼 수 있는 시선과 여유를 잃게 된다. 그렇다보니 학생들의 수강 목적과 그들의 특성을 제대로 이해하고 경영교육을 통섭적으로 접근해보려고 고민하는 교육자가 많지 않은 것이 현실이다.

실제 경영교육의 교실에는 효과적인 교육을 위해 교수가 한 번은 더 고민해봐야 하는 다양한 요인들이 복잡하게 얽혀 있다. 강의실에 앉아 있는 학생들의 면모들을 보면 정말 전 우주의 별들을 모두 모아놓은 듯이 다양한 형질과 지적수준 그리고 다양한 교육적 배경과 수강목적을 가진 학생들이 그곳에 앉아 있다. 그렇지만 교육자는 그들 중에 누가 경영에 적합한 선천적, 후천적 형질을 갖추고 있어 미래에 성공적인 경영자가 될 수 있을지에 대한 고민은 전혀 할 수 없다. 학생들은 교수가 제공하는 교육적 자극에 제각기 다른 반응과 효과를 보일 것이며, 강의를 받아드리고 자신의 것으로 체득하는 방법과 정도도 제각기 다를 것이다. 현대의 경영교육시스템에서 교수들은 그저 준비한 교육 콘텐츠를 공급할 뿐이고 학생들은 필기하고, 발표하고, 시험을 본 후 규정화된 학점을 받아가는 자동화된 컨베이어 시스템처럼 매 학기는 돌아간다. 그래서 학생들의 다양성을 고려하지 않고 똑같은 영양소가 든 음식을 제공하면서 성공적인 매니저를 양성하고 있다고 착각하고 있는 것은 아닌지 모르겠다. 학생들은 성장과정과 이전에 받았던 정규·비정규 교육의 배경이 모두 다르다. 그들이 경영자에게 맞는 적성은 있는지, 있다면 어떤 직무에 적합한지, 훗날 성공적 경영자가 될 수 있는 자질이 있는지, 없다면 어떤 것이 부족한지를 진지하게 고민할 시간과 그것을 판단할 수 있는 정보와 도구도 별로 없다. 그들 대부분 고등학교 성적과 대학수능시험성적에 맞춰 상경계열 학과에 진학한 것이다. 특히 오늘날 경영계열에는 특별한 기술과 재능이 없고 그냥 막연히 취업하는데 도움이 되는 전공으로 알고 입학한 평범한 학생들로 가득 차 있어 문제는 더욱 심각하다.

현재 대학이 가진 자원과 역량으로 위에서 말한 개인을 위한 차별화된 경영교육을 시행하는 일은 거의 불가능하다. 특히 경영의 기본을 가르치는 필수과목들(재무관리, 인사관리, 마케팅, 생산관리, 전략경영, 경영정보, 회계 등)은 경영학 관련 전공 학생들만 아니라 복수 및 부전공을 하는 학생들에게까지 개방되어 있어 매학기 강의실 60~80석의 좌석은 늘 차고 넘친다. 학생 수가 많다보니 과제를 수행하는 개인과 팀의 진도를 교수들이 일일이 챙겨줄 수 없을 뿐만 아니라 그 결과를 발표하는 일도 일부 학생에게만 허용되어진다. 그래서 교수들은 각 학생들이 성공적 경영자가 되는데 필요한 자질 중 무엇이 부족한지를 알고 수강학생을 차별화 교육을 하는 경우는 거의 없다. 그저 학생들은 스스로 알아서 부족한 부분을 메꾸어가고 때가 되면 자신이 무엇이 부족한지도 모른 체 졸업장을 받고 나가야 한다.

8.2 리더 CEO 키우기

리더의 자질은 생물학적으로 타고 나는가 아니면 유전되는가? 그 답은 '예스' 일수도 '노우'일 수도 있다. 리더는 길러지느냐 타고나느냐는 의문은 오랫동안 학자들 사이에 논쟁이 되어왔지만 지금까지 연구결과로는 길러지는 부분도 있고 타고 나는 부분도 있으며 상황적 논리가 적용되기도 한다. 검증된 리더는 다양한 조직에서 다양한 방식으로 모습을 드러내며 탁월한 성과를 입증한다. 리더는 좌뇌와 우뇌를 아우르는 균형발달인이면 더욱 좋다. 김의철(2013, 211~227)은 성공적인 조직을 위해서 여러 가지를 동시에 아우를 수 있는 균형적으로 발달한 리더가 필요하다고 하였다. 이는 찬성과 반대가 맞붙어있는 상황에서 두 목소리를 멋지게 조율한 후 집단과 조직이 한 방향으로 일사불란하게 나아가도록 하는 능력을 갖춘 리더를 말한다. 각양각색의 목소리를 내는 사람들을 모아 놓고 멋진 하모니의 합창을 만들어내는 지휘자, 각양각색의 음을 만들어내는 연주자들을 모아 놓고 멋진 교향곡을 연주해 내는 지휘자처럼 되어야 함을 의미한다.

요즘처럼 메스미디어가 발달된 사회에서는 특정인이 리더십을 발휘하는 모습을 생중계로 지켜볼 수 있으며 때로 그것으로 인해 그 사람이 전국적 스타가 되기도 한다. 2010년 가을, 뮤지컬 작곡가이자 기획자인 박칼린 씨가 오합지졸에 비견될 수 있는 수십 명의 비전문가들을 모아 두어 달 합창연습을 시킨 후 지방에서 개최된 한 전국합창대회에서 입상을 한 사건이 있었다. 첫 오디션부터 혹독한 연습과정 그리고 실제 대회참가까지 전 과정을 한 지상파 예능프로가 생중계를 하면서 박칼린 씨의 리더십이 전국적으로 화제가 되었다. 그녀는 때로는 부드럽게 때로는 강단 있는 카리스마를 보이며 그곳에 모인 비전문가들의 목소리를 가다듬고 엮으면서 조화를 시켰는데 그 모습은 전혀 조직화되어 있지 않은 사원들을 모아 탁월한 경영 성과를 만들어 내는 CEO의 모습과 다를 바가 없었다. 이 사례는 효과적인 리더십은 기업이 아니더라도 준비되지 않은 구성원들조차 가슴 뛰게 만들고 조직에 기여할 수 있는 유용한 자원으로 변화시킬 수 있다는 것을 보여주었다. 그녀는 다듬어지지 않고 조직화되어 있지 않은 음악적 자원들을 다듬고 재배치하여 상업적으로 성공한 뮤지컬을 만들어내는 기획자의 삶을 살면서 창조적, 주도적 리더십을 자연스럽게 형성해 온 것으로 보이며, 음악에 대한 전문성과 경력은 그녀의 리더십에 카리스마를 더해준 것으로 보인다. 오케스트라나 합창단은 리더십의 효과를 즉각 확인할 수 있어 리더십의 중요성이 잘 드러나지만, 기업의 경우 새로운 CEO의 리더십이 효과를 보여주는 데는 종종 시간이 더 오래 걸린다. 그래서 다른 분야에 비해 기업가와 경영자의 리더십이 덜 주목을 받는 경향이 있지만 결코 중요하지 않다는 의미는 아니다.

모든 리더가 다 경영자가 되는 것은 아니지만 모든 경영자는 창조적, 주도적 리더가 되어야 한다. 훌륭한 리더가 반드시 성공적인 경영자가 된다는 보장은 없지만 성공적인 경영자는 훌륭한 리더십을 꼭 갖춰야 한다. 경영자는 그가 팀장이든 CEO든 문제해결을 주도해야 할 때 필요한 것은 리더십 역량이다. 효과적인 리더십을 갖추지 못한 경영자는 경영 역량을 발휘하는 데 많은 제약이 따른다. 예를 들어 기존 시장은 이미 포화되었고 기업의 성장잠재력이 한계에 이르렀다면 그 기업은 새로운 사업기회를 찾아야 한다. 리더는 현재 기업의 문제점을 정확하게 파악한 후, 기업이 추구해야 하는 새로운 가치를 구상하고, 앞으로 나아가야 하는 방향에 대한 비전과 목표를 제시할 수 있어야 한다. 구성원들이 방향을 잃고 해맬 때 모으고, 훌륭한 소통능력으로 메시지를 효과적으로 전달함으로써 구성원들이 가야할 방향을 찾게 하고, 새로운 에너지를 충전 받아 목표를 향해 뛰기 위해 운동화 끈을 다시 질끈 묶을 수 있도록 동기부여 할 수 있어야 한다. 빈사상태에 이른 많은 기업들이 훌륭한 리더십을 발휘한 경영자 덕분에 회생하는 사례가 많은 이유가 거기에 있다. 기업은 처해진 상황에 따라 경영기법을 잘 아는 전문경영인이 필요할 때도 있지만 리더십을 가진 CEO가 더 필요할 때도 있다. 그래서 리더십을 갖춘 스타 전문경영인을 수십억 원대의 연봉을 주고 모셔오는 이유가 그기에 있다.

지금까지의 얘기를 종합하면 외향적인 사람만이 성공적인 리더 경영자가 될 수 있다고 느껴질 수 있다. 그렇지만 수전 케인(Cain)은 자신의 책 『콰이어트(Quiet)』에서 리더가 되기 위한 자질로써 외향성만 강조할 것이 아니라 내향적인 사람도 변화와 혁신을 통해 큰 조직을 리드해 갈 수 있는 시대가 되었다고 주장하였다. 현재 실리콘밸리의 핵심 인물들인 구글의 창시자 레리 페이지, 페이스북의 창업자 저커버그, 버크셔 해서웨이 워런 버핏 회장, 삼성전자 이건희 회장, 안철수 의원(안랩 창업자), 이해진 네이버 이사회 의장 등이 모두 내향적인 인물이다. IT업계는 지금 가장 잘 나가는 분야이고, 대표적 IT기업을 이끌고 있는 사람들은 사회적으로 막강한 영향력을 가지고 있다. 그래서 내향적 성격이 리더가 되기에 부적절한 성격의 유형이 아니고 어쩌면 존중받을 만한 가치가 있다고 주장하는데 이를 딱히 부정적으로 바라볼 이유는 없다. 역사상 가장 훌륭한 작품을 만든 예술가는 대부분 내향적이었다. 정치나 사회운동처럼 일반적으로 외향성이 강조되는 영역에서조차 앨 고어, 마하트마 간디, 엘리너 루스벨트 같은 인물은 자신들의 내향성에도 '불구하고'가 아니라 그 내향성 '덕분에' 위대한 도약을 이뤄냈다. 그럼에도 대학에서 많은 교수들은 '리더=외향적 인간'이라는 도식 하에 성공적 경영자가 되기 위해서는 외향적인 성격을 가질 필요가 있다고 생각하는 경향이 높다. 그래서 수업에서 프로젝트 그룹을 만들고 공동과제를 이끌도록 하며, 토론에 참여하고, 결과물을 발표하도록 함으로써 스스로 존재감을 드러내고 효과적으로 소통하는 법을 배우도록 하고 있다. 나도 그런 교육자들 중에 한 사람이어서 수업에서 '수업참여(질문에 대한 답변, 토론참여 등)'를 하면 추가점수를 주기도 한다. 그런데 이러한 방법이 일부 내향적 성격의 학생들에게 거부감을 줄 수 있고 그런 인센티브 장치 자체가 그들이 길러야 하는 성공적인 경영자의 자질의 함양에 크게 도움이 되지 않는다면 지금의 전통적 교육방향과 방법이 만능은 아니라는 것이다. 신입사원을 채용하는 기업들도 때로 외향적인 사람을 더 선호하는듯하여 문제는 더욱 악화된다. 토론, 압박면접, 프레젠테이션 등은 내향적 후보자들에게 절대적으로 불리한 평가방법들이다. 그럼에도 기업들이 내향적인 사람들이 잘 할 수 있는 직무들을 발굴하고 그런 일에 적합한 내향적인 사람을 채용하겠다고 나서는 날은 아직 요원해 보인다.

경영관련 전공을 하겠다고 모여든 많은 학생들이 리더십을 결여하고 있다는 것은 또 다른 차원의 문제이다. 앞서 언급하였듯이 대부분 경영관련 학과(전공) 학생들은 특기나 장기가 없는 평범한 모범생들인 경우가 많다. 단지 이들은 다른 전공들에 비해 경영학이 졸업 후 취업에 유리할 것이라는 막연한 기대감과 사회적 통념이 이들의 등을 떠밀어 그 전공을 선택하게 했을 수도 있다. 이들은 대개 독특한 개성과 특별한 취향이 없고 리더를 해 본 경험도 별로 없이 평균적 열정과 주도성을 가지고 대학을 입학한다. 때로 고등학교에서 리더가 되어 반을 이끌거나 자신의 특기를 살릴 기회도 있었지만 그런 활동들이 좋은 대학 입학에 별 도움이 되지 않는다는 주변의 조언으로 그냥 성실하게 공부에만 힘썼던 학생들이 많다. 이런 학생들에게 성공적인 경영자에게 필요한 리더십을 기를 교육이 필요하지만 경영 관련 학과(전공)의 교육과정에 리더십 교육이 담겨있는 경우는 별로 없다. 일부 과목들이 리더십을 가르치지만 이론으로 배우는 리더십과 행동으로 체득하는 리더십은 차원이 다르다. 리더십은 구체적인 실천과 행동이 수반되어야 하는 것임에도 그런 변화를 가져다주기에는 대학 교육의 내용과 비교과적 기회가 턱 없이 부족하다.

리더십은 스피치, 행동, 태도 등을 통해 드러나는 시각적인 부분이 많아 주입식, 암기식 이론교육을 통해 가르치기는 쉽지 않다. 대신 강의실 보다 수업 밖의 활동에서 리더가 되어보면 자신의 리더십의 효과에 대한 피드백을 즉각 받을 수 있어 생생한 체험교육의 현장이 될 수 있다. 학생회의 임원이 되어 리더가 되거나 리더의 조력자가 되어볼 수 있고, 스터디그룹과 공모전 응모 준비를 위해 리더가 되어볼 수도 있고, 정규강의에서 그룹과제를 수행하면서 리더가 되어볼 수 있지만 그런 기회는 여전히 제한적이다. 그래서 리더십을 학문적으로 가르치기가 쉽지 않은 이유를 성공한 많은 CEO들이 학교에서 리더십을 체계적으로 배운 경우가 많지 않다는 것에서 찾을 수 있다.

8.3 창의적 CEO 키우기

성공적인 경영자는 창의적 문제해결능력을 반드시 갖출 필요가 있다. 이는 고 정주영 회장처럼 없는 길을 만드는 능력으로써 글로벌 초경쟁 시대에 경영자에게 반드시 필요한 자질이다. 기업 내부를 들여다보면 매일 반복적으로 일어나는 일들도 있는 한편, 독창적 해결방안을 필요로 하는 일들도 많다. 사실 전자의 일을 수행하는 데는 중등교육을 이수한 사람을 투입해도 무관할 것이다. 그런데도 2년제, 4년제 대학을 졸업한 사람을 투입한다면 두 가지 경우 중 하나일 것이다. 사장이 제대로 급여를 주면서 그런 일을 시킨다면 과다한 인건비를 지출하는 것이고, 그렇지 않다면 제대로 된 급여를 주지 않고 부적절하게 고급인력을 낭비하는 경우이다. 요즘처럼 대졸자들이 과잉이어서 청년실업이 심각한 상황에서 빈번히 일어나는 현상이기도 하다. 한편 대학을 나온 고학력자에게 그런 일을 맡기는 것은 미래의 중간관리자, 최고경영자로 성장해 가는데 거쳐야하는 징검다리 업무이기 때문일 수도 있다. 반복적인 일들의 대부분은 고객을 응대하거나 생산현장에서 일어나는 일인데 현장을 제대로 이해하지 못하면서 중간관리자나 최고경영자가 될 수 없기 때문이다. 금수저를 입에 물고 태어났다는 일부 재벌 2~3세가 무리한 의사결정이나 비상식적인 행동으로 사회적 물의를 일으키는 경우가 많은 데 대부분 기업의 바닥이라고 할 수 있는 현장수업을 제대로 받지 못한 탓으로 볼 수 있다.

중등교육을 마치고 대학에 입학한 학생들을 대학, 특히 경영 관련 학과는 이들을 보다 창의적인 미래의 CEO로 키워낼 책임이 있다. 중간관리자와 최고경영자들은 때로 기업의 운명을 좌우할 수 있는 중대한 일들을 결정하고 추진하는 경우가 많다. 새로운 해외시장을 뚫는 일, 신제품을 기획하는 일, M&A 대상기업을 선정하는 일, 적대적 M&A를 방어하는 일, 대규모 리콜사태에 대처하는 일, 안티 고객들에 대처하는 일 등은 참조할 수 있는 과거의 사례나 경험은 제한적이며 새로운 해결방안을 필요로 하는 것들이다. 앞서 루트번스타인 & 루트번스타인(2007, 25-26)에 의하면 창조적으로 생각하는 것은 먼저 문제의 존재를 느끼는 것이고 문제를 알고자 하는 욕구는 반드시 감각적이고 정서적인 느낌과 함께 어울려져 합리적 지성과 통합되어야 한다. 그래야만 문제에 대한 상상력 넘치는 통찰을 얻을 수 있기 때문이다. 신경학자 안토니오 다마지오(Antonio Damasio)는 갑작스러운 사고나 뇌졸중, 종양으로 정서적 감응구조가 총체적으로 바뀐 신경질환자들은 문제해결과정에서 정서적으로 몰입할 수 없기 때문에 합리적으로 계획을 세우는 능력이 부족해진다고 하였다. 그래서 흔히 비과학적이라고 치부해버리는 느낌과 직관과 같은 감성적 요인들이 합리적 사고를 방해하기 보다는 합리적 사고의 원천이자 기반이 되기도 한다. 그래서 균형적 경영자의 경우, 육체와 정신, 감정과 지적능력이 분리되어 작동되는 것이 아니라 서로가 상호작용을 하며 보완하는 역할을 수행한다. 흔히 뇌를 좌우로 나눈 후 각각의 기능을 독립적으로 설명하는 이분법적 방식은 더 이상 유효하지 않다. 분석한 자료를 근거로 과학적, 이성적 판단을 해야 하는 상황에서 조차도 감성과 직관력을 주관하는 우뇌가 작동하여 경영자가 사회적 통념과 기대치를 벗어날 정도로 지나치게 냉정해지지 않도록 조절해주어야 한다.

모든 학문은 직관과 감정에서 비롯된 창조적 산물(느낌, 의문, 해결책 등)을 과학이나 합리성의 틀에다 집어넣어 표현하고 소통하는 도구를 활용한다. 직관과 통찰과 같은 내면적 느낌을 통해 알게 된 문제 해결 방법은 외부 사람들과 소통하기 위해 표준화된 외적인 언어로 변환되어야 한다. 과학자는 수학공식으로, 작가들은 언어로, 무용수는 몸짓으로, 화가들은 캔버스를 통해 자신의 느낌을 구체화하는 것이다. 경영자 역시 직관과 통찰을 통해 창의적인 아이디어(문제해결방안)를 구상하는 일은 앞의 예술가와 다르지 않지만, 대게 자신의 생각과 아이디어를 직접 연출하기 보다는 부하 직원들이나 시스템 그리고 조직을 통해 집단적으로 구현된다는 점이 다르다. 아이디어가 보고서에 담기면 보다 체계화되고 실행 가능한 계획으로 바뀌며, 표정과 몸짓을 포함한 스피치에 담기면 그 사람의 열정과 느낌을 전달할 수 있으며, 조직과 시스템에 탑재되면 매우 강한 역동성을 갖는 행동방안이 된다. 따라서 경영 관련 학문들은 학생들이 감성적, 이성적 역량을 균형 있게 겸비하도록 교육해야 한다. 통찰력과 직관력을 길러주는 감성적 교육, 데이터를 가공하고 분석하며 그 의미를 이해할 수 있는 합리적, 분석 능력의 교육 그리고 이 두 가지 능력을 배양하는 도구들로써는 그룹 토론, 글쓰기, 발표 등이 있다. 문제는 앞서 얘기하였듯이 학생들이 리더십을 교실 교육만을 통해 배우기 어려운 만큼이나 감성적 역량 역시 단기간의 강의를 통해 습득하기가 어렵다는 점이다.

문제인식능력

문제인식은 문제를 이해하는(understanding) 것에서 출발한다. 이해한다는 것은 많은 경험의 방식을 통합하는 인지적 활동이다. 통합에는 두 개의 기본적인 요소가 있는데, 하나는 공감각(共感覺, synesthesia)으로 여러 가지를 동시에 감각하는 것을 일컫는 신경학적, 예술용어다. 어떤 색체를 통해 온기나 냉기를 느끼기도 하며, 어떤 맛은 촉각이나 경험을 불러내며, 어떤 영화의 장면은 자신의 과거에 있었던 어떤 장면을 떠올리게 하기도 한다. 통합을 통해 지식은 통합되며, 통합된 지식 안에서는 관찰, 형상화, 감정이입과 기타 생각도구들이 유기적으로 상호작용한다. 이 과정은 결코 순차적이지 않고 동시다발적으로 이루어지며 기억, 지식, 상상, 느낌 등 모든 것들이 따로따로가 아닌 전체로 그리고 우리의 몸을 통해서 이해되는 것이다. 이것이 바로 몸과 마음, 감각과 분별력을 연결해 주는 '통합적 이해(unified understanding)', 또는 綜合知(종합지, synosia)이다(루트번스타인 & 루트번스타인, 2007, 51).

경영의 문제인식도 크게 다를 바 없다. 경영문제의 인식은 목표(계획)와 현재

(성과)의 갭을 확인하는데서 출발하므로 좀 더 구체적이다. 즉 과거에 설정했던 목표와 현재의 성과에 현격한 차이가 있다면 이는 그 때 목표를 잘못 세웠거나 아니면 열심히 일을 하지 않았다는 반증이며, 다음 단계인 문제해결단계로 나아가야 함을 의미한다. 기업이 경영목표와 계획을 수립할 때 중요한 것은 예측정보이다. 영업 및 매출, 생산계획, 자금수요, 인력충원, 정보시스템계획 등 모든 중요한 경영의사결정은 미래의 어떤 시점에 이르면 성취할 수 있을 거라는 예측자료를 근거로 해서 만들어진다. 예측은 일반적으로 현재와 과거의 자료를 근거로 투사(projection)하는 일이므로 정확할 수 없으며 그것을 근거로 세운 대부분의 계획도 반드시 성취된다는 보장도 없다. 그래서 기업 오너나 CEO는 가급적 목표를 높이 잡으려하고 부하직원들은 가급적 적정하거나 낮게 잡으려 노력한다. 목표가 달성되면 CEO는 좋겠으나 그렇지 않으면 부하직원은 책임추궁을 면할 수 없기 때문이다. 그래서 기업들은 정확한 예측을 위해 데이터처리와 분석에 많은 투자를 해야 한다. 경영활동을 하면서 생성되는 데이터를 많이 수집해야 하고 이것들을 분석하는 방법과 도구를 잘 아는 인력을 고용할 필요가 있다. 때론 돈을 들여 고급정보를 사오거나 아니면 고급정보를 만들어낼 수 있는 정보인프라와 역량을 갖추어야 한다. 그런 노력도 없이 직원들이 게을러 목표를 달성하지 못했다고 닦달만하면 중소기업을 상대하는 대기업 직원의 비도덕적 갑질이 언제라도 발생할 수 있다.[54)]

문제를 인식하는데 반드시 첨단기술이 필요한 것만은 아니다. 경영을 하다보면 수치로 드러나기 이전에 고객, 내부직원, 협력업체 직원들의 불만이 쌓여가다 어느 시점에 이르러 빙산의 일각처럼 드러나는 문제들의 증상들이 많다. 경영자는 늘 민감한 센서(안테나)를 켜고 관찰하여야 수치로 드러나지 않는 이런 문제를 사전에 감지할 수 있다. 사람의 장기 중에 간은 아프더라도 그 증상이 일찍 드러나지 않는다. 특히 암은 피검사를 통해 도출되는 수치로 암의 진행을 사전에 어느 정도 예측할 수 있지만 문제는 이런 병들은 수치를 통해 확인한 후 조직검사에 들어가면 이미 병이 많이 진행되어 있어 완치가 어려운 경우가 많다는 것이다.

---

54) 2014년에 대리점을 상대로 한 남양분유 직원의 횡포가 사회적 문제로 비화된 적 있었다. 직원은 대리점주에게 무리한 할당량을 정해 밀어내는 방식으로 영업을 하여 대리점주에게 큰 정신적 물질적 피해를 입혔다.

기업도 마찬가지다. 때로 주관적일수도 있겠으나 오랜 경험과 연륜을 가진 경영자가 근거 자료도 없이 직관과 통찰을 통해 던져주는 조언을 소중하게 다루어야 하는 이유이기도 하며, CEO가 수치로 확인할 수 없지만 다양한 현상만으로 문제를 짚기 위해서 예술가의 예민한 감성과 동식물학자의 관찰력을 유지해야 하는 이유이기도 하다.

현재 대학의 경영관련 교육과정과 교육방법에서 예민한 감성과 관찰력을 길러줄 수 있는 교과내용이나 도구는 별로 없다. 감성적, 정서적 교육은 인문학 공부나 예술 활동을 통해 배워야하므로 어릴 때부터 해온 독서나 교실 밖에서 받은 예술 교육과 취미활동을 통해 가능한 것들이 다수 있을 수 있다. IT기업, HP 최초의 여성 CEO였던 피오리나는 어릴 적부터 피아노를 배웠는데 그녀는 음악을 통해 풍부한 감성을 가지게 된 많지 않은 사례 중에 하나일 것이다. 대학에서 굳이 개인적 방법을 찾는다면 교내·외 서클활동에 참여토록 하는 것이다. 독서토론서클, 악기연주서클, 대학신문기자 등에서 인문학 서적을 읽고 감성적 글을 쓰거나 악기를 연주하면서 감성적 소양을 기를 수는 있을 것이다. 그러나 교육적 효과가 어릴 적에 받는 것 보다는 떨어질 것이다. 경영 관련 학과나 대학이 '디자인경영'이나 '예술경영'과 같은 교양적 성격의 융합적 과목을 개설하고 학생들로 하여금 수강토록 하는 방법도 있다. 경영학을 배우고 경영의 관점에서 디자인과 예술관련 조직을 이해하고 문화 콘텐츠를 이성과 감성으로 융합할 수 있는 기회를 제공할 수 있기 때문이다.

문제해결능력

문제인식능력에 이어 문제해결능력은 인지된 문제를 해결하는 방법을 찾아 이를 실행함으로써 문제를 해결하는 역량을 말한다. 그래서 문제해결능력은 i) 해결방안을 설계하는 일, ii) 해결방안이 가져다줄 결과를 예측하는 능력, iii) 여러 대안 중에 하나를 선택하는 능력으로 구성된다. 해결방안을 설계하는 일은 일정 수준의 창의력이 필요한데 지금의 문제가 과거의 것과 유사할 때와 완전히 새로운 문제를 만났을 때 요구되는 창의력의 수준은 현저히 달라진다. 특히 과거에 비슷한 문제를 해결했거나 그 문제를 풀기 위해 활용했던 방법이나 도구가 있었다면 그것을 새로운 문제 상황에 적용하는 것이므로 창의력은 응용능력이라 해도 무방하다. 그렇지만 업종에 따라 과거에 없었던 완전히 새로운 문제에 봉착하는 기업들이 많다. 그럴 경우 완전히 새로운 해결방안을 찾아 나서야 하며, 이 때 경영자의 문제해결 능력, 엔지니어들의 창의적인 아이디어가 결정적인 역할을 한다.

루트번스타인 & 루트번스타인(2007, 36-37)은 우수한 공학도인 존이라는 학생의 예를 통해 이론을 안다는 것과 그것을 현실 문제에 적용하는 능력이 100% 일치하지 않다는 것을 설명하였다. 문을 제작하는 목수는 물론 대다수의 사람들은 어릴 때부터 여닫이문을 사용해왔기에 힘들이지 않고 문을 열 수 있는 방법은 가장자리에 위치한 문의 손잡이를 당기는 것임을 체험적으로 알고 있다. 이것은 토크(torque)라는 일명 돌림의 힘 또는 회전력(回轉力)으로 불리는데, 물체를 회전시키는 효력을 나타내는 물리량을 뜻한다. 물리학 수업에서 다른 학생들에 비해 탁월한 실력을 보였던 존이 문의 가운데(중앙)를 붙잡고 미닫이를 열려고 낑낑거리는 황당한 모습에서 '토크의 원리'를 가장 잘 알고 있는 학생이 문의 가장자리를 잡고 밀어야 힘이 적게 든다는 원리를 현실에 적용하지 못한다는 것과 이론으로 이해한 지식조차 문제해결에 필요한 응용지식(또는 행동)으로 바로 전환되지 않을 수 있다는 사실을 알 수 있었다.

실제 경영학은 경영문제해결에 적용할 수 있는 많은 이론과 도구들을 학생들에게 가르치고 있다. 그렇지만 그것을 실질적인 현장문제에 응용하는 역량이 부족한 존과 같은 학생들이 많이 있음을 인정하고 이들을 위한 노력을 제대로 하고 있는지 고민할 필요가 있다. 특히 우리의 경영(상경 및 경상)대학들은 학생들에게 배운 이론을 적용해 볼 수 있는 실무적 환경(현장)을 충분히 제공하고 있지 못하다. 존의 사례에서도 보았듯이 이론을 실무에 효과적으로 응용하는 창의적 능력이 결여된다면 학생들의 실질적 문제해결능력은 현저하게 떨어지며 그것은 바로 경영교육이 앞으로 넘어야 하는 한계를 말한다. 그렇다면 경영 관련 학과들은 학생들에게 제대로 된 문제해결능력을 키워주고 있을까? 그들이 개설하는 과목들 중에 학생들이 생활하면서 체험하고 느꼈던 것들을 강의를 통해 새삼 확인할 수 있는 이론과 사례들은 얼마나 될까? 과거의 경험과 축적된 지식이 현재의 문제를 해결하는 데 매우 유용한 정보라고 본다면, 그것들을 대학에서 배운 이론들과 연계하고, 새로운 문제해결책을 창의적으로 도출하는 능력을 우리는 어느 정도 가르치고 있는 것일까? 이것은 전적으로 대학의 경영교육이 얼마나 이론교육을 현장체험과 연결해 주는가에 달려있다. 경영관련 학문을 학부에서 처음 접하는 대학생들의 나이는 대략 20대 초반이다. 이들이 정상적으로 가족의 일원으로 지냈고, 유치원, 초·중·고등학교를 다녔다면 경영을 이해하는데 필요한 기본적인 소양을 갖추었고 기초적인 체험을 하였을 것이다. 특히 남학생들에게는 군복무 경험이 추가될 수 있다. 그럼에도 경영관련 수업에서 배우는 이론들 중에 자신의 체험을 투영해 보고 그 이론을 자기 것으로 내재화하여 응용할 수 있는 주제들은 그리 많지 않다. 대부분 이론들은 교실에서 강의되고, 시험을 위해 암기된 후 실질적 문제해결에 응용하는 데까지 이르지 못한 체 졸업과 함께 잊혀진다.

경영학 이론들 중에는 학생이 현실 문제에 쉽게 적용하여 응용능력을 발전시켜 갈 수 있는 주제가 있는 반면 그렇지 않은 주제들도 있다. 각각의 예로써 리더십과 SCM(공급망관리)을 들어보자. 주로 '인사조직' 과목에서는 리더십의 특성과 종류, 리더의 자질, 리더십이 직원들의 관계와 조직의 성과에 미치는 영향 등을 배우게 되는데 학생들은 자신이 과거에 속했던 집단에서의 생활과 인간관계 체험을 적용하면서 그 지식들을 자신의 것으로 내재화하여 쉽게 현실에 응용할 수 있다. 그렇더라도 앞서 설명하였듯이 여전히 리더십을 배우는 것과 리더가 되어 그것을 효과적으로 적용해 보는 것과는 별개의 문제이다. 한편 SCM(Supply Chain Management 공급망관리)과 관련된 이론은 그 반대의 경우라 할 수 있다. 공급망(Supply Chain)은 공급사, 제조사, 도·소매상을 거쳐 소비자에게 제품이 공급되는 전 과정을 말하며, SCM은 이 과정에서 발생하는 주문, 배송, 보관 및 재고관리를 효율적으로 수행하기 위해 정보를 관리하고 공유하기 위한 시스템 구축에 관한 이론을 말한다. 간혹 편의점, 할인점 또는 전자상거래 구매 경험이 있는 학생들은 배송과 재고관리 수준으로 개념을 대략 이해는 하겠지만 이들의 체험의 대부분은 부분적이며 파편적이며 통합되지 않아 전체 프로세스를 잘 이해하지 못한다. 즉 학생들은 SCM이론을 내재화하는데 필요한 경험이 제한적일뿐만 아니라 이론을 적용한 구체적인 사례도 적어 학생들이 문제해결능력까지 습득하기는 어려운 주제이다. 결국 대부분 학생들은 생소한 주제를 이론으로만 배우고 외운 후 그것을 현실에 적용해 보는 기회가 없어 물리학의 존이 했던 실수를 경영현장에서 할지 모른다.

경영학에서 응용능력은 수학에서 한 가지 이론을 배운 후 다른 문제에 그 이론을 적용하여 해결하는 능력과는 많이 다르다. 유사한 경영 문제라 할지라도 해결책의 원리는 같을지 몰라도 각론과 디테일에 들어가면 산업, 업종, 직무에 따라 많이 달라지는 것이 경영문제이다. 동일한 패션의류제조사라 하더라도 그 회사가 공급망을 어느 정도 수직계열화하고 있는지 그리고 어느 정도 원자재 공급사, 대리점과 정보시스템을 통합하고 있는지에 따라 시장의 수요변화에 대응하여 생산량을 유연하게 조정할 수 있는 능력이 달라진다. 즉 기업이 가지고 있는 기초적 역량이나 기술적 인프라의 준비정도에 따라 기업이 설계하여 선택할 수 있는 문제해결책은 달라진다. 물론 갓 졸업한 신입사원에게 이 문제를 해결하라는 기업들은 거의 없을 것이다. 그렇더라도 창의적 문제해결능력을 가진 사원은 문제의 구조를 신속하게 꿰뚫어보고 좋은 아이디어를 제시할 수 있을 것이며 구체화된 문제해결방안을 효과적으로 실행할 수 있을 것이다. 다양한 분야의 책에서 창의력과 상상력 그리고 응용능력을 길러주는 다양한 방법들이 소개되어 있는데 경영교육 수업에서도 이를 응용하면 좋을 것이다.

8.4 창의성 개발도구와 적용

상상력 개발

상상력(imagination)이란 현재 존재하지 않는 것들, 즉 새로운 문제해결방안, 설계가 필요한 시스템과 인공물, 현상의 관찰을 통해 추론할 수 있는 명제를 두뇌에서 이미지로 구체화시키고 예상되는 결과를 정신적으로 시뮬레이션하는 능력을 말한다. 형상화(imaging)는 현상을 그대로 재현하는 것에서부터 특이한 추상능력과 감각적인 연상에 이르기까지 다양하다. 상상력이 뛰어난 사람은 사물의 모습을 상상 속에서 쉽게 그려낼 수 있다. 제너럴 일렉트릭사의 엔지니어였던 스타인메츠는 "직경이 2인치인 쇠막대기에 드릴로 2인치짜리 구멍을 낸 후 반으로 자른다면 깎여나가는 쇠의 양은 얼마나 되는가?"라는 질문에 단 몇 초 안에 "5.33세제곱인치"라는 답을 했다. 그의 동료이자 위대한 발명가였던 니콜라 테슬라[55]는 자서전에서 "나는 어떤 생각이 떠오르면 머릿속에서 즉시 그것의 기본모형을 상상으로 그려본다. 상상 속에서 그것의 구조를 바꿔보기도 하고 작동시켜 보기도 한다. 난 실물을 보지 않고도 그 모든 것을 머릿속에서 그릴 수 있다"고 적고 있다. 휴대용 전자계산기가 출현하기 전에는 복잡한 계산을 위해 주로 주판을 이용하였다. 요즘 아이들을 영어학원에 보내는 만큼 당시 부모들은 자녀들을 주판학원에 보냈다. 주판은 5로 표현되는 1개의 알과 1로 표현되는 5개의 알로 구성되어 있다. 주판을 아주 잘 다뤘던 아이들은 암산도 기가 막히게 잘 하였는데, 머릿속에 주판을 형상화하여 빠른 속도로 주판을 조작하여 셈을 할 수 있었다.

노벨상 수상자를 포함한 40명의 과학자들을 대상으로 조사한 결과는 예술적 조예와 시각적 사고능력, 과학적 성취는 밀접한 관련성이 있음을 말해주었다. 과학 분야에서 형상화를 잘 하는 사람은 예술 활동에서도 형상화 능력이 뛰어나고, 이런 경우 어느 한쪽의 활동이 다른 쪽 활동에 도움을 주기도 한다(루트번스타인 & 루트번스타인, 2007, 89). 형상화는 작가, 발명가, 과학자, 화가들이 공통으로 활용했던 훌륭한 생각의 도구이다. 찰스 디킨스(Charles Dickens)는 자신의 머릿속에서 보았던 것을 소설화하였고, 테니시 윌리엄스(Tennessee Williams)는 자신의 희곡 「욕망이라는 이름의 전차」를 쓸 때 다음과 같은 심상에서 시작되었음을 밝혔다. "나는 싱싱한 젊음을 갓 벗어버린 한 여인을 떠올렸다. 그녀는 창문 옆 의자에 외롭게 앉아 있다. 달빛은 창문을 타고 흘러들어와 그녀의 쓸쓸한 얼굴을 비춘다. 그녀 옆에는 결혼할 한 남자가 서 있다." (루트번스타인 & 루트번스타인, 2007, 90)

금세기에 가장 위대한 물리학자 아인슈타인은 자신의 상상력과 창의력을 최대한 활용하여 보이지 않는 우주의 기본 질서를 설명하는 상대성이론과 중력에 관한 위대한 이론들을 만들어냈다. 아인슈타인은 초등학교 시절 학업 성적이 너

55) 크로아티아 출신의 미국 전기공학자로서 에디슨 회사에서 발전기와 모터를 연구했으며 교류전동기, 발전기, 테슬라 변합기 등을 발명했다.

무 좋지 않아 지진아로 분류되기도 하였으며, 14세 때 독일 뮌헨의 김나지움에서 역사, 지리, 어학에서 너무 낮은 점수를 받아 졸업을 못하고 15세 때 중퇴까지 당했다. 그는 강력한 훈육과 규칙을 중시하며, 정확함, 성취를 위한 확실한 준비 그리고 최선을 다해 이루고자 하는 의지력 그리고 암기를 강조하는 독일식 교육 분위기에 적응하지 못하였다.[56] 그렇지만 그는 스위스 취리히 연방공과대학에 입학하기 전 1년간 수학했던 아라우주립학교에서 프리드리히 뮐 베르크(1840~1915) 선생을 만나는 일생일대의 행운을 얻었다. 베르크 선생의 수업은 주로 견학을 통한 체험이 많았으며 무엇이든지 관찰하고 이를 지적으로 가공해서 표현하도록 독려하였다. "보고 생각하고 말하라"가 베르크 선생의 교육신조였다. 보이는 것(수치로 분석된 것)만이 아닌 그것을 통해 느끼는 것을 포함하여 말이라는 언어체계를 통하여 표현하도록 훈련한 것이다. 아인슈타인은 베르크 선생을 통해 그의 훗날 자신의 연구방식인 뇌 속에서 실험, 즉 상상력을 훈련받을 수 있었다. What-if 질문, 즉 '만일 ~ 라면 어떻게 될 것인가?'를 묻는 '사고 실험(mind experimentation)'은 아인슈타인의 전형적인 연구방식이었다. 특히 당시로는 직접 실험하기가 불가능한 가설적 현상들, 예를 들면 '만일 마찰이 없다면,' '달이 지구에 떨어진다면'과 같은 질문은 머릿속에서 자유로운 상상을 통해 실험을 해야 하는 것들이었는데 그는 사고 실험을 통해 새로운 이론들을 창안할 수 있었다. 그는 탁월한 상상력을 활용하여 추상적인 일반 이론과 수리물리학에 주로 관심을 가졌다. 그는 "상상력은 지식보다 중요합니다. 지식은 한계가 있지만 상상력은 전 세계를 둘러쌉니다."라고 하였고, "교육자가 지닌 최고의 기술은 학생들에게 창조적 표현과 배움의 기쁨을 일깨워주는 것"이라 하였다.

토크의 법칙을 현실에 적용할 수 없었던 존이나 감성이 메말라 창작이 부진했던 버지니아 울프의 아버지 레슬리 시티븐이나 모두 영역지식(domain knowledge)은 풍부하였지만 그것을 손과 마음으로 그려내거나 실제로 행하는 능력은 절대적으로 부족하였다. 즉 정신과 육체, 지성과 직관을 연결하는 능력이 부족했는데 이는 바로 그들의 상상력, 감성 그리고 공간능력의 부재 때문이었

56) 사실 이것들은 경영에 필요한 매우 중요한 덕목들이지만 전부는 아니다.

다. 그들은 사실(fact)은 잘 습득하였지만 그것이 갖는 파생적 의미와 용도를 상상하고 공감하는 능력은 부족하였다. 존재하지 않는 것, 미래에 일어날 수 있는 보이지 않는 일을 상상하지 못한다면 새로운 것을 만들 수 없고, 자신만의 독특한 세계를 창조해내지 못하면 결국 다른 사람의 눈으로 바라본 그 세계에서 벗어날 수 없다. 예술의 세계에서 작가는 자신만의 독특한 철학, 세계관, 경험(스토리) 그리고 기법을 작품을 통해 구현함으로써 스스로를 타 작가와 차별화하고 자신만의 경지를 구축하려 노력한다. 유명한 디자이너 알렉산드로 멘디니는 자신의 첫사랑이자 아내인 '안나 질리'가 기지개를 펴는 모습(시각적 경험)에서 '안나G'라는 와인 오프너(디자인 결과물)를 디자인할 수 있었다. 최근 일부 설치(조형)작가들은 자신의 작품에 물리적 원리(공명, 바람, 그림자 등)를 적용하여 작품의 가치를 높인다. 여러 개의 정육각형의 종이박스를 강한 바람을 내뿜는 환풍기 위에 올려 띄우는 작품, 조명을 이용하여 오브제와 오브제의 그림자를 조화시키는 작품, 거대한 먹물 통에 조형물을 세워 실루엣과 반사체를 신비스럽게 보여주는 작품 등이 그 예이다.

문제해결능력에서 얘기하였듯이 경영자가 해결책을 선택할 때 객관적인 분석(예측)자료에 근거하여 기대성과를 최대화하거나 최소화할 수 있는 방안을 선택하지만 이를 위해 해결방안이 미래에 가져다줄 결과를 마음속에 그릴 수 있어야 한다. 예를 들면 분석 자료(손익계산서)에 근거하면 회사의 재정상 영업사원의 동기부여에 필요한 보너스를 더 올려주는 일이 어렵다. 그렇지만 이를 하지 않았을 때 영업사원들의 사기에게 미칠 부정적 영향과 그들이 영업현장에서 보여줄 행동과 태도를 상상할 수 있다. 높아지는 이직율, 대리점을 향한 불필요한 압력 증대로 야기될 상생관계의 파탄, 장기적 실적부진 등 정신적 시뮬레이션(mental simulation)을 통해 얻어지는 상상력의 결과들은 경영자의 최종 결정에 영향을 미칠 수 있다. 즉 경영자는 객관적 사실에 근거한 이해에 감성과 공감을 통한 상상력이 보완될 때 상황과 환경에 더 적절한 결정을 내릴 수 있는 것이다.

경영 문제를 해결할 때 상상력(또는 형상화)은 유추(analogy)[57]와 강력하게 연결된다. 경영자는 수많은 크고 작은 문제에 직면하며 그 때마다 문제의 구조나 특성을 파악한 후 해결방안을 생각한 후 실행에 옮긴다. 그런데 해결책을 찾을 때 모든 것을 백지에서 찾을 필요는 없다. 과거에 유사한 상황에서 사용되었던 해결책이 있다면 그것을 다시 사용할 수도 있고, 아니면 다소 변형된 해결책으로 문제를 해결할 수도 있다. 현재와 과거의 문제의 유사성을 찾은 후, 그 때 적용됐던 해결방안을 끄집어내는 과정을 유추라 한다. 클라인(Klein, 1993)은 이러한 유추과정을 RPD모델(인식(recognition)-준비된 의사결정(Primed Decision-making))로 설명하였다. 가장 기초적인 유추수준은 단순한 비교(match)수준이다. 즉 문제가 인식되면 바로 과거에 이러한 상황을 어떻게 대처했는지를 떠올린 다음 그것을 변형 없이 실행에 옮기는 것이다. 가장 초보적인 유추 수준이라 할 수 있다. 그것 보다 좀 더 높은 수준에서는 의사결정자가 과거에 취했던 행동을 한 단계 발전시켜 변형된 행동을 생각해 내고 이러한 행동을 취했을 때 어떠한 결과를 얻을 것인지를 평가해야 하므로 더 높은 수준의 상상력이 요구된다. 최상의 수준에서는 앞서 언급한 변형된 행동에 중대한 결함이 있어 대규모 수정이 요구되거나 더 복잡한 정신적 시뮬레이션이 요구된다. 이 수준에서는 완전히 새로운 해결방안을 설계해야 하므로 최고의 상상력과 창의력이 요구된다. 과거 경험을 새로운 상황에서 재해석하고 기존의 해법을 변형하거나 새로운 해법을 창출해야하기 때문에 유추와 상상력 그리고 응용능력이 총동원되어야 한다. 새로운 문제 상황이 이전의 그것과 어떤 차이가 있는지 아니면 이전과 달리 새롭게 고려해야 하는 변수(목표, 이해관계자, 협상력, 가용자원 등)들이 추가되었는지를 확인하고 과거의 해법의 유효성을 마음속에서 그려봐야 한다. 그래서 과거와 현재를 유추하고 새 것과 결과를 상상하고 과거의 것을 현재에 응용하는 능력은 모두 창의적 과정에 포함된다.

57) 유비·추리라고도 하는 유추는 '환원추리'의 중요한 형태이며 과학적 가설을 얻어내는 중요한 인식도구이다. 유추의 가능성은 객관적 실재가 서로 연관되어 있고 그 여러 영역이 비슷한 특징, 즉 유사한 구조나 기능을 보여주며, 따라서 한 영역에 바탕을 둔 유추와 모형은 다른 영역에 대해서도 들어맞으며 적용될 수 있다는 가정에 근거한다. 따라서 이런 추리는 본질적인 특징의 일치나 유사성에서 나온 것이어야 하며 실천을 통해 검증되고 교정되어야 한다.

성공한 경영자들 중에는 글쓰기를 즐겨하는 문학적 소질을 가진 사람들이 많다. 이화언 대구은행 전 회장은 매주 자신의 생각과 경험 그리고 느낌을 적은 이메일을 전 직원들에게 보내 자신의 비전과 생각을 공유하였다. 이 외에도 통찰력이 담긴 간결한 표현(예, 사자성어, 특이한 행동)을 통해 자신의 생각을 효과적으로 전달하는 CEO들이 많다. 긴 문장보다는 짧은 문장이 전달력과 설득력이 더 강하며 그런 문장을 만드는 데도 남 다른 감성과 통찰력이 필요하다. HP 전 회장 칼리 피오리나는 스탠포드대학 재학 시절에 수업에서 수많은 교양서적을 읽고 그것을 1~2페이지로 요약하는 능력을 습득하였다. 간결한 표현을 통해 자신의 생각과 느낌을 효과적으로 전달하는 시인의 능력은 경영자의 소통능력과 무관하지 않아 보인다. 유추, 상상, 비유 그리고 추상화의 능력이 탁월할 때 이러한 능력이 가능한 것이다. 강신장·황인원(2014, 166-167)은 '시인들의 창조법을 통해 배우는 Think Different 최고위과정'에 참석한 한 변호사가 유추를 통해 '연못'이라는 훌륭한 시를 짓게 된 경위를 설명하고 있다. 그는 연못의 사진을 보고 엄마 가슴을 연상하였다. '연못'이라는 시에 대한 저자의 분석은 다음 표와 같다. 감싸준다는 유사점을 통해 연못에서 어머니를 유추하였고 그 덕분에 연못에서 어머니가 가지고 있는 감동, 추억, 포용, 희생을 포함한 위대함을 볼 수 있었다. 저자는 이를 융합과 연결의 힘이라고 하였다.

<table>
<tr><td>Who
누가</td><td>연못</td><td rowspan="6">연못

상처 내려고
던진 돌들에도

동심원을 만들 뿐
아프다는 말이 없는
연못

연못은
돌 가득한
울 엄마 가슴</td></tr>
<tr><td>마음 Do
~하다</td><td>감싸준다</td></tr>
<tr><td>New Who
새로운 누가</td><td>우리 엄마 가슴</td></tr>
<tr><td>Why
왜?</td><td>허물을 덮어주려고</td></tr>
<tr><td>How
어떻게</td><td>상처 내려고 던진 돌들에도
아프지 않은 척하면서</td></tr>
<tr><td>What
무엇을</td><td>자식들의 잘못을</td></tr>
</table>

역발상

역발상은 창의력의 한 방편이다. 역발상은 반대되는 개념을 생각해 내는 방법으로 역설(paradox), 모순 잇기(contradiction), 반전(reversal), 재명명(renaming), 변신 등의 단어들과 유사하다(강신장·황인원, 2014). 이 책에서 역발상에 비교적 많은 지면을 할애하였다. 우리는 현실에서 역발상을 다양한 형태로 변형하여 창의적 문제해결책을 찾는데 응용할 수 있기 때문이다.

역설은 사물이 가지고 있지 않은 속성을 찾아 거꾸로 그 사물의 본질을 극대화하는 방법이다. 대부분의 사물에 대해서 사람들은 어떤 고정관념을 가지고 있는데 이 고정관념을 뒤집는 것이 역설이며, 깊은 관찰력과 통찰력이 요구된다. 제품개발, 디자인과 관련된 예를 쉽게 찾을 수 있다. 하얀 골프공에서 색깔이 있는 골프공을, 쌍으로 된 양말에서 짝짝이 양말을, 보통양말에서 발가락을 감싸는 발가락양말을 네모난 창문에서 둥글거나 육각형의 창문을, 일반 커피 잔에서 쉽게 쏟아지지 않는 텀블러를 육각형 연필에서 세모난 연필을 생각해 내는 것이 역설의 결과이다. 우리는 흔히 소비자(고객)가 자신이 원하는 제품이나 서비스를 가장 잘 알고 있다고 생각하고 소비자에 대한 연구를 강조하지만 이런 고정관념을 뒤집은 사람이 애플의 스티브 잡스였다. 잡스는 "사람들은 직접 보여주기 전까지 자신이 뭘 원하는지 모른다"고 생각하고 기업 스스로가 고객이 열망하는 것을 찾아 제시할 수 있어야 한다고 주장하였다. 주변에는 사람들이 뭘 필요로 하는지 뭘 원하는지 뭘 싫어하는지에 민감하여 이를 창업아이디어나 경영혁신에 잘 응용하는 사람이 있는 반면 (물론 극소수이다), 그런 것 자체에 무관심한 사람들도 많다. 어쩌면 잡스는 공감능력이 뛰어난 소수보다 다수를 차지하는 무관심한 사람들을 지칭해서 그렇게 말을 했을 수도 있다.

모순 잇기는 어떤 사물이나 단어가 가져야 하는 통상적인 속성을 뒤집어 생각하는 방법이다. 맵지 않은 고추, 즉 '오이고추'에게 "고추는 맵지만 맵지 않다"라고 하던지, 당연히 가구라고 생각하는 침대를 "침대는 가구가 아니다"라는 광고카피 등은 모순되는 단어를 쓰면서 새로운 아이디어를 창출하는데 도움이 된다.

"택시는 대중교통이지만 대중교통이 아니다"라는 모순적 문장을 통해 새로운 택시서비스에 대한 아이디어를 창출할 수도 있다. 브라방데르·아이니는 자신의 저서 「아이디어 메이커」에서 평소 사고방식에서 완전히 벗어나 새로운 사고적 틀에 들어가기를 원한다면 서로 양립할 수 없을 것 같은 단어를 함께 사용하는 모순어법을 사용하라고 하였다. '경직된 유연성', '소리 없는 아우성', '낡은 참신함', '부드러운 카리스마' 혹은 셰익스피어가 '로미오와 줄리엣'에서 처음 써서 유행어가 된 '달콤한 슬픔'이 모순 어법의 사례가 될 수 있다. 소프트뱅크의 손정의 회장이 젊었을 때 매일 창업아이디어를 얻기 위해 300개의 낱말 카드를 작성해 놓고 석 장씩 뽑아서 100개의 합성어를 만들었고 이것을 근거로 250건의 발명 아이디어를 생각해낸 것도 이와 비슷하다.

여준상 교수는 마케팅에 역발상 개념을 적용하였다(여준상, 2004, 2014). 불황기에 역발상이 특히 필요한 이유는 기존 생각의 틀에 갇혀서는 다른 제품과 차별성을 추구하는 데 한계가 있기 때문이다. 차별성이 없는 제품이나 서비스로는 눈이 높은 소비자를 설득하는 일이 어려울 뿐 아니라 수많은 경쟁자가 쉽게 모방할 수 있다. 그는 역발상을 기존 상식, 관행, 관습, 습관, 고정관념, 편견, 선입견을 깨고 이를 넘어서는 것으로 보았다. 역발상은 모순에서 출발한다. 모순은 두 사실이 서로 배척하여 양립할 수 없는 관계를 뜻하지만, 마케팅 측면에서는 모순 속에 묘한 매력을 담을 수 있다. 명언(名言)은 상식을 거슬러 모순적 표현으로 진리를 전달하는 수법이다. 예수와 이순신 장군이 말한 '살려고 하는 자는 죽을 것이요, 죽으려고 하는 자는 살 것이다'는 문장에서 모순적 표현을 통해 진리가 드러난다. 모순은 소비자를 설득하는 데 효과적인 수단으로 사용된다. 최고의 마케터는 '현명한 모순을 창조하는 사람'이다. 이를 위해 우리는 일반적으로 '상쇄(trade-off)' 관계에 있는 것을 나란히 놓아볼 수 있다. 아름다우면서 날렵한(beautiful fast), 우아하면서 힘이 넘치는(elegant powerful), 강인하면서도 품격 있는(rugged luxury), 겸손한 프리미엄(humble premium), 정확하면서 신속한(accurate fast), 맛있으면서 몸에 좋은(delicious healthy) 등이다.

왜 우리는 모순을 통한 역발상을 추구하는가? 그 이유는 소비자가 이기적이고 모순적인 성향을 가졌기 때문이다. 대개의 소비자들은 한 가지를 얻기 위해 다른 하나를 포기하려 하지 않는다. 예를 들어 몸에 좋다고 해서 맛이 없는 음식을 찾지 않으며, 효과가 좋지만 재미없는 운동방식을 찾지 않는 것과 같다. 즉 소비자들은 그것이 모순이라는 것을 알면서도 이 상쇄(trade-off)라는 것을 받아들이려 하지 않는다. 미국에 메서드(Method)란 친환경 세제 회사가 있다. 유명 디자이너 카림 라시드가 세제 병을 디자인해 유명한 곳이다. 이 회사는 친환경 제품의 고정관념을 깨고 강한 세척력, 매력적인 용기 디자인 그리고 향을 소비자에게 전달해 선풍을 일으켰다.

역발상의 또 다른 방식은 이면(裏面)을 바라보고 모순(矛盾)을 만드는 것이다. 사람들이 싫어서 피하는 것에 긍정적 모순을 씌워 새롭게 탈바꿈시키는 것이다. 소음은 누구나 싫어하지만 착한 소음(good noise)이라면 인식이 달라질 수 있다. 자동차 엔진 소리가 시끄럽다고 무조건 줄이기보다 즐거운 엔진 소리로 바꾼다면 사람들 반응은 바뀔 수 있을 것이다. '이면에 집중한다'는 것은 소수자의 취향 그리고 그들의 시장도 살펴본다는 의미가 있다. 즉 음지에서도 소비의 의미를 찾는 것이다. 피어싱, 문신, 코스프레, 갸루(진한 화장), 튜닝(개조), 그래피티(낙서), 피규어(모형) 등 이른바 정통 소비 패턴에서 벗어나 자기만의 소비 세계에 중독적으로 빠진 사람을 연구하는 것이다. 이들은 이런 행위를 하는 동안 '삼매경(탈자아)'에 잠기면서 스트레스에서 벗어나고, 작업이 끝나면 생산물로부터 자기 존재감을 느낀다. 누구에게도 간섭받지 않고 자기 멋대로 가꾸는 사유를 만끽한다. 경마나 도박 중독 이면에는 '기대 반 걱정 반(설렘)'의 매력, 확률 게임이 만들어내는 흡수력, 불확실성의 미학이 자리 잡고 있다. 타인의 반응을 통해 자기 존재를 확인하는 효과(타인 거울 효과·human mirroring)도 존재한다. 그래서 왜 이들이 이러한 것에 빠지는가를 연구하다보면 음지 소비를 양지로 끌어낼 수 있고 새로운 틈새 시장을 찾아낼 수도 있다. 「콘트래리언」의 저자 이신영은 콘트래리언(Contrarian)을 "언제나 역으로 생각하며, 그 반대의 생각을 실천에 옮기는 사람"으로 정의하면서 창조경영을 이끌고 미래의 주역으로 우뚝 설 새로운 인재상으로 보았다.

반전은 스토리가 사람들의 예상을 뒤엎고 진행될 때 흔히 쓰는 단어이다. 영화에서 흔히 아군(우리 편)으로 생각을 하였는데 적의 스파이로 판명되거나, 범인을 쫓는 수사관이 실제 범인으로 드러나는 상황을 접하면 우리는 반전의 짜릿함을 느낀다. 반전은 광고 카피에서 흔히 사용되는 메뉴이기도 하다. 광고 시청자는 반전으로 구성된 광고를 보며 해당 제품에 대한 기억을 더 오래 간직한다. 애플의 스티브 잡스는 신제품을 소개할 때 거의 한 편의 드라마를 연출하듯이 준비를 하기로 유명하였다. 반전은 그가 프레젠테이션을 할 때 주로 사용했던 방법이었다. 그는 관객이 통상적으로 상상하는 이상의 특별한 기능을 꼭 1~2가지 스마트폰에 넣어 이를 극적으로 보여줌으로써 관객의 탄성을 자아내게 하였다. 그렇게 애플은 수많은 마니아 고객층을 확보하고 있는 몇몇 되지 않는 글로벌 기업으로 성장할 수 있었다. 광고와 제품을 디자인할 때 반전을 염두에 두고 임한다면 재미와 효과가 배가되며 시장침투력도 더욱 증가할 것이다. 일반적으로 사람들은 기업들이 제품을 만들 때 겉모양에만 치중한다고 생각한다. 그런데 애플의 스티브 잡스는 잘 보이지 않는 제품의 내부조차도 깔끔하게 디자인함으로써 반전을 꾀했다. 애플은 그것으로 애플의 제품은 뭔가 다르다는 이미지를 고객들에게 심었다. 명품을 만드는 장인은 제품의 겉모양에만 치중하지 않고 내부의 구석구석도 외부 못지않게 신경을 쓰는 것과 같은 이치이다.

재명명은 어떤 사물에 새로운 의미를 부여하는 방법이다. 시바타 도요라는 고령의 일본인은 92세부터 시를 쓰기 시작하여 99세에 첫 시집을 출간하였다. 그는 「저금」이라는 시에서 저금을 자기 마음속에 친절을 모으는 것이라 했다. 사람들이 친절하게 대해주면 마음속에 그 친절들을 저금해 두었다가 힘들거나 외로울 때 저금해 둔 친절을 꺼내 되새길 수 있으니 연금보다 더 좋다고 하였다. 그는 '저금'이라는 단어에 새로운 의미를 부여한 것이다. 한편 변신은 사물의 마음을 떠올린 뒤 그 동사나 형용사를 계속 연결함으로써 원래의 단어를 변신시키는 것이다. 시인 문정희의 시 「머플러」를 보면 원래 바람을 막아주는 머플러가 "상처를 덮는 날개", "불구를 가리는 붕대"로 변신한다. 앞에서 예로든 변호사가 쓴 시 '연못'에서는 '연못'이 '엄마가슴'으로 '동심원'은 '상처'로 '돌'은 '상처 주는 자식'들로 재명명(변신)된 것과 같다. 변신은 특히 제품 및 서비스의 기획과 개발과 연계한다면 그 응용 범위가 무궁무진하다. 새로운 주거 공간 개념인 오피스텔은 일하는 사무실에 '쉰다'라는 단어가 이어지면서 집처럼 휴식할 수 있는 사무공간이라는 새로운 공간개념으로 변신하였다. 쇼핑, 식당, 카페, 오락시설, 스포츠센터, 병원이 어우러져 있는 멀티플렉스 쇼핑몰은 사람들이 많이 오가는 전철역(기차역)이 변신하면서 탄생한 것으로 볼 수 있다. 전철역을 전철만 승하차하는 것이 아니라 '쇼핑하고,' '먹고', '보고', '노는' 공간으로 변신시킨 것이다.

역발상과 관련된 사례는 무궁무진하다. 그래픽 디자이너인 가우현 대표는 '상상나라'라는 콘셉트로 남이섬을 새로운 개념의 유원지로 탈바꿈시켰다. 미국 휴스턴의 우드랜드(Woodland) 교회는 '모든 가족에게 재미를 주는 교회'란 콘셉트로 미국에서 가장 빨리 성장하는 교회로 탈바꿈시켰다. 그는 실용적인 주제로 연극 무대와 같은 분위기에서 설교하고, 친교실은 가족끼리 게임을 할 수 있게 만들었으며, 교인들에게 스킨스쿠버나 산악자전거 활동을 하도록 지원하였다(김근배, 2012).

오늘날 빅데이터는 역발상에 필요한 많은 통찰력을 제공할 수 있다. 최소 4~5만개 이상의 데이터를 분석하면 그것을 빅데이터라 하는데, 사람들이 무심코 게시판과 SNS에 적는 글과 그 속의 단어들을 분류하고 분류결과들의 상관관계를 찾다보면 사람들의 내면에 숨겨져 있는 의도와 편견, 그 시대의 핵심 가치와 사회적 트렌드를 감지할 수 있다. 그래서 빅데이터는 때로 사람들의 상식에 반하는 결과를 보여주고 역발상의 근거를 제공하기도 한다. 크리스티안 루더는 그의 책「빅데이터, 인간을 해석하다」에서 빅데이터를 통해 만날 수 있는 흥미로운 인간의 내면을 소개하고 있다. 그는 미국에서 손꼽히는 데이트사이트인 OK큐피드(cupid)를 운영하면서 독신 남녀들의 인적정보와 이들이 데이트 상대자를 결정할 때 남긴 빅데이터를 활용하여 쉽게 드러나지 않는 인간의 판단과 편견을 보여주었다. 아래 사실들은 빅데이터를 통해 드러난 사람들의 민낯이며, 마케팅, 상품개발, 인사관리, 의사결정지원을 할 때 역발상의 단초를 제공할 수 있는 것들이다.

- 외모에 대하여 남성이 여성에 비해서 더 관대하다.
- 남성이 성적매력을 갖는 한계 연령은 40세이다.
- 남성은 외모에 대한 평가를 극단으로 받은(즉 분산이 큰) 여성에게 더 많은 관심을 보인다.

- 데이트신청에 응답받을 확률이 높은 SNS 문자길이는 40~60자이다.
- 외모는 남녀 데이트의 만족도에 거의 영향을 미치지 않는다.
- 인종에 상관없이 모든 남자는 흑인여성을 좋아하지 않는다.

지금까지 얘기한 것들을 하나로 묶는다면 결국 '고정관념 허물기'로 요약될 수 있다. 역설, 모순 잇기, 반전, 재명명, 변신은 우리의 고정관념을 허물기 위한 기법들이라 해도 무관하다. 현대카드 디자인랩은 기아차 '레이'를 기반으로 컨셉카 마이택시(My Taxi)를 디자인하여 국제 디자인 공모전 'iF 디자인 어워즈 2014'에서 전 세계 금융회사 중 처음으로 커뮤니케이션 부문 금상을 수상했다.[58] 마이택시는 단순한 교통수단을 넘어 도시를 상징하는 아이콘으로 제작됐다. 도시 교통에 어울리는 작은 크기에(Small), 넓은 승객 공간을 확보했으며(Spacious), 모든 서비스를 승객 중심으로 재구성(Smart) 하는 등 3S 콘셉을 기반으로 만들어졌다. 구체적으로 택시에서 거의 사용하지 않는 조수석을 과감히 제거(고정관념 타파), 짐 가방과 유모차 등을 편히 실을 수 있는 공간으로 확보했으며, 블루·옐로우·레드 등 세 가지 컬러의 루프사인(색이 갖는 상징성 이용, 단순성)으로 승객의 탑승 및 예약 여부도 쉽게 확인할 수 있게 하였다. 9.7인치 승객 전용 디스플레이를 설치해 외국인을 위한 6개 국어를 지원하고 자신의 위치·경로, 예상 요금, 지역정보 등을 확인할 수 있게 했으며 스마트폰 앱을 통해 예약, 이용, 요금 결제까지 상호 커뮤니케이션을 가능하게 하였다. 태양의 서커스단은 어떠한가? 창립될 당시(1984년) 전통적 서커스는 대표적인 사양산업이었다. 당시 거리 예술가들은 이전에 없던 완전히 새로운 것을 한 번 해 보자는 생각으로 새로운 공연을 시도하였다. 전통 서커스의 필수 요소였던 동물 쇼를 과감하게 없애 동물구매, 조련, 의료관리, 축사운영, 운송 등 비중이 컸던 동물 관련 비용을 대폭 줄였다. 서커스에 연극적 스토리를 도입하였고, 음악·무용·발레 같은 다른 공연의 장점을 융합해 '아트 서커스'라는 새로운 장르를 창조하였다. 주요 고객층을 어린아이가 아닌 성인으로 설정하고, 공연 장소와 좌석은 안락하게 만들었으며, 입장료도 75~180달러로 책정해 고급 마케팅전략을 택한 결과 대 성공을 거두었

58) http://www.mt.co.kr/view/mtview.php?type=1&no=2014030210105290360&outlink=1

다.

한편 역발상을 방해하는 편견과 오해들도 수 없이 많다. 자신이 가진 믿음을 확증하는 정보만을 찾아서 받아들이려는 확증 편향(hypothesis confirmation bias)이 그것이다. 늘 해오던 자기중심적 사고에서 벗어나지 않으려 하며, 새로운 것을 받아들이는 일을 경계하는 것이 인간의 속성이다. 정보나 선택지가 많을수록 좋을 것이라고 생각하는 것도 하나의 편견이다. 소비자들은 의외로 간결한 정보를 좋아하고 거기에 빠져든다. 정보나 자극의 양이 감내할 수 있는 한계를 넘어서면 선택을 연기하거나 구매를 포기한다. 예를 들어 고객에게 너무 많은 제품 정보를 제공하면 오히려 구매를 미루거나 포기한다. 인앤아웃 버거는 두 가지 메뉴로 햄버거 종류를 압축했다. 햄버거 아니면 치즈버거. 사이드 메뉴도 감자튀김과 음료수만 제공하였다. 이런 메뉴 단순화는 소비자에게 쓸데없는 선택의 고민을 덜어주고, 기업으로서는 수준 높은 품질관리를 할 수 있다는 장점이 있다. 고령화사회에 진입하면서 이러한 경향은 더욱 가속화될지 모른다.

습관적으로 하는 생각을 거스르기 어렵지만, 그것을 거스를 때 강력한 차별화가 가능해진다. 역발상을 하려면 예방, 평가, 유지, 저차원 지향성에서 벗어나야 한다. 향상, 행동, 변화, 고차원 지향으로의 도약이 필요하다. 불확실성을 피하려 하지 말고 위험을 무릅쓰고라도 도전하며, 따지면서 시간 낭비 말고 바로 행동으로 옮기고, 가까운 곳에 초점을 두지 말고 멀리 내다보는 사고의 습관을 들일 필요가 있다.

• • •

[Box 사례] 후지필름의 역발상

2000년대 초반 일본의 후지필름은 디지털카메라의 출시와 동시에 자신의 주력 품목이었던 필름시장이 급격히 축소되면서 최대 위기를 맞았다. 고모리 회장은 인터뷰에서 후지가 막다른 골목으로 내어몰렸을 때 극복할 수 있었던 것은 '역발상' 이었다고 고백하였다. "진짜 승부는 막다른 골목에 몰린 상태에서 시작됩니다. '이건 풀릴 것 같지 않다' '이건 가능할 것 같지 않다' 그렇게 생각한 때에 역으로 무엇인가 극복해내려고 생각하는 것, 저는 그것이 인생에 있어서 노력의 진짜 의미라고 생각합니다. 그냥 열심히 최선을 다했다고 하는 것으로는 노력했다고 할 수 없습니다."[59] 후지필름은 〈그림 6〉과 같이 '4분면 분석법'으로 자신이 보유한 기술을 4가지 범주로 나누었다. 기존 제품을 업그레이드하기 위해 새로운 기술을 사용하여 없던 시장을 창출하였고, 부족한 기술은 개발하거나 M&A를 통해 확보하였으며, 기존기술도 썩히지 않고 새 시장을 창출하는데 활용하였다.

		시장	
		기존	신규
기술	기존	**기존 기술 중 기존 시장에 적용하지 않은 것** • 컴팩트 디카, 복사기 • 복합기 • X선 디지털 화상진단시스템 • 뢴트겐필름	**기존 기술로 새 시장 창출** • 전도성 필름, 열차단 필름 • 태양전지용 기판, LCD용 필름 • 휴대전화용 플라스틱 렌즈
	신규	**새 기술을 기존시장에 적용** • 레이저 내시경 • 의료용 화상정보 시스템 • 다기능 복사기, 고급 디카 • 컴퓨터용 초고정밀 백업 테이프	**새 기술로 새 시장 창출** • 초음파 진단장치 • 의약품, 반도체용 재료 • 화장품, 의료용 재료

〈그림 6〉 후지필름 보유기술의 4분면 분석

관찰력

모든 지식은 관찰에서 시작되며 관찰은 또한 통찰(insight)을 얻는데 매우 요긴한 도구이다. 예술분야는 물론, 식물학, 동물학과 같은 자연과학, 사회학, 심리학과 같은 사회과학에서 관찰은 매우 중요한 생각의 도구이다. 관찰을 잘하면 반복되는 어떤 패턴을 발견하고 그 속에서 원리나 가설들을 추출하고, 사물이나 문제들 사이에 있는 유사점을 발견하며, 이를 근거로 판단하고 필요한 해결책을 창안할 수 있다. 그래서 현장에 가보지 않고 책상에 앉아 문제해결책(정책)을 기획하는 행정관료들이 '탁상행정'한다고 비난을 받는다. 탁상행정을 하는 이유는

59) 조선일보 2014.6.28.-29, C1면.

현장 지식이 중요하다는 사실을 모르기도 하지만 귀찮기 때문이기도 하다. 기업의 경영자도 예외는 아니다. 그래서 훌륭한 관찰자에게는 인내력, 집중력, 추상화 능력, 통합적 문제인식능력이 필요하다.

뛰어난 화가는 관찰한 것을 짧은 시간에 주요 특징을 중심으로 쉽게 스케치할 수 있다. 앙리 마티스(Henri Matisse)는 파리의 거리를 지나가는 행인들의 모습을 단 몇 초 안에 그리는 연습을 하곤 하였는데, 이를 통해 행인들의 몸짓과 자세에서 나타나는 특징을 순간적으로 파악하는 능력을 길렀다. 파리의 예술가 로트렉은 뛰어난 순간 스케치 능력이 있었다. 그는 물랭 루주 쇼에 출연하는 무용수들의 순간적인 모습들을 담은 포스터를 제작하여 공연포스터의 예술적 가치를 한 단계 업그레이드 하였다. 그는 찰나의 시간에 무용수의 특징적 몸짓을 포착하여 그것을 그려내는데 뛰어난 재능이 있었다.

자연과학자들은 어떤가? 그들에게 관찰은 매우 중요한 학문 연구의 도구이다. 곤충학자, 동물심리학자, 고생물학자, 생물학자들은 자신의 시각과 청각 능력을 이용하여 연구의 대상(동물, 식물, 지형 등)을 지속적으로 관찰하고, 그 관찰 속에서 일정한 패턴을 인식하고 형상화하며 추상화를 시도한다. 이 때 이들에게 가장 필요한 것 역시 인내심, 집중력, 목표의식 등이다.

작가들에게도 예리한 관찰의 기술이 필요하다. 산책이나 여행을 하면서 보는 일상생활 속에서 만나는 사람들, 인공물, 자연, 날씨를 보면서 불현듯 스쳐지나기는 생각들이 있기 마련인데 작가들은 이 때 느낌과 모티브를 메모하였다가 작품 전개를 할 때 활용한다. 소설가 서머셋 몸(Somerset Maugham)은 "인간을 끊임없이 탐구하는 자세야말로 작가에게 요구되는 자질이다"라고 하였다. 작가가 소설의 대략적 구성을 정한 후, 디테일한 상황과 등장인물들의 대화를 현실감 있게 서술하려면 사람들이 상호작용하는 방식, 즉 말투, 몸짓, 행동을 늘 관찰할 필요가 있다.

관찰을 시각적인 것으로만 생각하지만 비시각적인 관찰방법을 훈련하는 분야도 있다(루트번스타인 & 루트번스타인, 2007, 65). 비시각적인 관찰방법은 시각을 제외한 촉각, 청각, 미각, 후각이 있다. 시각장애 생물학자인 게라트 버메이(Geerat Vermeij)는 촉각이 특별히 발달하여 손으로 대상물을 만지면서 관찰을 할 수 있다. 조개껍질에는 촉각으로만 관찰할 수 있는 비밀이 있다고 한다. 그는 손으로 만져보는 것만으로 찬물에 사는 조개의 껍데기가 단단하고 매끄러운 반면 따뜻한 물에 사는 조개의 껍데기는 백악성분이 많이 들어 있다는 것을 알게 되었다. 즉 정상적인 사람들은 눈을 통해 2차원적으로 확인할 수 있는 것을 그는 촉각을 통해 조개의 3차원적 특성까지 지각할 수 있는 것이다.

러시아 태생의 미국 작곡가 스트라빈스키(Stravinsky)는 현대음악을 들을 때 '그냥 듣는 것'과 '주의 깊게 듣는 것'을 구분하였다. 음악은 항상 청중으로 하여금 '그냥 듣는'자(hearer)가 아닌 '경청자'(listener)가 될 것을 요구하며 음악과 적극적인 관계 맺을 것을 요구한다. 의사, 향수제조업자나 허브치료사, 포도주나 커피 시음전문가, 양조장인, 요리사 들은 미각과 후각을 이용하여 제품을 판별하고 서비스를 설계한다. 필라델피아에 있는 「모넬 화학」 감지센터의 일부 의사는 냄새를 맡고 의학적 진단을 내리기도 한다. 예를 들면, 스트레스가 심한 사람에게는 체취가 증가하며, 신장질환이 있는 사람은 숨을 쉴 때 암모니아와 유사한 합성물질로 인해 생선 냄새가 난다. 옛날 궁궐의 의원이 왕이 본 대변의 모양과 냄새를 맡아보고 질병여부를 확인하였던 것도 같은 이치이다. 최근 들어 DIY[60]마케팅, 체험마케팅에서는 취향이 까다로운 고객들이 스스로 자신의 제품을 조합해서 구매하도록 돕는 기업들도 있다. 「조 말론」이라는 향수회사는 고객이 스스로 향수를 섞어서 자신만의 개성 있는 향을 만들어 줌으로써 세계적 향수브랜드로 성장하고 있다. 그들은 '나만의 스타일' '나만의 것'을 추구하고자 하는 고객의 열망, 자신의 개성을 발휘하고자 하는 추세를 정확하게 관찰했기 때문이다. 이건 결코 디지털 데이터만을 분석해서는 알 수 없는 영역이다.

경영에서 관찰이 매우 중요함에도 실제 경영교육에서는 이 관찰의 힘과 용도를 등한시 하는 편이다. 소비자는 물론 내부직원과 외부 사람들의 말과 행동을 관찰하는 것은 문제 본질을 찾고 원인을 진단하고 해결방안을 개발하는데 매우 중요함에도 불구하고 바쁘다든지 귀찮다는 이유만으로 등한시 한다. 이는 컴퓨터의 발전에 힘입은 데이터분석기술의 발전과 경영학자들이 주로 쓰는 연구방법론과 무관하지 않다. 대부분 경영학 논문을 보면 연구 대상(주로 사람)을 관찰한 데이터를 근거로 이론을 개발하거나 가설을 증명하는 경우는 매우 희소하다.

60) Do-It-Yourself의 약자

연구변수들의 인과관계를 밝히고 그 관계들의 일반성을 제고하기 위해(외적 타당성을 확보하기 위해) 많은 양의 데이터를 확보하고 그러기 위해서는 연구대상(일반인, 소비자, 경영자 등)의 반응(의견)을 설문조사를 통해 얻는 경우가 일반적이다. 설문조사는 통계적으로 증명될 수 있는 타당성과 신뢰성을 확보하고 연구변수들끼리의 상관관계를 추론하는 데는 탁월하지만 연구대상에 대해 깊이 있는 이해를 하는 데는 한계가 있다. 연구대상자의 생각과 의견을 알기위해 만들어진 설문지는 이미 연구자의 프레임을 따라 만들어진 것이므로 그들의 자연스런 반응을 얻기가 어렵기 때문이다. 반면 자연스런 상태에서 연구대상자를 관찰하는 일은 다량의 정량적 데이터를 확보하기 어려워 일반화할 수 있는 연구결과를 얻을 수는 없지만 연구대상에 대한 깊은 이해와 통찰이 가능하다는 장점이 있다. 연구방법으로써 관찰을 등한시 하는 경영학 교수들은 자연히 관찰을 교육의 중요한 도구로 생각하지 않는 경향을 가진다.

그렇지만 연구 및 교육적 도구로써 관찰을 유용하게 활용할 수 있는 경영학 분야는 적지 않다. 인사·조직관리, 마케팅, 의사결정 분야 등 사람들의 판단과 행동을 관찰하고 이것들을 체계적으로 분류·코딩하여 가설과 이론을 도출할 수 있는 분야들이 많지만 이를 이용하는 경우는 드물다. 특히 자연스런 분위기에서 소비자 행동(선택, 사용방법, 동선 등)을 분석하고 이해하는 것이 중요한 영업·마케팅 분야에서는 관찰이라는 방법이 매우 유용하다. 마케터와 디자이너들은 소비자들이 제품과 서비스에 대해 어떠한 요소에 주목하고 구매결정을 하는지 관심을 가진다. 제품의 기능과 질은 물론이고 포장, 디스플레이, 입소문, 광고 등이 종합적으로 제품에 대한 소비자의 인식을 결정짓고 실제 매출로 이어지기 때문이다. 오늘날 마케터들은 사람의 뇌까지 스캐닝하면서 소비자들의 자연스런 생각, 선호, 반응, 선택과정을 이해하려고 노력하고 있다. '브레인 마케팅'에서는 실제 TV광고를 사람들에게 보여준 후 사람들이 광고의 어떤 요소(제품, 배우, 주변 환경 등)에 주목을 하는지 아이트레킹(eye tracking)기법을 통해 분석함으로써 소비자들에게 어필하는 광고를 제작하는데 활용하고 있다. 그렇지만 이러한 방법은 기업들이 현장에서 소비자행동과 선호도에 대한 정보를 얻기 위해 쓰고 있을 뿐 학술연구와 교육을 목적으로 활용되는 경우는 드물다.

그러다보니 경영학 교수들도 관찰을 경영 교육의 일부로 생각하지 않고 그것의 필요성과 중요성을 수업시간에 강조하지도 않는다. 그러나 실제 유능한 경영자는 직·간접적인 관찰을 통해 많은 정보를 얻고 이를 혁신과 변화에 적용하여 경쟁력 제고에 활용한다. 관찰력이 성공적 경영인의 중요한 요소라면 이것을 학생들에게 효과적으로 가르칠 수 있는 방안을 찾는 것도 의미가 있을 것이다. 그러기 위해서 성공적 경영에 필요한 관찰의 유형과 효용성 그리고 사용방법을 좀 더 자세히 가르칠 필요가 있다. 요즘 맛있는 고급커피를 파는 카페들이 즐비한데, 이 카페사장이 수행하는 일들을 보면 성공적인 경영자에게 관찰력이 중요한 자질임을 확인할 수 있다. 카페 사장은 좋은 커피원두를 고르고 그것으로부터 커피원액을 추출하는 방법을 잘 알아야 한다. 그는 원두의 모양과 향기를 관찰하며 좋은 원두를 고를 수 있는 식견을 갖추어야 한다. 그래서 제품이나 서비스의 내용물과 질을 결정짓는 중요한 관찰능력(주로 시각과 후각)과 관련 지식을 함께 갖추어야 한다. 유능한 카페사장은 여기에 그치지 않고 커피에 대한 고객의 생각과 반응을 관찰하여 커피와 서비스의 질을 개선하는데 활용한다. 커피의 질에 문제가 있다면 그 원인을 찾아야 한다. 원두에 문제가 있을 수도 있고 원두를 볶을 때 문제가 있을 수도 있고 커피원액을 추출하는 과정에 문제가 있을 수 있다. 이를 위해 사장은 수시로 커피원액의 맛을 점검하고 직원이 커피를 만드는 과정을 세밀하게 관찰해야 한다. 여기에다 사장은 인근의 경쟁 커피점까지 관찰해야 할지도 모른다. 경쟁 커피점의 브랜드, 커피 맛, 인테리어, 위치 등을 관찰한 후 그것을 자신의 것과 비교할 필요도 있다. 여기서 카페사장은 관찰을 통해 온갖 복잡한 다단계의 경영활동을 수행하는 것을 알 수 있다.

훌륭한 관찰능력은 1차적으로 제품이나 서비스를 구성하고 제공할 때 필요하며 관련 기술과 전문지식 없이는 수행이 불가능하다. 원산지별 커피의 성질에 대한 지식이 없는 사람이 커피의 품질을 관리할 수 없는 것과 같은 이치이다. 이(2)차적 관찰은 기업의 운영과 경영(operations & management)의 문제를 인식하고 문제해결책을 찾아야 할 때 필요한 능력이다. 일차원적 관찰력은 제품과 서비스의 디자인과 품질을 결정짓는 중요한 능력이며 이는 모든 기업의 기본이며 출발점이라 할 수 있다. 한편 이차적 관찰은 다양한 소스의 데이터(매출, 고객만족도, 인사 등)를 가공하여 문제의 원인을 분석하고 문제해결에 필요한 통찰력 그리고 해결책이 가져다 줄 기대성과에 대한 것을 마음에 그려보는 고차원적 인지

과정을 요구한다.

우리나라(아마 대다수 선진국도 비슷하지만)는 일차적 관찰을 중시하는 기술교육을 주로 고등학교나 2년제 전문대학에서 하고 있으며, 이차적 관찰이 중요한 운영 및 관리통제에 필요한 지식의 교육은 4년제(경영 관련)대학(학과)에서 집중적으로 이루어진다. 학제적, 제도적 필요성 때문에 이렇게 이분화 되어 있지만 이 두 종류의 교육과 관찰력을 별개로 보는 것은 경영현실과 매우 동떨어진 사고다. 카페의 예를 보더라도 성공한 경영자는 기술과 경영능력을 모두 갖추어야 하며 그에 따른 일차적, 이차적 관찰능력 모두를 겸비해야 함을 알 수 있다. 특히 규모가 작은 비즈니스일수록 더욱 그렇다.

우리가 기업 경영활동에 대한 이분법적 사고를 가지게 된 것은 기능 중심의 기술(skill)을 천시하는 뿌리 깊은 우리의 사고방식과 오랫동안 시정되고 있지 않는 임금격차현상이 밑거름이 되어 주기 때문이다. 사농공상(士農工商)이라는 뿌리 깊은 유교의 위계적 직업문화를 굳이 들먹이지 않더라도 우리는 자식들이 머리를 쓰는 사무직을 얻기를 원하지 공장에서 기름때 묻은 작업복 입기를 원치 않는다. 즉 우리는 육체적 노동을 막연히 천시하고 그 노동자에게 작업지시를 하는 화이트칼라를 막연히 선호하는 편견을 가지고 있다. 오늘날 사무직은 그 범위가 매우 넓고 다양하며 그다지 매력적이지 않은 직업들도 많다. 앞 다투어 출시되는 첨단 전자·나노·바이오제품들은 공학이나 자연과학을 전공으로 한 사람들이 사무실에 앉아 설계하고 실험한 후에야 나오는 것들이다. 그래서 창조적 활동을 위해 두뇌를 주로 사용하고 고된 육체적 노동이 상대적으로 적은 기술·설계직을 더 선망한다. 즉 제조와 생산과 관련된 직업이라 하더라도 모두가 생산현장에서 일을 하는 것은 아니다. 한편 사무실에서 일은 하지만 고객 불만사항을 접수하고 A/S를 주선하거나 보험을 전화로 판매하는 수많은 감정노동자들도 있다. 이젠 직업(과업)의 질(수준)을 작업장소로 판단하기 보다는 그 직업(과업)이 창출하는 가치와 중요성으로 판단해야 하는 시대가 되었다. 작업(일)의 결과(output)라는 관점에서 본다면 숙련된 기능을 요구하는 기술적인 일과 통합적 통제·관리행위를 구분 짓는 이분법은 오늘날 더 이상 유효하지 않다. 성공적인 경영자는 이 두 가지 모두를 겸비하거나 최소한 경험을 가져야 하며 적어도 최고경영자까지 승진하고픈 야심이 있다면 더욱 그러하다. 예를 들어 향수, 커피 그리고 화장품을 만드는 기업의 CEO라면 제조 및 서비스과정을 이해하고 제품의 질을 평가할 수 있는 준전문가 수준의 후각과 시각이 필요함과 동시에 조직이 일상적으로 잘 운영되고 수익을 창출할 수 있도록 이끄는 관리능력도 겸비하여야 한다. 이런 관점에서 우리는 경영교육에서 이 관찰력의 중요성을 너무 등한시하고 있다 할 수 있다. 대다수의 경영관련 전공과목에서 강의를 통해 추상적인 이론을 듣고, 피상적인 사례를 통해 경영현장의 적용되는 이론을 머리로 이해하는 것으로 끝난다. 학생들이 오감을 활용하여 경영 문제를 관찰하고 문제해결방안을 찾도록 하는 교육은 거의 없는 것이 현실이다.

관찰 교육

관찰은 시각, 촉각, 청각, 미각, 후각을 통해 가능하다. 관찰을 통해 얻을 수 있는 통찰력, 현실과 문제이해능력은 대단히 중요하므로 모든 교육활동에서 이 관찰 연습은 필요하다(루트번스타인 & 루트번스타인, 2007, 78). 경영에서는 현장에서 발생하는 문제를 인식하고 이해하고 이를 해결하기 위한 방법을 찾아야 하므로 더욱 그러하다.

경영교육에서 가르쳐야 하는 관찰력은 어떤 것들이 있을까? 제조업체의 생산현장에서 품질관리 과정을 한 번 상상해 보자. 많은 제조업체들은 '6시그마 운동' 등을 하며 불량품 제로를 지향하지만 늘 일부 고객의 손에는 불량제품이 전달된다. 이 말은 아무리 훌륭한 품질관리 시스템이 있다하더라도 문제가 있는 제품이 버젓이 시장으로 나간다는 것을 의미한다. 특히 품질검사에 사람이 관여할 때 이런 실수가 더 빈번하게 발생한다. 이런 실수를 줄이기 위해 생산현장에는 불량품 샘플들을 전시하며, 검사원이 이러한 샘플을 자주 접하다보면 불량품의 특징에 익숙해지고 이를 가려낼 수 있는 능력이 증진된다. 반복학습을 통한 익숙함은 관찰력 배양에 매우 중요한 요소이다. 패션의류업체들은 매년 계절이 바뀌기 전에 신상품들을 디자인해서 시장에 출시한다. 디자이너들은 매년 봄과 가을에 유행할 디자인을 어떻게 미리 파악할 수 있을까? 물론 트렌드 파악을 위한 다양한 방법들이 있겠지만 관찰이 가장 강력한 도구가 아닐까? 패션의 선진도시들, 파리, 밀라노, 뉴욕에서 발간된 패션잡지를 읽을 수도 있고, 국내외 패션쇼를 참관하기도 하고, 번화한 길거리에서 사람들이 입고 다니는 옷들을 관찰할 수도 있다. 문제는 똑같은 것들을 보고, 듣고, 맡고, 느끼지만 그 정보를 이용하여 판단하고 해결책을 만들기 위해 관찰을 활용하는 수준은 사람마다 다 다르다는 점이다. 따라서 경영교육에서 마냥 관찰하라고만 얘기하는 것으로 충분치 않고 관찰의 중요성, 관찰 방법, 관찰을 요구하는 사례분석이나 현장 프로젝트를 수행하도록 하는 것이 좋은 방법이다.

사실 관찰 교육은 어릴 적부터 적지 않게 이뤄지고 있으며 특히 학교나 가정에서 교사나 부모가 조금만 신경을 쓴다면 어렵지 않게 키워줄 수 있는 능력이다. 요즘 많은 부모들이 어린 아이들을 박물관이나 미술관에 데리고 가는데 이는 매우 고무적인 현상이다. 한번은 국립박물관의 전시회에 갔었는데 어떤 물체를 작은 구멍 안에 두고 손을 넣어 촉감으로 사물을 짐작케 하는 놀이형전시물이 있었다. 촉감을 통해 전달되는 정보를 가지고 아이들로 하여금 온갖 상상의 나래를 펼 수 있도록 한 전시물이었다. 고갱의 작품전시회에서 아이들은 작품을 시각적으로 관찰하며 사물을 다양하게 표현할 수 있다는 것을 알게 되며 그의 인생스토리를 그의 작품과 연결하면서 다양한 상상을 할 수도 있다. 그래서 전시회는 관객들을 위해 작품 옆에 제목 하나만 걸어두지 말고 적당한 설명을 덧붙여주면 좋다는 생각을 한다. 우표, 동전, 곤충, 엽서, 책, 전시회 도록, 사진, 여행 기념품과 같은 물건을 수집하는 것도 시각적인 관찰력을 증대시킬 수 있는 좋은 방법이다. TV프로그램에서 한 청소년이 동전이 떨어지는 소리만으로 그 동전에 함유된 은의 함량을 정확하게 맞히는 모습을 본 적이 있다. 그는 나년간 동선을 수집하면서 동전의 소리, 즉 청각정보를 이용해 성분의 함량을 예측할 수 있는 능력을 기를 수 있었다.

앞에서 설명하였듯이 예술은 창의력을 개발하는데 매우 유용한 도구이다. 그런데 그것이 관찰력과 경영능력의 배양에 어느 정도 실제 기여할 수 있을지, 그리고 경영교육에 어떻게 활용할 수 있을지는 늘 의문이었다. 예술, 특히 시각적 예술이 관찰력을 증강시킨다는 가설은 어느 정도 사실인 것 같다. 추리작가 아서 코난 도일(Arthur Conan Doyle)은 자신의 소설 주인공 셜록 홈즈의 뛰어난 관찰력과 추리력이 화가 집안 출신의 할머니에게서 연유한다고 하였다. 1943년에 출간된 허버트 리드의 고전적 저서「예술을 통한 교육(Education Through Art)」

이나 모리스 브라운(Maurice Brown)과 다이애너 코르제닉(Diana Korzenik)이 쓴 「예술창작과 교육(Art Making and Education)」은 공통적으로 시각예술이 시각적 인지능력을 어느 정도 향상시키는데 기여한다고 주장한다. 루이 모르강(Louise Morgan)이 화가이자 소설가인 윈드햄 루이스(Wyndham Lewis)에게 그림을 그리는 것이 소설을 쓰는데 도움을 주는지 물었다. 이에 루이스는 "조소나 그림의 관점에서 생각하는 습관은 글을 쓰는 일에도 분명히 영향을 줍니다. 소설을 쓰든 그림을 그리든 두 가지 일 중에 가장 먼저 해야 하는 것은 눈으로 보는 일입니다. 내가 하는 일의 처음과 끝은 눈을 사용하는 것입니다. 데생기술은 전적으로 과학적인 것이라 할 수 있으며, 소설을 쓰는데도 크게 도움이 됩니다. 정밀 관찰을 할 수 있도록 마음을 훈련시키는 모든 것들은 결국 소설 쓰기에 도움이 됩니다."고 답하였다(루트번스타인 & 루트번스타인, 2007, 75). 그래서 그런지 윌리엄 블레이크, 괴테, 토머스 하디, 브론테 자매들, 시어도어 화이트, 헨리 밀러, 에드워드 커밍스와 같은 수많은 작가들이 시각예술을 공부하였다. 왕성한 입담과 유머스런 강의로 TV프로에 자주 출연하였고, 「나는 아내와 결혼한 것을 후회한다」, 「남자의 물건」과 같은 베스트셀러 작가로 유명한 김정운 박사도 대학교수의 자리를 박차고 일본에 건너가 일본화를 공부하였다. 자유분방한 생각으로 한국의 사회적 문제에 감성적 해결책을 제시하고자 했던 그가 자신의 그림을 자신의 칼럼과 함께 모 신문에 게재한 것은 세상을 새로운 관점에서 관찰하려는 노력으로 볼 수 있다.

과학자들도 관찰력을 기르기 위한 방법으로 미술을 들고 있다. 스페인의 신경해부학자 산티아고 라몬이카할(Santiago Ramón y Cajal)은 "자연사와 관련된 대상을 연구하기 위해 관찰을 할 때 스케치는 필수적이다. 어떤 대상을 그리다 보면 주의력이 증강되고 현상의 전체적 그림을 볼 수 있게 된다. 따라서 뛰어난 관찰자에게 스케치는 훌륭한 보조 도구라 할 수 있다."고 하였다. 실제로 루이 파스퇴르, 조지프 리스터, 앨버트 마이컬슨, 헨리 브래그, 데스몬드 모리스, 콘래드 로렌츠 같은 위대한 과학자들이 공식적인 미술교육을 받았다. 음악공부가 관찰력을 증강시켜줄 수도 있다. 제러드 다이아몬드[61]는 음악 공부를 통해 자신의 청각 능력을 계발하였고 새소리만으로 새들을 식별할 수 있었다. 조류 연구자들은 새소리를 반복해서 들으며 자신의 청각 능력을 훈련시킨다. 음악비평가들은 수많은 연주를 듣고 비교하고 또 비교하는 반복된 훈련을 통해 일급 연주자와 평범한 연주자를 구별할 수 있다. '그냥 듣는' 것이 아니라 '경청자'가 되어 연주를 들으면 아주 미세한 질적 차이를 감지할 수 있는 경지에 이를 수 있다.

읽기 교육

독서라 하지 않고 읽기라고 한 것은 읽는 대상을 비단 책에만 국한하지 않고 다양한 미디어(신문, 잡지, 만화 등)가 제공하는 콘텐츠를 염두에 두었기 때문이다. 경영능력을 배양하는데 다양한 미디어의 효과성에 대해 굳이 언급할 필요는 없을 것 같다. 미디어는 사람들에게 유익한 전문지식을 제공하며 간접 체험을 가능하게 함으로써 지적 성장에 분명 도움을 준다. 그 중에서 책(書)은 특정 주제와 분야에 대해 밀도 있는 내용을 전달하기 때문에 교육의 효과성 측면에서 집중도가 매우 높다. 그래서 경영교육에서 적절한 책을 읽도록 하는 일은 결코 빠뜨릴 수 없다.

어느 교육을 막론하고 독서만큼이나 중요한 교육적 도구도 없지만 한편으로는 학생들이 자발적으로 실시하기에는 매우 어렵고 통제하기 힘든 방법이다. 개울가로 말은 끌고 갈 수는 있지만 물을 먹일 수 없는 것과 같은 이치다. 대부분 교수들의 강의계획서에는 꼭 추천도서 코너가 있지만 학생들이 그것을 읽을 것이라고 크게 기대하지는 않는다. 그저 좋은 강의계획서에는 그것이 요구된다기에 대부분 교수들이 형식적으로 그 항목을 채워놓지 않을까 생각한다.

독서를 말할 때 유대인을 빼 놓을 수 없다. 창의적인 유대인들은 어릴 적부터 독서를 많이 하고 토론을 통한 학습을 많이 하는 것으로 알려져 있다. 기원 전

61) 미국의 과학자이자 논픽션 작가이다. 현재 UCLA의 의과대학 생리학/지리학 교수로 재직 중에 있다. 생리학으로 과학 인생을 시작한 그는 조류학, 진화생물학, 생물지리학으로 자신의 영역을 점점 확장해 나갔으며 과학의 대중화에 기여한 공로로 수여되는 영국의 과학출판상과 미국의 LA타임즈 출판상을 수상했다. 그는 저서《총, 균, 쇠》로 1998년 퓰리처상도 받았다.

6세기부터 쓰여 지기 시작한 「탈무드」에는 독서에 관한 수많은 경구가 수록되어 있다. "돈을 빌려주기는 거절해도 좋으나 책 빌려주기를 거절해선 안된다"도 그 중에 하나이다. 유대인 가정집의 거실에는 TV대신 책장과 함께 토론을 할 수 있는 원탁테이블이 항시 놓여 있다. 유대인 부모는 이곳에서 책 읽는 모습을 자주 보여줌으로써 자연스레 자녀들을 독서로 이끈다. 공공도서관에 가면 여럿이 앉아 격렬한 토론을 하는 모습을 자주 목격한다. 독서 후 그 내용을 바탕으로 토론을 하면 사고력을 더욱 증대시킬 수 있다. HP의 전 회장 칼리 피오리나는 스탠포드대학에서 중세철학을 공부하였다. 그녀에게 가장 유익했던 과목으로 꼽힌 것이 '기독교와 이슬람교와 유대교의 중세철학'이라는 대학원 세미나였다. 아퀴나스, 베이컨, 아벨라르 같은 중세철학자들의 저서를 포함하여 방대한 양의 책을 읽고 철학적 담론을 2쪽으로 요약하는 과제를 수행했다. 그녀는 그 과목을 통해 철학과 사상도 배웠지만 대량의 자료를 2쪽으로 요약하는 능력, 즉 핵심을 추출하고 생각을 정리하는 능력을 길렀다고 했다. 그녀가 경영할 때 가장 도움을 받았던 능력도 바로 그것이었다고 고백하였다(피오리나, 2006).

토론

교육에 있어 토론의 유익은 아무리 강조해도 지나침이 없다. 토론을 위해 먼저 사물이나 주제에 대해 의문을 갖고 깊은 생각을 한 후 자신의 관점을 가져야 하고, 그러다 보면 의문이 생겨 질문을 하거나 다른 사람의 의견에 토를 달거나 반론을 할 수 있다. 거꾸로 질문이나 공격을 받았을 때는 자신의 생각을 타당한 이유를 들어 논리적으로 설명할 수 있다. 토론은 참여자들의 상호작용을 통해 혼자서는 볼 수 없거나 간과했던 문제의 다양한 측면들을 볼 수 있게 되고 당초에 가지고 있었던 생각을 다듬고 보다 현실적인 해결방안을 만드는 기회를 제공한다. 면대면 토론은 흔히 인터넷을 통해 가상공간에서 다수의 사람들로부터 아이디어를 얻는 집단지성(collective intelligence)처럼 개인과 집단의 창의력을 극대화할 수 있는 방안이다.

유태인은 질문과 토론을 교육에 적극적으로 활용하여 교육의 성과를 높이는 몇 안 되는 독특한 민족 중 하나이다. 토론을 하는 이유는 첫째, 모든 문제에는 하나의 정답만이 존재하지 않는다는 전제 때문이다. 문제를 해결하고 개선하기 위해서는 하나의 정답에 만족하지 않고 제 2, 제 3의 정답을 계속 찾는 일이 필요하다(홍익희, 2013, 172). 둘째는 문제해결에는 혼자보다는 다수가 더 낫다는 전제 때문이다. 때로 그룹과정(group process)은 비효율적인 측면도 있지만 '백짓장도 맞들면 낫다'라는 속담처럼 보다 나은 해결책을 얻는 데는 개인보다 낫다. 마지막으로 질문과 토론을 하다보면 문제를 다면적으로 더 깊이 있게 다룰 수 있어 생각이 다듬어지고 더욱 창의적인 해결방안을 도출할 수 있다. 상대의 논리를 반박하기 위해 갖가지 아이디어와 논리적 근거를 찾다보면 사고능력은 향상되고 창의력도 발휘된다.

8.5 경영교육에의 적용

창의력 교육

창의력의 다양한 측면, 역발상, 상상력, 문제해결능력 등을 앞에서 설명하였지만 이를 경영교육커리큘럼을 통해서 학생들을 가르치는 일은 결코 쉽지 않다. 그럼에도 신건권(2003, 245)은 창의성 경영교육을 실행했던 사례를 보고하고 있다. 그의 수업은 다른 수업과 비교해서 다음과 같은 차이가 있었다. 첫째, 사례발표를 할 때 자기주도적으로 발표자료를 구성하고 강의에서 배운 창의적 기법들을 적용하여 발표하도록 하였으며, 둘째, 창의적 우뇌개발에 도움이 될 수 있는 음악을 청취토록 하였으며, 셋째 인터넷 카페를 통해 조원들끼리 활발하게 소통하도록 도왔다. 특히 우뇌개발을 위한 음악감상을 위해 그리그의 페르귄트조곡, 베토벤의 월광곡, 슈베르트의 송어, 쇼팽의 야상곡 2번, 슈만의 트토이메라이, 헨델의 라르고 등 12개 클래식을 듣도록 하였다. 창의성 경영교육의 효과성을 검증하기 위해 수강 전인 첫째 주와 수강 후인 15째 주에 학생들을 2회 설문조사하였다. 그 결과 '개인 창의능력의 향상', '집단 창의능력 향상', '창의성 경영분야 지식향상' 등에서 통계적으로 의미있는 개선을 보였다. 그런데 그는 이 수업을 경영학 전공수업의 일환으로 시행한 것은 아니었다. 창의력, 상상력, 문제해결능력을 기른다는 목적으로 경영학 수업에서 시를 쓰거나 음악을 듣게 하는 것이 가능할까? 이런 방법이 혹자에게 잘못 이해되면 과목의 본래 목적이나 취지가 왜곡될 위험이 있고, 음악이나 문학의 전문가가 아닌 경영학 교수가 수행하기에는 한계도 있고 오해를 받을 수도 있다. 최악의 경우 학생들이 학교 게시판에 문제를 제기하면 교수가 곤경에 처할 수도 있다. 즉 교양 성격의 과목에서 창의력 향상을 목적으로 예술과 인문학을 활용하면 별 문제는 없지만 경영학 전공과목에서 전공 이론의 맥락에서 이 도구를 활용하는 일은 결코 간단치 않다.

경영학 전공교육의 어려운 점은 직접 경험하거나 쉽게 지각할 수 없는 추상적 이론들을 학생들에게 가르치는 일이다. 경영정보시스템의 구축 예를 들어보자. 정보시스템은 하드웨어, 소프트웨어, 네트워크, 사용자(의사결정자) 등으로 구성되는 물리적 시스템이기도 하지만 동시에 추상적인 요소들도 많다. 하드웨어를 조작하는 보이지 않는 소프트웨어가 특히 그런 경우다. 성공적인 경영정보시스템을 구축하기 위해서는 데이터가 어디에서 생성되고 그것이 어디로(사용자, 부서 등) 흘러가야 하는 지에 대한 업무(과업) 프로세스 지식이 필요하며, 여러 곳에 흩어져 있는 의사결정자에게 필요한 정보를 제공하기 위해 그들의 문제를 이해하고 문제 해결에 필요한 데이터를 찾고 모델(모형)과 인터페이스를 만드는데 필요한 전문적 기술과 지식을 필요로 한다. 대규모 정보시스템 개발프로젝트의 경우, 개발자나 사용자나 미래에 완성될 시스템에 대한 구체적인 모형을 상상하기가 어렵고 실제로 만들어진 (과거)시스템도 보이는 하드웨어를 제외하고는 관찰하기도 쉽지 않다. 그래서 경영학 전공교육은 현상을 관찰하거나 경청하고 해결책을 상상하는 능력이 매우 중요함에도 이것들의 중요성과 방법을 특별히 가르칠 수 없다.

e-비즈니스, 정보시스템 운영, 의사결정지원에 관한 과목들에서 저자는 전자상거래시스템, 정보보안시스템, 의사결정지원시스템을 한 번도 만들거나 접해본 적도 없는 학생들에게 이것들의 개념, 기능 그리고 효과를 가르쳐야 한다. 이러한 주제들에 대한 그들의 지식은 고작해야 영화, 드라마, 카툰 등에서 본 장면들이 대부분일 것이다. 중요한 선택을 앞둔 사장과 직원들의 상투적인 갈등, 시스템에 침입하여 데이터를 탈취하는 해커, 인터넷쇼핑몰을 운영하는 미모의 여성 CEO... 그러나 이런 이미지들은 문제들의 포장지에 불과하다. 수업에서는 시스템의 특징

과 기능, 기술적 구성요소, 개발자와 운영자의 직무 등을 가르쳐야 하지만 학생들에게는 대부분 추상적으로 느껴질 뿐이다. 그래서 난 매 학기마다 IT쇼(전시회)를 손꼽아 기다린다. 그리고 학생들에게 정보·통신기술과 전자제품 관련 전람회를 관람하는 숙제를 낸다. 수업에서 언급되는 각종 시스템과 최신 기술들 그리고 그것들을 개발하여 파는 기업들을 전람회에서 눈과 귀로 확인함으로써 보다 풍부한 상상을 할 수 있는 경험과 소재를 얻고 내 강의에 임할 수 있다는 생각에서다. 해커들이 정보시스템에 침입하여 개인정보를 빼내거나 시스템을 정지시키는 기법들 그리고 이러한 해킹을 방어하기 위한 대처방안과 기술들을 설명하지만 학생들에게는 그저 추상적일 뿐이다. 그렇지만 학생들이 보안업체를 방문하여 현장 전문가의 설명을 듣고 보안 소프트웨어와 장비를 실제로 한번 본다는 것(관찰)만으로도 시스템보안에 대한 상상력을 확장해주고 관련 내용을 더 잘 이해할 수 있을 것이다.

경영학 수업에서 보고서 과제와 토론(수업참여)을 통해 학생들의 창의력을 직·간접적으로 배양할 수 있다. 저자가 진행하는 한 경영정보학 수업에서는 관련 비디오를 시청하도록 하고 내용을 요약하고 반드시 상상력을 이용하여 답을 해야 하는 질문을 보고서에 포함시킨다. 예를 들면, '비디오에서 소개된 3D 프린터를 응용할 수 있는 새로운 비즈니스모델(창업 모델)을 서술하시오', '비디오에서 소개된 증강현실기술을 활용하여 서비스의 질을 개선할 수 있는 방안을 서술하시오' 등이다. 문제는 학생들이 낸 보고서에 피드백을 제공하는 것이 중요한데 수강학생이 50~60명 이상이면 조교의 도움 없이 이 일이 간단치 않다. 그래서 종종 창의력 교육은 절반의 성공으로 끝나버린다. 또 다른 방법은 수업 시간에 짧은 사례(신문 기사와 칼럼 등)를 제공하고 학생들로 하여금 토론하도록 하는 것이다. 소그룹을 만들어주고 방황하지 않도록 몇 개의 토론 주제를 제공한다. 토론을 통해 저자가 추구하는 것은 배운 이론들을 현실 문제와 연결하는 능력을 기르고 문제에 대한 새로운 해결책을 상상하도록 하는 것이다. 그러나 토론을 할 때마다 아쉬운 점은 아무리 좋은 토론주제를 던져주더라도 극소수의 주도적 학생을 제외하고는 토론을 어려워하고 참여가 소극적이라는 점이다. 풍성한 토론을 하기에는 학생들이 가진 배경지식이 얕고, 강의가 주가 되는 수업에서 다양성을 위해 토론을 살짝 얹어놓은 상황에서 학생들은 토론에 필요한 충분한 준비를 하지 않는 등 동기부여가 제대로 되지 않는다.[62] 토론수업이 성공하려면 교수도 창의력을 발휘해야 하고 수업을 위해 더 많은 시간을 투자해야 한다. 관점과 가치관에 따라 다양한 대안과 전략들이 나올 수 있는 주제와 중구난방으로 나온 의견들을 정리하는데 적용할 수 있는 이론과 사례를 찾아야 하기 때문이다.

마케팅은 정보시스템분야와는 달리 학생들이 주변에서 자주 간접체험을 했거나 때로 직관적으로 이해할 수 있는 내용들이 많아 프로젝트 과제를 통해 쉽게 이론을 현실에 응용할 수 있다. 신상품개발이나 광고 전략은 평상시에 봐 온 비주얼한 결과물이 주변에 많기 때문에 프로젝트를 통해 학생들이 쉽게 이론이 현실화되는 것을 목격할 수 있으며 자신의 창의적 노력이 결과물에 반영되는 것을 어렵지 않게 확인할 수도 있다. 그렇다고 이 일들이 모두 쉽다는 뜻은 결코 아니다. 예를 들어 새로운 제품·서비스를 설계해야 한다면 고객의 프로파일과 그들의 필요를 조사해야 하고 그것을 근거로 제품·서비스 개념을 구상해야 한다. 이어 엔지니어, 디자이너, 경영자들이 함께 머리를 맞대고 제품이나 서비스를 담은 비주얼 모델을 만들고 테스트를 위한 시제품을 만든다. 이 과정에서 동일, 유사, 연관 기능을 결합하거나 연속, 병행 수행이 가능한지도 확인할 것이다. 끝으로 시제품은 시장조사, 안전 및 디자인표준 테스트를 거친 후 신제품개발 결정에까지 이를 것이다. 결합(번들링)이라는 창의적 발상을 통해 시너지를 창출하는 제품·서비스 설계는 주변에서 쉽게 찾을 수 있다. 할인점, 영화관, 전시장, 음식점, 스포츠센터, 전문점, 병원 등을 한 자리에 모아 놓은 멀티플렉스 복합쇼핑몰, 놀이공원의 자유이용권, 명절마다 출시되는 복합선물세트, 쿠폰북 등 소비자의 선택(선호)을 더 많이 받기위해 마케터들은 끊임없이 선택지들을 새롭게 결합하고 분해했다가 다시 결합한다. 이는 앞서 얘기한 역발상-재명명과 유사하다. 비슷한 영역으로 금융공학이 있다. 금융공학은 기존의 재무이론에 수학, 통계, 물리학, 산업공학 등 자연과학을 접목한 학문으로 시장의 위험요소를 정교하게 측정한 후 기초적 파생상품을 개발하는 것이다. 은행, 보험사, 증권사, 투자사들은 소비자들의 필요를 충족시킬 수 있는 금융상품을 연구하여 끊임없이 출시하고 있다.

---

62) 이러한 주제는 개인의 가치관과 일상적 경험이 토론의 주요관점과 소재가 될 수 있는 사회적 이슈(예: 동성애 결혼 합법화, 다원적 종교사회에서 종교에 대한 태도 등)와는 많이 다르다.

저축성, 보험성, 연금성이 절묘하게 결합된 새로운 금융상품의 설계는 무엇보다도 높은 창의력과 치밀한 비용 및 수익 계산을 요구한다. 이러한 상상력과 역발상 능력을 기르기 위해서 경영관련 학과(전공)들은 다른 전공들의 커리큘럼을 더 수용하고 교육내용과 방법에 있어서도 큰 변화를 모색해야 한다. 아울러 학생들이 매학기 수강하는 과목수도 줄여줘야 각 과목에서 상상력, 관찰력, 독서와 토론 등 통섭적 교육에 더 많이 노출될 수 있을 것이다.

공학교육에서는 창의력 향상을 위해 TRIZ[63]라는 교육프로그램이 자주 활용된다. 경영관련 학과(전공)의 정규 교과과정에 이러한 창의력 향상 프로그램을 개발하는 것도 좋을 것이다. TRIZ는 겐리히 알츠슐러가 1940년대 구 소련 해군에서 특허를 심사하는 업무를 할 때 방위산업과 관련된 기술 문제를 해결하기 위한 발명에서 공통의 법칙과 패턴을 발견한데서 시작되었다. 그는 전 세계 특허 150만 건 중에서 창의적인 특허 4만 건을 추출 분석하였다. TRIZ는 주어진 문제에 대하여 가장 이상적인 결과를 정의하고 그 결과를 얻는 데 관건이 되는 모순을 찾아낸 후 그 모순을 극복할 수 있는 해결방안을 생각하는 창의력 향상 방법이다. TRIZ는 공학적 문제를 해결하는 목적으로 주로 사용되었기에 경영문제에 적용하는 데는 한계가 있을 수 있다. 따라서 TRIZ로부터 빌려올 수 있는 핵심 이론과 기법을 중심으로 경영문제해결에 필요한 창의력교육 프로그램의 개발이 필요하다. 경영학에서 흔히 목표(기대치)를 설정하고 그 목표와 현실(성과) 사이의 갭을 확인한 후 이 갭을 줄이기 위한 문제해결방법을 찾아낸다는 논리는 TRIZ와 다를 바가 없다. 그래서 경영 문제를 대상으로 응용된 TRIZ는 경영교육 커리큘럼에 반드시 편입될 필요가 있다.

경영분야의 창의력교육의 내용은 소프트뱅크의 손정의 회장으로부터 그 단초를 얻을 수 있다.그는 TRIZ를 배운 적이 없지만 창업에 필요한 아이디어를 도출하기 위해 '문제해결법', '수평사고법', '합성법'을 사용하였다. 문제해결법은 휴대하기 힘든 딱딱하고 큰 키보드를 대신하여 뒤틀리고 접을 수 있는 키보드의 발명으로 문제를 해결하는 것이다. 한 걸음 더 나아가 키보드 자체가 필요 없도록

63) Teoriya Resheniya Izobretatelskikh Zadatch(러), theory of inventive problem solving(영)

99.9%의 정확성을 지향하는 인공지능형 음성인식 기술의 발전을 생각할 수도 있다. 수평사고법은 앞에서 설명한 역발상과 비슷한 기법이다. 둥근 것은 사각형으로 큰 것은 작게 빨간색은 녹색으로 생각해 보는 방법이다. 우리는 수많은 제품에서 수평사고법에 의해 만들어진 다양하고 재미있는 디자인을 목격할 수 있다. 삼각형 연필, 육각형 액자와 창문, 무지개색깔의 식기와 골프공, 우아한 모양의 화장품 용기들이 그 예이다. 끝으로 합성법은 그가 미국 캘리포니아대 버클리를 다닐 때 단기간에 창업자금을 모을 목적으로 짧은 시간에 많은 발명 아이디어를 얻기 위해 활용한 방법이다. 그는 하루에 하나씩 1년 동안 발명을 계속한다는 계획을 세웠고 그 목적을 달성하기 위해 단어카드를 활용하였다. 그는 300개의 단어 카드를 만들어 놓고 매일 석 장씩 뽑아 100개의 합성어를 만들었고 이것을 근거로 250건의 발명 아이디어를 생각해냈다. 〈사과〉, 〈음성합성기〉, 〈시계〉라는 세 단어를 합성하여 시골의 한가로운 아침을 연상시키는 수탉의 소리를 음성으로 합성한 사과모양의 자명종시계를 발명하는 식이다. 이 합성과정을 통해 그는 아이디어를 유추하고 상상하고 응용하였던 것이다. 그렇게 얻은 아이디어들 중 하나가 훗날 샤프사가 상품화한 전자수첩(음성장치가 부착된 다국어 번역기 포함)의 모델이었다. 실제로 그는 이 아이디어를 샤프사에 팔아 초창기 사업자금을 마련하였다.

경영실습

졸업을 앞둔 마지막 학년의 학생들을 위해 캡스톤 디자인(Capstone Design) 과목을 개설하는 대학들이 많다. 특히 융복합교육을 지원하는 정부의 기금[64]을 지원받은 대학들은 이 과목을 적극적으로 신설하고 예산도 지원하고 있다. '창의적 종합설계'를 뜻하는 캡스톤 디자인은 일반적으로 엔지니어나 디자이너를 양성하기 위한 실습형 교육프로그램이다. 예를 들면 학생들은 제품의 설계과제를 수행하면서 제품의 개발에서 생산까지의 과정에 대한 현장지식을 얻을 수 있다. 학생들이 3년 동안 배운 이론과 기술을 활용하여 상품화하는 일이나 지역 기업이

64) 학부교육 선도대학 육성사업(ACE)

필요로 하는 솔루션(장치, 기계, 소프트웨어, 디자인 등)을 스스로 설계, 제작, 평가해 봄으로써 창의성, 실무능력, 팀워크 능력, 리더십 등을 함께 배울 수 있다. 과목의 취지가 산·학·연협력을 강조하는 오늘날 요구에 꼭 맞기에 다른 분야로도 급속하게 확산되고 있다.

경영 관련 분야 학과(전공)가 제안할 수 있는 최상의 캡스톤 디자인 과목은 실제 기업을 창업하고 이를 한번 경영해 보는 것이다. 인터넷전자상거래를 비롯한 각종 e-비즈니스(인터넷을 기반으로 한 사업모델들), 소프트웨어(앱)개발, 제조, 서비스 등 다양한 분야가 있지만 인터넷을 기반으로 다양한 비즈니스(인터넷쇼핑몰 등)를 수행하는 가상기업(virtual cooperation)이 고정자산에 대한 투자가 가장 적고 진입장벽이 낮다는 장점이 있다. 창업선도대학[65]으로 지정된 대학들은 정부기금을 받아 창업에 필요한 교육, 장비대여, 컨설팅, 창업비용을 지원하고 있지만 창업 자체가 결코 쉬운 일이 아님은 창업 후 평균생존기간과 폐업률 통계를 보면 쉽게 알 수 있다.[66] 그래서인지 창업을 도전하는 학생들이 많지 않을 뿐만 아니라 그 과정을 지도해줄 전문적인 멘토를 찾기도 쉽지 않다. 저자가 있는 경영정보학과의 경우, 창업과 인터넷전자상거래와 관련된 다수의 과목을 개설하고 있다. 학생들이 창업을 할 수 있는 여건이 다른 전공에 비해 잘 조성되어 있지만 실제 창업에 뛰어드는 학생은 손가락에 꼽을 정도이다. 특히 경영을 교육하는 교수들 중에 창업을 컨설팅해 줄 정도의 실무지식, 현장감각 그리고 도전적 열정을 함께 갖춘 교수가 별로 없다는 것이 이 방안의 가장 큰 장애요소다.

창업교육의 하이라이트는 실제로 가상기업을 만들어 경영을 해 보는 것 이상은 없다. 가상기업 프로젝트를 잘 수행하면 추상적인 경영교육의 내용을 쉽게 체득할 수 있다. 프로젝트 기반 교육으로 학생들이 팀의 일원으로 작업하고, 인간관계기술을 훈련받을 수 있다. 현장시찰, 커리어계획발표, 멘토링, 현장경험 등을 통해 학생들은 조직에서의 분석, 종합, 평가와 같은 실질적인 일상업무를 학습하고 경영지식과 기술을 현실에 적용해볼 수 있다. 아울러 팀웍을 통해 타인의 강약점을 분석하고 자신의 취약한 것을 진단함으로써 인적자원의 조화로운 조합

65) 2015년 5월 기준, 전국에 16개의 일반형 창업선도대학, 12개의 거점형 창업선도대학이 있음.

66) 1년 후 폐업율: 숙박음식업 55%, 도소매업 56.7%, 교육서비스업 59.4, 개인서비스업 62.8 (2003~2012년 국세청 자료 근거)

의 중요성도 터득할 수 있다. 가상기업은 많은 시간과 자원이 필요한 프로젝트지만 잘 운영이 되면 인턴제도를 통해 학생이 배울 수 있는 것 보다 더 많은 것을 터득할 수 있다.

미국 미주리 주의 한 고등학교는 지역의 경험 있는 사업가의 후원과 지도를 받아 학생운영-학교기반 가게로 구성된 기업가-학교 협력체를 성공적으로 수행한 경험이 있다(Truell, Mebster, Davidson, 1998). 학생들은 경영 이론들을 학습하고 이것들을 개념화, 창업, 운영, 폐업의 순서로 현실세계에 적용하는 능력을 배양할 수 있었다. 학생들은 사업계획과 운영을 통해 목표설정, 구두와 문서를 통한 소통능력, 리더십 등을 배울 수 있었다. 지역 기업가들은 매주 한 번씩 교실을 방문하여 멘토링 서비스를 제공하는 방식이다. 이 프로그램은 창업을 희망하는 젊은이들에게 기업가정신을 고취하고 구체적인 창업 노하우를 배우도록 함으로써 스타트업에 따르는 불확실성에 대한 두려움을 줄이고 용기를 갖도록 하는데 매우 유익한 프로그램이었다. 하지만 학생-학교-기업 모두가 서로 협력하고 희생하는 등 3박자가 모두 맞아야 하는 프로그램이어서 지속가능한 교육프로그램과는 거리가 멀다.

학생들로 하여금 가상기업을 체험하면서 자연스럽게 기업경영을 이해하고, 의사결정 능력을 배양하고, 전략적 마인드를 향상시킬 수 있는 경영 시뮬레이션 게임도 유용하다. 경영 시뮬레이션 게임을 통해 학생들은 기업 경영 활동을 유사하게 모의화한 가상 환경에서 가상기업을 경영하면서 경영 지식과 관리 능력을 자연스럽게 학습할 수 있다. 경영 시뮬레이션 게임은 기업 현실과의 유사성, 역할 체험, 게임을 통한 경쟁, 의사결정의 책임, 실시간 경영성과, 피교육자 간의 활발한 상호 작용 등의 요소들이 포함된 새로운 형태의 교육방식으로써 경영 프로세스의 이해, 경영 의사결정 능력의 향상, 경영 관리 및 분석 능력의 향상, 기업 경영의 간접적 체험의 장점 때문에 훌륭한 경영교육 및 인재 육성 도구가 될 수 있다(김상수와 최은지, 2010). 경영 시뮬레이션 게임의 교육효과는 많은 연구에서도 입증되었다. 전통적인 이론 중심의 교육을 받은 학생들과 경영 시뮬레이션 게임에 참여한 학생들의 시험 성적을 비교하여 게임 교육에 참여한 학생들의 시험성적이 우수하다는 결과가 보고되었고(Faria and Whiteley, 1990; David, 1993), 최근에는 경영 시뮬레이션 게임 교육이 전통적 교육방식과 결합했을 때, 교육효과가 더욱 높아진다는 연구결과가 나오면서 블랜디드 학습(Blended learning)의 중요성도 강조되고 있다(Adobor and Daneshfar, 2006).

김상수와 최은지(2010)의 경영 시뮬레이션 게임은 경영전략, 마케팅, 생산, 재무 영역에서 16종의 경영미션을 제공하고 있다. 게임의 단계마다 학생들은 교수가 요구하는 경영미션을 수행하고, 경영성과를 산정한 다음에, 경영미션을 잘 수행했는지를 분석한다. 예를 들어 '추정 손익계산서' 미션에서는 각 팀이 수행한 경영 의사결정에 의해서 기대하는 손익을 먼저 추정해서 제출하게 한 다음에, 실제 경영성과가 산출되면 실제 손익 계산서와 추정 손익계산서를 비교하면서 차이가 있는지 없는지, 그리고 차이가 발생하면 그 원인이 무엇인지를 찾게 한다. 이 미션의 목적은 회계학의 손익계산서 개념과 작성 방법을 학습하는 것이다. 따라서 시뮬레이션 게임은 자료분석 및 의사결정능력을 향상시키기 위한 것으로 이성적 판단능력을 배양하기에 적합하며, 다수가 참여하는 집단의사결정을 통해 협업능력도 배양할 수 있는 경영교육도구이다.

서구 사회에서 일반화되어 있는 인턴제도가 이제 우리나라에도 차츰 확산되어 가고 있다는 느낌이다. 특히 교육부가 지원하는 산학협력선도대학육성사업(LINC)을 유치한 대학들은 현장실습프로그램을 통해 학생들이 기업체에 가서 4~7주간 현장체험을 하면 소정의 학점(3학점)을 부여하고 있다. 대학의 LINC사업단은 학생을 받는 기업과 프로그램에 참여하는 학생들에게 소정의 비용을 지원함으로써 현장실습이 활성화되도록 돕고 있다. 여전히 일부 기업들은 이 제도를 악용하여 학생들을 원래 취지에 맞지 않는 업무에 무보수로 부리는 부작용도 있지만 제대로 운영만 된다면 학생이나 기업 모두가 윈-윈 할 수 있는 산학협력 프로그램이다. 가상기업, 학교기업과 같은 프로젝트형 경영실습교육은 사실 충분한 예산과 자원봉사자가 있어야하므로 지속성이 떨어지지만 인턴제도는 양측의 이해관계가 맞아 떨어지므로 지속성이 매우 높다.

원래 인턴(intern)은 대학교나 고등학교 졸업 예정자가 방학을 이용하여 학교의 추천을 받거나 기업이 정한 절차에 따라 선발된 비정규직 사원으로서 회사의 실무를 사전에 익히는 과정에 참여하는 사람을 일컫는다. 따라서 서구의 기업들은 인턴을 비정규직 사원으로 보고 어느 정도의 보수를 지급하며 해당 기업의 문화와 현장실무를 배울 수 있는 기회를 제공한다. 예를 들어 GE코리아는 인턴들에게 GE문화를 체험하고, 개인역량을 개발하며, GE직원들과의 네트워크를 형성하는 것 등으로 프로그램의 목표를 분명하게 설정하고 있다. 그렇지만 한국에서는 어느 정도 규모가 되는 기업들을 제외한 대부분 기업들은 학생들에게 현장체험의 기회를 제공하는 산학협력 프로그램 정도로 생각할 뿐, 이들에게 정규직 고용의 기회는 물론 제대로 된 활용과 평가를 하는 문화와 시스템이 갖추어져 있지 않다. 그래서 대학의 LINC사업단들도 '인턴'이라는 단어를 쓰지 않고 현장체험학습이라는 용어를 쓰고 있다. 아무튼 사람을 쓸 곳도 기업이고 사람이 해야 할 일도 기업에 산적해 있다. 따라서 모든 기업들이 학생들에게 현장체험과 제대로 된 인턴의 기회를 제공하기 위해 약간의 예산과 인력을 할당해 준다면 경영교육의 완성도가 더욱 높아질 수 있을 것이다.

그런 의미에서 기업이 대학을 설립하고 현장업무와 밀접한 교육과정을 병행하는 방법에 대해 주목하지 않을 수 없다. 현장실습과 체험 그리고 고용을 병행하는 사내대학은 통섭적 경영교육을 위해 더 없이 중요한 교육모델이 될 수 있지만 아직은 공학처럼 기술·기능직에 한정되어 있다. 예를 들어 대우조선해양은 중공업사관학교를 3년째 운영하고 있다.[67] 우수한 고졸 인재를 조기에 확보해 조선해양 전문가로 키우기 위해 2012년에 설립된 사내대학이다. 고졸이상 학력이면 지원이 가능하며 졸업 후 4년제 대학의 학력이 인정되며, 3년간 병역특례병으로 근무한다. 졸업자는 결격사유가 없는 이상 대우조선해양의 정규직으로 채용된다. 교육과정은 '공과대학'과 '설계·생산 관리' 두 분야로 나뉜다. 공과대학에서는 조선해양 분야의 이해를 돕는 공학 건축지식을 비롯해 영어, 인문, 교양 과목 등을 배운다. 첫 해에는 집체 교육을 이수하고 2년차부터는 현업 근무와 교육과정을 병행하며 전문학사 학위를 받는다. 설계·생산관리 과정은 전문계고 학생들에게 특화된 과정으로 회사가 마련한 프로그램과 실무 교육을 통해 설계 엔지니어 및 프로젝트 관리 경험을 쌓는다. 1년 과정을 거치면 현업 부서에 배치돼 전문가 멘토로부터 실전 경험을 전수받는다. 업무와 관련한 전공과목 학습도 병행해 이론과 실무가 겸비된 인재로 키우는 것이 회사의 목표다. 이 학교는 기술전문직군에 필요한 인재를 양성하지만 이들에게도 리더십과 경영관련 교육이 필요 없는

---

67) http://dhia.dsme.co.kr/dhia/education/roadmap.do

것은 아니다. 그래서 경제학원론, 경영학원론, 회계학원론, 무역학원론을 듣게 하고 한국사, 동서양 고전의 이해, 세계사, 철학 과목을 수강토록하고 명사특강, 테마교양과 같은 인문학을 접하는 비학점 과정도 개설하고 있다. 사내대학은 고등교육 커리큘럼을 기업 현장의 요구사항과 연동함으로써 졸업과 동시에 현장에 투입될 수 있는 실무형 인재를 양성한다는 취지는 좋지만 손익을 따질 수밖에 없는 기업의 입장에서 가급적 실무와 직접적으로 관련되는 교육에 더 치중하게 되고 교양, 창의력, 문제해결능력, 경영이론 교육에는 소홀해진다는 단점이 있을 수 있다.

끝으로 창업은 독특한 형태의 경영실습이다. 실패하면 실습으로 끝나지만 성공의 결실은 신생기업과 일자리 창출이며 그 조직의 창업자이며 경영자가 되는 것이다. 창업교육을 주목적으로 하는 학과들이 일부 있지만, 대부분 경영관련 학과(전공)는 창업교육이 목적이 아니다. 따라서 창업관련 과목을 두어 과목 개설하고 학생들이 선택하여 듣도록 하는 것이 일반적이다. 과목들도 주로 다양한 창업아이템과 그 전망, 창업자의 정신과 태도, 창업절차, 창업자금이나 지원을 제공하는 공적·사적기관에 대한 지식을 제공하는 것이 대부분이다. 창업의 핵심은 아이디어와 자금이며, 창업아이디어는 주로 강의실 보다는 현장과 체험을 통해 얻기 쉽다. 그래서 창업은 반짝이는 창의적 아이디어를 가지고 창업 열정에 사로잡힌 기업가형 사람들, 그런 사람들을 돕는 멘토들, 그 아이디어에 투자할 자금을 가진 엔젤투자자들이 모여 형성하는 창업생태계에서 활발하게 일어날 수 있다. 우리나라는 이런 생태계를 정부가 나서 조성해주고 있지만 민간주도의 자생적인 것 보다 지속성이 떨어진다. 정부가 창업지원을 효율적으로 하여 국가경제에 큰 이익을 본 대표적인 사례는 이스라엘이다. 1991년부터 도입된 TI(Technical Incubator) 프로그램을 통해 1,200개의 벤처 창업을 일궈냈으며, 창업 성공률도 50%나 되었다. 이 외에도 각 대학들이 인큐베이터 프로그램을 운영하고 있다. 1992년에 만들어진 요즈마펀드도 국제 투자자 유치를 통해 하이테크 산업의 성장 촉진과 벤처창업의 활성화를 도왔다(홍익희, 2013, 274).

읽기와 토론

어느 분야를 막론하고 독서만큼이나 중요한 교육도구는 없고 경영교육도 예외가 될 수 없다. 일반적으로 독서란 개인이 다양한 교양과 간접 체험을 얻기 위해 스스로 해야 하는 것임에도 그렇지 못한 경우가 많아 학교가 개입하는 경우가 많다. 중·고등학교는 물론 대학조차도 예산을 주면서 학생들에게 독서서클을 조직하도록 하고 지도교수(교사)들로 하여금 책을 선정하고 서클을 이끌도록 하고 있다. 즉 비자발적인 학생들을 대상으로 하기에는 독서만큼이나 어렵고 통제하기 어려운 교육도 없다는 것을 의미한다. 말을 물가에 끌고 갈 수는 있지만 물을 먹일 수 없는 것과 같은 이치다. 그렇지만 경영학 전공 수업에서 독서는 쉽게 접목할 수 있는 훌륭한 교육방법 중에 하나이다. 현장사례가 풍부한 교재를 잘 선택한다면 학생들에게 간접경험의 기회를 제공해주며 다양한 상상력과 현장지식을 얻게 할 수 있으며 자연스럽게 창의력과 문제해결능력도 기를 수 있다.

독서한 내용을 가지고 토론을 할 때 독서 경험은 극대화될 수 있다. 대우조선해양의 중공업사관학교에서는 4시간에 걸쳐 인문학 프로그램을 진행한다. 2명의 교수가 책의 내용을 브리핑하여 이해를 돕고, 토론과 스피치를 통해 자신의 생각을 조리 있게 표현하도록 하고, 심화토론에서는 책을 통해 자아를 발견하고 자신의 숨겨진 욕망을 들여다보고 어떻게 사는 것이 가치 있는 삶인지를 사유하도록 하는 인문학 프로그램이다. 토론은 창의성을 일깨울 수 있다. 창의성이란 예술분야처럼 남과 다르게 생각하고 행동하는데서 출발한다. 토론을 통해 우리는 타인과 어떻게 다른지 그리고 이전에 비해 자신의 생각이 어떻게 개선되었는지를 깨달을 수 있다. 토론을 통해 다른 구성원들의 다양한 사고와 방법을 접하게 되며 사고의 융합과 통섭이 자연스럽게 일어나기기도 한다. 둘 이상의 전문영역이 합해지면서 새로운 것이 만들어질 수 있고 문제해결에 필요한 새로운 단초를 얻을 수도 있다. 과학과 인문이 만나 새로운 감성이 탄생하듯이 과학과 경영, 인문과 경영, 예술과 경영이 만나면 풀기 힘든 경영 문제에 창의적 해결방안을 얻을 수 있고, 논리로만 접근할 수 없는 문제에 감성적 해결방안을 찾는데 필요한 유연한 사고력, 즉 상상력을 개발할 수도 있다. 삼남석유화학 최재호 회장은 글로벌 인재를 육성하기 위해서 토론문화가 정착된 학교시스템과 이의 창조적 운영이 필요하며 개개인이 기본기를 잘 갖추어야 함을 강조하였다. 토론은 다양한 환경과 배경을 가진 전 지구인들과 원활한 의사소통 능력을 단련시키는 효과적인 프로세스이다. 토론을 위해 학생들이 준비하는 과정이 바로 경영에 필요한 전공지식과 소통기술을 동시에 습득할 수 있는 길이기도 하다. 최회장에게 '기본에 충실'하다가 갖는 의미는 첫째, 사람과의 연결을 소중히 한다, 둘째, 자신의 연마를 일평생 한다, 셋째, 매일 성과내기에 부심한다, 넷째, 세계적 시야를 항상 의식하는 것이다.[68]

창의적 교육 환경

창의력 증진을 위해 독서와 집단토론의 효용성을 앞서 설명하였다. 그렇지만 우리는 효과적인 그룹토론에 필요한 물리적 환경을 조성해 놓지도 않고 무조건 다수가 모이면 한 명보다는 나을 것이라는 막연한 기대감과 환상을 갖고 있다. 수전 케인(2012)에 의하면 개방형 사무공간이야말로 내향적 인재가 창의성을 발휘하기에는 감옥 같은 곳이라고 하였다. 그룹의 협업이 강조되다보니 사무실을 개방형으로 설계하는 게 일반화되었다. 그래서 혼자 조용히 집중하고 생각하기를 선호하는 내향적 직원은 창의성을 발휘하기가 힘들어진다. 따라서 아무리 공간의 효율적 사용을 위해 공간의 공유를 최대화한다 하더라도 일부 직원들을 위해 집중할 수 있는 조용하고 개인적인 공간을 제공할 필요가 있다. 즉 타인으로부터 지적이나 질문을 받지 않고 자신의 프로젝트에 전념할 수 있고 휴식도 겸할 수 있는 공간이 필요하다.

컴퓨터 프로그래머 600명을 대상으로 한 연구를 보자. 최고의 성과를 낸 사람 중 62%가 업무 공간에서 사생활이 어느 정도 보장된다고 한 반면, 최악의 성과를 낸 사람 중에는 19%만이 그렇게 답했다. 수전 케인은 브레인스토밍 회의의 효과도 과대평가된 경향이 있다고 지적하였다. 1963년에 미네소타대 심리학과 마빈 더넷 교수는 조사 대상자 48명을 4명씩 12개 그룹으로 묶은 뒤 각 그룹에

68) "글로벌 인재 육성? 기본에 철저하라," 교수신문, 2014.1.27.

브레인스토밍(아이디어 생성) 과제를 부여했다. 그런 다음 그룹이 낸 아이디어의 수와 혼자 있을 때 낸 아이디어의 수를 비교한 결과, 95%가 그룹으로 할 때보다 혼자 했을 때 더 많은 아이디어를 냈다. 이유는 분위기에 휩쓸리지 않고 조용히 문제를 해결할 시간을 가질 수 있었기 때문이었다.

따라서 무작정 회의실에 모여 브레인스토밍 회의를 시작하기보다는 구성원들 각자 자리에서 자신의 일과 생각에 우선 집중할 수 있도록 해 줄 필요가 있다. 그리고 아이디어 회의를 반드시 오픈된 공간에 모여 토의하는 면대면 방식이어야 할 필요도 없다. 네트워크기반 협업시스템(전자회의지원시스템, 전자게시판, SNS 등)을 통해 아이디어를 수렴한다면 카리스마가 강하고 외향적인 사람들의 영향력에 그렇지 않은 사람들이 덜 휘둘릴 수도 있다. 특히 오프라인 회의에서는 조용하고 내향적인 천재들은 공격적 질문이 난무하는 분위기에 주눅이 들어 좋은 아이디어를 낼 수 없다.

이는 대학의 강의실에서도 마찬가지다. 대학 교실들은 그룹토론을 쉽게 할 수 있는 환경도 아니며 내향적인 학생이 조용하게 집중할 수 있는 공간도 없다. 교수가 강의중심의 수업을 진행하다가 그룹토론으로 전환할 경우, 소음을 일으키며 책걸상을 옮겨야 하는 번거로움도 있다. 토론수업을 통해 학생들은 자신의 생각을 논리적으로 전달하고 타인의 의견을 경청한 후 갈등이나 문제를 해결하는 방법을 찾는다. 그런데 이런 토론수업은 환경의 영향을 적게 받는 외향적 학생들에게 더 유리하고 그들이 선호하는 수업방식이다. 그렇다고 수업 중에 내향적 학생들을 위해 독립적 공간을 허용할 수도 없다. 저자도 수업시간에 학생들의 참여를 유도하기 위해 소정의 수업참여 점수를 주는데, 학점을 잘 받기위해 이를 적극 활용하는 학생들이 있는 한편, 그렇지 못한 일부 학생들은 수업참여점수 그 자체에 대해 불만을 토로하기도 한다.

내향적 학생을 포함한 모두가 적극적으로 토론하고 수업에 참여할 수 있도록 하기 위해서는 무선인터넷을 이용한 가상공간기술을 적극 활용할 필요가 있다. 대부분 학생들이 가지고 있는 모바일 기기(스마트폰, 스마트패드, 테블릿PC 등)를 기반으로 전자게시판, 실시간채팅 등의 앱을 활용하면 나서기를 꺼리는 내향적 학생들도 쉽게 토론 과정에 참여할 수 있을 것이다.

창의성 교육은 물론 모든 교육에서 동기부여는 매우 중요한 주제이다. 잭슨과 존슨(Jackson and Johnson, 1995)은 학생들의 학습동기를 부여하기 위한 5가지 방법을 제시하였다. 첫째, 앞서 얘기하였듯이 학생들로 하여금 스스로 답을 찾도록 하는 것이다. 학생들에게 그냥 답을 주지 말고 힌트나 실마리를 주고 시행착오를 겪게 하여 발견의 기쁨과 흥분을 갖게 하는 일이다. 둘째, 현실과의 관련성을 제시하는 것이다. 특히 수학, 컴퓨터, 회계와 같은 기술적 분야는 이 지식이 실제적으로 활용되는 사례를 알게 되면 공부에 대한 강한 동기를 갖게 된다. 셋째, 다양한 방법을 통해 교육내용을 전달하면 보다 효과적이다. 시청각 자료의 활용, 질의와 응답, 토론과 수업참여, 과제물 제출, 시뮬레이션 훈련, 발표 등이 있다. 넷째, 적절한 보상시스템의 작동이 필요하다. 점수이외에 칭찬, 피드백, 관심, 대화 등이 학생들로 하여금 교육자와 교육내용에 대한 몰입을 높일 수 있다. 다섯째, 분명한 강의목표를 설정하고 이것을 학생들에게 각인시키는 것이 필요하다. 따라서 강의계획서에는 매 시간마다 뚜렷한 목표가 제시되어야 하고 새로운 아이디어와 소재가 발굴되어야 한다.

실행력

머릿속이나 보고서에 있는 계획과 문제해결방법이 적절한 시점에 행동으로 옮겨지지 않는다면 무슨 소용이 있겠는가? 행동하더라도 타이밍이 맞지 않거나 효과적이지 않다면 아니함만 못하지 않겠는가? 실행의 타이밍과 필요성 그리고 효과성은 문제의 인식과 해결방법 못지않게 중요하지만 경영학 수업에서는 언급조차 되지 않고 교육되지도 않는다. 문제해결방안을 실행하면서 문제가 발생하는 이유는 크게 2가지이다. 첫째는 계획하는 사람과 실행하는 사람이 다르기 때문이다. 둘째는 실행의 효과성을 개인의 성격과 기질의 영향권에 가둬 버리기 때문이다.

실행력이란 문제를 인식한 후, 이것을 해결하기 위한 방법을 생각하였다면 즉시 행동에 옮기는 실천능력을 말한다. 실행력을 결정짓는 경영자의 기질은 근면성, 성실성, 책임감, 위험부담능력과 밀접하다. 근면하고 성실하다는 것은 해야 할 일을 미루지 않고 적절한 시기에 적절한 장소에서 바로 해결방안을 실행하고 그 결과를 확인하는 것을 말한다. 경영자가 흔히 곤경에 처하고 때로 타인으로

부터 비난을 받는 일은 해야 할 일을 제 때 하지 않고 미뤄두었다가 수습이 불가능한 지경으로 만들어버리기 때문이다. 사람들은 흔히 일이 잘못되면 남을 탓하는 습성이 있는데, 대체적으로 자신이 해야 하는 몫을 제대로 하지 않거나 챙기지 않아 발생하는 경우가 더 많다. 근면, 성실, 책임감으로 뒷받침되는 강한 실행력은 크게 불거질 수 있는 문제를 사전에 차단할 수 있으며, 극단적인 문제의 발생을 사전에 방지할 수 있다.

실행을 개인의 역량과 책임 아래 두기보다 시스템화, 조직화할 필요가 있다. 개인의 (특히 바람직하지 않는) 성격과 기질이 기업경영에 미치는 영향을 최소화하기 위해서는 해결책을 기획한 사람(팀)에게 그 실행을 맡기고 실행시스템을 구축하고 그 조직에 권한과 책임을 부여하는 일이다. 문제해결방안이 제시되었다면 구체적인 실행방안과 추진 주체 그리고 실행 스케줄도 구체적으로 명시하는 일이 즉각 이어져야 한다. 그리고 그것을 혼자보다는 다수로 구성된 팀에 맡기는 것이 더 안전하다. 우리는 최고경영자가 충분히 인지하였을 문제를 제때 처리하지 못해 나중에 문제를 키워 기업이 크게 낭패를 보는 경우를 자주 본다. 2015년 9월 폭스바겐은 디젤차종의 배기가스량을 정확하게 계산하지 못하는 소프트웨어를 장착해 수년간 판매해온 사실이 알려지면서 큰 곤경에 처하였다. 세계의 주요 증시에서 폭스바겐의 주가는 폭락하였고 판매량은 급감하였으며 관련 최고경영자들 여러 명이 사임하였으며 국회 국감장에까지 서야했다. 수 천만대를 리콜하여 소프트웨어를 교체해야 하는 비용은 말할 것도 없고 손실을 본 기존 고객들의 줄 소송도 감내해야 할 것이다. 이 문제는 최고경영자에게 보고되기 이전에 이미 관련 중간관리자들은 인지하고 있었지만 적당히 무시되었고 그러다 문제의 교정 시기를 놓쳐버린 것이다. 2013년에 불거진 남양유업 사태도 비슷한 경우다. 당시 남양유업은 힘이 없는 대리점주에게 감당하기 어려운 무리한 영업목표를 할당하고 목표에 도달하지 않았을 때는 제품을 밀어내는 식으로 관행적 영업을 했었다. 후진형 갑의 횡포를 감당할 수 없어 대리점을 접은 점주들은 깊은 원한을 가슴 속에 품고 있었고 정권이 바뀌고 사회적 분위기가 조성되자 언론에 그 사실을 폭로하여 큰 사회적 파장을 일으켰다. 최고경영자나 중간관리자가 밀어내기식 영업관행이 갖는 갈등의 잠재성과 문제의 심각성을 인지하지 않았을 리가 없다. 매년 매출 목표를 책정할 때 최고경영자가 결제를 하였고 목표액이 기대 이하일 경우에 더 높게 잡도록 닦달을 하였을 것이며 대리점주들로 부터 직간접적으로 고충도 많이 들었을 것이다. 그렇지만 그것이 곪아 터질 때까지 방치한 것은 적절한 시기에 해결책을 수립하고 그것을 실행하지 않았기 때문이다. 해결방안이 기업의 목표와 전반적인 전략을 수정해야 하거나 해당 업계의 관행을 바꿔야 할 정도라면 더욱 실행하기가 힘들어진다. 그렇더라도 그것을 제 때에 교정을 하고 방향선회를 했어야 하는 무거운 책임은 여전히 경영자에게 있다. 이와 정반대로 산부인과 의사였던 교보생명의 신창재 회장은 취임 초반에 나쁜 성장의 악순환을 끊겠다며 개혁의 칼을 빼들었다. 당시 업계의 관행을 거스르며 투자성 보험 보다는 중장기 보장성 보험, 과잉판매가 아닌 완전판매에 집중함으로써 건전한 재정을 만들어 지속 경영의 초석을 만들었다.

반도체는 초경쟁(super-competition) 제품 중에 하나이다. 경쟁의 핵심은 '누가 더 미세하게 회로를 만들 수 있는가', 이른바 선폭(線幅) 나노(1나노는 10억분의 1m) 기술 경쟁이다. 반도체 내부 전류가 흐르는 회로의 두께가 줄면 반도체 크기가 줄어 같은 재료를 가지고 더 많은 반도체를 만들 수 있다. 선폭이 10나노 줄어들면 같은 재료를 가지고 만들 수 있는 반도체 숫자가 2배 가까이 늘어난다. 선폭이 좁으면 반도체의 크기가 작아지고, 전력 소비도 줄어들고, 데이터 처리 속도도 더 빨라진다. 이제 이 회로의 두께를 줄이는 나노 공정 기술이 한계에 도달하였다. 지금보다 더 줄이게 되면 전자들이 서로 충돌하는 간섭현상이 발생하여 불량 반도체 양이 늘어나기 때문이다. 이 문제는 완전히 새로운 차원의 회로설계기술이 필요해 졌다는 것을 의미한다. 삼성전자는 이 문제를 극복하기 위해 회로를 수평으로만 확장하지 않고 위로 적재하는 회로설계방식을 새롭게 개발하였다. 작은 전자기기에 넣을 초소형 반도체의 수요 증가가 예상되는 상황에서 이러한 기술적 해결책을 선도적으로 만들어가는 것은 지속경영의 핵심이며, 이는 바로 기업의 실행력이라 할 수 있다.[69] 타이밍을 포함한 효과적 실행능력은 기업과 경영자의 핵심역량 중에 하나라는 것은 부인할 수 없다.

경영관련 학과(전공)에는 굳이 이런 실행력을 배울 필요가 없는 모범적인 학생

---

69) "D램·플래시 메모리 지고 P·M·R램 '차세대 3총사' 뜬다"
http://biz.chosun.com/site/data/html_dir/2013/05/02/2013050201980.html

들이 많지만 여전히 인생을 주도적으로 살지 못하는 다수의 학생들이 있음에 주목할 필요가 있다. 출석을 게을리 하거나 수업시간에 자주 지각하거나 보고서를 마감일에 맞추지 못하는 학생들, 이미 공지를 하였거나 수업시간에 얘기한 내용을 인지하지 못하고 교수에게 다시 묻거나 적절한 대처를 못하는 학생은 실행력에 문제가 있을 수 있는 학생들이다. 매번 출석을 확인하고 출석의 정도에 따라 점수를 차등화하고 공지된 마감일에 보고서를 제출하지 않으면 받지 않거나 감점을 하는 등 최소한의 통제적 요소가 강의계획에 포함되어야 한다. 창의적 문제해결방법을 찾는 것도 중요하지만 그것을 실행하는 타이밍과 효과적인 실행능력의 중요성도 함께 교육될 필요가 있다.

팀웍(협업능력)

기업의 구성원으로 협업능력은 필수적이다. 창의성은 개인의 우수한 능력의 산물인 경우도 있지만 조직과 시스템 속에서 소통, 융합, 통섭을 통해 나올 확률도 매우 높다. 집단지성(collective intelligence)은 우수한 한 개인에게 의존하기보다 전체 시스템 속에서 다수가 의견을 내고 그것을 토론하면서 아이디어와 생각을 점차 다듬어가다 최종적인 솔루션을 찾는 것이다. 그 과정 중에 파편처럼 튀어나오는 가치 있는 부산물들도 많이 있다. 이를 위해서는 공동의 목표를 향한 팀웍 정신이 매우 중요하다.

경영교육 수업에서는 그룹과제(프로젝트)를 통해서 학생들이 팀웍의 중요성을 이해하고 체험할 수 있다. 그렇지만 문제가 없는 것은 아니다. 그룹이 크면 클수록 무임승차를 하려는 구성원들이 꼭 있기 마련이며, 이는 열심히 하려는 학생들의 열정에 찬물을 끼얹는다. 이러한 폐단을 조금이나마 줄이기 위해서는 다소 귀찮더라도 팀원들끼리 기여도를 평가(peer review)하는 것 외에는 달리 방법이 없다. 이 외에도 3개월 남짓한 짧은 시간에 교수가 짜준 팀이 원활한 팀웍을 이루기가 쉽지 않다. 그룹과정(group process)에는 자신에게 맞지 않은 상대방의 행동이나 결정을 수용하거나 게으른 구성원으로 인해 시간적 손실도 감내해야 하므로 일부 성실한 학생들은 그룹과제 자체를 싫어하기도 한다. 그렇지만 기업에서 대부분의 일이 팀으로 이뤄지기 때문에 신입사원 인터뷰에서조차 협업능력은 중요한 평가기준이기도 하다.

그룹과제는 반드시 토론을 필요로 하는 주제여야 하므로 여기저기 자료를 모아 기계적으로 편집할 수 있는 주제는 과제로써 적절하지 않다. 경영학에서 창의적인 아이디어를 가지고 토론을 할 수 있는 분야와 주제는 상당히 제한되어 있다. 계량적 모델을 이용하여 자료를 분석함으로써 최적화된 해결책을 쉽게 찾을 수 있는 주제보다는 경영전략, 마케팅, 인사조직 같은 분야에서 토론이 가능한 주제가 더 풍부하다. 기업의 환경에 대한 인식, 비전과 목표의 설정 등은 개인의 신념과 가치관에 따라 다양한 해석과 대안이 가능하므로 토론을 유발할 수 있으며, 이것을 성취하기 위한 전략, 인재상, 행동계획도 토론의 여지가 많을 것이다.

전문 지식(합리성 도구)

경영학 관련 학과(전공)들은 전문(전공)지식을 전통적으로 마케팅, 인사조직, 재무관리, 생산운영관리, 경영과학(계량경영), 전략경영, 회계, 경영정보, 국제경영 등으로 나눠 가르치고 있다. 대학에서 경영학 관련 교수를 채용할 때도 이 전공분야를 그대로 적용하되 좀 더 세분화된 분야나 주제를 지정하여 채용하기도 한다. 여기서 이 전공들의 내용과 이론을 일일이 소개할 필요는 없을 것 같다. 대부분 경영대학과 학과(전공)들은 이 전공분야별 적어도 한두 과목정도를 필수로 지정하여 학생이 듣도록 하고 있으며, 분야별로 좀 더 깊이 들어가는 심화전공과목들을 개설하고 있다. 예를 들어 전공 45학점(학교에 따라 졸업학점(130학점의 경우)의 반에 가까운 60학점까지 듣도록 요구하는 학교도 있다.)을 요구하는 대학이라면 총 15과목(과목당 3학점 기준)을 들어야 하고 이 중에 전공별로 한 과목씩을 수강하면 이미 8과목을 이수한 셈이고 나머지 7과목은 심화전공과목들로 이수하고 학생들은 졸업할 수 있다. 45학점이 충분하냐는 질문에는 정책적, 교육철학적 판단이 요구되는 질문이며 이에 대해서는 주관적 답이 있을 뿐이다. 경영학 관련 학과(전공) 교수들의 입장에서는 이수 전공학점이 많으면 많을수록 좋겠지만 학생들이 균형 잡힌 미래의 경영자가 되는데 필요한 도구과목(컴퓨터, 외국어 등), 교양과목, 타 전공을 들을 여지를 남겨두는 것은 분명 필요하다. 대학마다 요구하는 전공학점이 천차만별인 것은 필수전공학점, 최소전공학점 등이 사회가 꼭 필요로 하는 인재의 자격을 갖추는데 요구되는 절대적인 기준이 아니라는 것을 의미하며 이는 경영학 전공도 마찬가지이다. 외국의 경우, 전공을 지정하지 않고 자율적으로 다양한 과목들을 이수하고 졸업할 수 있도록 하는 대학들도 많다. 전 휴렛패커드(HP) 회장 칼리 피오리나도 스탠포드대학에서 중세철학을 전공하였지만 화학, 생물학, 물리학, 경제학, 인류학, 음악 등 다양한 과목을 들었다.

우리 대학의 경영관련 학과(전공) 커리큘럼과 교육방법은 미국 대학의 것들과 많이 유사하다. 이는 1950~60년대 대학들이 처음 경영학과를 설립할 때 미국 대학의 교육과정을 많이 참조하였기 때문이며, 이후에도 강단에서 경영학을 강의하는 교수들의 다수가 미국에서 경영학 박사학위를 받았기 때문이다. 미국의 경영대학들은 일반적으로 마케팅, 재무관리, 회계, 경영정보, 매니지먼트(인사조직, 전략, 생산운영, 경영과학 등), 때로 경제학 등을 독립된 과(department)로 묶어 운영하고 있다. 그것과는 달리 우리나라에서는 경영학과 지붕아래 위의 대부분 전공을 묶어 한 지붕 아래에서 운영하는 경영(경상, 상경)대학, 경영학과들이 많다. 때로 학생들의 취업이나 직무와 관련하여 전문화된 인재를 기른다는 목적으로 독립적으로 운영되는 전공(과)들은 회계학(회계분야), 경영정보학(IT분야, e-비즈니스분야), 관광경영학(호텔 및 관광분야), 세무학(세무분야) 등이 있다. 근래 들어 금융기관으로의 진출을 돕기 위해 재무 및 금융과목들을 집중적으로 가르치는 학과가 만들어지기도 하였다. 그렇지만 특별한 진로를 위해 만들어진 이런 과의 학생들이 그 학과가 의도한 분야로 모두 진출을 하는 것은 아니므로 이런 과들의 당초 목표가 100% 달성되는 것은 아니다. 예를 들어 경영정보학이나 관광경영학을 전공하였다하더라도 사무직, 금융기관, 공무원, 경찰 등 전공과 무관한 분야로 많이 진출한다. 이렇게 하더라도 큰 문제가 없는 것은 많은 학생들이 경영학과 과목들을 다수 이수하면서 경영학을 부전공 또는 복수전공을 할 수 있기 때문이다.

경영학은 기업(사용자)이 필요로 하는 인재의 요건에 부합하기 위해 교육의 질을 평가하고 향상시키기 위한 노력을 자발적으로 하는 몇 안 되는 학문 중에 하나이다. 국내에서는 한국경영교육인증원이 국내대학들의 경영관련 대학과 학과의 교육체계와 내용을 평가한 후 인증하고 있으며, 국외에서는 미국이 주도하는 AACSB International[70]과 유럽경영대학협의회(EFMD)의 경영학교육인증인 EQUIS[71]가 이 일을 하고 있다. 이 기관들은 경영교육의 목표가 지역 기업들의 필요에 맞게 설정되어 있는지, 이 목적을 달성하는데 교과과정과 비교과과정이 적절하게 설계되고 운영되는지 그리고 충분한 양질의 자원(교수, 장학금, 시설 등)을 확보하고 있는지를 평가한 후 학부 및 대학원 프로그램의 품질을 인증한다. 그렇지만 이 책의 목적인 성공적인 경영자의 자질들을 경영관련 대학이나 학과가 길러주고 있는 지를 평가하지는 않는다. 비전과 교육목표(예: 문제해결능력, 외국어능력, 윤리성, 협업능력 등)가 적절하며 교과·비교과과정이 이 목표의 달성에 부합하는지를 평가하지만, 앞서 「성공적인 경영자의 특성(자질)에 대한 경영대학 학장(부학장)들의 의견조사」(121쪽)에서도 알 수 있듯이 대부분 경영관련 대학과 학과의 교육목표는 성공적인 경영자에게 요구되는 자질을 충분히 반영하고 있지 않다. 그래서 이 문제가 해결되기 전까지는 경영교육인증을 받는다 하더라도 그 대학의 경영교육이 성공적인 경영자의 자질을 기른다고 확신하기는 어렵다.

흡수역량 계발

단기적 관심을 떠나 경영관련 학과(전공)들이 그들의 졸업생들이 취업한 조직에서 성공적인 경영자나 리더로 발전해 가는데 필요한 유전사를 심는 교육에는 관심이 없는 것이 현실이다. 잘 훈련된 교수들과 부족하지 않은 강의교재를 통해 학생들은 이론과 지식 그리고 기법들을 익히는 데는 큰 문제가 없다지만 그것들을 현장 문제에 창의적으로 응용하고 주도적인 리더십을 발휘하며 이성과 감성을 균형적으로 갖춘 인재를 길러내고 있는지에 대한 질문에는 여전히 의문부호가 놓여있다. 졸업 후 학생들이 입사하여 처음 맡게 되는 직무는 대체적으로

70) The Association to Advance Collegiate Schools of Business의 약자이며 전 세계적으로 대학의 경영학교육의 질을 향상시키기 위해 설립된 기관이다.

71) EFDM Quality Improvement System의 약자

일반적인 것들이어서 고차원의 전문지식과 다양한 경험이 요구되지 않지만[72] 이들이 중간관리자-최고경영층으로 옮겨가면 갈수록 전문지식, 안목, 직관력, 통합능력, 소통능력, 도덕성, 리더십을 더욱 필요로 한다. 현재의 커리큘럼으로 젊은이들이 졸업과 동시에 이 모든 역량을 갖출 수는 없으며 또 그럴 필요도 굳이 없기 때문에 남은 대안은 그들이 조직이라는 경쟁적 정글에서 스스로 학습하고 생존하는 근육과 같은 흡수역량을 기르도록 하는 일이다. 스스로를 끊임없이 성찰하며 부족한 부분(성격, 업무능력, 대인관계, 리더십 등)을 개선하고 조직에서 자신의 존재가치를 지속적으로 높여가는 근성과 습관적 노력이 필요하다. 결국 이 흡수역량은 선천적으로 획득될 수 있는 일부를 제하고 후천적으로 길러줘야 하는 것들인데 대학의 정규교육과정이 이것들을 길러줄 것이란 정황은 뚜렷하지 않다.

현실적으로 성공한 경영자란 조직의 최정상까지 올라간 사람들을 일컫는다. 직위는 그 직위에 오르기까지 그 사람이 성취한 업적과 거의 정비례하며, 많은 성취를 일궈낸 것은 그 사람이 성공적인 경영자의 자질을 갖췄기 때문이기도 하다. 모두가 선망하는 대기업의 최고경영층에 이른 사람들의 출신학교를 보면 명문대 출신들이 다수를 차지하고 있다는 것을 알 수 있다. 언론들은 이들에 대한 구체적인 통계를 내 은근히 대학의 서열을 매기기도 한다.[73] 혹자는 이를 보고 이들이 가지고 있을 능력은 보지 않고 좋은 학맥과 인맥으로 줄을 잘 섰기에 승진했을 것이란 편견을 가진다. 그런 측면이 전혀 없는 것은 아니지만 명문대학을 나왔다는 것은 두뇌가 명석하여 기초적인 문제해결능력이 평균이상이란 것을 의미이며 근면하고 인내심이 강하기 때문에 조직에서 두각을 나타내고 윗사람으로부터 신임을 받을 확률이 높은 것은 자명한 일이다. 그래서 이런 그룹에 속하는 사람들은 기업에 들어가기 전부터 성공한 경영자의 잠재력을 이미 보유하고 있었고, 조직 속에서 그 잠재력을 유감없이 발휘했던 케이스들이다. 그렇다면 경영교육이 추구해야 하는 또 다른 지향점은 지금은 거의 없거나 빈약한 학생들의 숨은 잠재력에 시한폭탄을 장치하여 언젠가는 그것이 폭발하면서 성공적인 경영자로 거듭나게 만드는 일일 것이다. 이것이 어떻게 가능할까? 교과 또는 비교과과

72) 회계, 세무, 재무 분석, 시스템관리 등은 해당 분야의 전문지식을 어느 정도 갖추어야 한다.

73) 2장에서 언급되었음. "2015 전국 경영대 랭킹", 한경Business, No. 1043(2015.12.2.), pp. 26-27.

정에서 학생들에게 도전하고 그것을 해 내도록 등을 떠미는 일에 달렸다고 본다. 도전을 극복하고 성취의 쾌감을 맛본 학생은 그 쾌감을 결코 잊지 못한다. 그는 새로운 도전에 과감하게 맞설 것이며 기업이 필요로 하는 인재로 변해갈 것이다.

그러나 교수들은 이러한 요구와 도전에 과감히 맞서기를 두려워한다. 왜 그럴까? 그러한 도전을 하기 위해서 교수들은 전통적인 교육내용과 방법에 더 많은 혁신과 변화를 시도해야 하기 때문이다. 그러기 위해 강의준비에 더 많은 시간을 투자하고 교육방법을 더 치열하게 고민을 해야 하는 부담이 늘지만 그런 노력에 대해 돌아오는 대가(비단 금전적인 것만 의미하진 않는다)는 충분치 않고 불확실하다. 때로 교수들은 어떠한 혁신과 변화가 필요한지를 잘 모르며 그것이 가져올 부정적 피드백을 막연히 두려워하기도 한다. 강의평가를 포함한 교수들의 정량적 업적평가가 교수들의 창의적 노력을 옥죈다는 주장도 있지만 교수들도 평가의 대상에서 예외가 될 수는 없다. 아무튼 질 높은 경영교육을 위한 창의적 도전들이 제대로 평가받지 못하는 위험이 있긴 하지만 상당수의 양식 있는 학생들은 이 취지를 이해하고 강의평가에도 긍정적으로 반영할 가능성은 높다. 무엇보다 현재 또는 미래에 학생들의 흡수역량을 일깨워 성공적인 기업가, 경영자로 성장하는데 꼭 필요한 통섭적 교육방법에 관한 것이라면 더 이상 지체할 수 없을 것이다.

도덕성(감성적 도구)

졸업한 제자를 초청하여 취업특강을 한 적이 있다. 그는 취업보다는 풍부한 창업 경험을 후배 학생들에게 전하였는데 그의 창업 및 사업동기가 충격적이었다. 그는 '고급 외제차 한 번 몰아보기 위해' 무조건 돈만 벌면 된다는 천박한 상업주의적 언행을 보였으며, 돈을 벌기 위해서는 약간의 탈법과 불법도 할 수 있다는 식의 발언까지 하여 내게 충격을 주었다.

창업자와 경영자의 도덕성은 기업의 사회적 책임과 직결되므로 아무리 강조해도 지나치지 않다. 도덕성이 결여된 경영자가 성공하기 어렵고, 성공한 경영자가 비도덕적인 경우도 많지 않다. 경영자가 국가, 사회 그리고 공동체를 향해 갖는 도덕성은 기업이 사회적 책임을 다하는데 중요한 기초가 된다. 한 순간의 탈법과 비도덕적 행위로 기업의 이미지는 실추되므로 경영자의 준법성과 도덕성은 기업의 지속 경영에 매우 중요한 요인임에 틀림없다. 도덕은 사회에서, 일반적으로 인정되어 있는, 그 성원(成員)의 사회에 대한 행위, 혹은 성원 서로에 대한 행위를 규제하는 규범의 총체이다. 그래서 도덕성은 내가 먼저가 되지 않고 다른 조직과 그 구성원들의 형편과 입장을 우선시해야 하므로 이타주의, 기독교의 황금률[74], 유교의 측은지심[75]과도 연결된다. 그래서 도덕의 실천에는 감정이입을 가능하게 하는 감성이 필요하다. 판단과 선택을 할 때 타인과 공동체의 필요를 이해하고 그들의 입장을 먼저 고려하면서 내가 또는 우리 기업이 선택할 수 있는 해결방안을 설계할 때 도덕적 선택이 실현되는 것이다. 그래서 도덕성은 오늘날 이윤극대화를 향해 돌진하는 기업이라는 거대한 기관차의 유일한 브레이크 장치이다.

기업가와 경영자의 도덕성 마비가 사회와 구성원 전체에 얼마나 큰 해악을 끼치는 지를 적나라하게 보여준 사건이 세월호 침몰참사였다. 2014년 4월 16일 제주도로 향하던 세월호는 진도 인근에서 배가 기울면서 침몰하여 295명이 사망하였고 9명이 여전히 실종된 상태로 있다. 특히 사망자 중에는 수학여행을 가던 고등학생들이 많아 국민의 마음을 더욱 아프게 했다. 배는 불법개조 되었고, 안전수칙은 지켜지지 않았으며, 사고가 났는데도 선장과 선원은 적절한 조치를 취하지 않아 인명피해를 부추겼으며, 해경의 위기대응 능력도 도마에 올랐다. 한마디로 기업, 정부, 공공기관의 불법과 탈법 그리고 총체적 도덕성 마비, 판단력과 실행력의 미흡이 불러온 대참사였으며, 사회적 지도자들의 도덕성과 직업윤리에 큰 경종을 울린 사건이었다.

이 사건이 있은 후 연세대 교수 131명의 시국선언(5월 14일)에서는 "... 이번 참사의 근본 원인은 물질적 탐욕에 젖은 나머지 생명의 가치를 내팽개친 황금만능주의, 편법과 탈법의 관행을 암묵적으로 받아들여 온 결과중심주의에 있음을 고백하지 않을 수 없습니다. 산업화와 민주화를 모범적으로 이루어 왔다고 자부해 왔음에도 불구하고 세월호 참사는 우리 사회가 얼마나 삶과 생명에 대한 철

74) 무엇이든지 남에게 대접을 받고자 하는 대로 남을 대접하라는 가르침이다. 이 행위 규범은 기독교가 이웃에게 해야 할 도리를 요약한 윤리 원칙을 말한다.

75) 사람에게 측은지심은 인(仁)의 마음의 단서가 된다. 즉 남의 어려움, 위험, 고통, 불행 등을 보면 불쌍히 여기는 마음을 말한다.

학 및 성찰이 빈곤한 반인간적 사회인지를 여실히 증거하고 있습니다."라고 썼다. 한편 경희대 후마니타스칼리지 교수 184명은 5월 15일 선언에서 "교육은 사회적 불의에 적극 개입하고 해결책을 모색해야 합니다. 교육에서 경제논리, 기업논리, 힘의 논리를 최대한 배제해야 합니다. 경쟁 위주의 교육정책을 근본적으로 바로잡아 교육을 정상화해야 합니다."라고 하였다. 5월 13일에 있은 해외교수·학자 1천174명의 성명에는 세월호 참사를 "국민 모두의 공익과 안전을 도외시하고 오로지 기업의 이윤 극대화만을 추구하는 무분별한 규제완화와 민영화가 얼마나 위험한 것인지를 적나라하게 보여준" 사건으로 규정하였다. 한편 성균관대 문과대학 휴머니스트 교수회의에서는 이러한 만성적 문제를 극복하기 위해서 "맹목적 자기 이익만을 추구하는 이기적 전문인에 불과했던 자신을 반성하며 인간애를 실천하는 인문적 운동에 적극 참여한다."고 하였다.

교육계는 세월호 참사에 대해 이윤추구를 위해서는 생명까지도 경시하는 잘못된 가치관을 바로잡지 못한 점을 반성하였고 인간성과 인간애 회복에 필요한 교육의 필요성을 환기시켰다. 경쟁적 환경과 시장경제에서 기업과 구성원들은 탐욕에 브레이크를 걸지 못하고, 이윤 극대화를 위해 부정과 부패 그리고 적당주의가 일상화되었으며, 그 과정에서 사람들은 인간과 생명에 대한 존중심을 잃은 기형적 괴물로 변했던 것이다. 이번 참사의 원인을 보면 인문의 한 영역인 종교와 종교조직의 속성이 기업경영의 핵심가치를 왜곡함으로써 발생할 수 있는 부정적 결과를 고스란히 보여주었다. 기업은 현시대의 정치·경제·사회적 환경 속에서 지속경영에 필요한 적정이윤과 혁신을 추구하고 적정임금을 지불하는 양질의 일자리를 창출하는데 가장 큰 미션이 있다. 그렇지만 세월호를 운영했던 청해진해운의 지배구조와 경영방식은 이와 거리가 멀었다. 청해진해운의 대주주는 '아이원아이홀딩스'와 '천해지'이며 유병언의 아들들인 유대균과 유혁기가 이 회사의 지분을 가지고 있었다. 이 외에도 유 전 회장의 형, 부인, 자녀들, 권신찬 목사(유병언 회장의 장인)의 장·차남, 며느리들이 청해진해운을 포함한 계열사의 요직을 차지하고 회사경영에 영향력을 행사하였다. 당연히 유병언이 이끈 기독교복음침례회(구원파)[76]의 교인들 그리고 그 교인들과 연이 있는 사람들이 회사의 경영에 직

---

76) 기독교복음침례회(구원파)는 기독교 정통교단으로부터 이단으로 규정된 조직이다.

간접적으로 참여하였다. 종교적 신념을 공유하는 사람들은 특별한 동질의식과 내적 포용력이 높아 판단과 결정이 일반적인 사회적 기준과 통념에 맞지 않더라도 적당히 넘어가고, 직무에 걸맞지 않는 평균이하의 임금에도 신앙적 인내심으로 이를 묵묵히 감내하는 경향이 있다. 이렇게 자리 잡은 부적절한 관행과 느슨한 조직문화는 사람의 생명과 직접적으로 관계가 없는 기부와 자선사업에는 큰 문제가 없겠지만 사람의 생명, 건강 그리고 안전과 직결된 사업을 할 때는 때로 치명적일 수가 있다. 세월호의 선장과 갑판원들은 낮은 임금과 처우로 책임감과 직업의식은 바닥이었고, 안전한 항해에 필요한 조치들은 적당히 무시된 체 선박은 운영되었다. 그래서 무책임한 이타주의, 적당주의 그리고 종교적 감성이 합리적 경영에 의해 제어되지 못하면 큰 병폐를 낳을 수 있다. 감성, 상상력, 창의력은 새로운 사업을 구상하거나 창의적인 문제해결방안을 도출할 때 매우 필요한 능력이지만 도덕적 가이드라인을 벗어나거나 합리적 경영프로세스에 의해 제어되지 않을 때 바람직하지 않은 결과를 낳을 수 있다.

참사 직후 주로 교육기관의 구성원들이 반성문을 가장 많이 제출하였다. 그 이유는 참사에 직·간접적으로 원인제공을 했던 사람들 모두가 한 때나마 교육은 받았던 피교육자라는 생각 때문이었다. 윤리교육, 흔히 인성교육의 일부라 할 수 있는 이것은 몇 시간의 강의로 습득하기 힘든 형질이어서 정규 교육에서 가장 취약한 주제이다. 준법과 도덕성은 아는 것보다 실행하는 것이 더 중요한 덕목이다. 그러다보니 근래 들어 인성교육의 필요성이 새삼 대두되었고 결국에는 '인성교육진흥법'을 제정하기까지 이르렀다. 인성교육법의 취지는, 예를 들어, 국어 교과서 지문을 구성할 때 협동·협력과 관련된 내용을 추가하는 등 공교육 전반에 걸쳐 인성과 관련된 요소를 강화하자는 것이었다. 하지만 사설학원들에 의해 대학입시에도 인성에 대한 평가가 강화될 수 있다는 소문이 퍼지면서 가르치기 힘든 인성의 사교육(리더십, 스피치 등)시장마저 생겨나는 부작용까지 생겨났다.

경영 관련 대학과 학과들은 어떨까? 이들 정규 경영교육기관들은 어디까지나 기업의 여러 기능들의 조율과 화합 그리고 전략과 전술의 효율적이고 효과적인 집행에 필요한 이론과 기법을 전수하는데 많은 시간을 할애할 뿐, 윤리교육은 기업의 사회적 책임, 기업윤리, 경영윤리를 다루는 1-2개의 선택과목을 개설하는 것으로 그 의무를 다했다고 생각한다. 더구나 대부분 경영대학(경영학과)들은 정규 커리큘럼에서 '인간성의 회복', '생명 존중', '공동체'와 같은 인문적 주제를 제대로 다루기에는 역부족이다. 교수들의 성향에 따라 수업시간에 이런 주제를 언급할 수는 있겠으나 그 분량은 미미할 것이며 때로 교수자의 편향된 시각을 주입하는 위험성도 있어 조심스럽다. 결국 윤리교육은 정상적인 양육과정을 거친 사람이면 보편적으로 가지게 되는 양심과 시민의식 그리고 이타심을 전제로 인문학을 통해 사람의 정체성을 일깨우고 발현시키는 방법 외에는 효과적인 대안이 없다. 인문학은 인간과 삶에 대한 앎과 실천 전반을 다루는 종합학문이다. 인문학은 존재란 무엇인가, 나란 누구인가, '너와 나 우리'는 누구이고 어떤 관계인가, 개인은 어떻게 성립하는가, 공동체는 어떻게 개인과 양립할 수 있는가, 무엇이 행복인가, 어떻게 사는 것이 의미 있는가 등 인간에 대한 이해와 삶의 방식에 대한 기준과 척도를 가르치기 때문이다(안재원, 2014). 그래서 경영 관련 대학과 학과는 대학이 개설하는 선택적 교양과목들을 듣게 함으로써 학생들이 이러한 덕목을 스스로 습득하도록 할 수 밖에 없다. 도덕성 함양을 돕는 일부 과목들을 필수로 지정하면 좋겠지만 현실적으로 불가능할 것이다.

도덕과 윤리교육이 어렵고 그 효과성을 측정하기가 힘들다고 하지만 이화언 전 대구은행장의 사례를 보면 포기할 수 없다는 생각이 든다. 그는 가톨릭재단이 설립한 김천 성의상업고등학교를 다녔다. 그는 이 학교에서 실부수업이 많아 대입에 중요한 과목인 국·영·수를 공부하는데 어려움이 많았지만 그 어디에서도 얻을 수 없는 '양심'에 대해 배웠고 정직한 삶에 대한 가르침을 많이 얻었다고 술회하였다. 가톨릭의 건학이념에 따른 성의학교의 교훈이 바로 '양심'이었는데, 이는 예(절)와 함께 이행장의 평생을 두고 삶의 나침반이 되어준 말이다. 그의 이러한 교육적 배경은 훗날 대구은행장이 된 후에도 깨끗하고 건전한 기업문화를 정착하는데 밑거름이 되었다. 깨끗하고 건전한 기업만이 오래도록 존경받는 위대한 기업이 될 수 있다는 신념을 가졌으며 금품수수 및 향응 접대를 받지 말고 은행의 규정을 잘 따르도록 하는 윤리경영을 실천하기도 하였다(이화언, 2009).

도구지식(이성적 도구)

도구(tool kit)는 경영자가 판단하고 결정할 때 도움을 주는 것으로써 다양한 형태로 기업에 존재한다. 경영자가 자신의 경험과 신념 그리고 통찰력으로만 문제를 해결하려 한다면 이런 도구가 필요 없지만, 과학적이며 객관적으로 문제에 접근하려 할 때는 크게 도움이 된다. 인간의 뇌는 대량의 데이터를 처리하고 많은 대안들을 한꺼번에 생각하기에는 한계가 있다. 그래서 도구를 사용하는 인간, 호모파베르는 복잡한 경영문제를 효율적으로 해결하기 위해 도구를 개발하여 이용해 왔으며, 그 중에 가장 많이 활용되고 있는 것은 컴퓨터와 소프트웨어라 할 수 있다. 수리적 모델을 구현한 소프트웨어를 통해 정제된 대량의 데이터를 분석하면 날 것 그대로는 알 수 없었던 변수(데이터)들끼리의 관계를 들여다 볼 수 있고 문제해결을 위한 최적의 실마리를 쉽게 찾을 수 있다.

수학과 통계학에 근거한 과학적 판단과 개인의 경험과 통찰력에 근거한 결정은 의사결정방식에 있어 양 극단을 이룬다. 이 두 가지 모두가 혼재하는 분야로는 단연 스포츠, 특히 야구계를 들 수 있다. 2011년에 개봉했던 영화 '머니볼(Moneyball)'은 골리앗을 이기는 다윗의 지혜를 다룬 미국 야구팀에 관한 이야기이다. 미국 메이저리그 프로야구단 감독으로 나오는 주인공(브래드 피트 역)은 이사회에서 가난한 팀이 살아남기 위해서는 선수를 선발하는 새로운 방법을 찾아야 한다며 거금을 들여 비싼 선수를 사 올 수 없다면 남들이 알아주지 않는 '흙 속의 진주'를 싼값에 영입해 최대한 활용하자고 제안한다. 이 영화는 스포츠 세계의 불공정한 게임에서 약자가 강자를 이길 수 있는 혁신과 역발상을 주제로 한 작품이다. 이 영화는 실존 인물 빌리 빈(52·Beane) 단장을 배경으로 하고 있다. 그는 1998년 이후 16년째 오클랜드 애슬레틱스(Athletics) 구단을 지휘하면서 적은 예산으로 높은 성과를 이뤄내 야구계의 주목을 받았다. 오클랜드는 선수 연봉 총액은 8340만달러로 메이저리그 30개 구단 중 25위에 지나지 않지만 메이저리그 승률은 전체 1위를 기록 중이다(2014년 6월 27일 기준).

빈 단장은 기존 선수 선발 방식에 세 가지 문제가 있다는 것을 알았다. 첫째, 선수 출신 스카우트들은 자신의 특수한 경험을 지나치게 일반화하는 경향이 있으며, 둘째, 선수의 최근 성적을 과도하게 신뢰하는데 그 성적이 미래의 성과로 바로 연결되는 건 아니라는 걸 잘 모르며, 셋째, 자기가 눈으로 본 것에 의존하지만 그 사실에 편견이 작용한다는 것이다. 그는 단장 취임 후 하버드대 경제학과를 졸업한 폴 데스포스타를 보좌역으로 데려와 선수 선발 방식을 전면 개혁하였다. 그는 주식투자기법 같은 선수 선발 방식을 선호하였다. 즉 컴퓨터를 이용하여 선수들의 데이터를 새롭게 분석해 숨은 보석을 발굴하는 일에 집중하였다. 당시 어느 구단이든 타자를 고르는 우선 기준은 타율이었지만 빈 단장은 출루율이란 측정 도구를 적극적으로 활용하였다. 출루율만 볼 때 안타나 볼넷이나 1루에 나가긴 마찬가지만 안타를 많이 치는 선수가 시장에서는 더 비싸다. 그래서 오클랜드는 볼넷을 많이 고를 줄 아는, 그렇지만 상대적으로 몸값이 싼 선수를 스카우트하였다. 최근 오크랜드는 타자의 가치를 평가할 때 '뜬 공(fly ball) 지수'를 추가하였다. 공이 뜬다는 것은 장타가 나올 확률이 높고, 상대적으로 단타에 비해 더 많은 점수를 뽑을 수 있다는 논리에 근거한 것이었다. 구단 고참 스카우트들의 반발에도 불구하고 그는 확신을 갖고 새로운 성과측정 기준을 지속적으로 고수했으며, 그 결과 오클랜드는 2000~2003년 4년 연속 플레이오프에 올랐고, 2002년에는 메이저리그 최다승(103승)을 거뒀다. 그러나 다른 구단이 비슷한 기법을 모방하기 시작하면서 오클랜드의 실적은 한동안 주춤하였다. 2006년부터 2011년까지 플레이오프 무대를 밟지 못하다가 다시 2012년과 2013년 지역 우승을 하면서 부활했다(이위재, 이태일, 2014).

타당한 성과(performance)지표를 정하고 이를 정확하게 측정하고 공유하는 일은 비단 스포츠 구단만이 아니라 기업에서도 더 없이 중요한 일이다. 측정할 수 없는 것은 관리할 수 없기 때문이다. 이명우 동원산업 사장은「적의 칼로 싸워라」라는 저서에서 좋은 성과측정지표와 활용법으로 세 가지를 제시했다. i) 성과지표와 기업이 목표로 삼는 경영성과 사이에 인과관계가 있어야 하고 ii) 쉽게 이해하고 측정할 수 있어야 하며 iii) 여러 지표를 통합해서 보고 활용하는 균형 감각이 필요하다고 하였다. 이 성과지표를 계산하기 위해서 기업은 정보시스템에 많은 투자를 한다. 데이터가 생성되는 곳에서 수집하고 향후 분석이 필요할 때 쓸 수 있는 형태로 DB화하여야 한다. 데이터의 가공과 분석에 필요한 다양한 명령어와 수학적 모델을 탑재한 소프트웨어에 대한 지식은 이렇게 축적된 데이터를 활용하는데 더 없이 필요한 도구지식이다. 기업들은 직원들이 간단한 몇 개의 명령어나 메뉴선택으로 문제해결에 필요한 정보를 얻도록 돕고 교육하는데 매년 수천억을 쓰고 있다.

주로 개인용 컴퓨터(PC)에 탑재하여 사용하는 사무자동화(OA) 소프트웨어도 데이터를 가공하고 문제해결에 필요한 정보를 만드는데 유용한 도구들이다. 문서생성을 위한 워드프로세서(한글, MS Word), 데이터 가공과 분석을 위한 스프레드시트(MS Excel), 데이터관리를 위한 DB도구(MS Access) 등이 있는데, 대부분 경영관련 대학과 학과는 이러한 도구를 가르치는 과목 1~2개를 개설하여 듣도록 한다. 그렇지만 기업현장에서 정작 필요로 하는 고차원적 메뉴나 기능을 활용하는 데는 아직 많이 미흡하다. 요즘 이러한 도구의 사용능력은 사무직에는 당연히 필요한 것으로 여겨져 공인자격증을 취득한 것으로 대신하는 경우도 많다.

도구지식에는 도구를 활용하고 그 도구가 생성하는 결과를 이해할 수 있는 지식이 함께 따라야 한다. 엑셀(Excel)을 이용하여 회귀분석을 해야 한다면 독립변수, 종속변수, 모수(parameter)로 구성된 회귀식과 그것의 신뢰도에 대한 기본적인 이해가 필요하며, 통계를 이해하려면 모집단과 샘플크기, 신뢰지수, 평균과 표준편차 등에 대한 이해가 필요하다. 따라서 단순히 도구를 활용하는 방법을 가르치는 것 이상의 통계와 자료분석에 대한 교육이 꼭 필요하다. 그렇지만 수학이 싫어 문과를 지망했던 다수의 경영학 전공 학생들은 이러한 교육에 흥미가 낮으며, 골치 아픈 내용의 교육을 강요하지 않으려는 대학의 이해관계가 맞아떨어져 이 분야의 교육도 매우 소홀한 편이다.

문제를 더 잘 이해하고 정의하기 위해서 인지지도와 스키마타를 사용할 수도 있다. 인지지도는 의사결정에 영향을 미치는 환경적 요소들에 대한 개념과 그들 사이의 인과관계를 그림으로 그려 활용하는 방법이다. 주로 과거의 경험을 바탕으로 만들어지는데, 이 인지지도를 잘 활용하면 경쟁업체의 미래행위를 예견할 수 있고 미래 시나리오를 계획하는데도 활용할 수 있다. 스키마타는 인지지도를 포함하는 보다 포괄적인 비주얼 의사결정지원 도구이다. 주로 사회이론을 구성하는 속성(attribute)의 인식적인 표현과 그 속성들의 관계를 그림으로 표현한다. 이 인지지도와 스키마타를 적절하게 활용하면 인지적 한계를 극복하여 더 나은 판단을 할 수 있으며, 경영 문제를 소통할 때 도움이 되기도 한다.

이 단락을 5개 대학(서울, 부산, 대구, 대전, 광주) 경영(상경 또는 경상)대학에 재학 중인 2, 3, 4학년 326명의 학생들을 대상으로 조사한 결과를 가지고 마무리 지을까 한다. 학생들에게 "자신이 수강한 i) 경영학 관련 전공과목, ii) 경영학 이외 과목(교양, 타전공 등), iii) 비교과과정(특강, 봉사, 현장실습, 공모전 등)에서 창의력, 감성, 상상력, 문제해결능력, 현장지식을 가장 많이 길러줬다고 생각하는 교육방법"에 대해 개방형 질문을 하였다. 자세한 분석결과는 [부록 3]에 요약되어 있다.

학생들은 자신에게 창의력, 감성, 상상력, 문제해결능력, 현장지식을 얻는데 가장 큰 도움을 주었던 교육방법으로 실습과 사례분석을 들었다. 실습은 전공에 따라 마케팅실습, 판매, 프로그래밍, S/W실습, 인터넷쇼핑몰 구축 및 운영, 팀 프로젝트 등 구체적으로 경영문제를 해결하거나 해결을 위해 도구를 사용하였던 경험을 가장 많이 언급하였다. 이는 앞서 서술한 '경영실습'과 '도구지식(이성적 도구)' 교육에 해당된다. 두 번째로 자주 언급된 방법은 간접적인 체험을 제공하는 '사례분석'이었다. 사례분석을 위해서는 좋은 사례문헌이 있어야 하지만 시중에 있는 다수의 교과서에는 짧은 신문기사형 사례가 대부분이 이어서 학생들에게 심도 깊은 간접체험을 제공하기에는 한계가 있다. 외국어 해독에 큰 장애가 없는 학생이라면 외국 명문대학 경영대학들이 발간한 사례들을 비용을 지불하고 이용할 수도 있을 것이다. 사례분석은 '경영실습'을 대체하는 교육방법으로 볼 수 있을 것이다.

교양과목은 수강 그 자체만으로도 학생들에게 긍정적인 교육적 효과가 있는 것으로 나타났다. 그렇지만 다수의 경영학 교수들은 물론 기업체의 인사담당자들은 교양과목이 갖는 이런 효과를 크게 신뢰하지 않는 경향이 있다. 교양과목들은 편하게 수강하며 상식수준의 지식을 얻는 과목 정도로 생각하고 학생들이 창의력과 문제해결능력을 배양하는데 기여할 수 있음을 과소평가하는 경향이 있는데 이는 바로 잡아야 할 문제이다. 이는 다양한 교양과 인문학을 수강하고도 성공한 기업가와 경영자로 성장할 수 있었던 고 애플의 CEO 스티브 잡스, 전 HP 회장 칼리 피오리나를 길러냈던 미국 대학의 교육기관과 기업의 인사담당자들과 여전히 큰 시각차가 있음을 알 수 있다. 비교과과정에서는 현장에서 온 실무사들의 특강과 현장에서 실습을 하는 것에서 가장 많은 것을 배우는 것으로 나타났다.

8.6 통섭적 경영교육을 위한 교육자의 역할

통섭적 경영교육을 위해서 경영교육자는 다양한 역할을 수행할 수 있어야 한다. 2001년 미국의 정책문 68번(Policy Statement No. 68, 2001)에서 경영교육자는 촉진자(facilitator), 설계자(designer), 협력자(helper), 지도자(leader), 정책주장자(policy advocate), 계속학습자(continuous learner)가 되어야 한다고 하였다.

촉진자로서 경영교육자는 학생들이 스스로 학습하고 그 성과를 책임질 수 있는 독립적 학습자와 팀의 구성원이 되도록 이끌어야 한다. 다양한 문화, 기술, 태도, 경험이 가능한 사회에서 i) 학생들이 문제해결 방법과 아이디어를 공유할 수 있도록 팀 프로젝트를 통해 학습할 수 있도록 하고, ii) 과거와 최신 정보를 검색하고 그것들의 질과 적합성을 평가하는 일을 장려하고, iii) 교육목적의 위험부담과 시행착오를 겪도록 환경을 조성하고, iv) 개인과 집단의 성과를 평가하는 적절한 기준을 개발하여 적용하며, v) 스스로 향후 교육계획을 개발하도록 도와야 한다.

설계자로서 경영교육자는 장소와 상관없이 의미 있고 목적에 부합되는 학습경험을 제공하여야 한다. 즉 개인, 조직, 산업 그리고 사회를 위해 최선의 내용과 전달 및 평가방식을 설계해야 하는데, 그 내용으로써 i) 새롭게 통합된 경로와 양식을 제공함으로써 학습기회를 높이며, ii) 표준화된 학습 및 평가전략을 만들고, iii) 디지털 도구를 이용하여 세계 곳곳의 정보와 인적자원에 접근할 수 있도록 하며, iv) 실질적으로 관련성이 있는 학습내용을 설계하고 제공하여야 한다.

협력자로서 경영교육자는 학생, 동료 교사, 부모, 교육행정가, 고용주, 지역주민, 지방자치정부 행정관료, 전문가 등과 같이 협력이 필요한 파트너와의 교량역할을 수행해야 한다. 구체적으로 i) 풍부하고 다양한 학습경험을 제공할 수 있는 파트너를 찾아 그들로부터 받을 수 있는 지원을 찾으며, ii) 협력적 학습환경을 계획하고 실행하며, iii) 적절한 기술을 사용하는 일을 최대화하고, iv) 학제간 활동을 기획하며, v) 잘 조율된 교육과정을 집행하는데 협력해야 한다.

경영교육자는 아래 3가지 중에 최소 1개 이상의 역할을 수행하여야 한다.

첫째, 리더로서 경영교육자는 다양한 학습환경을 인지하고 필요한 능력과 전문성을 갖춤으로써 학생의 개인적 그리고 직업적 목표를 성취하는데 초점을 두어야 한다. 학생이 학업 성취를 높여가도록 계획세우는 일을 돕고 지원하고 격려하며, 좌절과 성공을 공유하고, 건설적인 피드백을 제공함으로써 학생들이 잘못하거나 부족한 것을 교정할 수 있도록 하여야 한다. 둘째, 정책주장자로서 경영교육자는 다양한 분야와 여러 수준에서 정책입안자들과 소통하는 기회를 가져야 한다. 정책을 관철하기 위해 때로 지원세력을 조직하고, 학교 행정에 참여하며, 경영교육과 현장학습계획들을 마케팅하고 정책입안자와 공개적인 대화를 유지할 필요가 있다. 셋째, 계속학습자로서 경영교육자는 급변하는 환경에서 경영교육내용과 지식전달방법을 계속 첨단화하고 전문화하는 계획을 수립하고 실행하여야 한다. 이를 위해 기술적 학습기회, 워크숍, 자격증 또는 인증서 교육, 전문가 조직 등에 참여가 필요하다. 교육정책입안자들은 이를 위해 소요되는 시간, 예산 그리고 자원을 제공하여 이러한 기회를 보장해 주면 더욱 좋을 것이다.

CHAPTER
09

글을 마치며

글을 마치며

CHAPTER 09

글을 마치며

경영과 경영학. 학교에서나 기업현장에서 평생 배워도 끝이 보이지 않을 과업이자 주제이다. 기업가(창업자)와 경영자 그리고 이들을 교육하는 교육자들에게 특히 그렇다. 그래서 성공적인 경영자의 특징과 그러한 사람을 길러내기 위한 효과적인 경영교육 내용과 방법론을 찾고자 많은 노력을 해 왔지만 그 결과물들은 때로 주관적이며, 파편적이며, 연관성과 일관성이 결여되어 있었다. 창조경제시대에 창의성 교육은 시대적 요청이다. 그래서 감성, 상상력, 창의력 개발을 위한 많은 이론과 생각도구들이 시중에 쏟아져 나와 있지만 정작 그것들을 경영교육 현장에 적용하여 미래의 성공적인 경영자를 양육하는데 적극 활용되는 사례는 많지 않다. 그래서 저자는 성공한 경영자를 결정짓는 특징들을 찾아보았고, 미래의 경영자가 되고자 경영(관련)대학과 학과(전공)에 입학한 학생들을 성공적인 경영자로 육성하는데 필요한 경영교육의 체계와 내용 그리고 방법론을 제시하고자 하였다. 이 과정에서 우리의 (경영)교육의 문제와 한계점을 살펴보았고, 선진국의 경영교육철학, 정책, 제도 그리고 다양한 교육방법들을 소개하였다.

이 주제에 대한 지난 4년간 지적탐구의 여정을 총 8장에 걸쳐 정리하였지만 선배 연구자들의 결과물과 그 분들의 기여도를 뛰어넘을 수 있을지는 자신이 없다. 다만 성공적인 경영자들의 탄생은 셀 수 없이 많은 환경적 요인, 선천적, 후천적 형질들의 영향을 받는다는 사실, 그리고 동일한 요인이 조합되었을 때라도 시대적 환경, 산업과 업종 그리고 통제되기 어려운 미지의 변수들에 의해 사업적 성공의 경로는 매우 다양하게 합성된다는 사실을 새삼 확인하였다. 이러한 연구결과의 타당성을 높이는 가장 좋은 방법은 실패한 경영자를 연구하는 것이다. 그렇지만 아무도 실패한 경영자는 주목하지 않으며 그들 스스로도 자신을 드러내지 않으므로 문헌도 없고 인터뷰하기도 어렵다. 그러나 사실 성공과 실패라는 결과만을 두고 이분법적으로 경영자들을 나누고 이 두 그룹의 차이를 설명하는 요인들을 찾자면 때로 종이 한 장 차이일지도 모른다. 상황에 따라 아주 작은 실수와 부주의로 또는 어긋난 타이밍으로 성공에서 실패라는 나락으로 내 몰리는 것이 비정한 비즈니스의 세계이기 때문이다.

책 전반에 걸쳐 창의성(상상력, 역발상 등 생각도구, 문제해결능력), 리더십, 기업가정신을 성공한 경영자의 주요 특징으로 내세웠다(4장). 창의성이란 매우 복잡한 개념이어서 간단하게 정의하기가 어렵다. 그렇지만 무엇이 창조적인 것이며 무엇이 창조적인 활동이었는지는 과거에 있었던 과학적 발견, 문명의 이기 발명, 예술작품, 기업의 혁신과 변화 사례를 통해 어느 정도 감을 잡을 수는 있다. 다수의 성공한 경영자들은 정규교육을 받기 이전부터 이미 창의적이었다. 그래서 창의력 교육은 어릴 때부터 시작하는 것이 분명 맞다. 그렇다고 대학 교육이 이 부분을 무시하고 넘어 갈 수는 없기에 사람들이 후천적으로 창의적 능력을 습득하도록 돕는 방법과 기법들이 많이 개발되어 있다. 경영교육이 성공적인 경영자를 양육하기 위해 이러한 방법과 기법들을 응용하는 일에 관심이 적어 아직 걸음마 단계에 머물러 있다. 그래서 저자는 이 문제에 대해 좀 더 구체적인 진전을 이루고자 노력하였다.

성공적인 경영자는 이성과 감성을 겸비한 균형적 문제해결자로 정의할 수 있다. 그들은 경영문제별로 합리적이고 과학적인 판단을 하되, 직원, 고객, 외부의 이해관계자들을 따뜻한 인간의 시선으로 이해한 후 감성이 바탕이 되는 결정을 내리는 균형자들이었다. 대부분 경영문제는 측정하고 계량화한 데이터를 소프트웨어를 이용하여 분석함으로써 최소 비용으로 최대 이익을 남길 수 있는 최적의 대안을 찾을 수 있다. 그것이 나쁜 것은 결코 아니다. 그러나 최종안을 선택하기 전에 경영자는 감성(준법·도덕성 포함)이라는 리트머스로 대안이 가져다줄 결과들을 테스트한 후 가장 바람직한 방안을 선택한다. 이런 결정은 법의 테두리 안에서 사회가 도덕적으로 용납하고 고객과 이해당사자 모두가 만족할 수 있는, 그래서 지속경영을 가능케 하는 합리적 해결방안이 될 가능성이 높다. (미래의) 경영자가 이러한 역량을 갖도록 하기 위해서는 경영관련 대학(학과)은 정규교육과정을 통해 다양한 경영이론과 도구지식을 가르치되, 상상력, 역발상, 관찰력, 실행력, 협업능력 등을 경영실습, 읽기, 토론 등을 통해 가르쳐야 한다. 아울러 학생들은 타 전공과목, 교양과목, 도구과목을 수강하거나 다양한 비교육과정(독서토론서클, 동아리, 학생회활동, 외부행사 등)에 참여함으로써 정규교육과정만으로 부족한 것들을 보충해야 한다.

기업의 관리직·사무직으로 고용되는 기회는 경영 관련 전공자들에게 더 많이 열려있긴 하지만 사실 대학의 모든 전공자에게 개방되어 있다고 봐야한다. 게다가 규모가 작은 일(1)인 기업, 자영업, 중소기업이라 할지라도 성공적인 창업과 지속경영을 위해서 경영이론과 도구를 활용 않는 것 보다는 이용하는 일이 백배 낫다. 그런 의미에서 미국처럼 경영교육을 중등과정부터 시작할 필요가 있으며, 대학에서도 경영관련 학문에 접할 기회가 적은 인문, 예술, 공학, 자연과학을 전공하는 모든 학생들에게 제공하면 좋을 것 같다. 성공적인 창업과 지속경영으로 새로운 부가가치와 일자리가 창출되면 될수록 국민경제에는 득이 되는 것이며, 창업·기업경영 생태계의 경쟁력은 향상되는 것이다. 이러한 측면에서 원하는 모든 학생들에게 조직을 성공적으로 이끌고 효율적으로 운영하는데 필요한 기초적인 경영이론과 도구지식을 가르치는 교양경영학 과목들의 개설도 필요하다.

가장 효과적인 경영교육은 현장에서 경영에 참여하고 실습해 보는 것이다. 현실적 경영 문제를 해결하기 위해 대상을 관찰하고, 역발상으로 아이디어를 도출하고, 그것들이 가져다줄 결과들을 토론하며, 경영 멘토의 조언을 듣는 것이다. 그래서 캡스톤 디자인 과목, 창업교육, 가상기업경영, 경영시뮬레이션게임, 현장실습과 인턴, 사내대학들을 8장에서 설명하였다. 이런 맥락에서 나는 한 후배교수로부터 감명 깊은 경영학 수업방식을 우연히 알게 되었다. 어쩌면 그것은 대부분 경영교육이 앞으로 지향해야 하는 창의적, 통섭적 수업방식이라는 생각이 들어 여기에 소개하려 한다. 그녀는 자신의 전공수업(캡스톤 디자인 수업은 아님)에서 수강생들을 여러 그룹으로 나눈 후, 학생들이 실제 기업의 경영자와 실무자들을 만나 인터뷰하고 운영프로세스(예: 물류, 재고관리, 주문처리 등)를 관찰하도록 한 후, 문제점을 찾고 개선을 위한 컨설팅보고서를 작성하여 제출하도록 하는 과제를 준다. 그녀는 학생들이 컨설팅해줄 기업을 스스로 찾도록 하였고(힘들 경우 자신이 소개하기도 함), 필요시 추천서와 협조공문을 써 주기도 하였으며, 업체에게 실질적으로 도움이 될 수 있는 컨설팅보고서가 되도록 내용을 감수해주기도 하였다. 일부 잘된 보고서는 학회에서 발표하는 기회도 주었다. 상상컨대 이 수업을 통해 만족스런 결과를 얻기 위해서 그녀는 상당히 많은 시간과 정성을 들여야 하겠지만 학생들에게는 '경영실습' 다음으로 더없이 효과적인 교육방법을 택했다는 생각이 들었다. 자발적으로 기업을 찾도록 하였고, 직접 실무자들로부터 운영방식과 고충을 들었고, 경영현장을 관찰할 기회를 가졌으며, 컨설팅을 위해 강의에서 배운 이론을 토론하고 적용하는 기회를 가질 수 있었다. 물론 이런 교육방식이 얼마나 지속될 수 있을지는 다른 차원의 문제이다. 학생들의 요청에 업체와 직원들의 협조가 지속되어야 하고 수업의 과제로 학생들이 수행한 컨설팅보고서가 그들에게 진정 도움이 되어야 기업들의 협조가 지속될 수 있기 때문이다. 이미 그 수업을 듣는 내 과 학생들이 협조 기업을 찾기 어렵다며 내게 도움을 청한 적이 있기 때문이다. 그녀의 지속적인 건투를 빌며 마지막 장을 마무리 하고자 한다.

References

참고문헌

참고문헌

참고문헌 Reference

강신장, 황인원, 감성의 끝에 서라, 21세기 북스, 2014.

강판국, "벤처기업과 기업과 정신," 한국인사조직학회 2004년 추계학술대회 논문집, 2004, 33-52.

강호상, 하영원, 민재형, 이정진, 우리나라 경영대학원 교육에 대한 평가 및 기대에 관한 연구: 서강대학교 MBA과정을 중심으로, 서강대학교 경영대학원, 1996.

교수신문, "융복합이 대세? … 77%는 2개 이상 학과 참여," 2014.7.21.

권순백, "한·중·일 경영교육의 현황과 방향," 경영교육논총, 제19집(1999), pp. 365-393.

권순백, "한미 경영교육의 비교와 벤치마킹을 통한 경영교육의 개선방안," 경영교육논총, 제28집(2002), pp. 1-32.

권형진, "공하은 '전기전자기게' 인문사회는 '경영경제'에 쏠려," 교수신문, 2014.7.21.

구석본, 고객과 함께 한 60년의 삶, 대구백화점 기획실, 2010.

그래튼, 린다. 일의 미래(원제: The Shift), 조성숙 역, 생각연구소, 2012.

김규삼, 연세대학교 경영학교육 40년, 서울: 연세대학교출판부, 1994.

김근배, 컨셉 크리에이터, 한국갤럽조사연구소, 2012.

김상수, 최은지, "경영 시뮬레이션 게임을 활용한 경영교육 방법에 관한 사례 연구," 경영교육논총, 60집(2010), pp. 283-301.

김성홍, 우인호, 이건희: 개혁 10년, 김영사, 2003.

김의철, 너 때문이 아니고 뇌 때문이야, 기파랑, 2013.

김정운, 노는만큼 성공한다, 21세기 북스, 2011.

나창수, "품질관리제도의 현황과 방향", 품질관리, 제7권 제2호, 1972.

대웅제약, 코엔자임Q10 개발 성공이야기

1) "국내 최초, 세계에서 두 번째 대웅제약, 코엔자임Q10 개발 성공이야기," 조선일보, 2012.3.2.

2) 대웅헬스케어 347호 2005.8.15
루더, 크리스티안, 빅데이터 인간을 해석하다, 이가영 역, 다른, 2015.
루트번스타인, R. & 루트번스타인, M., 생각의 탄생 (원제: Spark of Genius), 박종성 역, 에코의 서제, 2007.
박동수, 구언회, "벤처기업의 기업가정신이 성장의도에 미치는 영향에 관한 탐색적 연구," 대한경영학회지, 20(6), 2007, 2979-3011.
박정웅, 정주영 이봐, 해봤어, FKI미디어, 2007.
박주홍, "한국, 독일과 미국의 경영전문대학원 커리큘럼에 대한 비교연구," 한국경영학회 통합학술대회 논문집, 2009, pp. 25-44.
브라방데르, 아이니, 아이디어 메이커 (원제: Thinking in New Boxes), 이진원 역, 청림출판, 2014.
성현모, "성경적 관점과 현대재무관리이론의 관점에서 본 무차입 경영," 로고스경영연구, 11(4), 2013, 1-20.
손태원, 홍길표, 정명호, 김영수, 디지털경제시대의 창의성경영, 한국학술진흥재단(현 한국연구재단), 2000.
송기철, "한국의 경영학 회고와 전망", 한국경영학30년, 서울대학교출판부, 1988.
송영수, "경영학과 교육공학-경영환경변화 속의 경영과 교육의 접목," 교육공학연구, 16(3), 2000, pp. 183-199.
쇤비거, 빅토르 미이어, 케네스 쿠키어, 빅데이터가 만드는 세상(원제: Big Data), 이지연 역, 21세기북스, 2013.
신건권, "창의성 경영 신규교과목 개설과 운영사례," 경영교육논총, 제32집(2003), pp. 227-253.
월터 아이작슨, 스티브 잡스, 민음사, 2011.
안재원, 인문의 재발견, 논형, 2014.
안춘식, 유필화, 서정해, 백광기, 최용일, 경영학 뉴패러다임: 한국 경영사, 박영사, 2002.
여준상, 역발상 마케팅, 원앤원북스, 2004.
여준상, "너무 많은 선택지는 독… 소비자는 간단한 것을 원한다." 조선일보 2014. 7. 26~27, C5.
윌슨, 에드워드, 지식의 대통합: 통섭, 장대익, 최재천, 장대익 역, 사이언스북스, 2005.
유스케, 에도, 손정의 경영스토리, 김현기 역, 평범사, 1996.

육군본부, 학교교육사(군수학교), 비간행자료, 1986.

유시정, "우리나라 경영학교육의 향상을 위한 실증적 연구," 산업연구, 제11집(1999), pp. 39-60.

이순룡, 생산관리론, 서울: 법문사, 1982.

이순룡, 품질경영론, 서울: 법문사, 1995.

이순룡, 이영면, "한국 경영학도입의 재조명," 경영학연구, 27권 3호 (1998), pp. 709-727.

이신영, 콘트래리언, 진성북스, 2014.

이위재, 이태일, "평가 바꿔라, 성과 바뀐다", 조선일보 Weekly BIZ, 2014.06.28 C1.

이일한, 한주희, "벤처기업 창업자의 리더십 영향력에 대한 마음챙김 상호작용 효과," 대한경영학회 2009년 추계학술대회 발표논문집, 2009, pp. 773-793.

이화언, CEO레터, 랜덤하우스, 2009.

임성란, 현대음악교육철학을 바탕으로 한 6-7차 음악교육과정의 비교연구 - 초등교육을 중심으로, 건국대학교 교육대학원 석사학위논문, 2001.

장대성, "경영교육 서비스품질에 관한 지방 국립대와 지방 사립대의 비교 연구," 대한경영학회지, 제22권, 제3호(2009. 6), pp. 1703-1727.

장대성, 채규진, 김민수, "한국 대학 경영교육 서비스의 교육만족 및 충성도와 서비스접점 유형에 관한 연구," 대한경영학회지, 23(2) (2010. 4), pp. 813-831.

장수덕, "벤처기업의 기업가정신 유형화와 유형별 특성차이: 기업수준에서의 탐색적 연구," 기업가정신과 벤처연구, 14(3), 2011, 49-73.

장영재, 경영학 콘서트, 비즈니스북스, 2010.

전국경제인연합회, 기업이 바라는 인재상 및 이의 실천방안, 2003.

정복규, "PERT/CPM기법에 의한 Time Scheduling과 Slack Time 처리에 관한 연구," 영남대학교 대학원, 1973.

정상조, "기업가정신과 법치주의를 조화시켜야," 조선일보, 2013.5.12.

정세진, "능력있는 CEO라면, 선택 밀어붙이는 자신감 가져라," 조선일보 2014.2.8.-9, C7.

정인식, 김은비, "글로벌시장에서 중소기업의 기업가정신과 시장지향성에 관한 연구," 경영연구, 28(3), 2013, pp. 59-71.

정재삼, "지식기반사회 기업 교육의 초점," 기업교육연구, 2(1), 2000, 137-155.

조동성, "21세기 미래 경영자 육성을 위한 경영교육방법," 경영교육연구, 1(2)(1997), pp. 183-203.

조동성, 디자인이론, 디자인경영, 경영디자인, 2012.

조용헌, "事判 MBA", 조선일보 2010.10.25.

조선일보, "가장 많은 CEO가 나온 대학·전공은?", 2010.10.25.

조선일보, ""한국을 닮아라" 일본 IT기업 젊은 CEO 붐", 2012.3.3.

조선일보, "산부인과 의사서 보험회사 리더로... 신창재 교보생명 회장," 2012.3.3.

조선일보, "[Why][이길성 기자의 人사이드] 막노동일꾼에서 변호사로 '승천'한 장승수", 2013.6.15 .

조선일보, "D램·플래시 메모리 지고 P·M·R램 '차세대 3총사' 뜬다", 2013.5.3. http://biz.chosun.com/site/data/html_dir/2013/05/02/2013050201980.html

조선일보, "한양대학교, 한국경제성장을 선도..." 2014.8.5.

조선일보, "피터 드러커 "정주영은 내가 주창한 기업가 정신의 극적인 사례"", 2014.11.5.

오마에 겐이치, 돈버는 힘, 2013년. (출판사 미상)

조동성, 디자인이론, 디자인경영, 경영디자인, 2012.

조지프 르루, 시냅스와 자아, 강봉균 옮김, 중앙문화사, 2005.

최무진, 과학적 의사결정과 선진사회, 한올, 2008.

최재천, 주일우, 지식의 통섭-학문의 경계를 넘다, 이음, 2007.

최종인, 김인수, 개인창의성 연구의 개념적 고찰, 경영연구(고려대), 30(1), 1996, pp. 51-77.

칙센트미하이, M., 플로우(원제: Flow), 한울림, 2008.

카쿠, 미치오, 미래의 물리학(원제: Physics of the Future), 박병철 역, 김영사, 2012.

케인, 수잔, 콰이어드(원제: Quiet), 김우열 역, 알에이치코리아, 2012.

피오리나, 칼리, 힘든 선택들, 공경희 역, 해냄, 2006.

케이건, S., 죽음이란 무엇인가, 박세연 역, 엘도라도, 2012.

황농문, Think Hard: 인생을 바꾸는 자기혁명 몰입, 랜덤하우스, 2008.

황일청, "경영학교육 개혁의 우선순위-대학이 지닌 문제의 올바른 인식부터," 경영교육연구, 3(1)(1999), pp. 11-31.

홍성욱, "융합연구의 도약을 위하여", webzine.nrf.re.kr/nrf_1405(검색일 2014.5.5.)

홍익희, 유대인 창의성의 비밀, 행성:B잎세, 2013.

히넌, D. and 베니스, W., 위대한 이인자들, 최경규 역, 좋은책만들기, 2000.

Adobor, H., Daneshfar, A. (2006), "Management simulations: determining their effectiveness. Journal of Management Development," Vol. 25 No. 2, 151-168.

Amabile, T. M. (1997), "Motivating Creativitiy in Organizations," California Management Review, Vol. 40, pp. 39-58.

Balabanis, G. I. and Katsikea, E. S., "Being an Entrepreneurial Exporter: Does It Pay?," International Business Review, 12(2), 2003, 233-252.

Bamberger, J., The Mind behind the Musical Ear: How Childeren Devlop Musical Intelligence, Harvard Business Press, 1995.

Bass, B. M, Bass and Stogdill's Handbook of Leadership: A Survey of Theory and Research, New York: Free Press, 1990.

Bever, T. G. and Chiarello, R. J., "Cerebral dominance in musicians and nonmusicians," Science, 185(4150), 537-539, 1974.

Bryman, A. (1992), Charisma and Leadership in Organizations, London: Sage.

Cole, A. H., Business Enterprise in its Social Setting, 1959.

Coulter, M., Entrepreneurship in action, (2nd ed.), Upper Saddle River, NJ: Prentice Hall, 2003.

Cummings, S. and Bridgeman, T., "The Relevant Past: Why the History of Management Should be Critical for Our Future," Academy of Management Learning and Education, Vol. 10, No. 1 (2011), pp. 77-93.

David Van Over. (1993), "Evaluation of a simulation game as education tool for utility professionals," Developments In Business Simulation & Experiential Exercises," Vol. 20, 140.

Dewey, J., Art as Experience, A Perigee Book, 1983.

Dispenza, J., Evolve Your Brain, 꿈을 이룬 사람들의 뇌(국역), 한언, 2009.

Drazin, R., Glynn, M., and Kazanjian, R. K. (1999), "Multi-level Theorizing about Creativity in Organizations: A Sense-making Perspective," Academy of Management Review, 24(2), pp. 287-307.

Drucker, P. F., "Innovation and entrepreneurship: Practices and principles." In The Executive in Action (1996), 243-518, New York: Harper Business.

Drucker, P.F., The Executive in Action, New York: Harper Business, 1996.

Faria, A. J., Whiteley, T. R. (1990), "An empirical evaluation of the pedagogical value of playing a simulation game in a principles of marketing course," Developments in Business Simulation & Experiential Exercises. Vol. 17, 53-57.

Ford, C. M. & Gioia, D. A. (1995). Multiple Vision and Multiple Voice: Academic and Practitioner Conceptions of Creativity in Organization. in Ford, C. M. & Gioia, D. A. eds., Creative Action in Organization, Thousand Oaks: Sage Publications, Inc.

Fuster, J., The Preferred Cortex: Anatomy physilogy and neuropsychology of the frontal lobe, Philadelphia: Lippincott-Raven, 1997.

Gold, J. M. et al., "PET Validation of a Novel Prefrontal Task: Delayed Response Alternation (DRA)," Neuropsychology, 10 (1996), 3-10.

Goossen, R. J., "Entrepreneurship and The Meaning of Life," Journal of Biblical Integration in Business, Fall 2004, 21-74.

Guilford, J. P. (1987), Creativity Research: Past, Present and Future, in S. G. Isaksen ed., Frontier of Creativity Research, NY: Bearly Press.

Holcom, S. R., "Neural correlates of motor memory consolidation," Science, 227(5327), 821-825, 1997.

Hughes, T., Bence, D., Grisoni, L., O'Regan, N., and Wornham, D., "Scholarship that Matters: Academic-Practitioner Engagement in Business and Management," Academy of Management Learning and Education, Vol. 10, No. 1 (2011), pp. 40-57.

Isachsen, O., Joining the Entrepreneurial Elite: Four Styles to Business Success, Palo Alto, CA: Davies Black, 1996.

Jackson, J. M. and Johnson, I. W., "Five Basic Motivational Tools for the High School Classroom," Business Education Forum, 1995, 31-33.

Kaplan, J. M., Patterns of Entrepreneurship, New York: John Wiley & Sons, Inc., 2003.

Katz, R. L. (1955, Jan-Feb), Skills of Effectiver Administrator, Harvard Business Review.

Kirkpatrick, S. A. and Locke, E. A. (1991), Leadership: Do Traits Matter?, The Executive, 5, pp. 48-60.

Klein, G. A., A Recognition-primed Decision(RPD) Model of Rapid Decision Making, in G. A. Klein, J. Orasanu, R. Calderwood, & C. E. Zsambok (eds), Decision Making in Action: Models and Methods (pp. 138-147), Norwood, NJ: Ablex, 1993. - 문제해결능력

Koontz, H., "The Management Theory Jungle," Journal of the Academy of Management, Vol. 4, No. 3, 1961, p. 175.

Lambing, P. A. and Kuehl, C. R., Entrepreneurship, Upper Saddle River, NJ: Prentice Hall, 2003.

Leonard, D. & Swap, W. (1999). When Sparks Fly: Igniting Creativity in Group., Boston: Harvard Business School Press.

Longenecker, J. G., Donlevy, L. B., Calvert, V. A. C., Moore, C. W., and Petty, J. W., Small Business Management: An Entrepreneurial Emphasis (2nd Canadian ed.), Scarborough, ON: Thomas Nelson Canada, 2003.

March, J. G. and Simon, H. A., Organization, New York: John Wiley & Sons, 1958.

Martinez, R. J., "Teaching Strategic Management from a Christian Perspective," The Journal of Biblical Integration in Business, Fall 2003, 69-97.

McGrath, R. G. and MacMillan, I., The Entrepreneurial Mindset: Strategies for Continuously Creating Opportunity in an Age of Uncertainty, Boston, MA: Harvard University Press, 2000.

Miner, J. B., The 4 Routes to Entrepreneurial Success, San Francisco, CA: Berrett-Koehler, 1996.

Mumford, M. D., Zaccaro, F. D., Harding, F. D., Jacobs, T. O., and Fleishman, E. A., "Leadership Skills for a Changing World: Solving Complex Social Problems," Leadership Quarterly, 11(1), 2000.

O'Brien, J. P., Drnevich, P. L., Crook, T. R., and Armstrong, C. E., "Does Business School Research Add Economic Value for Students," Academy of Management Learning and Education, Vol. 9, No. 4 (2010), pp. 638-651.

Petriglieri, G., Wood, J. D., and Petriglieri, J. L., "Up Close and Personal: Building

Foundations for Leader's Development through the Personalization of Management Learning," Academy of Management Learning and Education, Vol. 10, No. 3 (2011), pp. 430-450.

Policy Statement No. 56, "This We Believe About the Role of Business Education in Developing Higher-Order Thinking Skills," Business Education Forum, 1994, 21-22.

Policy Statement No. 68, "This We Believe About Emerging Roles of the Business Education," Business Education Forum, 2001, pp. 14-15.

Policy Statement No. 69, "This We Believe About the Role of Business Education in Financial Education," Busienss Education Forum, 2001, pp. 16-17.

Robinson, A. G. and Stern, S. (1997). Corporate Creativity: How Improvement and Innovation Actually Happen. Berrett-Koehler Publisher, Inc.

Rusinko, C. A., "Integrating Sustainability in Management and Business Education," Academy of Management Learning and Education, Vol. 9, No. 3 (2010), pp. 507-519.

Schumpeter, J. A., The Theory of Economic Development: An Inquiry into Profits, Capital, Credit, Interest, and the Business Cycle, Cambridge, MA: Harvard University Press, 1934.

Stogdill, R. M. (1948). Personal Factors Associated with Leadership: A Survey of the Literature, Journal of Psychology, 25, pp. 35-71.

Stogdill, R. M. (1974). Handbook of Leadership: A Survey of Theory and Research, New York: Free Press.

Szul, L. F. and Moore, W. A., "Preparing Career-Ready Student: A Process for Curriculum Revision," Business Education Forum, 1999, 42-44.

Timmons, J., New Venture Creation: Entrepreneurship for the 21st Century, New York: McGraw Hill, 2003.

Truell, A. D., Mebster, L. and Davidson, C., "Fostering the Entreprenuerial Spirit: Integrating the Business Community into the Classroom," Business Education Forum, 1998, 28-40.

US Department of Labor, What Work Requires of Schools: A SCANS Report for

America, 2000.

Vallortigara, G. and Rogers, L. J., "Survival with an asymmetrical brain: Advantages and disadvantages of cerebral lateralization," Behavior and Brain Sciences, 28(4), 575-589, 2005.

Wu, Y-C. J., Huang, S., Kuo, L., and Wu, W-S., "Management Education for Sustainability: A Web-based Content Analysis," Academy of Management Learning and Education, Vol. 9, No. 3 (2010), pp. 520-531.

[기타 멀티미디어 자료]

김성근 야구 감독(SK) 인터뷰, TV조선 최·박 토크 판, 2012.1.4.

학교의 발견 2부, EBS 다큐프라임, 2014.1.14.

부 록

Appendix

부록1

신건권(2003)의 '창의성경영' 과목 강의주제

부록2

경영(상경 · 경상)대학 학장(부학장) 인터뷰 질문내용

부록3

창의력 등 경영자 자질의 배양에 유익했던

교육방법에 대한 학생의견 조사

부 록 Appendix

[부록 1] 신건권(2003)의 '창의성경영' 과목 강의주제

제1장 창의성경영의 기초

1. 창의성의 주체: 인간
   1) 인간의 뇌와 창의성
   2) 인간의 지능과 창의성
      (1) 인간의 지능(IQ), 감성지능(EQ), 그리고 창의성
      (2) 인간의 지능과 창의성
   3) 창의성과 동기유발
      (1) 창의성경영의 요소
      (2) 창의성과 동기유발의 관련성
   4) 창의적인 인간
2. 왜 창의성경영이 필요할까?
   1) 환경변화와 경영패러다임의 발전
   2) 창의성경영의 의의와 필요성
3. 기업경영과 창의성
   1) 창의성경영을 저해하는 요소는 무엇일까?
      (1) 과제중심사고
      (2) 회의주의
      (3) 고정관념
      (4) 과거습관

[부록 2] 경영(상경 · 경상)대학 학장(부학장) 인터뷰 질문내용

- 귀 경영대학(상경 또는 경상대학)은 기업체가 요구하는 인재상에 부합하는 인재를 배출하고 있다고 생각하십니까? 즉 기업들이 귀 대학의 졸업생들을 어떻게 평가하고 있습니까? 그렇다면 어떤 면에서 특히 그렇다고 생각하십니까?

- 귀 경영대학(상경 또는 경상대학)의 졸업생들은 귀 대학의 교육 프로그램을 어떻게 평가하고 있습니까? 잘하고 있다고 평가하는 것과 반복적으로 지적되는 문제점은 없습니까?

- 귀 경영대학(상경 또는 경상대학)은 기업체가 요구하는 인재를 양성하기 위해 현재 어떠한 변화가 필요하고 이를 위한 어떠한 노력을 구체적으로 하고 있습니까?

- 귀 경영대학(상경 또는 경상대학)은 학생들의 창의력과 문제해결 능력을 높이기 위한 커리큘럼 상 어떠한 노력을 하고 있습니까? 개별 과목에서 교수들이 노력하고 있는 바를 아는 대로 설명해 주십시오.

- 귀 경영대학(상경 또는 경상대학)은 인성, 협동심, 의사소통능력 등을 높이기 위한 커리큘럼 상 어떠한 노력을 하고 있습니까? 개별 과목에서 교수들이 노력하고 있는 바를 아는 대로 설명해 주십시오.

[부록 3] 창의력 등 경영자 자질의 배양에 유익했던 교육방법에 대한 학생의견 조사

학생들이 창의력, 감성, 상상력, 문제해결능력, 현장지식 등을 얻는데 크게 도움이 되었던 교육방법을 5개 대학의 경영(경상·상경)대학 또는 경영관련 학과에 재학(2, 3, 4학년) 중인 학생 총 326명으로부터 의견을 들었다(기간: 2014년 10월 1~31일, 교수가 강의실에서 설문실시). 열린 문항으로 i) 경영학 관련 전공과목, ii) 경영학 이외 과목(교양, 타전공 등), iii) 비교과과정(특강, 봉사, 현장실습, 공모전 등)에 대해 조사한 결과는 다음과 같다.

1. 조사대학

대학	응답 학생 수	비율(%)
서울소재 대학 A	81	25
부산소재 대학 B	65	20
대구소재 대학 C	72	22
대전소재 대학 D	48	15
광주소재 대학 E	60	18
총계	326	100

2. 경영학 관련 전공과목

교육방법	언급횟수	교육방법	언급횟수
실습(프로그래밍/개발, 마케팅실습, 판매, S/W사용, 인터넷쇼핑몰구축 및 운영, 팀프로젝트 등)	155	특강	15
사례(기업분석 등)	100	뉴스(신문 등)	11
보고서(기획안, 인터뷰수행 등)	25	교수 경험담	10
현장견학(기업, 박람회 등)	25	조별 모임 및 토론	10
강의	20	독서 및 독후감	6
프레젠테이션	15	동영상 시청	5
		글쓰기	5

3. 경영학 이외 과목(교양, 타전공 등)

교육방법	언급횟수	교육방법	언급횟수
교양과목(문화, 디자인, 음악, 미술, 힐링, 젠더, 환경 등) 수강	90	교수 경험담 (삶의 지혜)	10
발표와 토론	25	독서 및 독후감	10
사례분석	20	전시회 관람	10
공연(영화, 연극 등) 관람	15	교수의 질문	7
뉴스(신문 등)	13	연극하기 (role-playing)	6
동영상(드라마, 다큐 등) 시청	11	야외수업(관찰 등)	5

4. 비교과과정(특강, 봉사, 현장실습, 공모전 등)

교육방법	언급횟수	교육방법	언급횟수
취업특강	75	보고서 작성	8
특강(실무, 영어, CEO 등)	45	집단상담	7
현장실습(사진촬영, 기업현장방문)	32	취업캠프	6
공모전	30	취업박람회 참관	6
워크숍(미게팅, 시간관리, 스피치, 글쓰기 등)	16	교수 상담	5
봉사	15	인턴 및 취업	5
전시회 관람	10	아르바이트	5

주. 1) 취업특강 및 특강을 통해 실무지식을 많이 얻음.
 2) 취업이 어려운 때라서 그런지 취업과 관련된 항목이 많이 나타남.

5. 언급된 과목명칭

1) 경영학 관련

마케팅원론, 글로벌마케팅, 소비자행동론, 스포츠소비자행동론, 생산운영관리, 조직관리론, 인적자원관리, 전략경영론, 경영정보학원론, 시스템분석과 설계, e-비즈니스, 인터넷쇼핑몰 창업과 운영, IT프로젝트관리론, 기업과 정보관리, 관광학원론, 현대사회와 윤리경영, 통계분석, 인터넷창업, 캡스톤디자인

2) 타 전공 및 교양과목

<u>사회과학영역</u>

한국정치사, 정치학의 이해, 광고와 홍보, 가상사회와 전자상거래, 인지심리학, 산업심리학, 생활속의 경제

<u>인문과학영역</u>

논리와 비판적 사고, 감수성 인큐베이팅, 현대사회와 젠더, 우화와 영화, 전통생태문화, 세계문화유산

<u>IT영역</u>

디지털이미지의 이해, 데이터베이스 설계, 인포그래픽스와 포토샵, 비즈니스프로그래밍, 정보기술과 미래사회, 컴퓨터그래픽

예술영역

공연예술의 이해, 디자인의 이해, 교양합창, 그림읽기와 세상보기

융복합영역

디자인경영, 복잡계로 이해하는 현대사회, 창의설계, 웹콘텐츠제작과 활용

기타

재미있는 진로설계, 거시경제학, 평생교육개론, 글로벌시대의 이해와 매너전략, 글쓰기

3) 비교과과정

이미지메이킹, 해외봉사와 해외문화의 이해

INDEX

색인

찾아보기

찾아보기 INDEX

ㄴ

ㄷ

ㄹ

ㅁ

ㅂ

ㅅ

ㅇ

ㅈ

ㅊ

ㅋ

ㅌ

ㅍ

ㅎ

A

B

C

D

E

F

G

H

I

K

L

M

N

O

P

Q

R

S